国家自然科学基金重大项目"我国重大基础设施
工程管理理论、方法与应用创新研究"（71390520）

Springer

重大工程管理基础理论
——源于中国重大工程管理实践的理论思考

盛昭瀚·著

Fundamental Theories of Mega Infrastrucure Construction Management
Theoretical Considerations from Chinese Practices

南京大学出版社

First published in English under the title
Fundamental Theories of Mega Infrastructure Construction Management: Theoretical Considerations from Chinese Practices
by Zhaohan Sheng, edition: 1
Copyright © Springer International Publishing AG, 2018
This edition has been translated and published under licence from
Springer Nature Switzerland AG.
Springer Nature Switzerland AG. takes no responsibility and shall not be made liable for the accuracy of the translation.

Simplified Chinese translation copyright © Nanjing University Press Co., Ltd

江苏省版权局著作权合同登记　图字:10-2019-202号

图书在版编目(CIP)数据

重大工程管理基础理论:源于中国重大工程管理实践的理论思考 / 盛昭瀚著. — 南京:南京大学出版社,2020.7
 ISBN 978-7-305-08197-2

Ⅰ. ①重… Ⅱ. ①盛… Ⅲ. ①重大建设项目-项目管理-研究-中国 Ⅳ. ①F282

中国版本图书馆 CIP 数据核字(2019)第 218011 号

出版发行　南京大学出版社
社　　址　南京市汉口路22号　　邮　编　210093
出 版 人　金鑫荣

书　　名　重大工程管理基础理论
　　　　　——源于中国重大工程管理实践的理论思考
著　　者　盛昭瀚
责任编辑　束　悦
助理编辑　彭　涛
照　　排　南京南琳图文制作有限公司
印　　刷　南京爱德印刷有限公司
开　　本　718×1000　1/16　印张 25.25　字数 480 千
版　　次　2020 年 7 月第 1 版　2020 年 7 月第 1 次印刷
ISBN 978-7-305-08197-2
定　　价　198.00 元(精装)

网　　址　http://www.njupco.com
官方微博　http://weibo.com/njupco
官方微信　njupress
销售热线　025-83594756

* 版权所有,侵权必究
* 凡购买南大版图书,如有印装质量问题,请与所购
 图书销售部门联系调换

献 辞

岁月如歌，天地为证。

万里长城、都江堰、大运河水道……炎黄文明，功垂千秋，非神州不足以成其大。

三峡枢纽、青藏路、港珠澳大桥……华夏复兴，雄视全球，唯盛世方能够毕其功。

俱往矣，中华民族以绵延不绝之巍巍工程穿越千年风雨，梦圆百代期盼，向世界昭显国之伟业、民之大任。

谨以此书
献给——
铸写中华工程长卷、演绎惊世风采新篇的杰出贤俊；
献给——
骄阳跋山汗挥如雨、寒冬涉水霜凝眉稍的大国工匠。
工程是身躯，系统是灵魂，你们是脊梁！

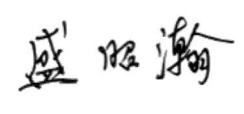

盛昭瀚

2019 年 7 月 29 日

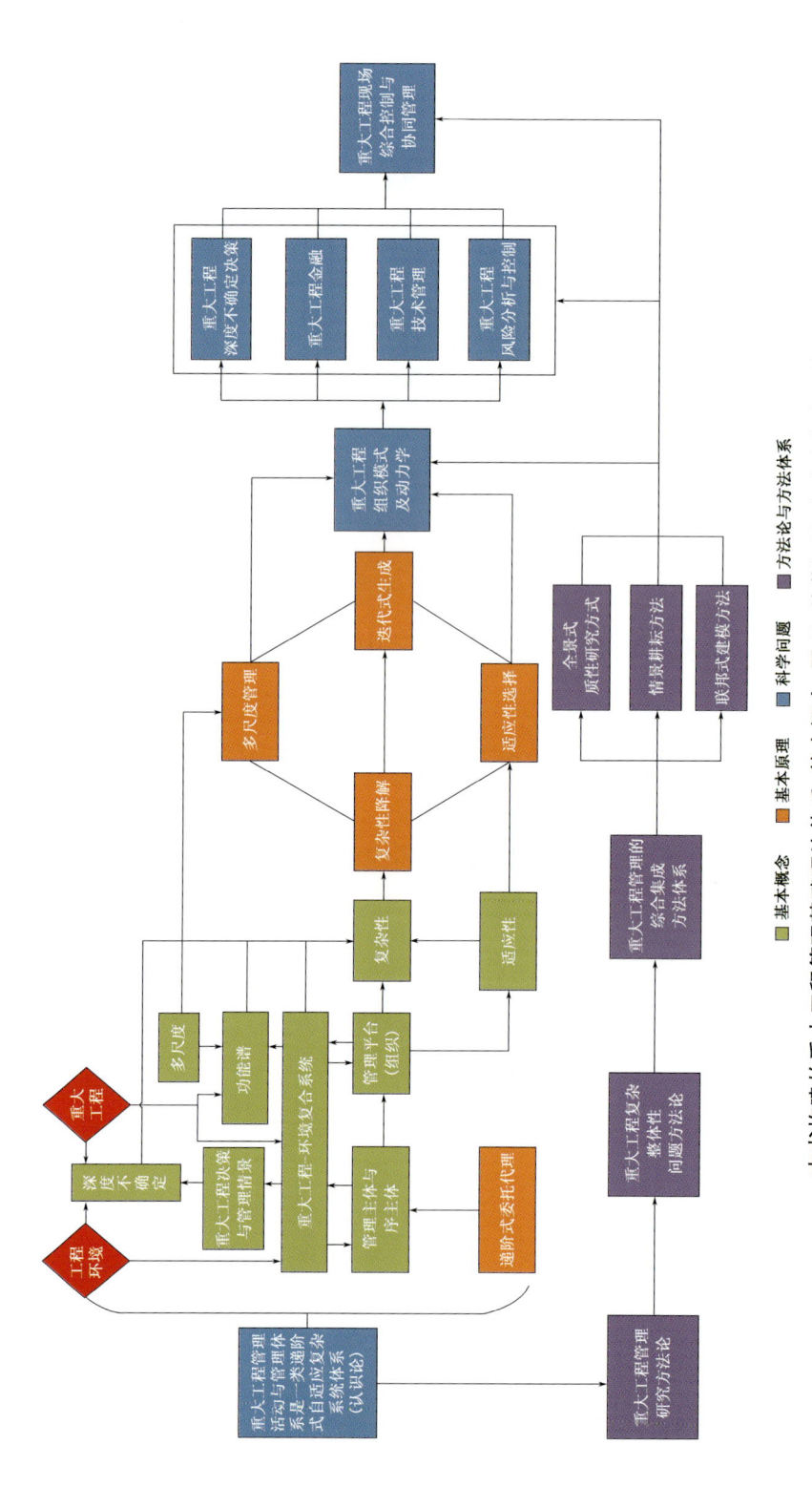

本书构建的重大工程管理基础理论体系：基本概念、原理、科学问题、方法论与方法体系

中文版序

本书是 *Fundamental Theories of Mega Infrastructure Construction Management—Theoretical Considerations from Chinese Practices* [2017 年 10 月在 Springer 出版社的 International Series in Operations Research & Management Science（ISOR 259）出版]的中文版，书名定为《重大工程管理基础理论——源于中国重大工程管理实践的理论思考》。

问题是时代的格言，理论是实践的呼唤，也是深化工程管理研究的原动力和新动能。这一基本原则非常妥帖地告诉我们为什么是在这个时候和为什么是中国学者率先在国际工程管理界完成了一次构建重大工程管理理论体系的阶段性探索任务，并且以第一本关于重大工程管理基础理论的学术著作在国际学术界问世。特别是，这一探索成果充分体现了具有中国学理特色的"知识变革"和"话语体系"，使国际工程管理学术界听到了关于重大工程管理理论的"中国学术的声音"。

众所周知，工程是人类根据一定目标造物和用物的过程及最终人造物实体，其中一类规模庞大、环境复杂、技术先进、建设与生命期长的工程称为重大工程；而主要为社会经济发展提供长久性基础构筑物，对国家或区域的政治、经济、社会民生、环境保护、公众安全等具有重大持续性作用的一类工程，一般称之为重大基础设施工程，如大型水利工程、交通枢纽工程、自然环境保护与改造工程等。

当今，重大基础设施工程（以下简称重大工程）建设已成为一个国家社会经济发展的重要推动力，工程建设规模与水平也成为一个国家核心竞争力的重要标志。

中国是当代世界上最大的发展中国家。中国地域广、人口多，为了推动社会经济发展和城市化等战略，中国必然要在一段相当长的时期内，大力发展住房建设，修建公路、铁路、桥梁、机场、通信基础设施，同时还要通过修筑水利、环保工程以改善自然环境等。当代的中国，无论是重大工程建设的总数，还是重大单体工程的规模，都在全世界首屈一指。

随着重大工程管理环境越来越不确定、管理主体越来越多元化、管理组织的适应性要求越来越高、管理目标越来越多维和多尺度化等等，特别是面对重大工程规划立项决策、投融资及建设营运模式选择、工程复杂性风险分析、工程现场综合控制与协调、工程技术创新管理、工程可持续发展与社会责任履行等一系列复杂问题,以传统的项目管理知识体系为代表的工程管理思想和方法越来越表现出能力上的"力不从心",即使人们不断对项目管理知识体系进行修改和完善,或者想了很多办法来应对重大工程管理中普遍产生的决策失误、投资超支、时间超期以及风险把控等难题,但仍然未能从理论上深刻揭示问题的本质、从学理上系统解决这些实际问题,以致国内外工程界与学术界普遍认为传统的项目管理知识体系在重大工程管理挑战面前已达到能力的"紧张点",必须跳出传统的工程管理思维,构建引领性的重大工程管理理论体系,才能真正解决问题。

面对现实,当前国际工程管理主流学术界在分析大量案例的基础上形成了如下的共识性意见:

1. 几十年来,人类重大工程建设成就伟大,但是,指导重大工程实践的管理理论似乎并不明晰,甚至这一管理理论体系是否存在也不确定,目前,需要对这一重大学术问题"有个说法"。

2. 如果我们迫切需要这一理论体系,那么,几十年来在全世界无数工程管理现场发挥了重要作用的《项目管理知识体系指南》是否能够作为重大工程管理理论体系?

3. 如果《项目管理知识体系指南》不能作为重大工程管理理论体系,那我们应该如何构建这一体系?

显然,这些问题中的每一个都非常重要,以致缺少任何一个问题的答案,关于重大工程管理理论体系的研究都是缺乏学理逻辑性的。

2014年,国际著名工程管理学术刊物MPJ专门发表文章,呼吁全世界工程管理专家共同"寻找"重大工程管理经典理论体系。最近,一批多国学者通过对过去若干年在学术刊物上发表的重大工程管理研究文献进行推荐、评价,希望选出若干篇经典文献。所谓"经典文献",主要指这类文献发表后"空前地吸引了一批坚定的拥护者"或者是"高引用作品"。根据一般逻辑,这类文献应该在工程管理界更具吸引力和影响力,也可能更具被拓展和升华成为理论体系的理论潜质。但是,近几年的初步分析结果并不乐观,学者们并不认为已经找到了具有重大工程管理理论体系渊源性或起源性地位的"经典文献",因此,也就未能由"经典文献"培育出理论体系来。看来,构建重大工程管理理论体系或许要另辟蹊径,但这一探索代表了当前国际工程管理学术界部分学者的一种构建理论体系的设计思想和技术路线,有着积极的探索精神和启发作用。另外,不少国家的学者也都正在通过各种不同的方式"寻找"着理论体系。

在全世界范围,在一个较集中的时期集聚这么多优质学术资源开展"寻找"重大工程管理理论体系的研究,不仅在工程管理领域的学术发展史上是空前的,而且在其他学科领域也是罕见的。它深刻反映了在重大工程管理领域,人类的理论思维对工程实践的引领和指导作用越来越大,特别是当重大工程管理实践已经发展到一个新的高级复杂阶段,实践对理论的迫切需求以及理论面对实践复杂性暴露出来的窘迫状态更加速接近或者已经达到理论体系萌芽的一个临界点。

我们正站在这样的历史临界点。但这一次,中国工程管理学界决不能仅充当观望者作壁上观,等着国外学术界在这个体系研究上有了"新思想""新话语"再跟随其后"照着讲",而要摆脱过去对国外学术体系的学徒状态,要牢牢把握好这一重大学术发展机遇期,努力提出中国学者在构建重大工程管理理论体系上的自我学术主张与知识变革,努力形成具有自主性、原创性和中国学术特色,同时又具有普适意义的重大工程管理学术体系和话语体系。这是我们应当坚定不移要完成的历史任务。

当前,提出构建重大工程管理理论体系,从学理逻辑上讲,既反映了重大工程建设实践对理论指导的迫切需求,也表明了对包括项目管理知识体系在内的现有各类工程管理思想与知识体系是否具有重大工程管理理论体系品质的质疑。另外,重大工程管理是一类内涵深刻的人类实践活动,它与时空地域、工程类型、环境及主体文化、制度、历史、政策等关联密切,并且受到管理主体观察问题的视角、价值取向、思考问题方式的影响。因此,需要在理论体系的整体层面上实现认识论和方法论的重要变革,需要实现从范式到内涵、从理论到话语的自洽性创造,因此,它本身就是一项复杂的知识创新工程,需要按照理论体系形成的基本规律进行。

近年来,中国学者按照自主性的创新路径积极参与了这一具有重大学术价值的理论问题的突破性和原创性研究。这标志着中国工程管理学界在学术研究上出现了从"跟着讲"到"接着讲"的重要转变、从以"学徒状态"为主到以"自主创新"为主的重要转变,也体现了传统的以西方国家为主的国际工程管理学术供给侧结构体系将发生重要变革,不能不认为这是国际工程管理学术界的一件大事。

在具有时代性的学术发展大事面前,我们首先确信学问是从实践中产生的,重大工程管理理论从根本上源于重大工程建设与管理实践。在一定意义上,**实践自身就是理论伟大的思想者**。当今,我国重大工程管理实践在复杂性、前沿性、新颖性方面在全世界已经不是"跟跑者",在许多时候已经是"领跑者"。因此,研究中国的重大工程管理理论问题在许多时候就是在研究世界性的理论问题,解决中国的重大工程管理理论难题在许多时候就是在很大程度上解决了世界性的理论难题,并且还体现了理论水平的先进性、前沿性和前瞻性。所以,我们要充满信心地认识到,源于中国重大工程管理实践的关于重大工程管理理论体系的创新,不仅是直接为我国重大工程建设需求服务,而且也是在为全人类工程管理学术发展作出贡献。

例如,"一带一路"倡议赋予了重大工程新的国际化内涵,亚投行的成立构建了新的重大工程投融资制度体系。讲好这些源于中国的重大工程管理故事,就能够催化出诸如重大工程红利、重大工程国际化以及重大工程金融等重大工程管理理论思考与学术创新;而世界级的"超级工程"港珠澳大桥不仅自然环境恶劣、技术空前复杂、社会责任重大,而且还面临着"一国两制"这样复杂的政治社会环境,这其中能够涌现出多少既有特殊性又有普适性、既有具体性又有规律性的复杂管理问题!从理论与实践的辩证关系看,我国如此"肥沃"的重大工程管理实践土壤,不恰恰是我们拥有的最自豪的理论创新源泉吗?

我们中国学者积极参与构建重大工程管理理论体系的探索具有重大的学术与现实意义,因为在人类的重大历史性变革以及人类社会发展与科技进步的共同作用下,当今世界出现了时代性的人类发展道路转折点。而重大工程管理理论作为人类一类重要实践活动的时代性理论表达,作为人类时代性整体管理理论体系的重要组成部分,也必然会出现一个自身发展的转折点。重大工程管理基础理论体系的从无到有就是这一转折点的重要标志。

特别是,当人类重大工程管理实践不断涌现出大量新的复杂管理现象与难题,而传统的国外为主的工程管理思想、模式和方法的"红利"又日渐式微之时,构建重大工程管理理论体系就不仅成为全世界工程管理学界的共同责任,更应该是我国工程管理学者在这一历史转折点的重要任务,并努力在构建过程中明晰体现出中国学术话语特色。

近年来,学术自觉与自信、理论体系形成范式以及学术研究中的"中国话语"等一系列基本使命和原则一直引导着中国学者开展对构建重大工程管理基础理论体系的探索。具体地讲,我国学者在自己的历史担当中始终坚持了以下两个基本原则:

第一,构建重大工程管理基础理论体系,其核心任务就是要遵循理论体系形成的一般规律,以理论元素及其之间的逻辑关联为基础,进行理论体系的结构设计。这一过程必须在丰富的管理实践基础上,明确理论体系的思维原则是什么,哪些是体系的核心理论元素与实质性概念,理论元素与概念通过基本的逻辑判断,能形成哪些基本原理,并形成哪些基本的科学问题以及新的独特的研究方法。这其中前后每一步既相对独立,又有着相互紧密的逻辑关联性,这就是重大工程管理基础理论体系的基本形成范式,必须遵循这一范式。

第二,在构建重大工程管理基础理论体系的过程中,要通过体系中的"中国话语"体现中国工程管理学界学术研究的自主性和原创性。同时,要做到这一话语体系既是中国的,又是世界的;既连着工程管理的历史文明,又通向工程管理的未来发展。

虽然重大工程管理基础理论体系形成的道路和重要的里程碑事件可能有这样或那样的偶然性,或者说,虽然"浇灌同一时,萌芽或先后",但由上述分析可以看出,重大工程管理基础理论体系的幼芽在当今这一时刻和在中国重大工程管理实践的土壤中破土而出的总体趋势是必然的、客观的和历史性的。而本书如同刚破土的幼芽的那第一片绿,虽然稚嫩,却是人们最期盼的,因为,这之后,心中那郁郁葱葱森林成片的梦就有了希望。

另外,笔者在英文版序中指出,本书对重大工程管理活动整体性层面的认识论与方法论的思考,对一般管理活动系统性与复杂性的揭示,对管理理论形成的思维原则与形成路径的论述,对管理理论体系的科学内涵与结构设计以及对管理理论体系中的核心概念、基本原理、科学问题与方法体系的凝炼与递进安排等,其基本学术思想已超越了重大基础设施工程管理领域,而对一般重大工程管理与一般管理学领域基础理论的形成也都具有可参考、可借鉴之价值。

今天,借本书中文版出版之际,笔者把在本书写作过程中跳出重大工程管理领域,在更广的范畴和更高的层次上对当前我国管理学学术研究中"具有可参考、可借鉴之价值"的几个问题的思考整理成文,作为一位老管理学人的刍荛之言。

本书为国家自然科学基金重大项目"我国重大基础设施工程管理理论、方法与应用创新研究"(71390520)的成果之一。

英文版序
——工程管理：中国学者从"照着讲"到"接着讲"

这本书从正式动笔到完稿成书，用了三年多时间，而思考本书中的问题并形成一个较为完整和条理化的理论体系，大约用了三十五年时间。

写作一本关于重大基础设施工程管理基础理论的书，花费这么长的时间，其主要原因是：

——书中有不少新的学术思想和理论观点，需要一点点地思考和积累。

——书中许多内容虽然各自是独立的，但彼此又是相互关联的。而理论体系从核心概念、基本原理、科学问题到方法论与方法体系必须表现出系统性和逻辑性并形成一个完整的整体，这需要较长时间才能逐渐成形。

——书中理论内涵需要以工程管理实践活动为导向和支撑，而实践的萌芽与成长自身要有一个较长的过程才能达到催生和形成理论体系的自身"阈值"。

——书中内容充分体现了多学科的交叉和融合，这也需要多学科共同提供逐渐成熟的学术环境。

所以说，这本书的写作出版，不仅记录了笔者漫长的学术研究道路，更反映了中国工程管理学者与工程界对重大基础设施工程管理基础理论的探索历程。

多年前，中国著名管理学家郭重庆院士针对一般管理学在中国的发展道路特征指出，管理学在中国，应该逐渐从依据国外学术思想的"照着讲"阶段走向面向中国管理实践，并进行普适性管理理论创新研究的"接着讲"阶段。其实，这是中国管理学者一直努力的目标，也是中国工程管理学者的历史责任。

三十多年前，由于中国工程管理历史传承较少、发展时间较短，在这一时期的前、中期，中国学者的工作主要集中在引进、介绍、传播、研究以项目管理为核心的国外工程管理知识体系与方法，并努力将其中的知识与方法应用于中国工程管理实践，取得了丰硕的成果。国外项目管理知识体系对我国工程建设与管理的发展与进步起了十分重要的作用，贡献是巨大的，今后仍将继续发挥重要的作用。从总体上看，这一阶段中国工程管理领域的工作基本上属于依据国外项目管理知识体系的"照着讲"阶段。

这三十多年同时是世界特别是中国工程建设快速发展的时期，也是工程管理研究领域取得极大进步的时期。随着我国工程建设的规模不断扩大，造物型的工程建设已成为国家社会经济发展的重要组成部分。一方面，大量的工程管理实际问题不仅需要我们直接运用国外项目管理知识与方法去解决，更需要我们根据中国工程管理实际情况思考和创造新的工程管理思想与理论；另一方面，不断丰富的中国工程管理实践与大量的实际管理经验也为我们的理论思考与创新提供了肥沃的土壤。

简言之，当前中国工程管理的发展已到了一个重要的转折点。这一转折点的重要任务就是要从单纯的引进、吸收国外工程管理（主要是项目管理）知识与方法的"照着讲"阶段，开始走向以我国工程管理实际问题为导向，依据我国工程管理实际情景，深刻总结自身管理经验，进一步提炼理论元素与形成新的工程管理理论的阶段，并争取为人类工程管理理论的共同发展与学术进步作出贡献。以此为标志的这一新的阶段即中国工程管理的"接着讲"阶段。

中国工程管理的"接着讲"，固然会讲中国情景与文化背景下的独特性的工程管理问题，但主要还是要讲源于中国工程实践，并具有普适性、根本性与拓展性的工程管理理论问题。例如，工程管理中有一些新问题，在国内外工程管理实践中都出现了，"接着讲"应对它们进行新的、尽可能深刻的规律揭示和理论解释；也有一些新的具有普适性价值的工程管理问题，国外工程实践表现得并不明显，但中国工程实践表现得比较充分，"接着讲"则要对它们进行具有中国学理特色的学术创新与理论探索。由此可见，"接着讲"主要不是讲囿于中国国情与文化特征的工程管理经验，也不是主要讲工程管理实践活动中的一般技能知识和操作手段，而主要是讲工程管理的思想与理论创新。

总之，从"照着讲"到"接着讲"，一字之差，意义迥异。"照着讲"主要是讲国外的工程管理知识、方法与理论，而"接着讲"更注重研究中国工程管理实践和由中国工程管理实践提炼出来的工程管理普适性科学理论。

当前，工程管理从"照着讲"到"接着讲"在中国有着坚实的实践基础与理论准备。

首先，三十多年来，中国已成为世界首屈一指的工程建设大国，不仅保持了庞大的工程建设规模，还涌现了许多举世瞩目、世界一流的重大单体工程，中国已经建成和正在建设的重大工程数量与规模都居世界第一。这无疑给我们开展重大工程管理理论研究提供了丰富、深刻、直接的源泉，也是我国工程管理学界"接着讲"最宝贵的实践资源。

这里要特别强调的是，从工程功能的多样性看，造物型的"重大工程"大体可以分为重大科学技术工程、重大军事国防工程和重大基础设施工程。其中，民生类的重大基础设施工程不仅面广量大，而且完整地体现出重大工程的基本属性与经济学、管理学及其他科学体系相互交叉的基本特征。因此，从工程管理理论体系意义上看，对重大基础设施工程开展工程管理理论研究具有特别重要和普适的意义。

正因为如此,本书中作为主要研究对象的"重大工程",专指这一类重大基础设施工程,如大型水利工程、重大环境工程、长大桥梁与隧道等重大交通枢纽工程等。

其次,重大工程管理理论涉及自然科学、技术科学、工程科学、社会科学及人文科学多个领域,交叉性、综合性很强。"接着讲"不仅需要在方法论上综合运用这些科学,更需要哲学智慧和文化学养的指导。而中国哲学的综合思维以及集大成、得智慧的文化思想十分有助于中国工程管理学者在"接着讲"中确立重大工程管理理论的思维原则与思想路线。

最后,这么多年来,中国工程管理学者已在"照着讲"的同时,不断进行着重大工程管理理论"接着讲"的探索,积累了不少经验,形成了一些新的理论元素,为我们进一步开展重大工程管理理论"接着讲"做了必要的准备。

以上各点告诉我们,在工程管理"接着讲"阶段,中国学者更应该并且能够充分发挥好各种工程管理资源优势,重点讲好重大基础设施工程管理理论体系的创新。

由此可见,中国学者对工程管理从"照着讲"到"接着讲",既要以丰富的重大工程管理实践为基础,又要有科学的哲学思维做指导,并使这两方面紧密融合在一起。

具体地说,"接着讲"是在丰富的中国重大工程管理实践和强烈的管理理论创新需求共同形成的学术发展道路转折点上,依托强调辩证统筹智慧的中国传统文化,提出关于重大工程管理理论的学术"自律性"和"自我主张"。它主要表现为努力从对项目管理知识体系"照着讲"的状态中走出来,并走上由中国学者新的理论路线所把握的"接着讲"的探索过程。这意味着,关于工程管理的有理论意义和创新价值的"接着讲",绝不是仍然沿袭传统的项目管理体系路径,也不能仅仅讲一些重大工程管理新的现象和零散的现场问题,而必须讲系统性鲜明和条理性清晰的重大工程管理理论体系的"自我学术主张",包括重大工程管理理论的思维原则、核心概念、基本原理、科学问题、方法论和方法体系,并且在此基础上形成完整的学术"话语体系"。

众所周知,重大工程管理基础理论主要是指重大工程管理活动一般规律或主要规律,并为实际管理活动提供具有指导意义的思维原则与基础学说,它是重大工程管理理论中具有基础性、根本性、普遍性特点的原则、概念、原理、科学问题与相应的方法论。它主要明确而深入地阐述了:

——人(管理主体)在重大工程管理活动中的基本思维与行为原则;

——人在重大工程管理活动中的思维与行为的基本形态及基本原理;

——人与管理环境、管理客体与管理问题综合形成的重大工程管理活动的基本形态与基本原理；

——基于人的重大工程管理活动的基本形态与基本原理形成的科学问题；

——为解决这些科学问题而提出的独特的方法论与相应的方法体系。

这样，按照上述理解，中国学者在工程管理"接着讲"阶段就应该重点讲述如何构建重大工程管理理论中的基础理论体系，以及这一体系的基本科学内涵与主要结构。

这正是本书写作的宗旨和原则。确立这一原则既体现了中国工程管理学者"接着讲"的真正意义和价值，也体现了中国重大工程管理理论创新对重大工程管理实践指导的真正意义和价值。

当然，中国工程管理学者从"照着讲"到"接着讲"，绝不意味着是对国外项目管理体系的替代，更不是对项目管理体系的否定，而是在继续充分学习、发挥、拓展国外项目管理体系重要作用的同时，中国学者关于重大工程管理理论的一次自主性系统思考，是中国工程管理学术自身成长的一次实实在在的探索与实践。它既体现了中国哲学与文化风格，又通过对项目管理体系的拓展和内涵的与时俱进，体现了黑格尔所谓的东西方"文化结合"艰苦锻炼产生的现实和正当的活力。因此，本书的写作集中体现了中国工程管理学者在工程管理"接着讲"阶段的一种理论思考与知识安排。

要做到和做好这一点，必须坚持以下原则：

——坚持扎根于重大工程管理实践。工程管理是致用的科学，如果关于重大工程管理规律的总结与管理理论的凝炼脱离了工程管理实践，其说服力、解释力、分析力、预测力及控制力等都无法得到保证。

——坚持理论研究的创新性。"接着讲"本身就是一种学术创新行为，而理论体系研究更不能仅仅对已有的知识与经验进行一般性解读和注释，如果这样，理论研究将缺乏其应有的学术生命力与鲜活度。

——坚持"接着讲"与"照着讲"的统一性。工程管理的"接着讲"不排除"照着讲"。事实上，任何研究与创新，总是先要学习和吸收，才能提高和发展。即往往先要"照着讲"，才有能力"接着讲"。人类任何科学文明从来都是在学习与继承中形成和发展的。

综上所述，中国学者关于工程管理的"接着讲"主要应该讲如何在中国重大工程管理实践基础上，开展重大工程管理理论研究和创新。而这必然首先要确立科学的理论思维原则与理论体系形成范式，界定清楚理论研究对象即重大工程与重大工程管理的本质属性。正如爱因斯坦所说，"如果没有界定范畴和一般概念，思考就像在真空中呼吸，是不可能的"。在这方面，本书旗帜鲜明地把中国传统哲学、当代综合集成系统论与国际复杂系统科学融合在一起,形成新的关于重大工程管理活动的复杂整体性认知,从而确立了重大工程管理理论的思想路线。

另外,重大工程管理问题层次性强、种类繁多,因此,任何刚刚开始的"接着讲"不可能把重大工程管理的所有问题都讲完整、讲清楚。为了突出重点,那些比较简单、相对成熟、复杂性较低的问题可以不讲或少讲,而应主要讲那些充分体现复杂性本质特征的管理问题,研究它们新的规律,并以此作为理论思考的范畴和焦点。

具体地说,本书依据"工程是身躯,系统是灵魂"的基本学理观念,界定重大工程管理理论主要研究的是一类在重大工程管理活动中出现并让管理主体感到结构不清、机理不明、动态性强、环境影响大而导致主体认识不易、资源不足、驾驭困难,不宜用一般的管理理论、传统的管理经验和现成的管理方法来解决的具有系统复杂性的管理问题。这是一类必须通过确立新的思维、构建新的理论、整合更多资源、构建新的平台、形成新的能力才能解决的问题。例如重大工程前期规划认证、工程设计、工程组织模式、重大施工方案、工程投融资、技术管理、现场综合控制、工程风险防范等都属于这类问题。它们在重大工程管理中都具有复杂整体性特征,是一类一般项目管理技术和一般系统工程方法不能解决或收效甚微的问题,必须运用新的方法论和方法体系才能有效解决。这类问题虽然一般多集中在重大工程管理的宏观层次和战略层次,在管理问题的总量中它们的数量也可能并不特别多,但其复杂性对重大工程决策、建设和运营等管理活动具有全局性和长远性影响,需要我们特别认真对待。这实际上告诉我们,这类问题应该是重大工程管理基础理论体系中最基本、最重要的科学问题。

"接着讲"要通过理论与实践互动形成解决这类复杂性问题的技术和方法。要根据复杂整体性思维,在方法论层面上提出解决这类问题的指导性原则,并形成相应的方法论与方法体系。

哲学的基本原理告诉我们,不仅理论的"真"来源于实践的"实",而且理论的丰富、发展及方法论与方法体系的构建,也要依靠实践。重大工程管理理论体系只有扎根于工程管理活动实践之中,才不致使理论成为无源之水、无本之木。

理论要运用于实践,实践要以理论为指导,两者都不是被动的、简单的、单向的。应用本身也包含着对理论的进一步思考、完善、修正与创新,甚至是重大的变革。所以说,理论与实践的结合,理论创新与实践创新的结合,从来都是相互促进、相互推动的。事实上,实践是理论之源,但并不能要求仅靠理论就能够完全解决重大工程管理的一切实践问题。在一定意义上,实践自身就是重大工程管理理论伟大的思想者。

在实践中,重大工程管理理论思考与创新首先表现为一个继承过程,是对前人思想、学说的借鉴与学习过程,然后才可能取得发展与进步。而这一过程是持续的、永不停顿。任何一次理论探索和一点理论贡献,只是这一整体性创新过程中的一个局部、一个阶段、一点积累,甚至可能是给他人引为教训的一次失败。因此,当事人不应以贡献"微小"而不为,他人也不应以其贡献"有瑕"而不屑。工程管理实践是无限的,理论创新是永续的,取得重要的理论研究与创新成果固然可喜,但时间短暂或能力不够时,哪怕一些小的理论思考与探索工作也是值得鼓励和应该坚持的。这也是本书作者多年来不断思考重大工程管理基础理论的基本态度。

本书是关于重大工程管理理论的思考与探索,因此书中除了包含一些源于工程实践又在实践中得到很好应用的内容,如重大工程组织、决策等,还包含了一些源于实践但尚未充分或尚未来得及在工程实践中得以广泛应用,因而略显单薄的内容,如重大工程技术管理、现场综合控制、风险管理中的"正常事故"等,甚至还包含了一些源于理论逻辑而刚刚开始探索的内容,如重大工程金融、情景耕耘技术、联邦建模等。这种成熟度不同或理解尚不一致的理论思考恰恰是我们的重大工程管理理论创新道路与过程的真实写照。

以上这些反映了中国学者在重大工程理论创新过程中的严谨而实事求是的科学态度:既不凭一些虚幻的材料来杜撰理论,也不轻易在理论探索中"注水"。书中有些内容因实践提供的支撑尚不足,所以理论思考仅仅是萌芽,我们也基本上保持了这一"原生态"状况,等待今后有了更丰富的实践和更深刻的思考再加以完善。这可能就是读者阅读本书时会感到理论思考"深浅不一"或"意犹未尽"的原因。所以,我们绝不认为本书是一本关于重大工程管理基础理论研究的完善之作,它只是本书作者对重大工程管理理论思考与探索的一个阶段之所得。

事实上,任何科学的概念和原理都是逐步萌芽、生长才发展、完善起来的,都需要走过一条漫长的、由一系列实际现象和事实启发、积累、修正和逐步完善的道路。任何想快速甚至毕其功于一役的打算对一个领域的基本理论的形成都是不切实际和违背科学规律的,任何理论探索者或评论家都需要有这样的实事求是的精神和宽容的态度。

也许这本书存在这样或者那样的不足,但它的写作和出版毕竟体现了中国工程管理学者在近几十年来对源于中国重大工程管理实践的理论思考,也是中国工程管理学者对工程管理从"照着讲"走向"接着讲"的一个阶段性成果之一。

还想指出一点:虽然本书是关于重大基础设施工程管理的基础理论的探索,但就其管理学内涵而言,本书对管理活动整体层面的认识论与方法论的思考,对管理活动系统性与复杂性本质的揭示,对管理理论形成的思维原则与形成路径的论述,对管理理论体系的科学内涵与结构的设计,以及对管理理论体系中的核心概念、基本原理、科学问题与方法体系的凝炼与递进安排等,其基本学术思想已超越了重大基础设施工程管理领域,而对一般重大工程管理与一般管理学领域的基础理论的形成也具有可参考、可借鉴之处。因此,不妨认为,这是重大基础设施工程管理理论研究对一般重大工程管理及一般管理学基础理论发展所作出的贡献。

目 录

第一篇 工程、重大工程与重大工程管理

第1章 重大工程语义的基本界定 ······ 3
1.1 关于工程 ······ 3
   1.1.1 工程 ······ 3
   1.1.2 项目 ······ 4
1.2 关于重大工程 ······ 5
   1.2.1 重大工程 ······ 5
   1.2.2 重大基础设施工程 ······ 6
参考文献 ······ 8

第2章 重大工程管理 ······ 10
2.1 工程管理概述 ······ 10
2.2 重大工程管理概述 ······ 11
2.3 工程管理到重大工程管理：系统性到复杂性 ······ 16
   2.3.1 系统概念与系统性 ······ 16
   2.3.2 工程、工程管理的系统性属性 ······ 17
   2.3.3 复杂系统概念与复杂性 ······ 19
   2.3.4 重大工程、重大工程管理的复杂性 ······ 21
2.4 重大工程管理体系结构与认知 ······ 26
   2.4.1 重大工程决策主体与总体决策支持体系 ······ 27
   2.4.2 重大工程管理总体执行体系 ······ 28
   2.4.3 重大工程管理认知的基本范式 ······ 30
参考文献 ······ 31

第一篇主要理论观点 ······ 34

第二篇　重大工程管理理论的基本思考

第3章　重大工程管理理论概述 ············· 37
3.1　工程管理中的理论思维与工程思维 ············· 39
3.1.1　两种思维方式 ············· 39
3.1.2　工程管理的经验、知识与理论 ············· 41
3.2　项目管理知识体系及其理论定位 ············· 43
3.2.1　项目管理知识体系概述 ············· 44
3.2.2　项目管理知识体系的思维模式解析 ············· 46
3.2.3　项目管理知识体系的理论定位 ············· 47
3.3　"走在路上"的重大工程管理基础理论 ············· 50
3.3.1　重大工程管理基础理论的基本内涵 ············· 53
3.3.2　几个相关问题的说明 ············· 54
参考文献 ············· 56

第4章　重大工程管理基础理论的形成路径 ············· 60
4.1　复杂性：理论的思维原则 ············· 60
4.2　核心概念：理论的话语基础 ············· 61
4.3　基本原理：理论的判断思维 ············· 63
4.4　科学问题：理论的核心内涵 ············· 64
参考文献 ············· 66

第二篇主要理论观点 ············· 68

第三篇　重大工程管理基础理论的核心科学内涵

第5章　重大工程管理基础理论的核心概念 ············· 71
5.1　基础性概念 ············· 71
5.1.1　重大工程—环境复合系统（客体类概念） ············· 71
5.1.2　复杂性（客体、主体与环境类概念） ············· 72
5.1.3　深度不确定性（环境与主体类概念） ············· 76
5.1.4　情景（环境类概念） ············· 80

5.2 专题性概念·· 83
　　5.2.1 管理主体与序主体(主体类概念)··· 84
　　5.2.2 管理平台(组织类概念)·· 85
　　5.2.3 多尺度(行为类概念)··· 87
　　5.2.4 适应性(行为类概念)··· 91
　　5.2.5 功能谱(目标类概念)··· 96
5.3 概念体系的逻辑化与系统化··· 98
参考文献·· 102

第6章 重大工程管理基础理论的基本原理·· 106
6.1 复杂性降解原理·· 106
　　6.1.1 复杂性降解基本原理·· 106
　　6.1.2 复杂性基本降解路径·· 108
　　6.1.3 复杂性降解的"度"··· 113
6.2 适应性选择原理·· 115
　　6.2.1 适应性选择的科学内涵··· 115
　　6.2.2 适应性选择的管理策略··· 117
6.3 多尺度管理原理·· 121
　　6.3.1 多尺度管理基本内涵·· 122
　　6.3.2 多尺度管理:多尺度划分与特征提取······································· 122
　　6.3.3 多尺度管理:多尺度向维度的整合·· 124
6.4 迭代式生成原理·· 126
　　6.4.1 选择过程中的主体行为迭代性··· 126
　　6.4.2 选择过程中技术路线的迭代性··· 129
6.5 递阶式委托代理原理··· 131
　　6.5.1 重大工程递阶式委托代理关系概述·· 132
　　6.5.2 重大工程递阶式委托代理的特征·· 135
　　6.5.3 重大工程委托代理的递阶式机理·· 136
6.6 基本原理的逻辑关联分析·· 137
参考文献·· 139

第7章 重大工程管理基础理论的科学问题·· 144
7.1 重大工程管理组织模式及动力学分析··· 144
　　7.1.1 重大工程管理组织模式概述·· 145

7.1.2　重大工程管理组织模式解析 …………………………… 146
　　7.1.3　重大工程管理组织的基本力系 …………………………… 149
　　7.1.4　重大工程管理组织主体力系的复杂形态 ………………… 155
　　7.1.5　重大工程管理组织的组织行为的形成机理 ……………… 157
　　7.1.6　重大工程管理组织中合谋行为的动力学分析 …………… 159
　　7.1.7　重大工程决策组织的动力学分析 ………………………… 162
 7.2　重大工程深度不确定决策 ……………………………………… 172
　　7.2.1　重大工程决策基本论述 …………………………………… 173
　　7.2.2　重大工程深度不确定决策 ………………………………… 174
　　7.2.3　重大工程深度不确定决策基本原理 ……………………… 176
　　7.2.4　重大工程决策质量概述 …………………………………… 179
　　7.2.5　重大工程的情景鲁棒性决策 ……………………………… 181
　　7.2.6　重大工程决策情景鲁棒性的度量和分析 ………………… 183
 7.3　重大工程金融 …………………………………………………… 186
　　7.3.1　重大工程资金资源 ………………………………………… 187
　　7.3.2　重大工程投融资 …………………………………………… 189
　　7.3.3　重大工程金融 ……………………………………………… 192
　　7.3.4　重大工程金融的组织与结构 ……………………………… 196
　　7.3.5　重大工程金融中的若干基本问题 ………………………… 200
 7.4　重大工程技术管理 ……………………………………………… 202
　　7.4.1　重大工程技术与技术管理概述 …………………………… 202
　　7.4.2　重大工程技术选择 ………………………………………… 205
　　7.4.3　重大工程技术创新管理 …………………………………… 208
　　7.4.4　面向重大工程全生命周期的技术管理 …………………… 212
　　7.4.5　重大工程技术管理体系的构建 …………………………… 214
　　7.4.6　重大工程技术管理的实施体系 …………………………… 217
 7.5　重大工程现场综合控制与协同管理 …………………………… 217
　　7.5.1　重大工程现场复杂性特征概述 …………………………… 217
　　7.5.2　现场质量综合控制 ………………………………………… 219
　　7.5.3　现场技术与供应链的协同管理 …………………………… 223
　　7.5.4　现场综合减灾 ……………………………………………… 226
 7.6　重大工程复杂性风险分析与控制 ……………………………… 233
　　7.6.1　重大工程决策风险分析 …………………………………… 233
　　7.6.2　重大工程成本超支风险 …………………………………… 238

7.6.3　重大工程现场复杂性风险 ································ 252
参考文献 ·· 260

第三篇主要理论观点 ·· 267

第四篇　重大工程管理研究的方法体系

第8章　重大工程管理研究的综合集成方法体系 ··············· 271
8.1　概论 ·· 271
　　8.1.1　方法论概述 ·· 271
　　8.1.2　整体性方法论 ·· 272
8.2　重大工程管理的综合集成方法体系 ······················ 273
　　8.2.1　关于复杂整体性问题的方法论 ························ 273
　　8.2.2　重大工程管理的综合集成方法体系 ··················· 274
参考文献 ·· 276

第9章　重大工程管理研究的专门性方法 ······················ 278
9.1　专门性方法1：全景式质性分析方法 ····················· 279
　　9.1.1　概　述 ·· 279
　　9.1.2　质性研究方法 ·· 279
　　9.1.3　全景式质性分析方法 ··································· 281
　　9.1.4　两个简例 ··· 287
9.2　专门性方法2：情景耕耘 ································· 289
　　9.2.1　情景耕耘概述 ·· 290
　　9.2.2　情景耕耘的基本解读 ··································· 291
　　9.2.3　情景耕耘方法中的情景建模 ··························· 292
　　9.2.4　情景耕耘方法的研究范式 ····························· 298
　　9.2.5　一个情景耕耘的工程决策实例 ························ 301
9.3　专门性方法3：联邦式建模 ······························· 310
　　9.3.1　重大工程管理模型 ····································· 311
　　9.3.2　重大工程管理联邦式建模的主要内容 ················ 321
　　9.3.3　重大工程管理联邦式建模的实现 ····················· 326
　　9.3.4　重大工程管理联邦模型的开发与运行 ················ 339
参考文献 ·· 345

第四篇 主要理论观点 ... 349

第 10 章 重大工程智能管理 ... 350
- 10.1 不断增强的重大工程复杂性 ... 350
- 10.2 智能互联网时代 ... 354
- 10.3 重大工程智能建造 ... 355
- 10.4 重大工程智能管理 ... 358
- 10.5 重大工程智能管理理论 ... 361
- 参考文献 ... 362

英文版后记 ... 364

中文版后记 ... 366

索 引 ... 368

附 录 ... 371
- 附录 1 讲好重大工程管理学术创新的中国话 ... 371
- 附录 2 重大工程管理理论的中国话语体系建设 ... 374
- 附录 3 构建中国气派的重大工程管理理论
  ——运用钱学森系统科学思想赢得学术自我主张和话语权 ... 377

第一篇
工程、重大工程与重大工程管理

本篇共两章,主要包括两部分内容:

第一部分对本书主要研究对象,即重大基础设施工程(重大工程)的内涵与概念进行详细解读,其目的是清晰界定本书研究的对象以及基本特征,为进一步抽象重大工程管理的科学概念做好必要的准备。

第二部分主要是先对重大工程管理活动的基本特征进行分析,重点是通过工程管理活动与重大工程管理活动的特征对比,在系统科学的基本原理基础上,总结出由系统性到复杂性是从工程管理到重大工程管理本质属性的重要演变规律。

在此基础上,运用复杂系统话语体系对重大工程管理内涵进行了分析,并运用系统科学思维,建立了关于重大工程与重大工程管理的一般认知基础。

第1章 重大工程语义的基本界定

概念是人们在思考问题时形成的对一个事物或过程的概括和总结,是人们对研究对象本质与特征的抽象,也是对研究问题范围的界定。

清晰而准确的概念对理论研究非常重要,特别是理论研究中的那些最基本的对象,一定要通过明确的概念来界定它的含义,不能让人对重要概念的语义随便附意或产生歧义。

对本书来说,"重大工程"一词是最重要、最基本的概念。虽然人们在长期的工程实践中已经对"重大工程"以及由此引申出来的"重大工程管理"等有了基本的约定与共识,但从理论研究的严谨性出发,我们还是要在本书一开始,对"重大工程"和"重大工程管理"等概念的语义做出基本的和必要的规定。

1.1 关于工程

1.1.1 工程

人类自进入古文明时期以来,为了解决最基本的物质生活需求,除打猎捕鱼、采集果实、从事种养业等生产实践活动外,还开展了建房修路、造坝搭桥等造物与用物的实践活动。起初的生产对象主要是大自然已有的东西,但"造物"则是按照人的某种意图自觉建构人造物品实体或对大自然性状的改造,改造的结果实际也是对大自然的局部"造物"。所以,自古以来,人类的活动实践就有造物实践,这正是今天所谓"工程"实践活动的起源。

显然,人类的造物(包括改变原有事物性状)活动必然是一个完整的过程,包括造物意图的形成,造物方案的设计,造物活动的组织、实施直至人造物实体的整体完成。由此可见,**"工程"这一概念主要是指根据一定意图而创造人造物实体的活动过程**。有时,人们也会把"工程"一词指为人造物实体本身。例如,"中国万里长城是个伟大的工程",这里"工程"就是指长城人造物实体,这只是一种语言习惯。

随着人类造物实践活动的丰富和认知的抽象,"工程"语义的拓展大体沿着下面两条路径进行:

（1）因为人类的造物工程主要从建造房舍、修路筑坝开始，所以在很长时间内，人类的造物都表现出浓厚的"土木性"，这也决定了工程造物过程必须基于明确目的和有始有终的完整性。因此，根据这一活动特征，随着人类实践活动的不断丰富，人类不断扩大着工程活动的实践领域，即**只要在某一领域，有明确的目的和有始有终的完整性活动皆可视为"工程"**。于是，陆续出现了机械工程、化学工程、电子工程、计算机工程等概念，并且人们进一步在科学体系与教育体系的结合中将"工程"解读为大学教育中的"学科"概念。

（2）进一步，人们再把实体造物的工程概念延伸到社会、科技、精神及逻辑领域，又出现了更为广义的软件工程、系统工程、文化工程与教育工程等。例如，在中国有扶持农村教育的"希望工程"和发展大学教育的"211工程""985工程"等。

无论对于"工程"的界定从最初的"土木""水利"而延伸到"机械""电子""信息"领域，还是把物质型工程拓展到半物质型与非物质型工程，都反映了人类造物实践活动的不断丰富和造物活动范围的不断扩大，都是为了方便描述和认识人类特有的这类造物实践活动和过程。这时，我们只要把握住工程的基本语义，并与一定的背景相关联，就能清晰、准确地表达工程在一定语境下所包含和表达的语义。

根据上述说明，这里特别指出，本书讨论和研究的工程（包括后面的重大工程）既不指一类非物质类型工程，也不指学科型工程，而主要是一类实体型的造物工程，例如公路桥梁工程、水利工程等。

1.1.2 项目

"项目"是一个与"工程"有着紧密关联的概念。一般地，"项目"是指人类一**类具有一定独特性的实践活动。这类活动有着明确的目标以及具体的任务要求，并必须在规定的时间、资源等限定条件内，完成所有的任务并实现该目标**。例如，建筑一栋房屋、开发一项产品、举行一项活动等。

不难看出，项目的明确目标或目的也有物质型与非物质型之分。就物质型目标而言，项目概念的语义与实物型造物的工程活动有着基本的一致性，并无特别重要的区别。因此，可以认为：

（1）在某个特定的造物活动上，"工程"与"项目"是同义的，例如，中国三峡工程与中国三峡项目、中国三峡工程项目三者是同义的，并可以相互通用。

（2）在未特指实物型项目的情况下，"项目"所指的活动，往往也包含着半物质与非物质型的含义。所以，"项目"在一般情况下有着比造物的"工程"更广的含义，因为它在许多时候指的可能是非造物活动。

（3）项目概念更强调所指活动的独特性，以及在活动过程中如何获取和使用资源、如何分配和安排各类人员的任务以及如何形成项目活动的关联过程。这样，项目概念在很大程度上是强调项目特定活动现场的操作和组织，而工程概念则是在宏观和全局层面上概括了人类构造人工物品的一般活动特征。

（4）项目概念强调了所指活动现场的任务、组织与操作，因此，人们在提到项目被分解为更细致的任务和如何操作时，多习惯使用"项目"这一词，这在建筑行业更为普遍和传统。其实，我们可以认为，这仅是一种语言使用的习惯，并无其他特别深刻的含义。

1.2 关于重大工程

1.2.1 重大工程

随着人类社会的发展和科学技术的进步，特别从 20 世纪以来，人类工程活动逐渐呈现出环境复杂、规模壮阔、技术先进、投资巨大、工程建设与生命期长、对社会经济环境具有重要持续影响等特征，这类工程为人类创造了新的生存环境或明显改善了原来的生存环境，为人类社会与文明的持续发展提供了重要支撑条件，并因此在人们头脑中形成了"重大工程"的感知。这类工程的"规模巨大"和"影响重要"是我们对"重大"工程基本特征的直观认知。

实际上，对"重大工程"概念的理解，主要是在"工程"概念的基础上，人们如何理解"重大"一词的含义。例如，就工程投资而言，美国联邦高速公路管理局曾定义造价超过 10 亿美元的工程项目即重大工程，而挪威政府则规定超过 6000 万欧元的工程属于重大工程。这说明由于各国经济状况不同，仅以工程投资额来界定是否重大工程，会出现较大差异。这也说明了不能通过某种定量化方法把"重大工程"理解成可以精确度量的概念。因此，在长期的工程活动实践的基础上，人们更多地倾向于从不同视角和层次对重大工程的基本特点进行归纳，形成描述性概念。而大家也愿意这样直观地认识和理解重大工程，因为工程是否"重大"，的确与人们的"意会"有很大关系。今天，**人们已基本形成了重大工程是一类"规模大"和"很重要"的工程的共识**。

从工程功能的广泛性看，造物型重大工程大体可以分为以下几种类型：

（1）重大科学技术工程。这是一类旨在探索和发现重大科学规律或实现重大技术突破，在一定时限内实现重大科技目标的工程。这类工程在人类揭示自然规律、突破关键技术困难以及提升战略性产业竞争力等方面都具有全局性影响力和整体性带动力。如多国联合开展的"基因研究工程""物质微结构研究工程",一国或多国共同开展的"航天工程"等。

(2) 重大军事国防工程。这是一类国家或国家联盟为了国防安全或增强军事实力而开展的重大武器及军事装备研发工程。如美国开展的国家导弹防御系统(NMD)、俄罗斯的全球卫星导航系统(GLONASS)等。

(3) 重大基础设施工程。"基础设施"最基本的语义为"基础性"以及"为社会发展提供基础"。《1994年世界银行发展报告》(1994)提出,基础设施是"永久性的工程构筑、设备、设施和它们所提供的为居民所用和用于社会生产的服务"。其中,有一类是所谓经济基础设施,如城市公用事业工程、交通工程(道路、港口、机场等)以及公共工程(大坝、水利设施)等;还有一类是所谓社会基础设施工程,如教育、文化及卫生保健设施。不难看出,实体型基础设施工程是直接解决人类基本生存和生活问题或为其提供服务的工程类型。基础设施工程一般都具有规模大和影响大等基本特点,自然就形成了一类重大基础设施工程。比较而言,这类以改善民众生活和支持社会发展为主要宗旨的重大基础设施工程比上面两类重大工程更为普遍,如中国的三峡水利工程、南水北调工程、港珠澳大桥工程等都是典型的重大基础设施工程。

1.2.2 重大基础设施工程

在以上三类重大工程中,由于重大科学技术工程与重大军事国防工程的工程环境、工程目的、工程主体、工程决策以及工程实施等方面都具有特殊的规定性和独特的运作程序,相关信息也处于高度保密和不对称状态,因此,需要遵循特别的研究路线与实施方式。而民生类重大基础设施工程,不仅较完整地体现了重大工程的基本特征,还深刻地体现了经济学、管理学及其他学科体系的基本内涵,特别是,由于相关信息比较公开、样本量较大,因此,对重大基础设施工程这类重要并具有普遍意义的重大工程,开展其理论研究、解释其现象、揭示其一般规律,就具有重要的学术意义和普遍的实际价值。

中国是当前世界上最大的发展中国家。中国人口多,为了推动社会经济发展和城市化等战略,中国必然要在一段相当长的时间内,大力发展住房建设,修建公路、铁路、桥梁、通信等基础设施,同时还要通过修筑水利、环保工程以改善自然环境等。这一现实使中国成为当前全球基础设施工程的建设大国。

美国《华盛顿邮报》2015年3月24日的一篇报道,从侧面证实了这一点。报道说,中国在过去3年时间内用掉的水泥量超过美国20世纪的全部用量,美国在20世纪的水泥消费量约为44亿吨,而中国2011—2013年大约消费了64亿吨。中国水泥协会相关负责人在3月25日接受《环球时报》记者采访时基本上认可这一事实,并从中国当前各方面的发展需求对此做出了解释和说明。

总结大量的工程案例,我们不难看出,重大基础设施工程(以下称"重大工程")是一类面广量大、与社会公众关系最为密切的工程,它最重要的基本特征如下:

(1) 重大工程一般由国家(政府)作为决策与投资主体。因此,国家(政府)在工程建设中一般都起着重要的主导作用,在工程是否立项、如何出资、何时建设、怎样建设等重要问题上,国家(政府)一般都拥有权威的决策权与话语权。

(2) 工程规模巨大。这类工程规模庞大,涉及空间广阔。例如,中国三峡水利工程的水库淹没陆地面积为 632 平方千米,涉及 20 多个市、县,仅淹没区居住总人口就达 85 万人,考虑到二次搬迁等因素,三峡工程移民安置动态总人口达到 113 万人。三峡工程分三个阶段完成施工任务,全部工期为 17 年,工程总投资为 3 320 亿人民币。而中国的天然气"西气东输"工程,西起新疆塔里木气田,东至上海市,干线全程超过 4 000 千米,一期投资额为 1 200 亿人民币。

(3) 工程自然环境复杂。重大工程往往地处复杂甚至恶劣的自然环境中,如中国青藏铁路工程,由青海省西宁市至西藏自治区拉萨市,全长 1 956 千米,主体工程位于素有"世界屋脊""世界第三极"之称的青藏高原。铁路不仅要穿越海拔 4 000 米以上地段达 960 千米,该地段一年四季高寒缺氧,气候复杂多变,而且要穿越连续型温度高、厚度薄和敏感性强的冻土里程达 550 千米,还要建设世界上海拔最高、横跨冻土区最长的高原永久冻土隧道。

(4) 对区域社会经济环境有着重要而深远的影响。重大工程的建设目的一般都是积极而持久地促进社会经济发展或改善人类生存环境。因此,工程必须在目标预期上持续释放出对区域社会经济环境的强大正能量。但是,一方面,重大工程的目标在实践上并非都能一一实现;另一方面,由于决策问题复杂或考虑不周,反而可能出现人们意想不到的坏现象。而且,因为重大工程对区域社会经济环境影响深远,一旦出现这一情况,极有可能会造成对区域社会经济环境的重大破坏,这种破坏一般是长时期的、不可逆的。几十年来,全世界在这方面有着许多失败的案例。

(5) 工程生命周期长。重大工程建设由于规模宏大、环境与技术复杂等原因,从工程概念形成到施工完成一般都要数年或数十年,而从工程开始运营到工程生命期结束,往往长达数十年甚至数百年。如此漫长的工程生命期,不仅会形成工程建设过程中的多个阶段和接口,更重要的是使工程建设特别是工程目标的释放置身于社会经济、自然环境长时间尺度的不确定性之中,从而需要重大工程功能在工程长生命期内具有良好的稳健性。这不仅是对重大工程的建设质量,而且是对重大工程决策质量提出的新挑战。

(6) 重大工程建设有更多方面的主体参与,从而带来更多的不同主体的目标偏好与利益诉求,增加了工程决策与建设主体群成员之间的冲突与博弈。例如,社会公众的积极参与往往会使重大工程利益相关者之间的关系更加复杂化。

上述重大工程特征虽然不是其特征的全部,但作为人们对重大工程基本特征的描述,已体现了人们对"重大工程"典型特征的共识和对其科学内涵的认知。这样,**在一般意义上,我们可以把这些特征作为重大工程描述性定义来考虑**。

作为本书主要研究对象的"**重大工程**",专指这类重大基础设施工程。

由上可见,重大工程的确存在一般工程基本上不存在或虽然存在但并不明显、不突出的若干本质特征。这些特征实际上形成了人类重大工程实践这一类造物活动的新形态,并极大地推动了人们对工程认知的拓展与变革。其中最重要的是,人们普遍认为,重大工程的本质特征与属性在工程范畴内已经形成了一种新的认知规则,这一规则使人们在思维层次上明确了重大工程是一类独特的、明显区别于一般工程的工程本体属性或工程活动过程,并进一步会对重大工程管理活动与重大工程管理理论产生深刻影响。

参考文献

[1] Ana Swanson. How China used more cement in 3 years than the U. S. did in the entire 20th Century[N]. Washington Post,2015.

[2] Cairns G. Mega-projects:the changing politics of urban public investment [J]. International Journal of Public Sector Management,2004,17(17):152-153.

[3] Marrewijk A V,Clegg S R,Pitsis T S,Veenswijk M. Managing public-private megaprojects:paradoxes,complexity,and project design[J]. International Journal of Project Management,2008,26(6):591-600.

[4] Mok K Y,Shen G Q,Yang J. Stakeholder management studies in mega construction projects:a review and future directions[J]. International Journal of Project Management,2014,33(2):446-457.

[5] Priemus H,Flyvbjerg B,Wee B V. Decision-Making on mega projects. Cost-BenefitAnalysis,Planning and Innovation[M]. Edward Elgar Publishing,2008.

[6] Yang J,Shen G Q,Drew D S,Ho M. Critical success factors for stakeholder management:construction practitioners' perspectives[J]. Journal of Construction Engineering and Management,2009,136(7):778-786.

[7] Yang J,Shen G Q,Ho M,Drew D S,Xue X. Stakeholder management in

construction: an empirical study to address research gaps in previous studies[J]. International Journal of Project Management, 2011, 29(7): 900-910.

[8] Zou X W, Zhang G, Wang J Y. Identifying key risks in construction projects: life cycle and stakeholder perspectives[J]. International Journal of Construction Management, 2014, 9(1): 61-77.

[9] 国际复兴开发银行. 世界银行年度报告[R]. 北京:中国财政经济出版社, 1994.

[10] 盛昭瀚,游庆仲,李迁. 大型复杂工程管理的方法论和方法:综合集成管理:以苏通大桥为例[J]. 科技进步与对策,2008,25(10):193-197.

[11] 盛昭瀚,游庆仲. 综合集成管理:方法论与范式:苏通大桥工程管理理论的探索[J]. 复杂系统与复杂性科学,2007,4(2):1-9.

[12] 孙永福. 青藏铁路多年冻土工程的研究与实践[J]. 冰川冻土,2005,27(2):153-162.

[13] 孙永福. 青藏铁路建设管理创新与实践[J]. 管理世界,2005(03):1-6+14.

[14] 邢晓婧,陈一. 中国水泥产量世界第一,三年用量超美国一世纪[N]. 环球时报,2015-3-26.

第 2 章　重大工程管理

工程管理活动是工程造物活动中一类非常重要、不可或缺的活动。好的工程既是"干"出来的,更是"管"出来的。而重大工程管理活动如同重大工程造物一样,出现了许多新的现象、新的问题、新的规律,需要我们拓展原有思维,形成新的认知。

2.1　工程管理概述

远古,人类的工程实践活动极其简单、规模也小,个人往往就能独立承担一项简单的工程造物活动。但随着工程活动的规模不断扩大,当个人已不能独立完成某项工程活动时,人与人在活动中就开始相互合作、形成团队,并在内部进行分工,依靠集体的力量与智慧,克服困难,实现工程目标。这一趋势越来越普遍。

在这类实践活动基础上,人们逐渐认识到在群体性工程造物活动中,人与人需要组织起来进行分工,并把工程造物过程分为多个相互衔接的阶段。这不仅能更好地保证工程目标的实现,还能使工程活动更加有序和有效。进一步地,造物人群中的一个(或一部分)人从原来具体、直接的工程造物活动中分离出来,专门从事一类使工程造物活动更为有序和有效的活动,这一类活动可表述为:**在由人群共同参与的工程造物与用物活动中,其中一个(或一部分)人根据造物的环境与拟实现的目标,专门从事一类筹划、获取和配置造物必需的资源,分配和安排造物人群中各部分人的任务,协调人群与人群、人群与任务、任务和任务之间关系,使造物实践更为有序和有效的活动。我们称这类活动为工程管理活动**,简称工程管理。

下面,对"工程管理"的内涵做进一步解读:

(1) 人类的工程管理活动产生于人类的工程造物活动之中,作用于工程造物活动,并与工程造物活动"形影相随"。工程是人们在造物活动中干出来的,工程管理则在其中起着整合,调节,协调及规整人与人、人与物、物与物行为与相互关系的作用。因此,人类不可没有工程造物实践,工程造物实践不可没有工程管理。

(2) 工程管理是工程造物过程中一类整体性的实践活动。如同其他领域的管理活动一样,工程管理活动也有管理目标、主体、组织、问题、环境等基本要素,并表现为一个完整的过程。一个较为复杂的管理活动可以表现出多层次和相对独立的若干部分。

(3) 工程管理一般与相应的工程造物活动是同步的,即某一工程活动开始,相应的工程管理就开始;该工程活动停止,相应的工程管理就停止。但是,随着人类工程活动越来越复杂,相应的工程管理往往要提前形成工程初始理念,开展工程前期决策、规划论证,直至对工程进行运营管理与后评估,从而使工程管理活动不断提前和后移,向着工程全生命期两端延伸。

(4) 任何工程造物都是具体的、独特的。世界上没有两个工程是完全一样的,这也决定了各个具体工程管理活动的独特性。这告诉我们,没有一个放之四海而皆准的适合于一切工程造物活动的工程管理模式。反之,任何具体的工程管理都要因时而异、因地而异、因人而异、因事而异、因情而异。

(5) 即使两个高度相似的工程,一般也会有不同的具体工程管理内容,这是因为工程管理不仅源于工程的具体性与独特性,更因为工程管理的核心是以"一部分人"为主体、"另一部分人"为对象的活动,所以,工程管理的目标不仅要融入人的价值判断与取向,而且要融入人的文化秉性,如他们的偏好、行为、情感、习惯等心智因素。也就是说,工程管理是"以人为本"或者是"以人为核心"的活动,工程管理不能重物轻人,更不能只见物不见人。

(6) 工程管理有着丰富的实际内容,为了完成其中许多管理任务,要有相应的技术、手段和方法。从这个意义上说,工程管理既要有可行性更要有可操作性,既要讲效果又要讲成本。因此,面对不同的工程管理模式的选择,需要考虑管理是恰当的和节约的,而不应该是冗余的和华丽的。

(7) 随着人类社会的发展,人们造物的能力越来越强,工程管理的内涵也越来越丰富,新的管理思想、知识、理论和方法如雨后春笋,呈现出一片生机盎然的景象。

(8) 在工程管理实践的基础上,人们早已开展了对工程管理的研究,并创建了工程管理教育体系与学科研究体系,关于工程管理理论、方法与应用的研究从来没有像现在这样迅速发展与繁荣。

2.2 重大工程管理概述

正如前面所述,既然重大工程存在其自身的本质特征,那就必然会导致相应的管理活动产生许多与一般工程管理活动不同的新内容。

下面我们来逐一概述工程管理活动的基本要素,从中可以看出重大工程管理与一般工程管理之间的重要区别。

第一,管理环境。重大工程一般地域范围大、空间覆盖面广,工程的社会经济自然环境在工程长生命期内不仅是动态变化的,还可能产生演化与突变等复杂现象。这些都会对重大工程的功能设计、建设施工,以及工程建成后的工程质量与功能稳健性产生深刻影响。例如,不稳定的政治社会环境可能导致工程建设中断,经济的激烈动荡可能会使工程资金链断裂,自然环境的重大变化则又可能破坏工程功能的正常发挥。因此,复杂的管理环境使得重大工程管理创造高质量的工程、形成稳健的工程功能目标更加困难。

第二,管理主体。重大工程管理主体是指对工程决策、建设和运营有决策权、财产权、建设权、监督权、话语权的多方面关系人组成的群体,如政府、业主、设计方、承包商、供应商、监理方、科研方与社会公众等。显然,重大工程主体组成的群体规模大、人数多、价值多元化。他们首先有着建设、管理好重大工程的共同目标,并在工程管理的不同阶段发挥各自的作用,但又因为彼此之间存在不同的价值偏好,会有不同的利益诉求和行为冲突。这一状况不仅会增加管理主体共识与目标形成的难度,而且会在涉及彼此利益的问题上产生矛盾和博弈。这不仅要求重大工程管理主体群具有更强的领导力与协调力,要有有效的管理模式与流程,还要在管理全过程保证主体行为的规范和防范主体行为的异化。例如,在重大工程施工现场,工程设计与施工主体之间的协调往往不仅关系到现场技术的接口问题,而且会引发设计方与施工方之间的利益与责任冲突。有时候,这类冲突可能十分尖锐,解决起来非常困难。

另外,面对复杂的重大工程管理环境,管理主体往往表现出知识、经验及能力的不足,这一般要通过管理主体自学习、自组织来提升自身的管理水平。这又从另一个角度增加了对管理主体行为的协调难度。因为,这里的主体自学习不仅包含业主或者某些管理者的个体学习行为,而且包括通过主体群重组或者构建新的主体群来实现管理能力的提高。这样,必然会大大增加重大工程管理主体行为与组织模式的复杂性。

第三,管理问题。与一般工程管理相比,重大工程管理过程中需要解决的管理问题不仅数量多,而且复杂得多。这些复杂的问题可能只占整个管理问题数量中的小部分,却要花费管理者大部分的时间与精力,并且如果其中某一个问题解决得不好,都将严重影响重大工程整体的建设和运营。

关于这一点,我们可以从下面三点来认识:

首先,这些管理问题一般会涉及多个学科和领域的知识。例如,一个重大交通基础设施工程的选址既要考虑对交通状况的改善,又要考虑对周边地区社会经济发展的作用,还要考虑该地区的自然(地质、水文等)环境对工程建设的影响以及工程建设对自然环境是否会产生破坏,等等。这样的管理问题必然需要多个领域的专家运用多学科、多领域的知识才能解决。

其次,这些管理问题的边界往往是模糊的和不完全清晰的,问题内部要素之间除有确定的输入/输出关系,还有不完全确定的关联关系;除有显性的可确知的关联关系,还有隐性的难以确知的关联关系。而且被我们认定的一些关系或关联要素在实际传导过程中还可能被其他因素影响而改变,导致人们对问题的认知往往是模糊的、不确定的甚至是不确知的。

最后,这些管理问题一般都很难完全用一种比较明晰的结构化方法(模型)来描述。事实上,重大工程管理问题往往同时包含着社会经济、工程技术与人的行为和文化价值观等要素。其中,工程技术要素基本上受自然科学与技术原理支配,一般可以用结构化模型来描述;社会经济领域要素主要受社会或经济规律支配,部分可以用结构化模型来描述;而人的行为和文化价值观要素往往只能用非结构化模型来描述。这样,这一类管理问题整体上就必须同时用结构化、半结构化甚至非结构化模型才能完整、准确地描述,这不仅大大增加了问题建模的难度,而且增加了不同类型模型之间相互融合的难度。

举一个典型的案例:中国正在建设的南水北调工程是一项自西向东,从长江上游、中游、下游,分西、中、东三线把南方长江流域部分水资源抽调至华北和西北水资源短缺地区的跨流域调水重大工程。南水北调工程的调水路线从南至北,途经中国中、东部7个省市,调水距离大于1 000千米。从工程要素关系看,似乎只要开通运输水道,把南方的干净水直接运到北方即可,但从下面的分析看,实际问题要复杂得多。

(1) 水,特别是干净的水在中国是极其宝贵的稀缺资源。全社会如不树立节约用水的意识,尽快改变水资源粗放利用、浪费严重的状况,将严重抵消该调水工程的效益。而这又涉及工业、农业的生产方式和人们的生活方式,否则,调入的那点干净水根本无济于事。

(2) 当前,南方调水区水源也面临着严重污染,其中,东、中部地区长江近岸污染加重,当地城市供水也有困难,这就要求供水地区加强治污措施,防止生物污染性污水随调水向北扩散。而西部调水水源区面临长江上游草原退化、沙化的严峻形势,调水不仅不利于涵养水源,而且严重威胁着长江上游的生态屏障。

(3) 调水工程沿线长达1 000千米,存在大范围严重的水污染与生态环境遭破坏等风险问题。

(4) 除了对水源地区开展直接的水体污染治理,还需要更长久与可持续地进行经济结构调整,包括限制东部地区高污染、高耗水企业与项目向这些地区迁移,防止对水源区已经十分脆弱的生态环境造成新的威胁。

由此可见,南水北调工程的工程管理问题,绝不是一个简单的通过建设输水渠道建立调水地与受水地之间水的直接输入/输出关系问题,而是有着太多的因果性和关联性的社会—经济—水生态系统的一体化问题。所有这些已经远远超出了单一的水利工程的技术问题范畴,而拓展和衍生为一个涉及环境治理、社会经济发展、产业结构调整、区域发展战略乃至人们的生活习惯与文化理念变革的复杂问题群。这必然会深刻影响南水北调重大工程管理的目标设计、方案制定、多主体利益协调与工程效益评估等。

总而言之,南水北调工程能否长远发挥功效,关键之一就在于能否提出更好的管理理念与管理方案。例如,受水地能否对调水地进行"反哺",如果当地完成了发展方式和生活方式的转型,就能维持良好的生态环境,那南水北调工程才能长久体现它的利国利民的初衷。

第四,管理组织。对于一般工程而言,因为各类管理问题相对简单,并且管理主体的能力也相对较强,往往只需要一次性地设计与构建工程管理组织,这一组织就能够从头到尾地处理工程管理全过程中的各种问题。但是,重大工程管理不仅问题类型多,而且问题复杂,管理主体能力也常感不足甚至欠缺。因此,在实际中,很难一次性构建一个工程管理组织,而该组织在工程管理的全过程拥有对所有管理问题的驾驭能力。相反,这时要通过重大工程管理组织在管理过程中的柔性和适应性调整(包括变动主体构成、改变管理机制与流程)来提高它的整体能力。例如,最初业主与科研单位一般是直接的委托—代理关系,到后来则变更为通过设计、施工单位来建立这一关系;同样,业主和分包商起初可能是通过承包商建立联系,后来则变为直接的专业分包联系,等等。

第五,管理目标。解决管理问题总是以管理目标为导向的,重大工程管理问题因为工程长寿命期的特点而使工程目标在不同时间尺度上都有所反映,又因为重大工程对社会经济环境有着重大影响,所以,在不同领域内又都会有各自目标的反映。不难看出,这些不同维度或者同一维度但不同尺度的目标不仅形成了多层次、多维度、多尺度的目标体系,而且在目标表述时,还会出现目标模糊、不确定、相互冲突、难以计量等情况,从而增加了对这些目标进行综合分析和评估的难度。例如,工程招标采购的基本目标就是提供优秀的施工队伍、优良的物资和适合的技术,因此,在招标采购过程中,要综合考虑价格、质量、企业信誉等因素。但在实际中,重大工程建设往往更缺乏可靠的关键技术,没有这样的技术,工程的质量、安全、进度与成本等目标都无法实现。因此,重大工程在实际招标采购过程中,和一般工程评标中商务分比重较大不同,必然要保证先进可靠技术的优先权,并使这一原则在评标目标体系中得到充分体现。另外,重大工程管

第 2 章　重大工程管理

理目标之间的冲突和难以度量的复杂情况更是屡见不鲜。

第六，管理方案。管理方案是针对重大工程管理问题提出的解决路径、计划、手段与方法。对于重大工程管理中一类相对简单的问题，其方案的形成与一般工程基本上没有什么差别。但是，对于其中一类复杂程度高的问题，其方案的形成路径就会有很大的不同。

根据人的认识规律，管理主体对这类复杂问题的认识必然是一个由不知到知、由知之不多到知之较多、由知之片面到知之全面、由知之肤浅到知之深刻的过程。这不仅体现了主体个体认识的深化过程，也是管理主体群形成共识的过程。

因此，重大工程管理主体群对管理方案的产生表现为一个不断探索的试错过程。在这一过程中，管理方案通常都不是一次优化形成的，而是根据对问题认识的深度和准确度，通过对备选管理方案的多次比对、修正与完善来确定的。从总体上讲，这是一个由阶段性中间方案沿着一条从比较模糊到比较清晰、从比较片面到比较全面、从品质比较低到品质比较高的有序路径，并经不断迭代、逼近，直至收敛到最终方案的过程。

这样，在方案形成过程中必然会出现和增加许多新的、复杂的环节与接口，如管理主体之间需要更多的协调与沟通，方案迭代过程中需要有更多的前后完善与比对，还要保证对不同类型信息的有效融合和对方案进行整体（综合成本、时效与品质等）评估与优化。

例如，在方案选择过程中，可能发现初选方案的综合技术经济效果不佳，或者发现设计目标存在偏差，这时，方案研究就需要回到前一阶段，并补充新的方案，再次进行同等深度研究以寻找最终方案，具体如图 2.1 所示：

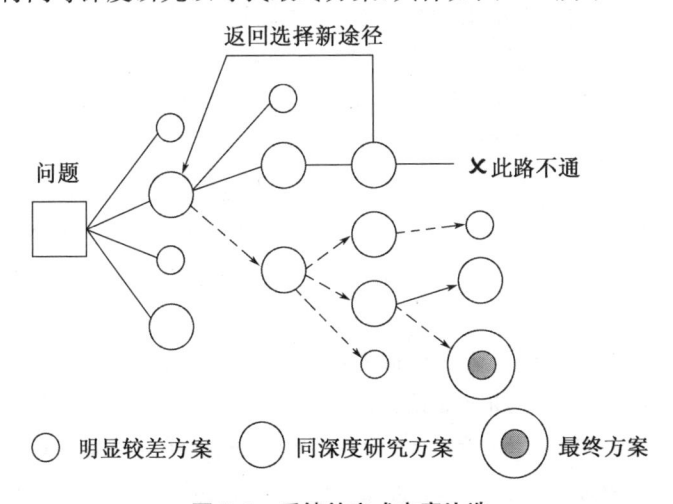

图 2.1　反馈补充式方案比选

综上所述,无论从管理活动的哪个要素来分析,重大工程管理活动与一般工程管理相比都有显著的不同之处,出现和增加了许多新的特征。这些特征不能仅仅认为是一般工程管理活动相同特征的量的增加,如管理活动规模变大、主体更多等等,而是在管理活动中出现了新特征的质,如管理组织的柔性和适应性、管理方案生成的迭代式等等。事实证明,这些新的特质反映了从工程管理到重大工程管理在内涵上的深刻变化,同时,这一变化在引发一系列管理实践变革的同时,也要求我们对重大工程管理理论进行新的深刻思考。

2.3 工程管理到重大工程管理:系统性到复杂性

上一节我们比较了重大工程管理与一般工程管理,并梳理了两者之间多方面不同的直觉特征。但是,两者相比,各自究竟有什么样的本质特性(属性),这一问题直接关系到我们对一般工程管理与重大工程管理的科学认知。

因为工程管理的根在工程,重大工程管理的根在重大工程,所以,要弄清楚这个问题,首先要弄清楚工程和重大工程各自的属性是什么。**事物的属性是事物自身存在和运行所表现出来的独特的、与其他事物有着根本区别的特征与特性**。搞清楚这一点,才可以从本质上认识工程管理与重大工程管理以及它们的属性区别。这些将是本节讨论的主要内容。

2.3.1 系统概念与系统性

自古以来,人类在生产、工程、社会等各类实践活动基础上,一直试图用整体性的眼光看待世界,从事物的相互联系中认识世界,由此产生了中国古代的"天人合一"的宇宙模式和古希腊"原子"是世界"始基"的观点。今天看,这实际上是古代人们对世界整体性认识的朦胧状态,也是一种朴素的系统思想。

17 世纪以后,欧洲的哲学家和科学家如牛顿提出了宇宙是相互联系的系统的观点,莱布尼茨提出了任何事物都存在于系统中,系统联系规定每一个事物的观点,康德第一次提出了人类知识的系统性问题。

科学的系统思想在 19 世纪逐渐形成。其中最具代表性是奥地利理论生物学家 L. V. Bertalanffy(1951,1968)强调的,系统是"相互作用的多元素的复合体"。

这里,人们概括并凝炼了客观世界与人类活动在整体意义上的一种本质属性,并用"系统"这一概念加以抽象。也就是说,系统是一个反映和概括客观事物普遍联系与整体性的最基本的概念。具体地说,系统作为一个整体,它由多个要素(个体)组成,要素之间具有多种形式的关联,并形成整体的结构、行为、属性与功能。系统的行为、属性与功能一般都是动态的,系统与周边的环境有着广泛的、多种形式的相互作用与联系。这样定义的系统在客观世界是普遍存在的。而系统科学是以系统概念为基本出发点来研究客观事物的部分与整体、结构与功能及变化与涌现基本规律的科学。

系统环境、系统结构和系统功能是系统的三个基本概念。系统环境是指系统外部,系统结构是指系统内部所有关联方式的总和,系统功能是指系统的作用、能力与功效。系统的一个最重要的特点,就是系统的整体性。**整体性是指系统在整体和全局层次上具有其组成部分或者局部所没有的属性与功能**。从外部观察,系统整体性让系统有了新的原来部分没有的功能,这往往也是我们构建一个系统的目的。至于系统会有什么样的功能,这又取决于系统要素、要素之间的关联、结构和系统环境等。

根据上述基本原理,在一般情况下,我们可以通过改变和调整系统的要素、调整它们之间的关联与结构等,使系统形成我们期望的功能或者使原有不好的功能消失。

总结上述关于系统概念的一系列说明,不难看出,在普遍意义上,系统有着如下自身固有的且独特的主要特性(属性):① 多元性(任何系统都由多个要素组成);② 相关性(不同要素之间相互关联);③ 整体性(系统的存在、行为、功能等都是完整一体的);④ 动态性(系统状态、行为特征等都是变化的)。

一般称系统概念中上述多元性、相关性、整体性、动态性等属性为系统性。其中,最重要的属性是系统的整体性,因为整体性包含了多元性、相关性与动态性。

系统性,特别是其中的整体性使我们的思维方式和研究解决问题的方式发生了深刻的变化。主要表现在:

(1) 许多时候要把所研究的事物视为一个整体,分析其要素、关联、结构、功能以及与环境之间的相互关系和变动、演化的规律性;

(2) 研究问题除了采用传统的分析、分解、解剖等方法外,还要关注如何研究问题的关联性、整体性以及和外界环境的联系。

系统和系统性概念以及引起的思维变革对我们深刻、准确认识工程与工程管理,包括它们的属性具有重要指导意义。

2.3.2 工程、工程管理的系统性属性

现在,我们根据系统科学的思想,特别是系统的概念来揭示工程与工程管理的本质特征(属性)。

首先,任何工程实体都是由多种物质资源如土地、资金、材料、装备等,在自

然规律与技术原理支配下相互关联、组合而成的整体。工程具有明确的物质性硬结构,并形成基本的物理功能,而这些物质资源就是工程整体的物理构成要素。因此,任何工程在整体层面上都表现为一个完整的实体系统形态,**即任何工程都是系统**。一般称工程实体系统为**工程硬系统**。工程建成后,其实体硬系统与周边的社会经济环境系统整合在一起,形成了一个新的"**工程—环境复合系统**"。

其次,工程活动最核心的实践是造物,是通过工程理念的形成、设计和施工,把工程硬资源成功整合为工程硬系统的整体性活动过程。因此,**任何工程实践都是系统的实践**。

同时,任何工程实践自身也构成了以各种实践要素为基础的完整有序的活动整体,包括各个实践部分的功能、实践之间的关联、次序与接口以及实践最终的系统整体性形态。也就是说,工程实践活动自身也充分体现出系统的基本属性与形态,这样,**任何工程实践又都是实践的系统**。

同样地,根据上述思维,不难看出,任何工程管理活动也都是由基本管理活动要素构成的整体。各个管理活动之间根据一定的规律与原理相互关联,并最终体现出管理活动整体性的功能与行为。因此,工程管理活动实际上是一类服务于设计与建设工程硬系统的系统。为区别于工程硬系统,我们称工程管理系统为**工程软系统**。

同样地,**任何工程管理实践既是系统的实践,又是实践的系统**。

总结以上各点,我们基于系统的概念,对工程、工程管理属性形成如下的重要认知:**任何工程造物与工程管理都是系统的实践,也是实践的系统**。

因此,可以认为"**系统性**"是一般工程与工程管理的本质属性。

什么叫工程管理的系统性?首先,依据工程的内涵和系统的定义,人们自然会考虑如何用系统眼光来审视工程造物和管理工程造物活动。具体地说,它首先包含以下两方面的含义:

(1) 用系统审视工程。主要依据系统的原理和方法认识、分析和解决工程建设的管理问题,这与工程是通过有序整合资源的造物活动的概念本质上是一致的。因为工程资源一般就是工程硬系统要素,而有序整合工程资源就是形成工程硬系统的关联和结构。用系统审视工程,是在把工程视为一个完整系统的思维下,通过系统的要素分析、关联分析、功能分析和组织行为分析,从整体上规划、设计、组织工程造物实践。

(2) 用工程审视系统。主要是用现代工程方法论来构建人造系统,特别是对那些由硬资源构成的工程实体系统,如桥梁、机场、水坝、港口等重大基础设施工程,不能仅凭借单纯的经验和粗放的方法来设计和建设,而必须依据现代工程技术原理,通过严密的论证和程序,运用精密的综合技术进行分析、预测、试验等,最终在科学可靠的基础上构造相应的人造工程系统。

20世纪中叶,人们把依据系统原理进行分析、规划、组织、管理系统的技术称为系统工程。这样,工程管理实际上就是工程造物领域的系统工程,故也可称为"**工程系统工程**"。对于一般工程,工程管理(工程系统工程)主要是在工程造物实践中,根据系统的概念,采用明确目标、严格分析、注重程序化和定量方法进行工程的规划、设计与施工,以求得工程与环境的协调及工程在其生命期内持续保持良好的物理功能,并逐渐拓展为工程、社会、经济、环境等多方面的综合功能。

历史上,系统工程的应用首先是从工程硬系统开始的,特别在对一类要素之间具有确定性关联而呈现出刚性结构的工程硬系统的组织管理上应用得最成功。对这一类系统,系统性属性在很大程度上能够很好地帮助我们认识和分析工程的整体性质,同时,结构化模型与最优化方法能够帮助我们寻找到工程最优方案。

由此可知,工程管理的系统性主要是指:工程管理活动的基本思维是依据系统的概念,采用明确目标、严格分析、注重定量化和程序化进行工程造物活动的规划、设计与现场施工,以实现工程的整体目标与综合效果。概括地说,**工程管理的系统性就是在管理中坚持工程造物过程活动的整体性、相关性、动态性的统一**。

上述基于系统属性的对工程及工程管理的认知十分重要。因为这使我们对工程与工程管理的直观感性认知升华为对它们本质属性的理论认知,从而可以超越工程与工程管理的具象而建立起基于系统抽象思维的认识论,并因此可以进一步运用系统科学思维的逻辑体系和话语体系来表述工程与工程管理的基本内涵和相关理论。这将为我们进一步认知重大工程与重大工程管理提供思维准则。

2.3.3 复杂系统概念与复杂性

随着人类社会的发展和组织程度的提高,系统的构成要素越来越多,要素之间的关联方式越来越复杂,系统整体性能的形成路径与变化形态也越来越多样化。这样,在原有的"系统"概念基础上,人们有了"复杂的系统"这样感性的直觉认知。"复杂的系统"也就是"系统是复杂的"。一个"系统是复杂的",可能是因为系统由众多的要素构成,要素具有不同的质性,要素之间的关联方式多种多样以及结构繁杂,等等,即由系统自身本体造成的;也可能是因为认知主体未能全面而深刻认识该系统的内在规律,即由主体认知能力不足造成的;或者是同时由系统本体与主体即上述两方面综合造成的。当然,平时我们称一个系统是"复杂的系统",往往主要是从人的主观感性认知出发的。例如,不清楚这个系统究竟由哪些要素构成,不了解或不完全了解要素之间的相互关联方式,不完全把握系统的行为、现象与变化趋势等,这些都属于人的直觉与感受。

在对大量的"复杂的系统"基本特征分析与总结的基础上,人们在系统科学范畴内逐渐形成了关于"复杂系统"的科学概念。这是系统科学领域对一类系统自身属性进行抽象而形成的一个科学概念。这两种表达非常相近,但不是一回事。目前,人们就"复杂系统"概念的基本含义给予了如下的一般描述:**一类系统,如果它的要素具有异质性和自适应性,系统结构具有层次性,系统的整体行为与功能不能用部分系统的行为与功能简单"叠加"而成,我们称其为"复杂系统"**。

显然,复杂系统是系统范畴内一类有着自身独特性(属性)的系统,**我们称复杂系统自身的这类属性为复杂性**。

那么,如何理解复杂性呢?

复杂性是指复杂系统的属性,它是一个从日常语言"复杂的"演化出来的科学名词。复杂性可以分别从认识论和本体论层面来界定。虽然,从总体上讲,事物的复杂性既与主体认识有关,又与客体内涵有关,但我们这里主要把事物的复杂性归于事物本体自身属性的规定性。

近年来,物理学、化学、生物学等不同学科从各自研究的问题和现象出发,对"复杂性"这一科学概念给予了不同的描述和界定,从而出现了复杂性定义多样化的局面。这既反映了不同学科之间的差异,又反映了这些差异在系统科学层面上的一致性。

经过对大量实际复杂系统属性的抽象,我们总结出如下更能体现重大工程领域特征的复杂性主要来源与表现:

(1) 系统与环境之间是高度开放与交互的,环境是动态的、不确定的和演化的,并且与系统有着紧密的关联和相互影响。

(2) 组成系统的要素一般较多,并具有异质性与自适应性。即要素的属性、作用和功能之间有较大的差异;要素能够根据接收到的信息主动调整自身的状态与行为,以适应环境的变化,更加有利于自己的生存与发展。与此同时,系统中会产生新的规则、形成新的关联与结构,系统因此会涌现更加高级、更加有序的整体行为与功能。

(3) 系统一般有复杂的整体行为与功能,这些行为与功能是系统个别要素或子系统所没有的,也不是它们的行为与功能的简单叠加,而是系统在更高层次或整体层次上才拥有的,我们称这一现象为**系统行为与功能的"涌现"**。涌现性是复杂性的一个重要表征。

复杂性使我们的思维原则和解决问题的方式发生了深刻的变化,主要表现在:

（1）复杂系统的复杂性是以系统要素的复杂性、关联结构的复杂性为基础的,因此,需要自上而下地对系统要素属性、局部结构等进行分解、认识,并在整体意义上对系统的中微观行为进行分析与控制。

（2）复杂系统的复杂性又是系统要素自身复杂行为以及要素之间复杂关联的"涌现"结果,因此,还要自下而上地将中微观的局部通过深度挖掘、逐步确知并整合起来,以获得对系统宏观的整体复杂性的认识。

我们把上述(1)称为**还原论方法**,而把(2)称为**整体论方法**,这样,**对于复杂系统问题,要运用还原论与整体论相结合的方法**,这就是所谓系统论办法。

2.3.4 重大工程、重大工程管理的复杂性

复杂系统及复杂性概念对于我们认识重大工程与重大工程管理的本质属性具有重要意义。

2.3.4.1 重大工程的复杂性

1.2.2里,我们对重大工程的基本特征进行了总结,如果进一步沿用系统分析的思路对重大工程进行系统分析,不难看出,重大工程具有以下基于系统科学话语体系的特征:重大工程的建设环境是动态的和高度开放的;重大工程的主体是多元的、异质的,主体一般都具有自主性与自适应性;重大工程各构成要素之间关联性强,相互作用与影响,呈现出各种复杂形态;重大工程建设过程是一个系统的组织与自组织相结合的过程。

将重大工程的这些属性特征与2.3.3关于复杂系统的基本概念进行比对,不难理解,我们讲"某某工程是一个重大工程",事实上意味着该重大工程就是一个复杂系统,或者是一个复杂的工程系统。换言之,我们完全可以认为,**重大工程本质上就是一类人造复杂系统**,其对应的工程物理实体就是**复杂工程硬系统**。

既然重大工程是一类复杂系统,那么从逻辑上讲,它自然具有复杂系统的上述复杂性属性。

不仅重大工程是一类人造复杂系统,而且由重大工程与周边社会经济自然环境组合而成的重大工程—环境复合系统也是一类复杂系统,并且也具有复杂性属性。

那么,如何准确、全面理解"重大工程是一类复杂系统和具有复杂性"这一结论呢？这要从人的认识规律说起。人的认识总是从具体到抽象、从感性到理性的。因此,人们首先是从直观上感受到重大工程的物理复杂性,例如,重大工程规模大、建设主体多、技术与环境复杂等这些"看得见、摸得着"的工程物理复杂性。这是人们在重大工程硬资源组成的硬系统层面对重大工程复杂性最感性、最直观的认知。接着,人们将关于重大工程硬系统的物理复杂性在系统科学思

维层次上进行抽象,并运用系统科学话语体系进行表述,就可以提炼出重大工程环境高度开放性,工程主体多元异质性,工程要素之间强关联、多约束,工程系统行为,以及功能具有演化和涌现等重大工程系统复杂性的本质属性。由此可见,重大工程系统复杂性是其物理复杂性在复杂系统范畴内的体现与抽象,也是重大工程物理形态复杂性在复杂系统空间中的系统形态"映像"。

2.3.4.2 重大工程管理的复杂性

重大工程既然是一类具有复杂性的人造复杂系统,必然会在重大工程管理活动中产生一类具有复杂性的管理问题。关于这一点,我们可以根据工程自身复杂程度与工程环境复杂程度这两个维度对重大工程管理问题进行简略分类。如图 2.2 所示,其中,A 区域内的问题(简称 A 类问题)由于工程和环境复杂程度都不高,因此相对简单,人们基本上可以运用成熟的经验与知识来解决。对于 B 类问题,由于环境复杂程度较高,因此管理问题将呈现明显的不确定性与动态关联性。而对于 C 类问题,由于工程复杂程度高,因此,工程内部结构复杂,即使工程环境相对简单,也可能出现"确定的"不确定性与不稳定性问题,而且工程内部要素之间的强关联容易导致要素之间相互影响的隐性传导和演化。这样,对于 B、C 这两类管理问题,总体上可以通过制定管理规则与提高规整条件并利用成熟经验与知识来解决,至于其中的一类呈现出系统性的问题,可以运用系统工程技术来解决。这说明重大工程管理问题中确有相当一部分问题(A、B、C 类问题)可以通过工程管理中的科学管理与系统管理相结合的方法来解决。

工程环境复杂程度较高	B 不确定与系统性问题	D 复杂性问题
低	A 简单问题	C 系统性与不确定问题
		工程复杂程度较高

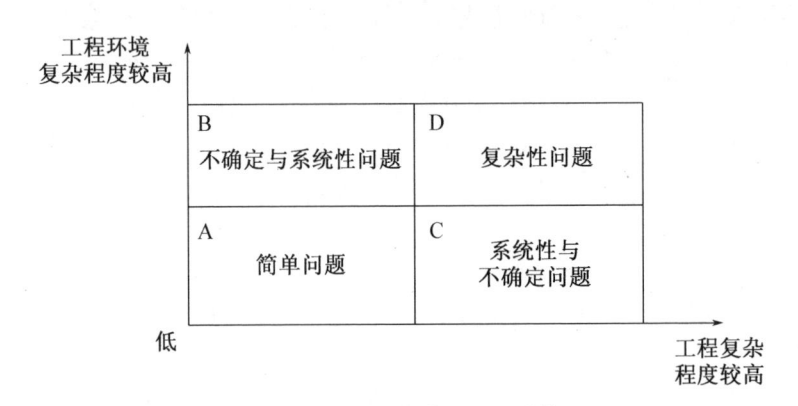

图 2.2 重大工程管理问题分类

对于 D 类问题,即工程与环境复杂程度都高而产生的一类复杂性问题,如异质主体管理组织平台的设计、深度不确定工程决策与决策方案的"迭代式"生成方法、重大工程风险分析与管理、工程现场多主体协调与多目标综合控制以及工程关键技术创新等,一般不能简单地采用 A、B、C 三类问题的解决方法得到解决,而必须根据系统复杂性思维,我们才能规范、有效地解决它们。

根据上述分析,重大工程管理问题可分为三个层次(图2.3),其中下面的两层主要是解决A、B、C三类问题,而最上面的一层主要解决D类问题,整合在一起,即形成完整的**重大工程管理问题体系**。

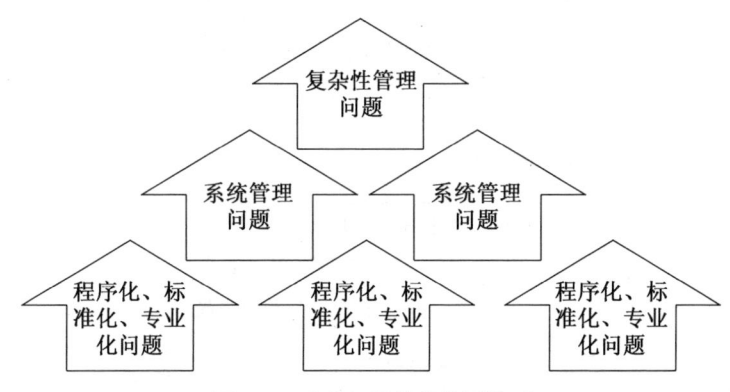

图2.3　重大工程管理问题体系

可以通俗地认为,重大工程管理问题体系把重大工程管理问题分为复杂管理问题、系统管理问题和简单管理问题三种类型。这种分类固然有问题自身物理属性与系统属性的客观原因,但也与管理主体的认知能力有很大的关系,因此,不能认为任何一个重大工程必然存在唯一的、刚性的问题体系结构。在某种意义上,重大工程管理体系是柔性的、动态可变的。例如,两个管理主体水平不一,高水平主体会认为复杂管理问题相对较少,而低水平主体则恰好相反。即使是同一个管理主体,随着重大工程信息的不断丰富以及自身能力的不断提高,他也会认为顶层的复杂问题数量在不断减少,而且复杂性程度在不断降低。而一个水平很高、经验极其丰富的管理主体可能会认为该工程中几乎不存在复杂管理问题,这样,三层的问题体系在他的认知中就只有两层了。

另外,既然重大工程管理活动实践是一个以解决复杂性管理问题为核心任务的系统实践,那它必须在整体上包含对复杂性管理问题的认识、协调与执行三个功能。也就是说,重大工程管理体系的基本结构大体由如下三个子系统组成:

(1) 重大工程管理的认识系统。它的主要功能为揭示和分析重大工程的工程复杂性与系统复杂性,并由此对工程管理问题的复杂性进行分析。

(2) 重大工程管理的协调系统。它的主要功能为设计并通过管理组织的运行机制与流程,对管理问题的复杂性进行降解,实施适应性、多尺度等一系列独特的管理。

(3) 重大工程管理的执行系统。它的主要功能为在管理现场的各个阶段、

各个层次,根据管理目标与协调系统确定的策略,执行现场的多主体协调与多目标综合控制。(图2.4)

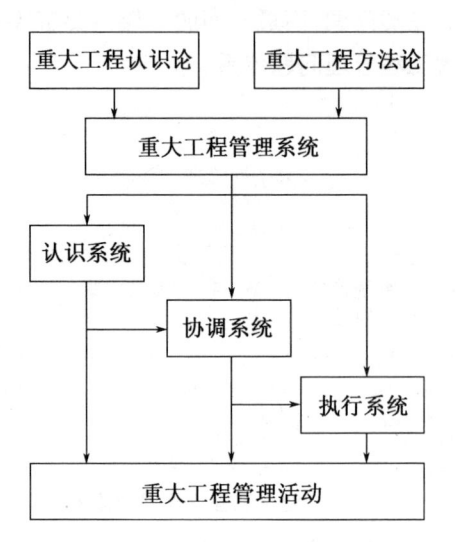

图2.4 重大工程管理活动实践的基本结构

综上所述,以分析和解决重大工程造物过程中一类复杂性问题为主要任务的重大工程管理活动,和重大工程一样也是一类复杂系统(**重大工程软系统**),因此也具有复杂性本质属性。

换言之,从工程管理到重大工程管理,就本质属性而言,形成了从系统性到复杂性的演化规律。这一结论的核心思想是,重大工程管理是一类具有复杂性的复杂系统,重大工程管理的核心问题是一类具有系统复杂性的问题。重大工程管理活动的主要功能是:

(1) 组织管理好具有自学习、自适应特征的主体行为及行为协调工作;

(2) 随着工程环境、任务的动态变化,构建好工程组织模式,包括组织要素、结构与功能的自组织与自适应变革;

(3) 对重大工程管理目标不断进行凝炼和综合;

(4) 通过比对、试错、迭代、逼近过程,形成管理方案。

这样,**重大工程管理活动主要是通过管理主体自身的自适应与自组织行为,把握和驾驭重大工程管理问题的复杂性**。

在系统科学范畴,从系统性到复杂性不是系统性"量"的增加,而是系统性"质"的提升,这一变化必将导致工程管理与重大工程管理这两类管理的管理思维、原则、方法论等出现一系列重大区别。因此,不能把工程管理中的一般系统性方法简单地套用到重大工程管理中,并用它们来解决重大工程管理问题体系中的复杂性问题。

我们要清楚地认识到：重大工程管理问题不仅具有一般"系统性"，还具有"复杂性"；"复杂性"不是"更多"的系统性，而是产生了"质变"的系统性，是系统性经过演化与涌现而出现的"复杂的"系统性。

复杂性已成为重大工程管理的一种固有属性，由于**重大工程管理活动是重大工程硬系统与重大工程软系统的综合，因此，其复杂性也自然是工程硬系统复杂性与工程软系统复杂性的耦合**。

概言之，**从系统性到复杂性是工程管理到重大工程管理本质属性演变的大趋势**，这是本节也是本书最重要的结论之一。这一结论对我们确立重大工程管理理论思维原则和构建重大工程管理理论体系都具有深刻的基础性意义。

2.3.4.3 重大工程管理的复杂整体性

虽然我们已经运用系统科学话语体系揭示了重大工程管理活动的复杂性本质属性，但是，我们还要结合重大工程造物活动的现实特点进一步分析这一属性的深刻内涵。

人类的任何重大工程，其主要目的都是通过设计与筹划，建成一个完整的人造复杂系统。这样，整体性必然是重大工程造物活动和管理活动的基本形态，包括该工程系统完整的物理形态与功能形态、相应的管理活动的完整体系与全过程等，即任何工程造物与管理活动对于构建人造工程系统来说，都必须是完整的、整体的。

这意味着，从人类造物的目的出发，不仅将工程硬资源整合成工程硬系统必须是一个完整的整体，而且将重大工程硬系统与软系统耦合在一起，保证重大工程造物活动有序和有效的重大工程管理活动也必须是一个完整的整体。否则，我们不可能实现一个重大人造工程硬系统的完整形态。

另外，从理论逻辑上讲，无论是一般系统还是复杂系统，都具有整体性特征。现在的问题是，由于工程管理到重大工程管理，在本质属性上出现了从系统性到复杂性的重大变化，因此，在整体性的表现与实现路径上也必然会出现重大变化。

具体地说，一般工程与工程管理活动的整体性基本上可以通过还原论进行分解，以及基本上通过各个子活动的叠加实现工程造物与管理活动的整体性。

例如，对一般工程管理活动，管理目标主要体现为工程的直接、显现和物理层面上的功能性目标，而整体性管理目标也基本上可以分解为各个局部性的管理目标，并通过相对简单的方法进行子目标叠加来实现。

但是，对重大工程与重大工程管理活动来说，基本上不能通过这样简单的还原论及叠加原理实现整体性。例如，对重大工程管理活动来说，除了工程的直接、显现和物理层面上的管理目标外，还有大量的间接、隐现和社会经济环境层面上的目标,除了同一维度与尺度上的目标外,还有不同维度与不同尺度上的目标等,甚至有些目标是通过重大工程—环境复合系统涌现形成的。这时,管理目标的整体性一般就不可能通过简单的还原论及叠加原理来实现。这告诉我们,重大工程管理活动出现了一类"复杂的整体性",而这类"复杂的整体性"不仅仅在管理目标的整体设计上表现出来,而且在其他许多管理问题上都有所反映,它们是重大工程管理活动复杂性属性的反映。

由此可见,虽然整体性是一般工程管理与重大工程管理共同的基本品质,但是,一个是一般系统的可叠加整体性,而另一个则是复杂系统的非可叠加整体性,我们**把前者称为一般整体性,而把后者称为复杂整体性**。这样,重大工程管理活动在把工程硬系统与工程软系统耦合在一起形成一个活动整体时,也把重大工程复杂硬系统(管理对象系统)和重大工程管理复杂软系统(管理主体系统)中的复杂整体性相互耦合在一起,从而形成了重大工程管理活动的复杂整体性。

在这个意义上可以认为,**重大工程造物及管理的复杂整体性是重大工程管理活动复杂性的重要起因和深刻内涵**。因此,我们必须在重大工程管理活动中,建立基于复杂整体性的分析和解决问题的思维及探索用什么方法论来研究和解决复杂整体性问题。这将在第四篇第8章介绍。

2.4 重大工程管理体系结构与认知

本章前面的内容对于本书而言,是基础性和根本性的。因为前面各节首先对重大工程管理活动的直觉感知进行了梳理,并在介绍系统科学基本理论的基础上,对重大工程管理进行了科学内涵的抽象和本质属性的凝炼。有了这些准备,我们现在可以在系统科学理论思维下整体性地认识重大工程管理,并形成对重大工程管理(主体、组织与活动)的认知范式,也就是关于重大工程管理根本性的认识。这是我们构建重大工程管理理论体系基石性的前期工作。

所谓认知范式,就是在一定的理论思维原则下,对事物本质属性全面、准确而规范的认识。如果对重大工程管理有了深刻、全面、准确的认知,就能够找到一条关于重大工程管理问题研究特别是相关理论研究的科学、正确的道路。

要指出的是,任何重大工程管理活动与相应的工程造物活动一般都是同步的,即某一工程造物活动开始,相应的工程管理活动就开始;该工程活动停止,相应的管理活动就停止。但是,随着人类工程活动越来越复杂,相应的工程管理活动往往会因此提前到形成工程管理思想、开展工程规划论证、前期决策、施工采购,直至对工程进行运营与后评估。因此,我们对重大工程管理的认知,也应该包含工程管理活动的全过程,至少要包含工程前期决策阶段和工程建设施工阶段的管理活动。如果可能,还应该包含工程竣工之后的运营与维护。因为,现代重大工程建设越来越强调对重大工程决策、建设与运营的一体化综合管理。

本节正是根据这一思想,对包括前期决策在内的工程管理活动全过程进行整体性的认知。

2.4.1 重大工程决策主体与总体决策支持体系

出于某种目的,人们产生了构建重大工程的意图,例如,为了改善交通而筹划修建一座长大桥梁,为了防洪与发电而筹划修筑一座大坝,等等。这时,有一批人,可能就是产生上述意图的人,也可能是受他人委托者,他们首先要在宏观上研究并决定这一重大工程究竟要不要建、能不能建、在什么地方建、在什么时候建、怎么建,这实际上就开始了重大工程的前期决策,这一批人就成为重大工程的决策主体群,一般简称为**重大工程决策主体**。

决策主体的主要任务与职能是要在宏观和全局上明确并完成重大工程的总体规划、立项论证、工程目标与方案设计等一系列重要问题。不难看出,重大工程决策主体必须拥有能够对这些重要问题作出决定的行政权与事权。通常情况下,政府或政府代理人受社会公众委托而拥有这样的权力。

另外,任何重大工程造物都是一个十分复杂的实践活动。决策主体必须拥有对这些重大决策问题作出科学、恰当决定的本领与能力,即要求重大工程决策主体拥有必要的高水平经验、知识与智慧,这一点与决策主体拥有必要的行政权与事权同等重要,否则,决策主体即使有了决策权,也可能因缺失必要的决策智慧与能力而作出有问题甚至错误的决策。

但是,在实际中,任何人,其个体的智能水平都是有限的。而重大工程决策问题太多、太复杂,也太专业,特别是其中的一些复杂决策问题,由于其跨专业、跨学科、跨领域的特点,通常不是某一个个体,也不是某一两个领域的决策群体就能解决的,而是需要把一批不同学科、不同专业、不同领域的专家组织起来,形成一个具有有效工作机制的专家群体,依靠他们在该机制作用下发挥出来的聪明和才智帮助决策主体才能解决。

这样,对于重大工程决策主体来说,需要由一批熟悉工程各类决策问题的多领域专家组成一个**总体决策支持体系**,他们在决策过程中为决策主体提供必要的决策支持。

总体决策支持体系有以下基本特点:

(1) 该体系的主要职能是为重大工程重要决策问题如总体规划、总体论证、总体设计提供智库性支持,特别是对工程总体性复杂问题进行分析,并通过多种手段与方法,得到各类决策问题的总体备选方案,并把这些方案及综合评价意见提供给决策主体作为决策时的科学依据与参考。

（2）在当前，该体系一般要在多学科、跨领域的基础上，运用定性、定量、科学实验与计算机模拟等手段与方法，通过决策分析、实验、建模、仿真、评估与优化为决策服务。为此，该体系必须通过人与计算机结合并以人为主的策略，实现定性与定量、数据与信息、经验与理论的综合集成，并通过反复比对、逐步逼近，对决策问题的解释、分析与解决方案得出科学结论。

（3）该体系虽然主要是研究、分析重大工程造物问题，如工程的物理结构与功能、工程选址、工程技术方案、工程经济效益以及工程与环境的相互影响等，但任何重大工程造物都必须投入大量的人、财、物、信息、知识等资源，因此，也必须研究、分析如何整合和配置这些资源以及如何以较低的成本在较短的时间内高质量地完成工程造物任务。这就需要该体系在对重大工程硬系统进行总体规划与论证的同时，对重大工程管理体制、机制、流程、计划、办法等工程软系统进行总体规划与论证。不难看出，该体系既要分别针对重大工程硬系统和软系统，更要把这两个系统紧密关联、耦合在一起，形成一个新的整体系统并进行总体规划、总体认证和整体设计。

（4）如果说，决策主体的资源主要是行政权与事权，那么，总体决策支持体系的资源主要是多领域的专家群体及其所产生、涌现出来的决策智慧。前者保证了重大工程决策的权威性，后者则保证了决策方案的科学性。

2.4.2 重大工程管理总体执行体系

决策主体在总体决策支持体系的支持下，通过对各类预案进行评估、论证与优选，最终形成关于重大工程造物与管理的一整套决策方案，接着，由一个**总体执行体系**（部门）将整套决策方案付诸实施。其中，决策主体最终形成的工程总体结构、功能、技术等方案由总体执行体系组织工程造物主体（承包商、供应商）将其演变为完整的工程实体；而最终形成的工程总体管理体制、机制、战略规划、协调方法等则由总体执行体系（或者他们的代理人）将其演变为对重大工程造物实践的管理活动。如果把后者（软系统）理解为重大工程管理体系，前者（硬系统）理解为重大工程管理对象，则它们之间的集成与耦合就形成重大工程基本的管理活动。

由此可见，重大工程总体执行体系的基本功能是将决策主体确定的一系列整体决策方案付诸实践。虽然在这一实践中，总体执行体系也会在技术和施工层面深度介入重大工程物理硬系统的形成过程，但其主要职能还是工程硬系统形成过程中的组织与管理，纯粹的工程技术与施工问题主要是工程承包商的任务。

一般地，由于重大工程决策工作主要集中在重大工程建设前期，时间相对较短，工作又主要在宏观层面开展，因此，人们常常体会不深、感受不到，而容易仅仅把总体执行体系在时间较长的工程建设施工过程中和主要集中在中层与基层层面的管理活动理解成重大工程管理活动。

其实，重大工程前期决策及总体决策支持体系的职能都是重大工程管理活动的重要组成部分。这不仅是因为在管理学领域，决策从来都是管理活动的重要内容之一，而且因为在实践中，重大工程决策主体与总体决策支持体系在工程的相当长的建设期内一般还会对重大工程各项重要建设任务进行持续的跟踪指导与执行支持。这样，从重大工程建设全过程而言，应该把决策、总体决策支持体系与总体执行体系的全部活动都包括在重大工程管理活动范畴之内，并把这三部分的管理活动统称为**重大工程整体管理活动**，而把决策与总体决策支持体系实施的管理活动称为**重大工程决策管理活动**，把总体执行体系实施的管理活动称为**重大工程建设管理活动**。

综上分析，在于景元教授研究成果启发下，本书得到如下整体管理活动构成图：

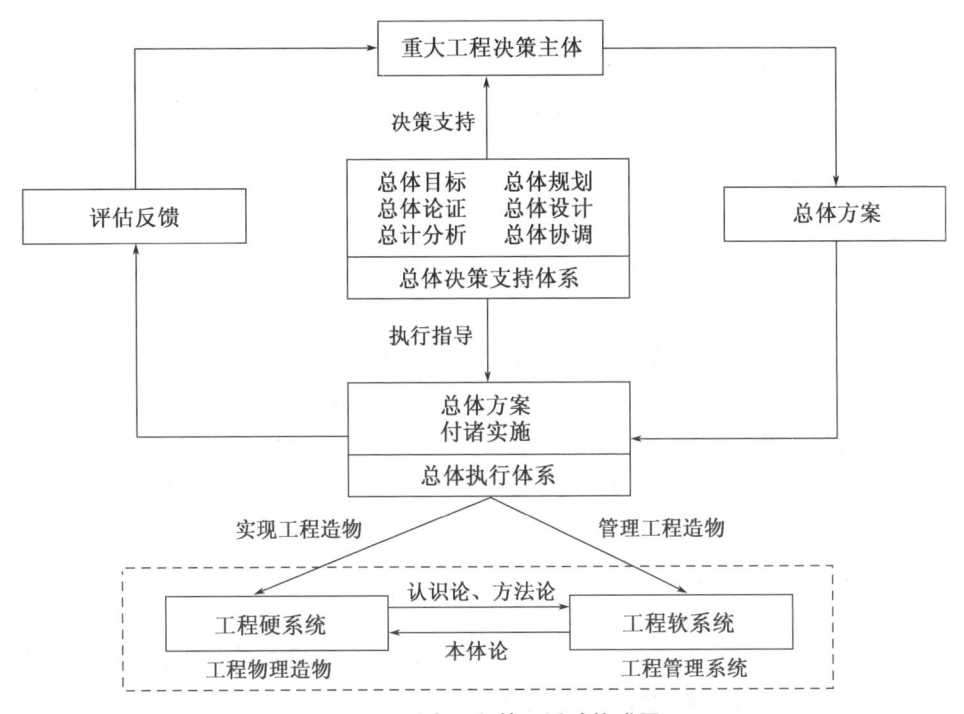

图 2.5 重大工程管理活动构成图

注：整个图表示了重大工程整体管理活动，而虚线框内表示了重大工程建设期内的管理活动

2.4.3 重大工程管理认知的基本范式

现在,我们可以在以上内容的基础上,总结重大工程管理认知的基本范式。

第一,重大工程管理活动由三个基本部分组成,即管理决策主体与组织、总体决策支持体系与总体执行体系,各个部分分别由不同主体构成,并有各自的组织运行方式及基本功能。每个部分本质上都是一个复杂自适应系统,各部分之间相互关联、耦合,构成了一个更为**复杂的递阶分布式管理组织系统**,它是以复杂系统为子系统的**复杂系统体系(复杂系统的系统)**。

第二,通过决策主体与总体决策支持体系之间的相互作用,主要开展重大工程全局性与战略性的决策工作,最终形成一整套关于重大工程的整体决策方案。这些方案可以分为两类:一类是关于工程物理结构、功能、实施技术等,它们确定了工程实体的系统形态,简称为重大工程硬系统;另一类是关于工程管理的理念、原理、方法和技术路线等,它们确立了工程实体形成过程中管理主体行为的系统形态,简称为重大工程软系统。

第三,总体执行体系主要将重大工程造物与管理的一系列方案付诸实施。其中,管理主体的主要职能是通过对工程硬系统与软系统的整体协调、控制与资源优化配置,保证有序和有效地实现重大工程总体目标。

第四,狭义地,我们把总体执行体系进行的协调、控制等活动称为重大工程管理活动;而广义地,我们把决策主体及总体决策支持体系所做的决策支持活动也一并纳入重大工程管理活动,形成重大工程整体管理活动。而三部分活动的集成则是重大工程整体管理活动。

第五,无论哪一种划分,重大工程管理活动中的各个部分、管理系统(工程软系统)以及管理对象(工程硬系统)共同构成了复杂系统体系,即**重大工程管理其本质为一类自适应复杂系统体系及其表现出的功能**。

第六,这一体系的自适应、自调整功能不仅体现在系统内部和整体功能上,而且体现在对外部自然、政治、社会、经济环境变动与演化的适应性和稳健性上。

第七,**这样,在图 2.6 基础上,通过对重大工程管理实践从直观感知上升到系统科学理性思维,我们形成了如下的关于重大工程管理认知的基本范式:重大工程管理(主体、组织、对象与活动等)是一个以复杂系统为基本要素构成的递阶式自适应复杂系统体系。因此,必须建立关于重大工程管理的复杂性思维,包括思维原则、理论思维、方法论与方法体系思维等,并以复杂整体论为原则,实现重大工程管理从系统科学到管理科学的转换与"落地"。**

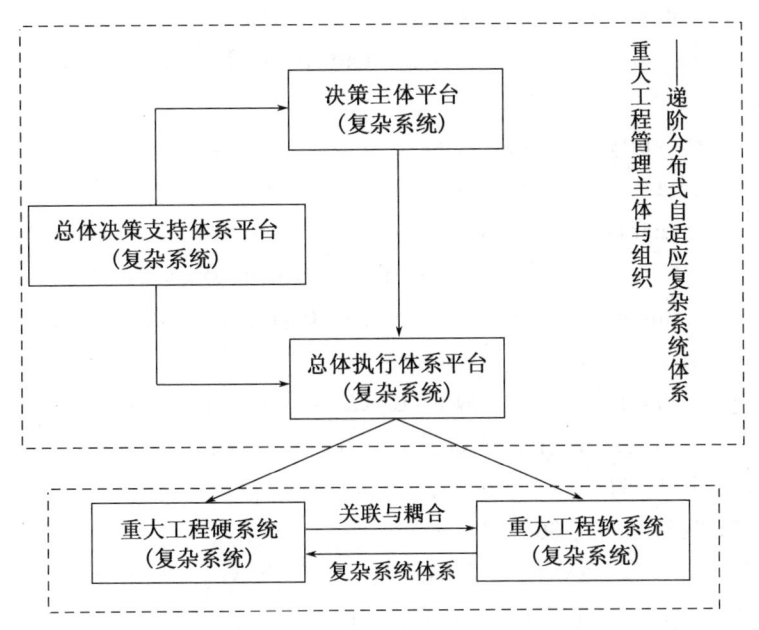

图 2.6 基于复杂思维体系的重大工程管理认知

参考文献

[1] Altshuler A A, Luberoff D E. Mega-projects: The changing politics of urban public investment[M]. Brookings Institution Press, 2004.

[2] Anderson P W. More is different[J]. Science, 1972, 177(4047): 393-396.

[3] Baccarini D. The concept of project complexity: a review[J]. International Journal of Project Management, 1996, 14(4): 201-204.

[4] Bush B, Dauelsberg L, LeClaire R. Critical infrastructure protection decision support system project overview [R]. Los Alamos National Laboratory, 2005.

[5] Cicmil S, Williams T, Thomas J, Hodgson D. Rethinking project management: researching the actuality of projects[J]. InternationalJournal of Project Management, 2006, 24(8): 675-686.

[6] Fabbro S, Brunello L, Dean M. Reframing large transport infrastructure plans: a study on European corridors with a focus on North-eastern Italy [J]. International Planning Studies, 2015, 20(4): 323-349.

[7] Flyvbjerg B, Bruzelius N, Rothengatter W. Megaprojects and risk: An

anatomy of ambition[M]. Cambridge University Press, 2003.
[8] Koontz H, Weihriclh H. Management 10th [M]. New York: McGraw HillInc, 1988.
[9] Von Bertalanffy L. General system theory-A new approach to unity of science (Symposium)[J]. Human Biology, 1951, 23: 303–361.
[10] Von Bertalanffy L. Perspectives on General Systems Theory Scientific-Philosophical Studies[M]. New York: George Braziller, 1975.
[11] Von Bertalanffy L. The Organismic Psychology and Systems Theory [M]. Clark University Press, 1968.
[12] Ladyman J, Lambert J, Wiesner K. What is a complex system? [J]. European Journal for Philosophy of Science, 2013, 3(1): 33–67.
[13] Ledford H. How to solve the world's biggest problems[J]. Nature, 2015, 525(7569): 308–311.
[14] Lehrer U, Laidley J. Old Mega-projects Newly Packaged? Waterfront Redevelopment in Toronto [J]. International Journal of Urban and Regional Research, 2008, 32(4): 786–803.
[15] Miller R, Lessard D R. The Strategic management of large engineering projects: Shaping risks, institutions and governance[M]. Cambridge, MA: MIT Press, 2007.
[16] Ponzini, D. Large scale development projects and star architecture in the absence of democratic politics: The case of Abu Dhabi[J]. UAE Cities, 2011, 28(3), 251–259.
[17] Reuven C, Shlomo H. Complex Networks: Structure, Robustness and Function[M]. Cambridge University Press, 2010.
[18] Salet W, Bertolini L, Giezen M. Complexity and uncertainty: problem or asset in decision making of mega infrastructure projects? [J]. International Journal of Urban and Regional Research, 2013, 37(6): 1984–2000.
[19] Simon H A. The architecture of complexity [M]. Facets of systems science. Springer, Boston, MA, 1991: 457–476.
[20] Stergiopoulos G, Kotzanikolaou P, Theocharidou M, Lykou G, Gritzalis D. Time-based critical infrastructure dependency analysis for large-scale and cross-sectoral failures[J]. International Journal of Critical Infrastructure Protection, 2016, 12: 46–60.

[21] Williams T M. The need for new paradigms for complex projects[J]. International Journal of Project Management, 1999, 17(5): 269-273.
[22] Williams T, Samset K. Issues in front-end decision making on projects [J]. Project Management Journal, 2010, 41(2): 38-49.
[23] Winch G M. Escalation in major projects: Lessons from the Channel Fixed Link[J]. International Journal of Project Management, 2013, 31(5): 724-734.
[24] 钱学森. 一个科学新领域:开放的复杂巨系统及其方法论[J]. 上海理工大学学报, 2011, 33(6): 526-532.
[25] 钱学森. 再谈系统科学的体系[J]. 系统工程理论与实践, 1981, 1(1): 2-5.
[26] 盛昭瀚. 大型工程综合集成管理[M]. 北京:科学出版社, 2009.
[27] 于景元, 刘毅. 关于复杂性研究[J]. 系统仿真学报, 2002(9): 25-29.
[28] 于景元. 钱学森系统科学思想和系统科学体系[J]. 科学决策, 2014(12): 2-22.

第一篇 主要理论观点

　　工程是人类根据一定意图创造和使用人造物实体的实践与过程，实践的成功结果形成了具体、实在的人造物实体。

　　重大工程是工程中规模巨大、影响重要而深远的一类工程；重大基础设施工程是重大工程中促进社会经济发展或者改善人类生存环境的基础性、持久性工程。

　　本书所谓重大工程专指重大基础设施工程。

　　工程与工程管理都是人造系统，系统性是它们的本质属性；任何工程与工程管理既是系统的实践，也是实践的系统。

　　重大工程与重大工程管理都是人造复杂系统，复杂性是它们的本质属性；任何重大工程与重大工程管理既是复杂系统的实践，也是实践的复杂系统。

　　工程管理是在工程造物过程中根据既定的目标，整合和配置工程资源，分配和安排造物主体任务，协调主体之间、任务之间、主体与任务之间、任务与任务之间的关系，使工程造物活动更加有序和有效的活动。

　　重大工程管理与一般工程管理相比，出现和增加了许多新的特征；从工程管理到重大工程管理，在本质属性上形成了从系统性到复杂性的演化规律。

　　重大工程与重大工程管理的整体性具有复杂性特征，两者的耦合形成了重大工程管理活动的复杂整体性，这是重大工程管理复杂性的重要起因与深刻内涵。

　　综合以上基本观点，可以形成关于重大工程管理认知的基本范式，即重大工程管理组织由决策主体、总体决策支持体系与总体执行体系集合而成，各个部分分别由不同主体构成，并有各自的组织运行方式及基本功能。每个部分本质上都是一个复杂自适应系统，各部分之间相互关联，构成了一个更为复杂的复杂系统体系（复杂系统的系统）。

　　决策主体在总体决策支持体系的帮助下，在工程前期决策期间，对重大工程造物与管理的一系列重要问题提出相应的方案；而总体执行体系中的管理主体主要在工程建设期间，通过工程硬系统与工程软系统的关联与耦合，以及两者之间的协调、控制与资源优化配置等管理活动，有序、有效地实现重大工程总体目标。

　　重大工程管理主体、管理组织、管理活动以及由它们整合而成的重大工程管理整体，都是递阶自适应复杂系统体系。

第二篇

重大工程管理理论的基本思考

本篇共2章,是本书重要的承上启下的部分。本篇首先提出了人们在工程管理实践中的两种不同的思维方式,即弄清工程一般"道理"的理论思维与把"虚体工程"变成"实体工程"的工程思维。工程管理理论则主要是理论思维的成果。

根据这一基本认知,项目管理知识体系基本上是以工程思维为主导的主要指导人在工程造物活动中"做什么"和"怎么做"的知识与技能体系。因此,不能认为项目管理知识体系是基于理论思维的、规范的工程管理理论体系,更不能将其作为规范的重大工程管理理论体系。

规范的重大工程管理理论体系需要我们一起努力进行设计与构建。这是当今重大工程管理领域一个具有重要意义的学术创新问题,不论研究者的视角有怎样的差别,这一理论探索过程都应遵循理论形成的基本规律和范式。概括地说,要构建重大工程管理理论,必须提出和凝炼源于重大工程管理活动实践的理论思维原则、核心概念、基本原理与科学问题,并完善它们之间逐步递进的逻辑关联性。

第3章 重大工程管理理论概述

在人类历史上,重大工程极大地改变了人类原本恶劣的自然环境,改善了人们的生存条件,提高了人们的生活质量。工程师与管理专家们在取得重要的工程建设成就的同时,也极大地丰富了重大工程管理的经验与知识。

近一个世纪以来,随着重大工程规模越来越大、工程环境与技术越来越复杂,重大工程从决策、设计、施工、运营到维护等每一个环节都遇到了越来越多的难以解决的困难和问题,从而导致重大工程管理活动中的决策失误、投资失控、安全与质量风险增大等现象频现。人们在重大工程管理复杂性面前普遍感到越来越力不从心和难以驾驭。

面对这一挑战,人们除了努力学习,不断积累管理知识和总结经验之外,从理论与实践的关系以及理论对实践的指导作用出发,都不约而同地在思考这样一个问题:**在重大工程管理实践基础上,是否有或者如何产生能够深刻解释重大工程管理现象、揭示一般规律和指导管理实践的重大工程管理理论?** 特别在当前,在人们普遍面临重大工程管理各种挑战的情况下,这样的理论尤为重要。

但是,这个问题一经提出,人们马上就会发现它绝不是一个可以简单而直接回答的问题。因为这一问题实际上是一个由一系列相关问题缠绕在一起的问题链,其中,一些问题之间具有逻辑顺序性,即只有当一个"前序"问题有了明确答案之后,另一个"后序"问题才有可能有明确答案,而在所有问题的答案链形成后,该问题才会有最终答案。

那么,至少有哪些问题会成为"是否有或者如何产生重大工程管理理论"这一问题的相关问题呢?

(1) 理论是人们在实践活动基础上的思维产物。那么,人们在重大工程管理实践活动中主要有哪些不同的思维方式?而重大工程管理理论是哪一种思维方式的产物?

(2) 目前,能否把在工程管理实践中发挥重要作用的项目管理知识体系当作重大工程管理理论,如果可以,则表明我们已经有了较为成熟的重大工程管理理论。

(3) 如果不可以,则需要我们探索如何构建重大工程管理理论体系。那么,构建重大工程管理理论的理论原则与范式是什么?

(4) 如何在构建重大工程管理理论道路上进行具体的探索和尝试?

不难看出,上述几个问题彼此之间有着紧密的逻辑关联性,并形成"构建重大工程管理理论"的问题链,而"构建重大工程管理理论"则是这一问题链的"总体性"问题。

必须指出,这里所谓的重大工程管理理论,不是指重大工程管理范畴内某些个别的有一定理论说明性的问题。这样的说明性问题往往是孤立的和破碎的,不仅它们之间往往缺乏共同的理论基础,而且各自用以说明与解释问题的理论之源也缺乏同一性。因此,即使有许多个这样的问题,也难以深刻揭示重大工程管理的普遍性规律和本质属性。所以,**我们这里所谓的理论是指重大工程管理的理论体系,是对重大工程管理本质属性与普适性规律系统性与逻辑化的揭示和认知**。

理论体系不是个别或一组彼此之间孤立的、缺乏逻辑性的理论观点。**理论体系不仅要有同一的理论思维原则,而且要有能够深刻说明该领域本质属性的核心概念体系、基本原理及科学问题,还要有相应的方法论与方法体系等**。与个别理论说明性问题的孤立与破碎化相比,**理论体系要能够体现出该领域理论知识的逻辑化与系统性**。

既然如此,构建重大工程管理理论体系的任务就比研究个别具有一定理论色彩的管理问题要复杂、困难得多。由于该体系的形成涉及工程哲学、认知科学、思维科学、管理科学等,因此,深入探讨与搞清楚这个问题,万万不能仅仅局限在工程管理领域,或者仅仅在工程管理技术与方法层次上思考问题,否则,我们无法在应有的思维高度厘清对理论体系的科学认知,再按照"构建重大工程管理理论"问题链中问题的前后逻辑关系逐一把各个问题搞明确,最终找到"总体性"问题的答案。

中国哲学家徐长福在分析人文社会学科研究中理论学科与工程学科混淆在一起的现象时曾经指出,理论思维的任务在于构建理论,工程思维的任务在于设计工程。理论表现为前提与结论之间的必然联系,而工程是各种实体及其属性的复合物。理论思维与工程思维之间有着严格的界限,用理论思维设计工程,工程难以成物;用工程思维构建理论,理论缺乏效力。究竟如何运用,要看研究者自己究竟是要探寻客观真理,还是要绘制生活蓝图。(徐长福,2001)

他的学术思想对于我们认识和厘清构建重大工程管理理论具有很好的启发性。因此,本章前两节,我们借鉴他的学术思想,引述了他的一些学术观点。

3.1 工程管理中的理论思维与工程思维

3.1.1 两种思维方式

人们是通过耳、眼、手等感觉器官,并用大脑借助于语言进行思考来认识和改造世界的。

在工程造物与工程管理实践活动中,人是怎样进行基本的思维活动的呢?

最初,人们直接利用自然界实体具有的属性来满足自己的需求,如天然的山洞能够居住,自然倒下横跨在小河上的树木能当桥用。逐渐地,人从中受到启发,通过思考创造出房屋和桥梁,因为房屋和桥梁具有人所需要的山洞与横跨河上树木的属性。而当自然界实体不再有人们需要的某些现成的属性时,人们就会努力创造出这些属性来。现实中,属性必须依附特定的实体而不能独立存在,因而创造新的属性必须通过创造出新的实体的实践活动来实现,这就是人的工程造物活动。工程造物活动须弄清楚人、物、环境的各种属性及其现实属性和理想属性之间的关系,并且依据这些关系把工程造物过程组织好、控制好,这就是工程管理活动。人们在工程管理活动中要观察许多现象和处理许多问题,并通过感觉与体验获得相关的心得与体会,形成对事物的认识,再经过大脑的思考和抽象思维得到更深刻的理解和认识,这一类理解和认识更具有普遍性和对工程造物的实践指导性。这样,就慢慢形成了超越某些个别具体的工程实体,并对工程活动有实际普遍意义的工程管理的道理,这些道理能够正确揭示一般工程所遵循的工程管理要素属性之间的普遍联系与规律。

我们把这一类在工程管理活动实践中,以"弄清对象本来面目"为基本目的,弄清工程管理一般性"道理"的人的思维方式称为工程管理中的"理论思维",它的成果是形成关于工程管理要素属性及属性之间联系的逻辑系统。

理论思维在工程管理实践中非常重要。理论思维以工程的"一般性"为对象,从而超越了个别具体工程的"独特性"。理论思维的形式主要是抽象概括与逻辑推导,并且尽量减少因人的价值偏好而引起的认知偏差,从而提高了它的客观性、普遍性与科学性,因此能够尽可能深刻反映工程管理的本质规律。

但是,理论思维也有其局限性,这主要有以下几点原因:

(1) 理论思维主要提供了由逻辑思维而获得的道理,但实际的工程管理活动中,除了逻辑思维的道理,还包括非逻辑思维的道理及其他领域的道理。因此,不能指望仅仅依靠单一的理论思维来实现对工程管理活动的完备认识。

(2) 理论思维主要获得的是工程管理一般性道理,但对某个具体工程而言,除了遵循一般性道理外,还要尊重工程自身的独特性道理。

(3) 人的理论思维作为人的认知活动,自身也是有局限性的,因此,获得的道理总有片面性与不完全性,其科学性也是相对的。

因此,虽说理论思维得到的道理具有指导实践的作用,但千万不要认为只要依据理论思维就能够解决工程管理活动的全部实际问题。

此外,我们还要注意到,任何一个具体的工程造物活动,都是个别的、实在的、独特的,最终都要形成一个完整、唯一的工程实体。这样,就一个具体工程而言,它既需要理论思维提供一般性道理作指导,还需要通过人的直观、直觉和各种非逻辑思维获得对该工程独特性、实在性的认识,并且在此基础上形成把一般性道理变成工程独特实体的意图、计划和方法。即,要有从虚体工程的蓝图到完整的实体工程的筹划,包括具体的计划、流程、方法和技能等。只有在操作层次上把筹划一一落实了,工程造物活动才有最终的实际意义。**工程管理中的这种以筹划为主要任务,旨在将虚体工程变成实体工程的思维方式称为工程思维**,这是工程管理活动中区别于理论思维的另一种重要的思维方式。

显然,工程思维主要不是为了弄清道理,而是为了弄清如何构建工程实体。工程思维以在实践中落实筹划为价值目的,而筹划本身又要以主体的意图与价值观为指导和出发点。工程思维可以针对一个具体的工程实体进行筹划,也可以针对多个工程实体进行筹划。但工程思维一定要人直接面对工程管理实践,因此,一定会渗透人的价值取向。

由此不难看出以下几点:

(1) 对一个具体的工程实体而言,工程管理一定同时包含着理论思维、工程思维以及其他思维。

(2) 在工程管理实际活动中,理论思维主要是提出目标、意图以及对工程的整体认知,而工程思维则主要提出相应的计划、流程和办法。前者尽量地弄清楚道理,后者尽可能地根据道理把工程虚体转化成工程实体;前者提出规定性,后者保证操作性;前者服务于后者,后者服务于工程实现。在工程实体的构建阶段,工程思维是主导性思维方式,但总体上,认知与筹划是统一的,理论思维与工程思维也是统一的。

在工程管理活动中区分人的理论思维与工程思维有着重要意义。具体地讲,理论思维是在一般意义上认知工程管理的普遍道理,这就要在一定程度上抛弃个别具体的工程管理活动的细节及其独特性和差异性,而提取活动现象背后的共性与本质,并将其抽象化而得到具有普遍意义的基本规律。这些规律因为源于个别具体的工程实体,所以,也应是某些个别工程实体所遵循的。这实际上是从大量的个别工程管理活动中认识到工程管理"是什么"和"为什么"的本质,从而体现出理论思维对工程管理实践活动的指导作用。因此,**理论思维主要是明确"是什么"和"为什么",产生工程管理理论和建立工程管理理论体系的思维**。

而工程思维则是另外一种思维方式,它服务于具体的工程造物活动(包含具体的工程管理活动)。工程一旦被具体化,不仅要通过造物活动的完整性和实体性来实现人的某种一般意图,而且要充分尊重具体工程的独特属性,这样,才能在一系列直观、直觉、逻辑和非逻辑的共同作用下,实现工程管理活动的具体筹划和方法。这实际上是把工程管理的道理与实际执行行为系统地结合起来,从而设计出完整的工程管理操作方法、技能与流程。因此,工程思维主要是设计工程造物与管理流程和执行程序,并规定和筹划应该的操作方法和标准化管理步骤,**这实际上是让我们在工程管理的具体操作中明确"做什么"和"怎么做",以便让人操作与实施的思维方式**。

不过,我们应当相互关联而不是完全割裂地看待这两类思维模式。事实上,理论思维是基于对工程管理普遍规律和一般共性的认识,但这种认识需要通过对许多具体、个别的工程管理现象来提炼、抽象、总结和升华。换句话说,工程管理的理论思维需要从个别工程的工程思维中获得;而工程思维虽说是针对个别具体工程的,但它又需要用超越个别工程管理的一般规律来指导和引领,并经常采用非个别的共性工具与方法来解决个别问题。这就是说,个别工程的工程思维需要用理论思维的一般道理来统领,而且理论思维只有渗透到具体工程的工程思维中才能够体现出道理的实际意义和作用。概言之,工程管理中的理论思维与工程思维之间虽有着重要区别,但在工程管理活动实践中是紧密结合、融为一体的。

综上所述,重大工程管理活动实践中的理论思维与工程思维是两类最重要、最基本的思维。理论思维的价值在于分类别、分层次地分析、梳理属性以及属性间的联系,而工程思维的价值在于将不同联系中的属性复合成一个完整工程实体;前者力求要有约束力、说服力的客观道理,后者则力求要有操作性、执行力的行为和活动。

简言之,**理论思维的成果是形成理论,而工程思维的成果则是形成工程实体**。理解它们的内涵和区别对我们认识和构建重大工程管理理论具有重要的指导意义。

3.1.2 工程管理的经验、知识与理论

因为本章研究的核心问题是如何认识与构建重大工程管理理论,所以本部分先对工程管理理论这一概念进行剖析。

人们在工程管理实践活动中通过大脑思考而获得许多对管理实践活动的认

知与感悟,久而久之,自然就形成了对管理活动某一方面的心得与体会。这样的情况多了,心得与体会也会愈发丰富和深刻。人们在以后类似的场合中,会自觉或不自觉地将这些心得与体会用于后续的工程管理实践,并在多次成功的基础上进一步扩充与完善。人们通过体验或观察而获得的管理活动心得与体会就是人们的工程管理经验。经验可能是某一认知,也可能是一种技能或技巧。

在不同时间、地点的具体的工程管理实践中,人们往往多次重复产生类似的工程管理经验,这样的经验更容易被人们认同而被固化。固化的经验在经历了多次检验后会变得更可靠、更有价值,对工程管理实践的指导性也更强。

工程管理实践产生的经验,特别是被固化的经验将成为人们关于工程管理的知识,它是人们系统认识工程管理活动一般规律的成果。"知识"是一个包容性很广的概念,它包括了事实、信息、描述、技能、技巧等,任何工程管理知识都必须是正确的(符合事实的)、经实践验证被人们相信和接受的。当然,个别的知识可能是独立的、零散的,不同的知识之间可能有一定的关联性,知识在形成过程中一般是不断完善和拓展的。

如果把相对独立的、零散的个别知识按照一定规则进行整合,就会形成有一定关联的知识系统,我们称其为"知识体系"。我们熟知的"项目管理"就是典型的关于工程现场管理活动的知识体系。它既包含了整合、范围、时间、成本、质量、人力资源、沟通、风险、采购以及项目干系人10个相对独立的工程管理知识领域,又反映了各个知识领域之间的相互关联。

在一定的思维原则指导下,即确认工程管理活动的本质属性并形成认知后,将工程管理知识进一步系统化和逻辑化,就形成了工程管理理论。理论更深刻地揭示了工程管理活动的普遍规律,因此是工程管理知识体系的升级版。简言之,经验是知识的初级形式,而理论是知识的高级形式。因为理论本身不仅以知识为基本要素,而且是知识的系统化和逻辑化,所以理论在整体上具有天然的体系性,即某一领域整体意义上的理论必然是一个理论体系。例如,**重大工程管理领域整体意义上的理论就应是重大工程管理理论体系**。

那么,理论比知识"高级"在哪里呢?

1. 理论是知识的系统化

总体上说,知识体系中的知识是基本上独立或者彼此之间是弱关联的,特别是针对不同问题的知识往往形成于不同类型的实践活动,从而有着不同背景、前提、条件与边界,是相对独立的。例如,工程质量管理知识与工程成本管理知识,由于背景与问题性质不同,这两类知识的差异性就很大,独立性也很突出。

但是,工程管理理论中知识之间的关联性则相对要强得多。首先,它们在形成过程中必须对工程管理活动属性的认知是一致的,即要表现出理论思维原则的同一性,并且在同一性的基础上体现出理论的广泛性,从而保证对工程管理活动及其中的各类问题有较为完整的覆盖,这一定要在系统性的顶层设计下才能够实现。其次,理论内部知识之间要具有极强的黏合性与拓展性,即表现出紧密的关联性,并能生长出新的理论元素来解决不断涌现出来的新问题。这必然在高度系统化的体系中才能实现。最后,一个品质较好的理论体系,还要能对与该理论体系相匹配的方法论形成指导和规定,这样才能强化理论的整体功能。因此,理论必然是系统化的知识,而不能是零散的、孤立的知识点的简单集合。

2. 理论是知识的逻辑化

工程管理理论为了能够揭示工程管理活动的本质属性与内在规律,必须能够以反映这些特有属性的话语为基础进行抽象与思考。话语既有自身的语义、语境,更有词语与词语之间的联结以及词语与对象的联结,这就必须遵循人们的语言习惯与语言逻辑。虽然全世界不同国家或民族使用多种语言,有着不同的语言逻辑与习惯,但是重大工程理论是使用不同语言的民族对人类重大工程管理活动实践本质属性的共同认知,因此,它应该有着超越一般自然语言逻辑关系的"更高级"的科学语话体系及其相应的逻辑体系。不仅如此,理论为了说明和解释工程管理活动现象,揭示其中的客观规律并指导实践,还需要通过推理、判断等逻辑思维方式产生新的认识与知识,这就要求理论具有自身特定的逻辑和规则。只有这样,才能保证理论具有规范、确定、有条理和前后一贯等基本品质。具体地说,工程管理理论必须有自身的核心概念,并在此基础上可推导出可以拓展的基本原理,再提炼出普适性的科学问题。所有这一切,必须在科学话语体系的逻辑框架中进行,所以,理论必然是以知识为基础要素的逻辑化体系。

由此可见,工程管理经验、知识与理论有着同源的一致性,但理论在形成中,其科学内涵及学理品质必然表现出不断系统化和逻辑化的递进性与成熟度。

上述关于工程管理理论的基本认知与品质判断原则上对于重大工程管理理论是一致的。

3.2 项目管理知识体系及其理论定位

在基本上厘清知识和理论的同源性及其重要区别后,我们可以来分析"在工程管理实践中发挥重要作用的项目管理知识体系能否当作重大工程管理理论体系"这一基本问题。这一问题的重要意义在于,如果项目管理知识体系可以当作重大工程管理理论体系,我们只要在项目管理的框架内进一步发展和完善理论体系;如果不可以,我们则要从起始点开始构建重大工程管理理论体系。两者是性质完全不同的两回事。

众所周知,在工程管理领域,数十年来,项目管理知识体系一枝独秀。人们在梳理和总结工程管理实践经验与知识的基础上,设计、形成、规范和标准化了工程管理的蓝图与操作流程,在无数工程管理现场发挥了重要作用。近年来,人们每年都会对《项目管理知识体系指南》(简称《指南》)进行修正和拓展,其指导价值也随之"水涨船高"。学术界在高度评价《指南》作用的同时,也常有人希望以它为基础,使其直接或者经一定改造后成为重大工程管理理论体系的一种典型形式。显然,这是重大工程管理研究领域内一种关于构建理论体系的重要构想。根据我们上面对工程管理理论概念的基本认识,这需要我们将重大工程管理理论体系的思维与项目管理知识体系的思维进行比对,并对项目管理知识体系的理论定位与理论成熟度进行评价,评价的结果将决定我们对构建重大工程管理理论体系的认识和拟采取的态度。

本节下面将在对项目管理知识体系评价的基础上,论述它在工程管理理论意义上的价值与定位。

3.2.1 项目管理知识体系概述

近一个世纪以来,各类工程建设数量与日俱增,规模也不断扩大,工程管理组织日益复杂,各种管理新技术与新方法更使工程管理方式呈现出越来越多样化的趋势。面对工程管理发展的这一局面,人们不断深入思考如何规范和优化多样化的工程现场管理活动,以便通过标准的工程组织管理纲领和流程来有效应对五花八门的工程管理现场需求,这也是工程管理行业人才成长和培训的实际需求。

一个重要的背景是,美国在 20 世纪五六十年代以前,运用系统分析与系统工程思想,在军事工程管理中把管理任务分解与流程化,取得了巨大成功,这大大推进了此后对一般工程管理开展的规范化与优化工作。今天我们看到的项目管理知识体系就是在这一背景下产生的。

项目管理知识体系的产生至今已有五六十年的时间,而且从未停止过修正、完善与拓展,这充分反映了随着工程管理内容的不断丰富,人们对管理活动的设计、任务分配、资源整合以及技能与流程化等工作越来越重视。

值得注意的是,虽然项目管理知识体系汲取了系统分析与系统工程思想的养分,形成了一系列细分的知识领域与管理流程,但应该看到的是,在项目管理体系不断拓展与完善的过程中,人们更多地关注如何有效解决工程管理现场的实际问题。虽然这其中也直接运用了系统分析的分解、分析等基于还原论的基本思维原则,但未能充分吸收系统科学特别是复杂系统科学的科学内涵,更没有按照理论形成路径与原则,把工程管理知识系统化和逻辑化。而是在工程现场

第3章 重大工程管理理论概述

各个专业管理职能边界和PMI资质认证等人才培训等实际需求刺激下,通过系统还原论与工程现场本体论相结合,不断固化成为一套指导工程现场实际操作的工具、方法和技能库。

1976年,PMI提出了制定项目管理标准的设想,经过10年的研究和准备,终于在1987年推出了《项目管理知识体系》(PMBOK)。1996年,将其改名为《指南》,并将工程项目管理划分为9个知识领域,并将这9个知识领域进一步划分为37个管理过程,对每个过程都按照依据、工具、技术与成果顺序进行了说明。这种表述方式有利于各个领域知识之间的"拼装",而且使整个知识体系的结构更加灵活,有利于管理流程重组。PMBOK的这种积木式、可分解、因果关系明确和有利于流程重组的形式成为后来项目管理知识体系的基本范式。

此后,从2000年出版的《指南(第2版)》到目前一共有5个版本,每一个新版本的出现,都反映了在那个时间点上,人们对包括工程管理最新、最普遍、最重要的现场问题和实际任务的跟踪与回应,具有鲜明的时代特征,并充分反映了工程管理专家们一丝不苟、认真严谨的工作精神。例如,第2版除了进一步加强各知识领域的联系、细化了流程外,还强调了项目整体性的管理。第3版扩充了管理内容,注意到对管理过程的把握。第4版进一步体现了以人为本与管理标准化的思想,并且也更重视对工程项目信息数据的管理。第5版不仅增加了干系人管理,还增加了5个管理过程,为了应对工程项目管理越来越繁杂的任务可能引起的歧义,该版还对管理过程名称进行了更改,制定了流程中的输入/输出对应规则,反映了工程项目管理中简洁明确的实际需求。

《指南》面世后的30多年,实质上是人们针对工程管理现场实践发生的变化而不断总结、完善相应经验、知识并进行梳理和集成的30多年;是在"按时、按成本、按范围完成项目目标"的任务导向下,围绕不同知识领域组织工程管理业务流程的30多年;是构建并形成一个由十大知识体系模块构成的工程管理执行指南与行为规范的30多年。

从总体上讲,PMBOK侧重于工程管理操作层面所需的知识、方法、技能的介绍,各个知识领域相对独立,同一个领域内各个知识要素之间的逻辑关系比较明晰;在描述各知识要素之间关系上,采用了"输入/输出"模型,各个知识模块都包含输入、工具(技术)、输出三个基本要素,并通过链式关系把知识体系各个部分整合起来。在此过程中,将重要的知识要素嵌入知识模块中,从而在具体的工程管理现场情景中体现出知识的应用。

另外,从《指南》30多年的演变可以看出,随着工程管理活动类型越来越多样化、管理问题越来越复杂、管理过程越来越长,不断丰富与成长的《指南》对此紧追不舍,力求做到与工程管理实践需求同步前进。

30多年来,《指南》在各类工程的组织管理中发挥了巨大作用,即使它越来越受到重大工程管理复杂性的挑战,仍然具有重要的现场价值和实际意义。

今天,我们探讨构建重大工程管理理论体系的时候,需要对项目管理知识体系的思维原则与理论价值进行深入研究和判断,这是"构建重大工程管理理论体系"的一个重要的前序问题。

3.2.2 项目管理知识体系的思维模式解析

根据《指南》的内容、结构与功能,特别是多年来它在工程管理实践中发挥的实际作用,不难看出它的一些重要特点。

(1) 如前所述,项目管理的基本思维是为了在一个确定的时间范围内,在一定的组织及运行机制下,通过有效的计划、协调与控制,充分利用有限资源完成一个既定目标的一套工程管理技能与标准流程。而《指南》明晰了工程现场管理活动的基本边界,分解了管理活动的总体任务,并尽可能使各个被分解的任务与实际工程管理组织的专业部门与管理职能相匹配。也就是说,项目管理基于系统还原论的认识,对管理功能进行了"2=1+1"的分解。这是一种"总体管理即管理各部分之和"的认知反映。更重要的是,虽然《指南》越来越重视各领域之间的关联性,但从总体结构看,它仍然是在各职能领域内部设计和谋划管理任务与职能,基本上并未有领域之间的边界突破与融合。多年来,项目管理领域的扩充只表现在领域、流程等方面的数量增加或调整,而知识体系内部各部分之间相对独立、边界清晰的结构模式并没有改变。

项目管理知识体系的这种关于工程管理还原论的认知反映了它的一般系统观,但一般系统观主要适用于相对简单、总体管理问题可分解或近可分解的工程现场管理。而面对近年来汹涌而至的重大工程复杂性管理,基于一般系统观的项目管理知识体系已经差不多将其功能发挥到极限。至于遇到知识体系不能有效解决的情况,则主要通过人的经验与智慧来补充解决,而没有适应性地开辟一条新的理论创新道路,并以新的理论体系来指导重大工程复杂管理实践。这也是今天为什么项目管理知识体系在重大工程管理挑战面前已达到"紧张点"。

(2) 从项目管理知识体系各领域的内容看,基本上是针对如何对工程管理现场基本任务进行操作的分阶段设计,再明确每个阶段的依据、工具和任务完成后应提交的相关成果,这既是一幅幅实施工程管理具体任务的蓝图,也是在告诉工程师们现场管理活动中应该"做什么"和"怎么做",告诉他们如何实施工程现场的实际"筹划",因此,这是面向工程管理实践的工程思维的具体体现。

综上分析,虽然几十年来项目管理知识体系的内容不断扩充和完善,包容性也越来越强,基本上做到了与工程管理不断丰富的实践需求同步,但它的总体思维模式与功能目标等几十年来一直主要表现为：

（1）基于工程管理系统还原论与工程现场本体论相结合的思想，对工程现场的实际活动进行可加性分解，并在边界清晰、职能明确的各领域内相对独立地设计与筹划工程管理任务的蓝图，刻画出在该领域内理想的标准化操作流程与方法，然后再让人去实施。

（2）虽然工程实体完整形态的实现需要理论思维与工程思维的相互融合，但项目管理知识体系并非通过构建工程管理本质属性的逻辑系统来揭示工程管理"是什么"和"为什么"的道理，它主要是指导人在工程管理实践活动中"做什么"和"怎么做"的知识与技能。

项目管理知识体系是一种以工程思维为主导的思维成果，这一点十分重要，因为工程思维不可避免地体现了主体价值意图与偏好，从而会"损坏"工程管理一般性道理的客观性，这也是遵循工程思维而不能形成理论体系的一个重要原因。

3.2.3 项目管理知识体系的理论定位

明确了《指南》系列基本上是不断丰富的工程思维成果后，本节就可对它的理论定位和理论价值进行分析。这是一个与"构建重大工程管理理论体系"关系更为密切的问题。

要再一次指出，本书所谓的理论，是指重大工程管理领域内完整的理论体系，也就是这一领域内的系统化、逻辑化的知识体系（见 3.1），而不是指某个具体的说明性理论问题，也不是若干相对独立、彼此关联性甚小的理论问题集。

近年来，随着《指南》的内容越来越丰富，人们同时发现其理论成分在逐渐提高，因为《指南》在不断对工程管理现场"做什么"和"怎么做"进行标准化的同时，也不同程度地对工程管理现象与问题"是什么"和"为什么"进行了一定的解释。但是，这些解释的主要目的还是为"做什么"和"怎么做"提供合理的说明与依据，并非基于同一思维原则在工程管理本质属性层面上揭示其普遍性的道理，即还缺乏工程管理理论的内涵与深度。因此，尚不能认为《指南》已从知识体系转换成理论体系。另外，知识与理论的重要区别在于是否被系统化与逻辑化。在实际中，人们往往简单地将具有一定关联关系或有某一共同背景的知识理解为知识的系统化与逻辑化。其实，知识的系统化与逻辑化的根本之处在于它们是人们在理论思维层面上，具有思维原则的同一性以及基于共同科学话语的逻辑体系。

但是，人们恰恰在对这一问题的认识上存在着这样或那样的偏差，从而使我们对项目管理知识基于理论品质的认知及对其理论定位的评价出现歧义。如通

常听到的"项目管理是破碎化的工程管理理论"的说法,这一说法存在以下几方面的问题:

(1) 这里所说的"工程管理理论"应是理论体系,而并非一个或若干独立的理论观点与命题;而理论体系应具有明确、严格的科学内涵与基本准则,不能含糊不清与随意套用。

(2) 在明确理论体系的科学内涵与基本准则之前,我们无法判定什么是、什么不是工程管理理论。

(3) 不论如何,理论体系一定不能是破碎化的,破碎化与理论体系的系统化与逻辑化的基本品质是相悖的。

(4) 对理论体系的科学论断除了必须遵循同一的科学思维原则外,还必须使用规范的科学话语体系来表述,不能用模糊的自然语言来描述,这样容易使论断的科学内涵模棱两可和含糊不清。

说到底,我们只有在对工程管理理论体系的深刻内涵进行分析和确认的基础上,才能准确定位项目管理知识体系的理论品质,也才能准确设计构建工程管理理论体系的路径,下面我们就来剖析这一重要的基础性问题。

首先,前面已经分析过,对相对简单的工程,其工程管理实践自然也是相对简单的系统实践,系统复杂性特征并不明显。例如,工程管理的目标与任务在整体框架下基本上可以分解为若干虽有一定关联但基本上是相互独立的领域。对这类工程而言,系统还原论与工程现场本体论相结合的思维不仅能够告诉人们应该"做什么"和"怎么做",同时也在很大程度上告诉了人们"是什么"与"为什么"的道理。因为对于较为简单的问题,道理与做法往往是相当紧密地结合在一起的,其表述的内容与内涵差别并不大。

其次,既然这类相对简单的工程的各管理领域之间是相对独立的,同一领域的知识逻辑关系又比较明晰,那么,知识体系的系统化与逻辑化形态基本上等同于将所有领域知识的简单相加或表现为经过简单整理后罗列在一起形成的次序与流程。因此,在实践上,《指南》通过模块化就可以把工程管理知识各个部分整合起来,这在较低层次上也可以认为实现了知识的系统化与逻辑化过程。这意味着对一类较为简单的工程管理而言,《指南》也可认为是在一定程度上实现了知识的系统化与逻辑化;或者说,对一类较简单的工程而言,《指南》在较低层次上基本上体现了工程管理知识的"准理论化"。

最后,既然这类工程管理的系统复杂性并不明显,使还原论与加和性"失效"的复杂管理问题并不多,那么,遵循上述还原论为主的系统思维和技术路线形成的《指南》与原来的工程管理任务本体之间的"误差"就较小,是可以接受的。即这一思维路线与技术路线在实践中是基本一致的,再加上在实践中,人的经验与智慧能够弥补现场出现的较为复杂的管理问题,因此,项目管理体系虽然不时表现出面对复杂问题的"紧张点",但在许多时候仍然可以应对"不太严重"的管理问题的复杂性挑战。但是,当工程复杂性管理问题越来越多时,《指南》将越来越勉为其难。**这就是为什么国际工程管理学术界呼吁"要重新思考项目管理"。**

通过以上分析,我们可得到如下重要结论:

在相对比较简单或者不那么复杂的工程管理活动中,工程管理的认知与筹划之间、管理知识的可加性与系统性之间、理论思维与工程思维之间的距离比较小,因此,在系统还原论与工程现场本体论的结合点上,《指南》在人们经验与智慧的帮助下,既能够刻画工程现场管理的标准操作蓝图,让人知道"做什么"和"怎么做",又在一定程度上揭示了工程管理属性的内在规律,让人知道"是什么"和"为什么"。但是,这只是反映了《指南》在较为简单的工程条件下,在主要表现现场"技能"功能的同时所表现出的有限的、附加性的"理论"品质。

需要强调指出,《指南》在这里表现出的"理论"品质主要是针对某一工程现场"技能"所做的原理性解释与说明,更多地体现了对"知识"的解释成分,它的理论内涵与范式还远不完整、不成熟。

因此,不能认为《指南》就是一般意义上的工程管理理论体系,或者退一步认为是有缺陷的、待完善的和破碎的工程管理理论。

另外,因为《指南》本质上是工程思维的产物,而不是理论思维的成果,它的形成过程和成果方式与理论体系形成的一般规律及范式还有着很大的差距。

事实上,多年来,工程师和专家们都一直忙于如何建设工程,如何直接、有效地解决工程建设现场遇到的大量实际问题。人们虽然越来越多地在思考工程管理理论问题,但理论问题与理论体系毕竟是两个截然不同的概念。比较而言,理论问题一般仅仅是单体性的理论,而理论体系是领域性的理论。研究一个理论问题可能只涉及一两个知识点,但构建一个理论体系需要在一个领域内构建一条完整的学理链,并必须遵循理论形成的范式。

《指南》在实践中确实发挥了重要作用,加之人们的理论思维与工程思维往往会相互僭越,并且工程管理中还原论认知仍然表现出强大的作用,才导致近几十年来,一方面工程管理实践获得了巨大进步,另一方面工程管理理论体系却长期缺失,两者之间的"紧张点"越来越明显。

现在回到我们原来的问题上来,如果不能认为《指南》是基于理论思维的规范的工程管理理论体系,则从整体上讲,目前更不存在其他的符合理论形成规范的重大工程管理理论体系。

这一结论是残酷的,甚至可能让人感到诧异和不可思议,但这毕竟是当前重大工程管理学术领域的一个现实,是一个我们必须面对并需要立即行动起来努力改变的现实。

在本部分对项目管理知识体系及其理论意义定位进行分析后,笔者认为,十分有必要着重申明如下的学术观点,以提醒读者不能产生任何对项目管理知识体系重要意义和作用认识上的降低。

具体地说,前文指出,不能认为《指南》是基于理论思维的规范的工程管理理论体系。这是根据人们在工程造物活动中的两种思维方式及其主要功能,并结合人们对客观事物认知过程的不同阶段及其演化路径而形成的结论。**这实际上是我们在确立一种思维原则与认知逻辑后,根据这一原则与逻辑对项目管理指南的"理论品质"进行的评价**。请注意,这仅仅是在人的思维逻辑体系和理想化条件下,对项目管理指南的某种特定功能属性的一种评价,而项目管理指南的功能属性是多层次、多方面的,除"理论品质"功能属性外,它的现场技能与方法功能属性是强大的,并能在工程管理实践中表现出极其重要的作用和指导意义。所有这些,本节不仅没有任何疑义或否定,而且是充分强调和肯定的。由此可见,所有这些结论各自都有特定的条件与前提,有着各自真理性的语境,不能模糊甚至不区分这些条件与环境,否则会造成不同结论之间的冲突。

笔者认为,本节通过一系列分析所得出的关于项目管理指南理论定位的结论,充分肯定了项目管理知识体系对工程现场管理实践重要的指导作用,同时也指出它存在着理论品质缺失的二重性,这比笼统地把两者混杂在一起并含混地评价项目管理的意义与作用要精细和深刻。这有利于我们全面、准确地评价项目管理知识体系的功效,有利于应对由于工程实践复杂性的不断增长而形成的对项目管理知识体系的挑战,也有利于开展重大工程管理理论的创新性研究。

3.3 "走在路上"的重大工程管理基础理论

在当前这样的现实背景下,世界各国工程管理专家普遍认识到建立重大工程管理理论体系的重要性与必要性,同时也在努力捕捉构建重大工程管理理论体系的重大机遇,争取在重大工程管理理论创新的道路上有所突破。

在这个问题上,除了近年来各国工程管理专家各自从不同角度开展的相关探索性研究外,最近已经形成了多国专家协同开展探索研究的新模式。例如,英国牛津大学 Bent Flyvbjerg 教授于 2014 年 8 月在 *IJPM* 上发表了专门文章,呼吁全世界工程管理专家共同"寻找"重大工程管理经典理论体系,这里的"经典理论体系"可以理解为规范的、符合理论形成范式的理论体系,并希望能够尽快构建重大工程管理基础理论体系。

该文章的内容要点为:预计在 2013—2030 年,全球平均每年的基础设施工程建设花费将达3.4万亿美元,而且主要是用来建设大规模项目。经济学家称其为"史上最大的投资增长期",而这还仅仅是在基础设施领域。

基于这一状况,重大项目管理的理论知识从未像今天这样重要。但是,学术领域是否与实践领域具有同样的先进程度?是否已有一些成果成为经典理论来帮助重大项目做最优的决策和管理?

如果一个理论研究成果被该领域的专家广泛认可,它可以被认为是经典的理论,工程管理研究中是否存在这些经典理论?

如果重大工程管理存在经典理论体系,那么它们是什么?它们如何成为经典?又有什么影响?

如果重大工程管理不存在经典理论体系,为什么没有?

这些经典理论体系对重大工程管理有影响吗?为什么有?为什么没有?重大工程管理是否可以在没有经典理论的情况下兴盛?

如果经典理论体系是重要的,我们应该如何发展它?我们可以从其他学术领域学到什么?

美国项目管理协会(PMI)于2013年出版的最新版《项目管理知识体系指南》是否可称之为重大工程管理中的经典理论体系?它与重大工程管理是否有关?该知识体系(PMBOK)与学术研究的关系是什么?PMBOK是否阻碍了重大工程管理学术研究经典理论体系形成的进程?

Flyvbjerg教授在不长的文章篇幅中一连串地提出了如上所述的许多紧密关联、前后有序的学术问题,这和我们第3章一开始的分析完全一致。

无独有偶,早在2003年,英国工程与物理科学研究委员会EPSRC资助了一个"重新思考项目管理"(Rethinking Project Management)研究项目,目标是重新定位、拓展、思考项目管理的概念、基本方法,制定未来的研究议程。该项目将之前的项目管理称为传统的第一代项目管理(Traditional Project Management - 1st Order, PM - 1),而将考虑项目复杂性、全球化、技术创新管理的项目管理理论称为第二代项目管理(Project Management - 2nd Order, PM - 2)。PM - 2认为,项目管理已经从传统的生命周期模式的项目管理开始向复杂性项目管理理论方向发展,包括项目和项目管理各个层次识别、管理复杂性的新理论、新模型的构建,并且项目被看作一种社会过程,应更多地关注项目涉及的人的行为和社会交互作用,更多地关注利益相关者的关系以及政策和权力在项目实践过程中的交互作用关系。

从中人们不难发现,当前工程管理主流学术界不约而同地对重大工程管理理论这一重要的学术问题发表了如下共识性意见:① 到目前为止,尚未有经典的重大工程管理理论体系。② 重大工程管理理论体系的出现已到了临界时间点。③项目管理知识体系能否成为重大工程管理理论体系仍在举棋不定的纠结之中。④如果重大工程管理理论十分重要,应如何构建和发展它。

显然,这些问题中的每一个都非常重要,以致缺少任何一个问题的答案,关于重大工程管理理论体系的研究都是缺乏学理逻辑性的。

像这样大范围集聚研究资源开展重大工程管理理论研究的现象,不仅在工程管理学术发展史上是空前的,在其他学科领域也是罕见的。它深刻反映了在重大工程管理研究领域,人类的理论思维与工程思维之间的辩证关系与客观规律起着越来越重要的指导作用。它还告诉人们,当重大工程管理领域的实践已经发展到一定阶段,特别是实践发展已经接近或者达到一个临界状况,该领域理论体系的产生将是必然的。虽然该理论体系形成的道路和重要的里程碑事件可能有这样或那样的偶然性,但这一总体趋势是必然的、客观的和历史性的。

与此同时,本书认为在对待像重大工程管理理论体系这样重要的学术问题时,我们更应该从人类思维方式这样的高度来认识它。事实上,如果我们把重大工程管理理论体系当作工程管理领域的一棵大树,那首先要弄清楚这棵大树是长在什么样的实践土壤上的,其生长的自身基因与机理是什么,又必须具备什么样的自然环境与条件。这就需要我们跳出传统的工程管理这个单一狭小范围,在更高的学术层面与更广阔的学术空间中思考问题。例如,应该首先探讨以下问题:①一个领域内系统性的理论体系形成的基本条件与环境是什么?②一个理论体系的科学内涵是什么?它的标志性理论元素与结构是什么?它的形成过程的规范性应该如何保证?③重大工程管理理论体系在思维成果上是一个整体,但在构建理论体系的初期,更应该鼓励工程师和学者们从不同层面、不同视角开放式地为理论体系进行结构设计、功能设计和逻辑设计,并在广泛的探索中积累经验,但所有这些都必须保持思维方式的科学性和理论形成路径的规范性。

如我们前面的分析,项目管理知识体系不能当作规范、成熟的工程管理理论体系,那就更不能当作重大工程管理理论体系。这一现实更要求我们首先要确定构建重大工程管理理论体系的"原点",并从这一原点出发,探索重大工程管理理论体系的形成路径,构建该理论体系的理论元素与逻辑框架。

显然,这些问题涉及的学术范围比传统的工程管理活动范围大得多,因此,必须坚持探索研究这一重大问题学术视野的宽广性与规范性,才能了解和认识到重大工程管理理论的全景,并以正确的思维方式把握重大工程管理理论的形成路径。

下面就让我们先来做一些前序性的准备工作。

3.3.1 重大工程管理基础理论的基本内涵

根据理论的一般性定义,不难理解所谓**重大工程管理理论就是系统化与逻辑化的重大工程管理知识体系**。这里,"重大工程管理理论"就是指"重大工程管理理论体系"。

从 2.3 我们知道,重大工程管理问题由程序化与标准化问题、系统性问题以及复杂性问题三个层次的问题组成,每个层次的问题都有相应的管理知识。这样,重大工程管理知识自然主要是指最高层次中关于复杂性管理的知识。重大工程管理知识不仅需要将多个学科的知识进行汇总,而且重大工程管理问题中有许多新的复杂问题需要我们把多方面(多个)知识相互渗透,形成新的知识与方法。例如,对于复杂的重大工程决策问题,我们需要把科学理论、人的经验、智慧与计算机数据信息处理能力融合在一起,形成新的分析力与判断力。

在 3.1.2,在关于理论是知识的系统化与逻辑化问题上,我们指出:对工程管理理论的基本认知与品质判断原则上与重大工程管理理论是一致的。下面,我们再结合重大工程管理的特点,对这一问题做几点说明。

首先,因为重大工程管理的复杂性,相应的知识既要运用知识单元之间的集成,又要运用知识单元之间的综合,我们应该这样进一步来理解重大工程管理理论中知识的系统化。

其次,重大工程管理理论中的知识元素之间要通过彼此的隶属关系、包含关系、并列关系、联结关系、反馈关系等逻辑关系,通过推导、判断和推理帮助我们认识重大工程管理现象,解决重大工程管理问题,还要能够由系统化的知识群与知识链生成、拓展出新的知识。这样,知识的逻辑化才能使重大工程理论体系成为"活的"、可以自生成和自发展的演化型知识体系,成为鲜活的、有生命力的理论。

例如,系统复杂性是重大工程管理的本质属性。具体而言,这是通过管理主体复杂性、管理问题复杂性与管理环境复杂性及彼此之间的逻辑组合而形成的重大工程人造复合系统的综合复杂性。因此,人们需要通过对各方面复杂性知识的逻辑化来形成描述和分析人工复合系统综合复杂性的整体知识,并以此为核心开展重大工程一系列复杂管理问题的研究。

这样,经知识系统化与逻辑化形成的重大工程管理理论才能够指导我们在认识重大工程管理本质特征的基础上,通过规范的思维方式和逻辑推导研究该领域内的复杂性问题,特别是反映重大工程管理本质属性的那一类复杂性问题。

综上所述,重大工程管理理论是人们在工程管理实践活动与思维活动中建立起来的以知识为基本要素的系统化与逻辑化体系。在这一体系的帮助下,人们更精准描述和理解了重大工程管理实践活动中的各种现象,也更深刻揭示了管理活动的本质特征与一般规律,因为该体系已经被赋予系统化与逻辑化研究对象本质属性的品质。

这里要强调一个重要的问题:拟构建的重大工程管理理论既然具有这样的品质,那么在揭示重大工程管理问题与活动固有的属性时,将能够从理论层面深刻阐明重大工程管理区别于其他领域管理的本质属性及它自身存在与发展的根据,**即其具有理论的根本性**。

在重大工程管理理论范畴内,相较于一般理论元素、单个理论问题、理论专题、理论问题群等,**该体系处于渊源性与起源性地位,即它的逻辑框架与基本要素对于重大工程管理理论的发展是根本性和原始性的**,而其他理论则是这一体系的深化与延展。

这意味着,拟构建的理论体系具有根本性与起源性的理论与学理品质,因此,它属于重大工程管理基础理论。这样,**本书所谓的重大工程管理理论、重大工程管理理论体系与重大工程管理基础理论在笔者学术思想框架下是一致的、同义的。**

3.3.2 几个相关问题的说明

最后,本节介绍几个与构建重大工程管理理论密切相关的问题,其中,有些是学术思想的,有些是技术路线的,也有些是具体工作安排的,但不论哪一点,都是重要的、需要明确的。

1. 定位

本书认为,当前最紧迫的任务是明确提出构建重大工程管理基础理论这一重要的学术任务。这意味着目前在学术界尚没有某种规范、具体的理论体系可当作重大工程管理基础理论,而"构建"意味着需要从基础性工作开始,并按照理论形成的规范和程序展开。

2. 规范

重大工程管理基础理论要遵循一般理论体系形成的基本规则与要求(本书将在第 4 章进行说明)。虽然重大工程管理基础理论在很多方面可以从其他学科领域学习到很多东西,并且应该鼓励这种学习,但作为新的理论体系,它不能完全以另外某一个学科领域的理论体系为基准,然后用该领域的学术思想、话语及方法来"翻译"重大工程管理基础理论问题。这样的寄生型做法不是,也不可能成为重大工程管理基础理论规范化的形成路径。另外,也不能在没有统一的思维原则情况下,仅仅通过广泛应用某个或多个其他学科领域的理论思想和方法,再拼装起来成为重大工程管理理论。

以上两种模式因为都不能深刻反映重大工程管理活动与管理问题在实践层面和认知层面上的本质属性,所以,无法保证知识系统化与逻辑化的完整性、深刻性以及思维原则的同一性。至于用一些新科学领域的概念与名词来诠释重大工程管理问题,可能具有小范围或孤立的意义,但同样因为缺乏哲学思维同一性与理论实质性内涵而不可能支撑起整个基础理论体系。凡此种种都在提醒我们,构建重大工程管理基础理论必须遵循理论形成的基本规律与范式。

3. **相对性**

任何理论体系发现的道理、揭示的规律都是相对的真理,即都是相对正确、相对深刻和相对全面的。因此,理论只有相对的真理性,不能指望依赖一个理论体系解决重大工程管理的全部实际问题。特别是重大工程管理实践活动中,除了理论思维,还有工程思维及其他种种思维方式。因此,在重大工程管理实践活动中,没有理论是不能的,但也不能存在"理论是万能的"这样的想法。

另外,重大工程管理理论体系不应理解为是唯一的,如同管理领域内众多管理思想和管理学派一样,在构建重大工程管理理论体系的态度上应该是开放的、包容的,要形成百花齐放、百家争鸣的态势,才有利于重大工程管理基础理论的发展与进步。

4. **长期性**

构建重大工程管理基础理论不是一件容易的事情,对其进行修正、完善、拓展和提升更需要长期艰苦的探索。考虑到"重大工程管理"是一个含义广泛、深远的概念,它与时空、地域、工程类型、环境、文化、制度、历史、政策等紧密关联,并且又受到主体观察问题的视角、思考问题的方式等影响,且重大工程管理问题自身的复杂性使得人们对管理问题的正确认识需要不断比对与试错,因此,构建重大工程管理基础理论是一个必须由许多学者与工程师经过长时间共同努力工作才能一步步完成的任务,甚至永远没有止于至善之日。

5. **实践性**

虽说关于重大工程管理基础理论的研究,主要是人们在重大工程管理活动中理论思维层面上的事情,但研究重大工程管理还是必须牢牢立足于重大工程管理实践,因为一切理论思维成果都是源于对实践与实际问题的思考。

在这一点上,中国当前有着特别好的条件。也就是说,开展关于重大工程管理的理论思考,在中国有着深刻而丰富的实际背景。当代的中国,无论是重大工程建设的总数,还是单个重大工程的规模,都在全世界首屈一指。根据国际货币基金组织与联合国教科文组织 2013 年发布的相关统计数据,1945—2012 年,中国已建成和在建的重大工程数为 7 932 个,定为"极多";而美国(5 155 个)定为"多",定为"较多"的国家有俄罗斯(3 729 个)、巴西(2 931 个)、印度(2 435 个)、土耳其(2 177个)、法国(2 004个)等。中国也是自1990年以来世界上开建重大工程数量最多的国家。虽然这一统计的口径不尽统一,统计范围不尽完整,工程数量也不尽准确,但总体结论应该是可信的。

以单体工程为例,中国三峡水利工程可谓当代世界已建最大规模的重大水利工程之一。该工程同时具有防洪、发电、航运、供水等功能,三峡水库总库容393亿立方米,水电站总装机1 820万千瓦,年发电量847亿千瓦,是世界上最大的水电站,工程主体建筑物土石方挖填量、混凝土浇筑量等均为世界第一,工程最终投资总额超过3 300亿人民币,被世人认为是几千年来继万里长城之后中国最大的基础设施工程。

中国作为当代世界重大工程建设大国,一方面取得了巨大的工程建设成就,有力地推动和促进了国家社会经济的发展;另一方面也取得了丰富的重大工程管理经验,这十分有利于我们在掌握大量丰富的工程管理实践与经验基础上开展关于重大工程管理基础理论的探索与思考。

综上所述,当前,重大工程管理现实对重大工程管理基础理论的构建提出越来越强烈的需求。同时,不断丰富的重大工程管理实践、越来越壮大的研究队伍以及不断积累的研究成果也都为构建重大工程管理理论体系准备和提供了许多基础性条件。在这个意义上,重大工程管理基础理论的探索与构建已经起步,正在路上。

参考文献

[1] Ansar A, Flyvbjerg B, Budzier A, Lunn D. Should we build more large dams? The actual costs of hydropower megaproject development[J]. Energy Policy, 2014, 69: 43-56.

[2] Dai H, Cao G, Su H. Management and construction of the Three Gorges Project[J]. Journal of Construction Engineering and Management, 2006, 132(6): 615-619.

[3] Duncan W R. Is the PMBOK Guide a standard? [M]. Pmnetwork, 1998.

[4] Flyvbjerg B, Budzier A. Why Your IT Project Might Be Riskier Than You Think[J]. SSRN Electronic Journal, 2013, 89(9): 23-25.

[5] Flyvbjerg B, Skamris Holm M K, Buhl S L. How common and how large are cost overruns in transport infrastructure projects? [J]. Transport reviews, 2003, 23(1): 71-88.

[6] Flyvbjerg B. Over Budget, Over Time, Over and Over Again: Managing Major Projects[M]. Oxford University Press, 2013, 321-344.

[7] Fu B J, Wu B F, Lü Y H, Xu Z H, Cao J H, Dong N, et al. Three Gorges Project: efforts and challenges for the environment[J]. Progress in Physical Geography, 2010, 34(6): 741-754.

[8] Ghosh S, Forrest D, DiNetta T, Wolfe B, Lambert D C. Enhance PMBOK® by comparing it with P2M, ICB, PRINCE2, APM and Scrum project management standards[J]. PM World Today, 2012, 14(1): 1-77.

[9] Gidado K I. Project complexity: The focal point of construction production planning[J]. Construction Management & Economics, 1996, 14(3): 213-225.

[10] Hu Y, Chan A P C, Le Y, Jin R. From construction megaproject management to complex project management: Bibliographic analysis[J]. Journal of Management in Engineering, 2013, 31(4): 04014052.

[11] Hydari H. Second Order Project Management[J]. Project Management Journal, 2013, 44(2): 100-100.

[12] Indelicato G. A guide to the project management body of knowledge (PMBOK ® guide), fourth edition[J]. Project Management Journal, 2009, 40(2): 104-104.

[13] Poddar R, Qureshi M E, Syme G. Comparing irrigation management reforms in Australia and India: A special reference to participatory irrigation management[J]. Irrigation and Drainage, 2011, 60(2): 139-150.

[14] Project Management Institute. A Guide to the Project Management Body of Knowledge(PMBOK Guide)[M]. United States: Project Management Institute, 1997.

[15] Project Management Institute. A guide to the project management body of knowledge (PMBOK ® guide)[M]. United States: Project Management Institute, 2001.

[16] Project Management Institute. A guide to the project management body of knowledge (3rd ed.)[M]. Sydney, NSW: Project Management Institute, 2004.

[17] Project Management Institute. A guide to the project management body of knowledge (PMBOK ® guide)[M]. Project Management Institute (4th ed.). United States: Project Management Institute, 2009.

[18] Project Management Institute. A guide to the project management body of knowledge (PMBOK ® guide)[M]. Project Management Institute (5th ed.). United States: Project Management Institute, 2013.

[19] Sardelic D N, Waretini A F. The three gorges project: how sustainable? [J]. Journal of Hydrology, 2012, 460: 1-12.

[20] Saynisch M. "Beyond Frontiers of Traditional Project Management": The Concept of "Project Management Second Order (PM-2)" as an Approach of Evolutionary Management[J]. World Futures, 2005, 61 (8): 555-590.

[21] Saynisch M. Beyond frontiers of traditional project management: An approach to evolutionary, self-organizational principles and the complexity theory: results of the research program [J]. Project Management Journal, 2010, 41(2): 21-37.

[22] Saynisch M. Mastering complexity and changes in projects, economy, and society via project management second order (PM-2)[J]. Project Management Journal, 2010, 41(5): 4-20.

[23] Sliger M, Consulting S. Agile Project Management and the PMBOK ® Guide[M]. PM Network, 2008.

[24] Suo L, Niu X, Xie H. The Three Gorges Project in China [J]. Comprehensive Renewable Energy, 2012, 6: 179-226.

[25] Svejvig P, Andersen P. Rethinking project management: A structured literature review with a critical look at the brave new world[J]. International Journal of Project Management, 2015, 33(2): 278-290.

[26] Winter M, Smith C, Cooke-Davies T, et al. The importance of 'process' in rethinking project management: the story of a UK government-funded research network[J]. International Journal of Project Management, 2006, 24(8): 650-662.

[27] Winter M, Smith C, Morris P, et al. Directions for future research in project management: The main findings of a UK government-funded research network[J]. International Journal of Project Management, 2006, 24(8): 638-649.

[28] Winter M. Problem structuring in project management: an application of soft systems methodology (SSM) [J]. Journal of the Operational Research Society, 2006, 57(7): 802-812.

[29] Zhai L, Xin Y, Cheng C. Understanding the value of project management from a stakeholder's perspective: Case study of mega-project management[J]. Project Management Journal, 2009, 40(1): 99-109.

[30] 徐长福. 思维方式:僭越与划界:人文社会学科中理论思维与工程思维之批判[J]. 学海, 2001(1): 5-14.

第4章 重大工程管理基础理论的形成路径

综上,根据笔者的理解,当前构建重大工程管理基础理论(以下简称重大工程管理理论)是一个"从无到有"的复杂知识创新系统工程,其核心任务是要遵循理论形成的一般规律,以理论元素及元素之间的相互逻辑关联为基础,进行结构化的理论(体系)设计。这一过程必然要明确理论体系的思维原则是什么,哪些是核心理论元素与核心概念,理论元素与概念通过基本的逻辑判断能形成哪些基本原理,并能够进一步凝炼出重大工程实际管理职能的抽象表述与内涵,即形成基本的科学问题。这其中的前后每一步既相对独立又有着相互紧密的逻辑关联性,它们在整体上将构成重大工程管理理论的基本架构。

在确定基本架构后,再提供与之相匹配的方法论与方法体系,即最终形成**"思维原则—核心概念—基本原理—科学问题—方法论与方法体系"这一完整的重大工程管理理论的学理链**。

也就是说,**要构建重大工程管理理论,必须一步步提出和凝炼源于重大工程管理实践并体现理论内涵的思维原则、核心概念、基本原理与科学问题,建立它们之间的多层次逻辑关联。这就是重大工程管理理论的形成路径。**

4.1 复杂性:理论的思维原则

如同人们计划建设一座大厦,首先要对大厦工程开展顶层设计,构建重大工程管理理论体系,首先也要对理论体系开展顶层设计,即确立理论的思维原则。

所谓确立重大工程管理理论思维原则,就是要明确和树立重大工程管理问题的本质属性及对理论问题的认识论。因为构建重大工程管理理论是理论思维范畴内的事,只有经过理论思维,才能实现对研究对象本质属性的把握,达到人们认识的高级阶段,即理性认识阶段。既然理论思维是对对象本质属性的认知,那就要回答重大工程管理的本质属性是什么。

众所周知,重大工程管理知识源于重大工程管理实践活动的各种现象与问题。即使同样内容的管理活动和同样性质的管理问题,工程思维在不同的具体管理活动中的表现形式与程度也会有很大不同,不可能"整齐划一"。但是,理论思维不同于工程思维,理论主要是在探索和寻找该领域基本科学问题的同一性、普遍性与规律性。因此,理论必须对那些具体的多样化的现象与问题进行抽象。只有通过抽象,重大工程管理理论体系才能通过核心概念、基本原理及科学问题体现自身的品质、功能与价值。而要做到对问题进行抽象,就必然要损失问题的细节、个性以及独特之处,因此,理论研究总是在一定的理想化状态下进行的,需要注意的是,理想化一定要有根据。以重大工程管理理论来说,重大工程管理活动是组织协调人们造物和用物的实践类型,凡一种稳定的实践类型,实际上就是一种规则或规定性,也形成了一种区别于其他类型的认知标准。理论研究只有根据这一标准才能对问题进行理想化的抽象,才能形成基本的理论元素。

那么,对于重大工程管理理论来说,这一标准是什么?

我们在2.3节指出,复杂性是重大工程管理活动、管理现象与管理问题的本质属性。这一结论告诉我们,虽然具体的重大工程管理活动、现象和问题多种多样,差别很大,但我们可以按照系统科学原理来抽象它们的科学内涵。例如,重大工程管理本质上都是一类复杂系统,可以通过分析它们的系统要素、关联、结构、功能、系统行为的涌现等,在复杂性意义上发现它们的同一性、普遍性和规律性。这好比虽然具体的重大工程管理现象和问题令人眼花缭乱,但我们可以找到它们共同的"根",这就是复杂性;并以此为基础建立如下的理论思维原则:**在一般意义上研究重大工程管理问题,那就应该首先和主要研究它们的复杂性这个"根",并从"根"上揭示问题的规律**。而对某个工程的某个具体管理问题的研究,则可以在搞清楚这个"根"的基础上,以"根"为认识论,再增加对该问题的环境、个性、细节的个性化研究。

简言之,明确了系统复杂性是重大工程管理理论的思维原则,就确立了重大工程管理理论研究的认识论。也就是说,不论重大工程管理理论研究问题的具体形态怎样,问题的本质属性都被规定在复杂系统范畴内。这样,系统科学的逻辑体系与话语体系将对我们确立研究思路、保证研究的规范性提供极大的支持。另外,思维原则要求认识论与方法论的一致性,关于复杂性问题,学者们经过数十年探索,已经初步确立了相应的方法论原则与方法体系,这也使我们有充足的理由来应用这一方法论原则,并进一步设计理论中的技术路线,这在本书第四篇"重大工程管理研究的方法体系"中有详细的介绍。

4.2 核心概念:理论的话语基础

语言是人们表达、交流思想的主要工具,也是人们思维的工具,人的思维过程和结果主要是通过语言表达出来。平常,人们运用一套自然语言体系进行思维和交流,但自然语言的"大白话"对现象与关系的表达与描述大都是表面的和外在的,很难表达、传送和交流事物的本质属性与内涵,也难以用这种方式来凝炼人们对一个事物属性的抽象认知。特别是,理论是人的理论思维的结果,因此,理论思维除了以自然语言为基础外,还需要有专门的科学语言把理论要反映的某一领域的本质属性准确、深刻地凝炼出来。理论体系中的这一科学语言的基础就是概念。**每个概念都是人们对客观事物本质属性认识的凝炼,是对事物本质与内在关系抽象与凝炼的语言表述**。因此,概念能够推动人们从具象思维提升到抽象思维,成为科学共同体成员之间相互传送与交流的语言工具,并在此基础上,构成理论等科学话语的"基元"。

概念的主要表现方式为科学术语。重大工程管理理论的基本概念是人们在对重大工程管理实践活动主要现象与行为反复认知的基础上,对其本质属性的抽象,也是管理活动某一属性形成逻辑的反映。概念既包含了人们通过工程思维与理论思维对工程管理本质属性的认知,又反映了本质属性的形成逻辑,所以概念可以作为理论体系的基本要素。

特别是,当我们通过构建重大工程管理理论来研究许多还不清楚的问题时,提出反映本质属性的概念,对我们表述问题是很有帮助的。也正因为是拟构建新的理论体系的概念,所以要特别谨慎,不能提出没有实践背景或不能反映实践本质属性的概念,也不能使概念没有什么理论内涵。当然,对于新的理论体系,即使一开始免不了会用日常用语作为概念表述方式,这也无妨,有时反而会帮助人们直白地理解问题的现象与本质。但是,这样的情况既不能多,也不能长久,因为这样做毕竟会影响理论思维的精准性与深刻性,也会妨碍我们进行严密的理论思考。因此,为了能够帮助我们认识更多的现象与规律,我们还得进一步提出具有一定描述性功能并有助于我们概括现象内在逻辑联系的概念。

需要指出的是,虽然系统复杂性是重大工程管理的本质属性,但并不能简单认为可以直接将复杂系统理论的概念都移植过来作为重大工程管理理论的基本概念。这是因为复杂系统概念是对包括自然科学、社会科学与人文科学总体现象与问题基本属性的抽象,因此,它的含义更广泛、更基本。如果直接用它们作为重大工程管理理论的概念,对重大工程管理而言,那只能得到一般性概念。一般性概念的知识范畴,是对对象最广义的分类,它们可以构成关于重大工程管理理论思维的框架。但由于缺乏重大工程管理活动的特定内涵,这样势必导致重大工程管理理论的概念缺乏生动、具体的管理活动的现象与情景内容,使之成为缺乏生气和活力的概念标签。这对构建重大工程管理理论往往没有什么实质性的帮助和推动。

因此,我们确立了复杂系统科学为重大工程管理理论的思维原则,但不宜直接把复杂系统科学的概念体系搬过来作为重大工程管理理论的概念体系,而需要我们源于重大工程管理实践活动,提炼出能深刻反映和体现重大工程管理活动形式与内涵的**实质性概念**。

概念的提出是构建重大工程管理理论的基础性工作,"好"的概念不仅能够提高理论的系统性与逻辑性品质,推动理论的生长,而且还能帮助我们用更敏锐的眼光观察、认知和理解重大工程管理的本质。

越能体现重大工程管理本质属性的概念,在理论体系中越具有根本性和实质性。这一类概念数量不应该很多,它是概念体系中的"精品"。**正如卡尔姆"剃刀原则"所说,假设最少的理论是最好的理论**。

具体地讲,在构建重大工程管理理论体系的过程中,我们可先在重大工程管理与复杂系统科学之间通过归纳法和演绎法的相互作用,形成一般范畴,如重大工程—环境复合系统、系统复杂性等。但要注意,范畴主要是关于重大工程管理的一般性描述,它主要从哲学层次启发人们用哪一种思维方式来认识重大工程管理,从而勾勒出关于对重大工程管理认知的思维框架。但范畴尚不是明晰表述重大工程管理本质属性的科学术语,尚缺乏作为理论元素向基本原理与科学问题拓展的能力,因此还需要我们形成重大工程管理理论的概念体系。体系中的概念之间要有一定的逻辑关系,从而可以依据这些关系对概念进行分类。例如,重大工程管理理论的概念,可以依据工程管理的系统要素性质分为基本(核心)概念、管理主体概念、管理目标概念、管理组织概念、管理问题概念与管理环境概念等等。当然,概念的分类方式不是唯一的。但这样的分类有利于在概念中嵌入管理要素的性质与意义,有利于通过概念的组合表述重大工程管理问题,并使问题结构清晰、因果有序。

重大工程管理理论正是以概念为基础,通过表达清晰、语义准确的话语体系来发挥其功能。在这个意义上可以认为,理论是以概念为起始点向各个维度的延展,因此,提出概念体系是构建重大工程管理理论的第一步。

4.3 基本原理:理论的判断思维

有了概念,可以以概念为基础或通过概念与概念的组合,结合经验对重大工程管理实践活动中的现象进行分析,力求对现象中的逻辑关系、因果关系、关联关系等进行合理的解释并提炼出其中的基本规则和前提,形成一种论断性的表述,这就是理论体系中所谓的原理。重大工程管理活动中的一般现象与问题,大都可以经过此类原理进行推导、解释和预测。**一个原理就是一个相对独立的知识单元,它主要是针对重大工程管理某一特定任务所采取的行为原则、操作准则和对某一管理现象的基本认知。原理通常以肯定判断的语式来表述**。

理论中原理的重要作用是它提炼出的基础性和形式化规则可以帮助人们准确、深入地而不仅仅是概念化地理解重大工程管理活动的本质，以及如何在操作层面确立行为准则与运作规则。

比较而言，众多原理中有些原理更具基础性、起源性和初始性，它们所表述的论断不仅概括了某一类事实的基本规律，而且对多类现象与问题，甚至全局性理论思维都具有指导意义。它们除了能直接推演出理论结论，还能衍生成其他原理，**这样的原理称为理论中的基本原理**。

基本原理通常表述为一定条件下的论断和规则，它集中体现了理论体系的逻辑推导功能。基本原理的逻辑推导功能是理论的"元功能"，即它可以推衍出更多的具体的判断型理论单元，这些理论单元又能够在更高层次上形成理论中的科学问题。

重大工程管理理论是在自然科学、工程技术、社会科学以及人文科学的交集上设计与展开的，因此，它同时具有自然性、社会性与人文性。所谓自然性就是工程管理理论中包含的自然规律的客观性、技术操作的规范性等，社会性则是理论中所蕴含的与工程相关联的社会环境以及主体行为和利益偏好等，而人文性则体现了主体心理、愿景、文化价值观等。正因为如此，**重大工程管理理论中的原理不可能都如自然科学原理那样符号化、形式化和公理化**，在更多情况下，它**将表述为一种情景之下的关系原则和行为准则**。

例如，复杂性是重大工程管理的本质属性。因此，重大工程管理理论和管理实践行为的精髓就是研究和实践如何认识、分析和驾驭这一复杂性，包括对各种复杂性现象与类型的提取与分类，在尊重工程及工程管理客观复杂性的基础上，对客观复杂性采取降解的行为原则与操作准则等。考虑到对管理复杂性的认知本身是复杂的，因此，首先要从管理主体构成、主体行为原则与规范、组织模式与机制等方面提出相应的基本原理。

又如，在管理问题的要素组成和管理活动类型分类的基础上，为了提高管理活动与行为运作的有序性和有效性，人们需要在运作过程中总结和提出一系列行为原则。这样，首先要建立重大工程管理活动中的复杂性降解原理，并在此基础上进一步从管理活动中的多尺度现象提出多尺度管理原理以及应对管理情景变化的适应性选择原理等等。实践证明，这些基本原理对于重大工程管理理论而言，是基础性的和起源性的，详细内容将在后面的第5章予以介绍。

4.4 科学问题：理论的核心内涵

理论体系中的科学问题是一类用概念描述并由基本原理推导衍生出来的具

有学术品质和理论价值的问题。不能认为科学问题就是重大工程管理活动中的具体的实际问题,因为研究和解决具体的实际问题主要是工程思维领域中的事,而科学问题是大量的同一类型的具体管理问题基本结构与本质属性的凝炼与抽象,研究科学问题主要是理论思维领域中的事。

具体地讲,对一个具体的工程管理问题,首先要根据工程思维把问题的背景、环境、任务、主体期望等详尽地描述清楚,并在一定的理论思维下,对问题进行分析并提出具体的解决方案。但是,科学问题主要是描述清楚这类问题的组成要素、关联、结构以及基本环境和情境的共性与规律,并根据问题的性质,或者侧重于问题原理的解释,揭示"是什么"和"为什么";或者侧重于问题的过程,揭示问题的发展趋势;或者侧重于问题的情境,揭示问题的时空变化特点;等等。这时,科学问题更关注的是理论思维下的技术路线与方法论,而不要求提出具体的解决方案。事实上,也无法给出具体的解决方案。因为,科学问题研究已经在理论思维层面上把具体问题的特殊性与独特性痕迹尽量抹去了,而只保留了可扩展、可更新、可重组的基本关联问题要素和结构。这是重大工程管理理论中的科学问题与具体工程中的实际问题的重要区别。

例如,本书后面提出的科学问题"深度不确定决策",它不是指某一个具体工程的某一个具体决策问题,也不是指重大工程管理中某一类具体的决策问题,如工程的选址、工程规划和工程投融资模式等,但是,它又是这些问题的共性抽象。因为如果把这些决策问题中的具体背景、要素的具体特征进行淡化处理并抽象出它们的本质属性,就会凸显出重大工程管理中的一大类复杂性决策问题都有着深度不确定的科学内涵。开展关于这一内涵的理论研究,在理论思维层面上解释其中的核心现象、揭示其中的基本规律,将从根本上指导和帮助人们的重大工程决策活动。其他科学问题的提出及其意义也基本如此,这就是理论中科学问题的科学价值和意义。

能够提出重要的科学问题是重大工程管理理论有强大生命力的表现,提出的科学问题越多,说明构建该理论的必要性越强,理论体系的学术价值与指导意义也越大。

核心的科学问题是指理论中具有基础性、根本性和稳定性的科学问题,这一类问题往往是实际管理职能的高度凝炼,常具有全局性和普适性,科学问题对实际管理职能的覆盖面越大,意味着该理论越成熟。

重大工程管理理论中的科学问题一般表述方式为在一定的情景下的某个特定管理活动的抽象或普适性的提炼。科学问题要用尽量精练的语言来表述,但又要求其实际内涵能有充分大的拓展空间和延展的可能性,即由科学问题的内核能够衍生或演化出另外的科学问题。科学问题对理论十分重要,不仅因为理论对实践的解释、预测与指导功能主要是通过解决科学问题来实现的,而且因为在理论的逻辑框架下,科学问题可进一步交叉、重构与深化出一系列新的理论问题,即以科学问题为种子,可以自组织、自发展成更为丰富的重大工程管理理论问题结构与内容。

根据上述理论形成的一般规律能清楚地看出,在复杂性思维原则指导下,通过确定思维原则、提出概念体系、形成基本原理和凝炼科学问题四个递进阶段,便形成了规范、基本的构建重大工程管理理论的路径。当然,提出理论形成路径的四个阶段还是宏观的与粗粒度的,更加困难的是理论体系中的概念、原理与科学问题的具体内容是如何设计和凝炼的,这将决定理论的学术品质。关于这一部分内容,我们将在本书后面几章给予介绍。

参考文献

[1] Forsberg K, Mooz H, Cotterman H. Visualizing project management: models and frameworks for mastering complex systems[M]. John Wiley & Sons, 2005.

[2] Giezen M. Keeping it simple? A case study into the advantages and disadvantages of reducing complexity in mega project planning[J]. International Journal of Project Management, 2012, 30(7): 781-790.

[3] He J, Wang M. Philosophy thinking on engineering and engineering management[J]. Engineering Science, 2008, 10(3): 9-12.

[4] Jin W. The meaning, characteristics and forms of the management of complex organizations[J]. Journal of Systemic Dialectics, 2001, 9(4), 24-27.

[5] Mercer N. Words and minds: How we use language to think together[M]. Routledge, 2002.

[6] Rasmussen C E, Ghahramani Z. Occam's razor[J]. Advances in Neural Information Processing Systems, 2001(13): 294-300.

[7] Salet W, Bertolini L, Giezen M. Complexity and Uncertainty: Problem or Asset in Decision Making of Mega Infrastructure Projects? [J]. International Journal of Urban & Regional Research, 2013, 37(6): 1984-2000.

[8] Tian P. The "top-level design" in the theory of engineering philosophy field of vision[J]. Studies in Dialectics of Nature, 2014, 30(4): 56-60.

[9] Vidal L A, Marle F. Understanding project complexity: implications on

project management[J]. Kybernetes, 2008, 37(8): 1094-1110.
[10] 徐长福. 论人文社会学科中理论思维和工程思维的僭越[J]. 天津社会科学, 2001(2): 25-31.
[11] 许婷, 盛昭瀚, 李江涛. 基于综合集成的复杂工程管理体系研究[J]. 复杂系统与复杂性科学, 2008, 5(3): 48-54.

第二篇 主要理论观点

重大工程管理理论体系是指能够解释重大工程管理现象、揭示管理活动的一般规律和指导管理实践的系统化与逻辑化知识体系。理论体系主要包括能够深刻说明本领域现象与问题本质属性的概念、基本原理及科学问题,另外,还要有相应的方法论与方法体系作为支撑。

人们在重大工程管理活动实践中,以弄清楚工程管理"是什么"和"为什么"的一般性道理的思维方式为重大工程管理中的理论思维,而以"筹划""落实"等为主要任务,明确"做什么"和"怎么做",旨在将"工程虚体"变成"工程实体"的思维方式为工程思维。

重大工程造物和管理活动同时包含着理论思维、工程思维以及其他思维,而重大工程管理理论则主要是理论思维的产物。

几十年来在工程实践中发挥了极其重要作用的项目管理体系是以工程思维为主导的,主要指导人在工程现场管理活动中"做什么"和"怎么做"的知识与技能体系。从理论体系的科学内涵与基本准则出发,不能认为《项目管理知识体系指南》是基于理论思维的、规范的工程管理理论体系,也不能说它是"破碎化的工程管理理论",因为理论体系的基本属性就是系统化与逻辑化,而不可能是破碎化的。

目前,学术界尚没有规范的、依据理论形成规律构建的重大工程管理理论体系。在这个意义上,构建重大工程管理理论体系正在起步的路上。

当前,构建重大工程管理理论是一个复杂的从无到有的知识创新系统工程,其核心任务是要遵循理论体系形成的一般规律,以理论元素与逻辑关联为基础,进行结构化的体系设计。

这一过程要在系统复杂性思维原则指导下,研究哪些是核心理论元素与概念,理论元素与概念通过基本的逻辑判断能形成哪些基本原理,并能够进一步凝炼出重大工程管理职能的抽象表述,即形成哪些基本的科学问题。这其中前后每一步既相对独立,又有着相互紧密的逻辑关联性,这将是理论体系的基本架构,再加上相匹配的方法论与方法体系作为支撑,最终以"思维原则—核心概念—基本原理—科学问题—方法论与方法体系"的递进方式成为完整的构建理论体系的学理链。

第三篇
重大工程管理基础理论的核心科学内涵

本篇共3章,是本书的核心内容,主要介绍本书拟构建的重大工程管理理论体系的核心概念、基本原理与科学问题等具体内容。这也是依据复杂性思维原则的重大工程管理理论形成路径的一次具体探索与尝试。

人类的重大工程管理实践活动是无限丰富、不断发展的,因此在一定历史时期和一定条件下构建的任何理论体系都不可能是尽善尽美的,理论永远伴随着实践生长着、创新着,已有理论也永远在升华着、完善着。

要清楚地认识到,任何人对重大工程管理实践活动的观察和体验以及对重大工程管理理论的思考都是局部的和有限的。

这就是说,重大工程管理理论一方面反映了人们通过理论思维形成的工程管理的普遍道理,另一方面,也一定存在道理中这样或那样的有待补充和完善的欠缺,这其实是所有科学领域理论发展的普遍现象与规律。

正因为如此,在当前重大工程管理理论体系构建的初期,工程管理学界宜以充分开放的态度,鼓励各国学者积极开展关于重大工程管理理论的探索与研究。中国对学术繁荣与发展有个宝贵的历史经验,叫作"百家争鸣、百花齐放",这应当成为当前推动重大工程管理理论研究的共同原则。

在这个意义上,本书提出的关于重大工程管理理论的具体内容,应当看作当今世界工程管理科学共同体整体性理论探索中的一家之言,是中国工程管理者主要源于中国重大工程管理实践对理论的思考。但是,正是世界各国如此众多的"一家之言"会使得重大工程管理理论体系在整体上越来越完备、越来越深刻,对实践的指导作用越来越大。所以,从理论发展与时俱进的角度看,构建重大工程管理理论永远在路上,这其实是任何科学理论发展的常态。

第5章　重大工程管理基础理论的核心概念

本章从重大工程管理活动实践出发,提出了重大工程管理理论体系中的若干核心概念。提出什么样的概念以及概念之间的逻辑关联体现了研究者关于重大工程管理理论的思维原则与认知深度。

5.1　基础性概念

本节主要介绍重大工程管理理论中的基础性核心概念。

5.1.1　重大工程—环境复合系统(客体类概念)

重大工程实体一旦建成,对于原来的工程周边区域来说,相当于在原来的环境系统内增加了重大工程实体这个新的系统要素。这样,原来的环境系统与新建的重大工程在总体上又形成了一个新的人造系统,为区别于原环境系统,**称此系统为"重大工程—环境复合系统"**。

首先,该系统是在原来的环境系统基础上增添了重大工程这一新的系统要素,这样,该新系统的要素构成、要素之间的关联、系统的结构和功能等都将发生新的变化;其次,因为该系统是在原系统基础上又新增了人造重大工程系统,呈现出"系统的系统"的复合型形态,因此称之为"重大工程—环境复合系统"。

在重大工程管理理论中提出"重大工程—环境复合系统"这一概念,有着重要的理论意义。一般地,人们规划和建设重大工程的目的是在重大工程建成后,期望重大工程—环境复合系统能够形成并涌现出人们所期望的一系列新的功能。但是,事实上,新的重大工程—环境复合系统除了可能实现工程设计时所预期的功能,也可能没有实现设计时所预期的功能,甚至反倒出现了完全没有预料到的甚至不希望出现的功能,这是重大工程—环境复合系统的功能演化与涌现现象的体现。现实告诉我们,这些演化与涌现的功能中极有可能会出现对社会和环境有着极大负作用的功能,这更是重大工程管理理论要认真研究和关注的。

例如,位于中国重庆市市区到湖北省宜昌市之间的长江干流上的中国三峡水利工程是当前世界上规模最大的水电站,也是中国有史以来建设规模最大的水利枢纽工程,具有航运、发电、防洪等功能。三峡工程建成后,与长江广阔的上游流域组成了新的复合系统。随着时间的推移,该复合系统本身的结构与功能都发生了新的重要变化,并因此又对三峡地区产生"反作用"。这时,三峡工程的功能作用和基于复合系统的"反作用"相互交织和缠绕在一起,不仅会出现人们事先设计、预期到的现象,还可能产生并非人们当初预期或未能预料到的现象。因为人们通常的经验和知识基本上是用来认识和预测直觉、显性和因果关系直接的现象,而复合系统在大空间—时间尺度内可能涌现出的复杂现象一般都具有内隐性、传导性、滞后性和变异性,这些都远远超出人们的一般经验与知识能力的范围,因此,人们当初在进行工程论证时一般都无法对它们进行完全准确的预料和预测。

一个典型的例子就是近年来在三峡工程上游的长江干支流水道上大规模拦截建库,出现了"水电大跃进"现象,这极大地改变了"三峡工程—环境复合系统"的系统结构。以金沙江为例,2002年,金沙江中游水电开发规划获批,该规划预计全流域共开发25级电站,这表明,它将成为平均不到100千米就有一座梯级水库的世界级超大水库群。其他像长江上游的岷江、嘉陵江和乌江基本上也都开发了,不仅如此,现在还有新的库群在建。地处"三峡工程—环境复合系统"区域内的长江上游密集的水电开发,客观上给三峡工程带来了多方面的深刻影响,如上游多级拦截使三峡入库泥沙量锐减。有专家预测,待上游更多的水库竣工,三峡入库泥沙量只有论证时的1/10。这减少了泥沙淤积对三峡库区的影响,是件好事,却带来了另外意想不到的新麻烦,这就是清水下泄。长江河床经清水冲刷,不断加深,导致长江水位下降。在湖北省洞庭湖的长江湖口,冬天枯水时,河床底比长江水位还高,长江水进不来,这就加剧了下游湖泊的旱情。"洞庭湖与长江的关系是几万年形成的,现在一下子被打乱,本来水生生物是可以进到洞庭湖的,现在进不来了,整个生态都在发生变化。"(翁立达,三峡工程泥沙组讲话)

根据中国长江水利委员会的泥沙研究成果,三峡水库蓄水后的30多年内,在无人干预的条件下,长江中游的荆江河段发生大量的冲刷,70%以上的冲刷集中在下荆江段,河床将平均下切7.4米,中国科学院的计算结果是50年冲刷将使下荆江平均冲深超过10米。换句话说,"三峡工程—环境复合系统"的确涌现出工程"正作用"与复合系统"反作用"相互交织的现象,并造成一系列重大后果。

由此典型实例可以看出,"重大工程—环境复合系统"概念无论对重大工程管理理论研究还是对重大工程管理实践来说,都是一个既有具体含义又有现实形态的概念。

5.1.2 复杂性(客体、主体与环境类概念)

在2.3节我们指出,从工程管理到重大工程管理,其属性的重要变化就是从系统性到复杂性。这一结论是就人们的认知思维而言的,而本节所谓的复杂性则是作为重大工程管理理论中的基本概念提出的。

复杂性作为基本概念,是对重大工程管理对象本质属性以及管理活动内在关系抽象与凝炼后的表述。虽然它在表象上似乎是系统科学话语的表述,但是,这仅仅是对系统科学语言的一次借用,而它的内涵已经在话语体系意义下进行了重构。所以,下面要对它进行重大工程管理内涵上的解读。

首先,应该把复杂性理解为重大工程管理理论的一个综合性的概念。例如,它可以是工程的物理复杂性,也可以是属性认知上的系统复杂性,或者是管理活动中的管理复杂性,甚至也可以是几方面复杂性的综合,如指重大工程技术与管理的整体复杂性。

复杂性是一个出现在多个学科中的概念,在物理学、化学和生物学等领域,这一概念都有着各自的背景与具体内涵。所以,我们不能简单挪用物理学与化学等学科的复杂性概念来定义重大工程管理的复杂性,否则,这一概念会因为缺少重大工程管理的实际意义而变得空洞和缺乏生气。

下面我们先结合重大工程管理活动的四个基本方面,分别描述和抽象各自的复杂性实际内容,再对这一概念做描述性定义。

1. 源于社会经济环境的复杂性

重大工程一般都是由国家投资的,工程具有明显的社会公共品属性。同时,市场经济因素和规则在重大工程建设中发挥着越来越大的作用,这种政府与市场协同的环境对重大工程建设和管理的各个方面都产生着深刻影响。目前,我国市场经济体制还不健全,工程市场中还缺乏量足质优的工程建设企业与项目管理公司,工程市场的基本规则尚不完善,市场信息也不对称,政府行政过度干预工程建设的情况还大量存在,这就使得重大工程管理的环境存在某种扭曲。例如,为了充分发挥政府作用,往往要成立代表政府行使职能的工程建设指挥部,同时又要有适应市场机制的项目公司作为工程项目法人来负责工程资金的筹措以及工程建成后的运营管理。这样就出现了同一个工程既有指挥部又有项目公司的"一套人马,两块牌子"的工程管理模式,这必然增加了工程组织管理中的复杂性。

市场经济本质上是开放的。随着中国劳动用工制度的开放,工程建设企业从劳动力市场大量招募农民工从事工程一线劳动,工程建设企业与农民工之间的劳资关系普遍脆弱,这不仅对工程企业队伍建设的稳定性不利,而且造成了农民工实际技术水平与重大工程对他们的技术高水平要求之间的巨大落差,这也给重大工程人力资源管理带来许多新的复杂性问题。

2. 源于工程多主体的复杂性

重大工程建设与管理主体除了政府之外,一般还包括业主、规划、设计、监理、科研、咨询单位、承包商、供应商等以及其他职能部门与社会公众。这一主体群一方面极大地增强了工程管理资源的整合能力,另一方面也不可避免地形成了多元价值观和多元利益并存的格局,而这正是形成重大工程管理复杂性的原因之一。政府在重大工程建设中代表了社会与公众的价值取向,而市场经济体制下的承包商与供应商不仅有着各自的利益诉求,彼此还会有许多错综复杂的矛盾,甚至会出现尖锐的冲突和各种异化行为。在市场环境下,不能简单地从道德层面评价和解决这些问题,而要设计有效的管理制度,通过法治与契约来规范主体行为、化解彼此矛盾、实现利益共赢,这些当然都会增加管理的复杂性。

3. 源于主体资源整合能力不足的复杂性

工程是整合资源的造物活动,因此,工程主体的整合资源能力自然是工程管理能力的重要标志。一般地,在重大工程建设与管理过程中,主体在资源整合能力方面会遇到以下两方面的挑战:

(1) 在一些情况下,工程主体拥有必要的工程资源,但资源整合难度大。例如,如何把行政资源与市场资源整合起来,如何把工程数据资源与专家经验及智慧资源整合起来,如何把主体形象思维与逻辑思维整合起来并升华为创新思维等,这其中有政府部门之间、政府与企业之间、企业与企业之间、个体与个体之间的复杂协调过程。至于相关整合方法,如数量方法与专家经验、理性与感性、定性与定量等,都需要通过复杂的整合流程设计与安排来实现。

(2) 在另一些情况下,工程主体不具备完备的工程资源,这时,主体的首要任务是获取尚不具备的资源,再进行资源整合。这可能又关系到资源的不同性质,如资源为建设资金,则业主需要根据投融资政策设计具体方案、合理确定各类资金比例结构与资金投入计划等,甚至要为此专门成立工程项目法人机构负责筹划、融资、经营、债务偿还等,这必然会增加工程管理组织的复杂性;如资源为工程关键技术,承包商又不完全具备独立的技术创新能力,这时首先要在业主的主导下构建技术创新平台,包括培育工程企业成为技术创新主体、实现工程关键技术的突破等,这一过程包括制定工程科技创新战略规划、设计创新平台与平台机制等,这又会增加管理问题的复杂性。

4. 源于工程高度集成化的复杂性

重大工程不仅仅是材料、设备和技术等硬资源的集成,还包括信息、组织与管理等软资源的集成。这样,工程各部分之间的集成度明显提高了,各部分之间的横向影响与交互作用更强烈了,甚至原来的局部性影响可能会演变为全局性影响,并因此能够支配工程的整体行为。面对如此复杂的关联关系,重大工程前期的规划论证一般不可能完全预测到,而工程建设过程中原来比较简单和直接的因果关系也可能开始变得模糊不清。

特别是,重大工程各部分之间的高度集成化,往往可能使一些小的、局部性故障被放大成为大的、整体性的严重事故,从而不仅增加了工程风险的不可预测性与突发性,还增加了对风险源分析的困难。在工程现场,传统的质量管理、安全管理的许多常规手段和方法可能变得不再有效或者收效甚微,而工程要素的隐形因果关系可能导致原来正常的管理程序与手段成为打开工程事故的"阀门",造成更大的事故。

另外,在工程建设的实际过程中,最终构造完整的工程实体的目标被分解为由不同主体相对独立完成的各个阶段和各个部分。这样,工程实体在形成过程中必然有一系列信息不完全、不对称的人为接口。即使每个主体都是理性的、善意的,也没有办法保证所有主体的理性与善意行为的最终结果对工程管理都是有利的,这是重大工程作为一个复杂系统不可完全避免的现象。

当然,我们可能会采取一些强化的补救措施。例如,为了提高工程部件之间的牢固程度,会采取一些增强相互关联的手段,这在强化工程局部结构上是可行的甚至是优化的。但这种提高工程局部稳健性的手段,可能对工程某个微量扰动是脆弱的,这种脆弱性可能作为隐性事故在外界偶然作用下,成为破坏性的诱因,并因为工程高度集成化而在工程内部产生连锁反应,最终导致工程出现重大事故。这实际上是重大工程复杂性向我们提出的一个新问题:为了提高重大工程实体对环境的稳健性,管理者会强化工程结构的关联度,而这又不可避免地增加了工程的系统复杂性,从而使工程在对抗微扰动时变得脆弱,这意味着重大工程高度集成化会诱发工程稳健性与工程脆弱性之间的冲突。

类似地,为了应对重大工程安全管理的难度,管理主体会采用先进的信息技术和计算机系统,通过人机复合系统来提高安全管理的能力。但这个系统的任何一个部分一旦发生故障或者人为操作失误,都将导致系统功能的失效。也就是说,这时安全管理系统的可靠性反而降低了,这说明重大工程安全性与系统可靠性之间也可能是反向的。由此可见,重大工程的高度集成化的确会涌现出一系列新的复杂性特征。

综上所述,我们至少从重大工程管理的实践活动的多个方面感性地体会到"复杂的管理"的基本背景与内涵,当然,我们还需要在此基础上进行进一步的概括与抽象。

(1) 所谓管理复杂性首先是主体在重大工程管理活动中能够体验、意会和感受到的一种直觉性的困难和困惑。例如,主体对一个管理问题感到难以表述清楚、分析透彻、预测准确,甚至拿不出方法、提不出方案以及难以解决等,故而

产生该问题是"复杂的"这一感性认知。如果把这种感性认知抽象成为理性认知层面上的一种属性,即"管理复杂性"。

（2）管理复杂性的原因,可能是重大工程管理客观环境、现象与问题的固有属性,也可能是主体主观能力不足。我们无法穷举所有可能的原因,但常见的原因一般是工程环境的"严重"不确定性、管理主体多元化、管理问题要素多、要素之间强关联或者关联方式多样性等。

（3）无论具体是哪一种原因造成的,管理复杂性都会给重大工程管理活动造成很大的困难,成为工程建设与管理中的一大障碍,需要我们采取新的手段与措施来解决它。否则,重大工程建设可能会失败,或者工程建设质量会受到严重影响。

在重大工程理论体系中提出管理复杂性概念的意义在于：

（1）可以通过对管理复杂性的分类和分析,梳理清楚重大工程管理问题中的复杂性问题。它们是重大工程管理活动中要解决的重点和难点,解决好这一类问题,整个重大工程管理问题就迎刃而解了。

（2）分析清楚不同类型的复杂性问题,有利于选择不同的有针对性的解决思路和方法。否则面对复杂性问题一片混乱和相互缠绕的局面,我们难以找到应对复杂性的一般解决方案。

5.1.3 深度不确定性（环境与主体类概念）

"不确定"在管理学研究中早已是一种常态了。无论在决策、预测、优化还是关于人的行为研究中,人们总会遇到环境、问题、因果关系以及人的行为选择的**"不能肯定、不能断定、难以决断或难以预料"的情况,这就是所谓的"不确定"**。

人们对管理学中"不确定"的研究,既是对管理问题一般规律的尊重,又反映了人们对管理问题本质认知的进步。起初,人们更多地希望用"明确肯定的、确凿无疑的和必然的"因果确定性与必然性来刻画和总结管理现象与问题,因为如果能够这样,不仅研究容易,而且结论也明确。但管理活动中越来越多的不确定现象告诉人们：**管理的本质属性在某种意义上就是不确定的,管理的许多规律也只能用不确定语言来描述**。这一客观属性被人们称为"**不确定性**"。有了"不确定性"概念,人们反而认识到所谓"确定的"倒是一种罕见的理想假设。目前,人们已经习惯并尊重管理问题的不确定性,并不断探索对付和处理不确定性的方法。

今天,人们对于管理中不确定性的形成原因基本上有了共识,大体上认为有以下两类主要原因：

（1）由于人的认识能力或掌握的信息不完全,人们无法对某一事实、现象的状态、运行趋势及未来情景做出唯一、确凿的描述、预测与判断,一般称此为**主观不确定性**。随着人的认识能力的提高和掌握信息的不断齐全,对同一个管理问题,人的主观不确定性会有所降低。

(2) 管理问题与现象自身具有某种客观的动力学机理,而这一机理让问题与现象的状态与运行结果有多种可能性,一般称此为**客观不确定性**。客观不确定性与人的主观认识能力无关,它是事物或现象的一种客观属性。除非事实与现象自身结构与机理发生变化,这种不确定性才会变化或消失。

管理活动与现象中的不确定性既包括主观不确定性,又包括客观不确定性。不少场合下这两种不确定性同时存在并综合在一起,形成我们关于不确定性的整体认知。

再进一步地,人们在实际管理中发现,在许多场合下不确定性还有着程度上的差异。为简便起见,我们不妨先把不确定性分为一般的和严重的两类。

所谓一般的不确定主要指:

(1) 主体知道对什么样的问题与现象,自己不能做出确凿和肯定的描述、预测和判断,并且知道通过什么样的途径与方法,能够提高自己的水平,减少和降低自己的主观不确定性。

(2) 问题的客观不确定性是问题固有的属性,并不以人的主观意愿而改变,但人们通过预测与统计,发现客观不确定存在并遵循着某种"确定的"规律,而正是这种确定的规律减弱了固有的不确定性。例如,问题中的不确定性服从概率论中某种概率分布,满足模糊隶属度函数和粗糙集置信度原理等。这样,实际上就降低或减轻了客观不确定性。

但是,并非所有的不确定性都如此"温顺",有时情况要严重得多。在总结概括某类所谓严重的不确定概念前,我们先从下面具体的重大工程管理活动现象与情境中直观地体会一下严重不确定性是怎样形成的。

1. 重大工程自然环境形成的严重不确定性

重大工程一般地处江河海洋或高山峻岭,越来越多的主体工程由隧道、桥梁与人工岛屿等集群工程组成。这些地域水文地质状况复杂、气象条件恶劣、局部自然灾害频发。如中国的青藏铁路工程,翻越高山最高处达5 072米,经过九度地震烈度区216千米;其中的一个隧道,海拔4 767米,全长1 686米;沿线高寒缺氧,生态环境脆弱,地壳运动活跃。在这样险恶的地区建设重大工程,不仅严重缺少自然环境与现象的许多相关信息与数据,而且对其中许多问题的基本规律与原理都了解甚少,更不要说能够对它们有确定、完整和深刻的认识了。

2. 重大工程社会经济环境形成的严重不确定性

重大工程一般都关系到国计民生、社会发展和国家安全,因此,涉及面广,干系人多,社会关注度高。要在重大工程决策过程中尽量把公众参与、专家论证、风险评估、合法性审查、集体讨论决定作为重大工程决策法定程序,就需要健全依法开展重大工程决策的机制。但有些时候,这样的法治环境是缺失的或不健全的。

中国港珠澳大桥是由中国广东省、香港特别行政区与澳门特别行政区共同投资建设的重大跨境集群交通工程。工程前期决策与决策管理需要明确的行政公权力体系、清晰的法治环境以及重大工程议事协调和争端解决仲裁机制等作为共同的工程法治环境基础。但是,三地不同的法律、行政与工程建设程序使这一基础严重缺失,这一状况不仅在中国,而且在全世界的重大工程建设中也是首次遇到的。因此,必须首先改变严重缺失共同法治环境基础的不确定现状,构建明确的、稳定的工程管理社会和法治环境。

另外,重大工程基本目的是为社会和公众创造福利,但在工程建设过程中可能会在局部地区和局部问题上与公众发生利益冲突,如水利工程一般都要搬迁部分库区居民,而重大水利工程建设居民搬迁量往往很大。中国三峡水利工程18年中共搬迁140万人。中国南水北调工程中线的重要组成部分湖北省丹江口水库建设前,需要动迁安置33万人。其中,包括移民动迁规划、安置方案与实施、移民就业、教育、社会保险以及如何保证移民安置的稳定等,涉及面广、工作链长,特别是事关数十万人的切身利益,许多环节上充满变数且比较隐秘。这样大规模的工程移民影响与难度大,是一项由多重不确定要素叠加在一起的严重不确定社会工程。

再者,重大工程是投资量极大的工程,工程投融资任务艰巨。重大工程往往因为同时具有社会公共品属性与商品属性,因此,需要在区别重大工程属性的基础上确立重大工程投融资政策。从理论上讲,重大工程具有可行的"国家投资、业主筹资、社会融资、引进外资"的多元化工程投融资政策。但在具体实施时,这一政策选择必然关系到国家政治、社会稳定、经济发展态势、金融安全机制、公众信心及国家货币政策等一系列投融资决策环境要素,还关系到工程建设方案、静态投资总量、工程动态投资控制、概算调整以及移民和拆迁政策支持、补偿税减免等。所有这些环节的不确定性影响、微小风险因素传递和被放大等都可能成为重大工程投融资的严重不确定性根源。

由此可见,社会经济环境多种类型的复杂性对造成重大工程管理严重不确定性具有十分重要的影响。

3. 重大工程环境大尺度演化形成的严重不确定性

从整体上看,在大时空尺度和重大工程—环境复合系统意义下理解重大工程环境,都会有新的严重不确定性内涵。

重大工程的周边环境自身就是一个复杂的自组织系统。在工程长生命周期内,环境行为不仅有一般动态性,而且还会出现复杂的自组织、自适应现象。这些现象一般不是构成性或生成性的,而是涌现性的(详见5.2.5),因此是机理复杂的不确定性现象。另外,工程建成后形成的新的重大工程—环境复合系统也可能会产生该地区过去和现在从未出现过的新的复杂现象,而这类现象一般是人们凭借传统的经验、知识以及常规方法难以发现和预测的。也就是说,在重大工程大尺度演化意义下,重大工程环境的动态变化是高度不确定的,这类现象对于重大工程立项论证决策影响尤为重大。

例如,正在论证中的中国渤海跨海通道工程就存在这类现象。按设计,渤海跨海通道工程以100多千米长的海底隧道为主体连接山东、辽宁两地,采用火车载运汽车方式。该工程区域地质条件十分复杂,海底为沟脊横穿的崎岖地貌,渤海海底及其沿岸断裂多,历史上曾发生过多次强烈地震。该工程建成后,隧道内高速列车超长时间连续运行极有可能会激发出一系列新的物理因素,并通过长时间积累不断增强,这是否会导致该隧道工程出现沉降、裂缝、坍塌,是否会引发地震等?另外,火车长时间运行是否会对渤海海洋生态系统演化产生重大负面影响,是否会对渤海海洋野生生物生存环境造成巨大破坏?这些都属于重大工程—环境复合系统在大时空尺度下极其复杂的自组织与演化过程,也都是人们缺少信息和认知的严重不确定性。

4. 重大工程主体认知能力不足形成的严重不确定性

一般地,重大工程建设与管理主体在一个拟建设的重大工程前面或建设初期,总是缺乏经验、知识和能力的,实际掌握的信息常常也很不足。这一点道理很简单,任何一个新的重大工程绝不可能与过去某个已建工程完全相同,因此,对主体而言,一定存在新的不确知现场和不确定信息,一定有知识与能力的不足。这其中有一部分不足是暂时的、可以改变的,但也有一部分不足直到工程建成后也许仍然存在,就像一位医生试着用了多种方法治好了一位病人的病,但可能直到病人痊愈,医生仍然还是未能完全确知病人的所有病情与病因。

出现上述情况与重大工程严重不确定性有很大关系。如果客观不确定性不那么严重,主体容易知道有哪些不确定性因素与不确定性类型,自己缺乏哪些知识与能力,可以通过什么方法和途径来提高自身能力,等等,这样,主体就能通过自学习实现自我能力的提升,从而适度消弭自身认知的一些不确定性。这就是通常的工程不确定性管理思想。

现在的问题是,重大工程客观不确定性可能是严重的,正如Schoemaker(1991)认为的,人在认知上可能存在以下几种情况:① 知道自己掌握了什么信息、知识与能力。② 知道自己尚未掌握什么信息、知识与能力。③ 不知道自己尚未掌握什么信息、知识与能力。

不难看出,从①、②到③,主体的主观不确定、不确知程度经历了从一般逐渐到严重的变化。这一变化表现为主体的主观不确定性不断增强直至出现严重的不确定。

综上所述,重大工程管理活动中的各个领域与层次都实实在在地表现出一类有独特性的不确定现象。这类不确定性比一般意义上的不确定性更加严重,自然会给重大工程管理带来许多新的挑战与问题。

产生这类不确定性的原因主要有:

(1) 工程管理中不同领域、不同层次的不确定叠加而形成的综合不确定性。

(2) 重大工程大时空尺度或重大工程—环境复合系统自组织演化和涌现产生的情景不确定性。

(3) 重大工程强关联结构形成的不确定性。

(4) 主体对重大工程复杂机理尚未认识或认识模糊、对工程管理客观规律存在本质上的不确知等主观能力不足与信息缺失造成的不确定性。

(5) 以上各种原因的综合。

无论如何,哪怕人们尚未梳理清楚这一类严重不确定性的复杂形成机理,但事实上已经明显地感知到传统的相对简单的分析和处理不确定性的理论、工具与方法多已不适用于这类不确定性。因为这类不确定性比传统的不确定性更严重、更强烈、更深刻。

为统一起见,**我们称这类源于重大工程管理实践活动的、传统和常规处理不确定的思想、工具与方法不再适用的更为严重的不确定性为"深度不确定"**,这一概念在重大工程决策与风险管理中尤为重要。

5.1.4 情景(环境类概念)

在重大工程建设整体过程中,工程管理活动如同依时间顺序展开的一个个相对独立又有连贯性的故事。凡故事都有背景情节与情节的发展,即都有情景。重大工程管理理论中的决策、组织研究在许多时候就是在研究工程环境以及管理主体自适应行为综合而成的情景与情景变化。

情景概念在许多管理领域早有运用,但重大工程管理的特殊属性需要对传统的情景概念进行重构并赋予情景概念新的内涵,情景是重大工程管理理论中的一个重要概念。

1. 情景概述

"情景"源自剧本故事的情节发展(plot development),原是指对未来情节有顺序与演化的表述。对情景的研究最早出现在军事领域,目前,情景主要应用的管理领域有战略管理、政策分析、风险评价、决策管理等。近年来,学者们从不同角度出发,对情景概念的内涵给出了不同的描述性定义。例如:

(1) 试图描述一些时间假定的发展过程,可能出现的未来以及实现这种未来的途径的描述就构成了一个情景。

(2) 情景是一套合理可行的,但结构不同,具有内部一致性和挑战性的关于未来的描述。

(3) 情景是描述性叙述可选择的未来。

学者关于情景的以上定义虽不尽相同,但其中的共识充分概括了情景概念的基本内涵,这对重大工程管理理论研究有一定的启发和借鉴意义。当然,重大工程管理是人类有着特定规定性的实践活动,因此活动中涉及的情景内涵、特征、描述方式及它在管理问题中的作用都有自身特点与表现形式。也就是说,重大工程管理中的情景有着自身的个性与特点,只有把它与上述情景的一般内涵结合起来,重构重大工程管理理论中的情景概念才能体现出情景概念真正有用的价值。

那么,从上述"情景"的基本内涵出发,重大工程管理理论中的情景概念有哪些重要的含义呢?

(1) 虽然情景在许多情况下是关于未来的现象,但重大工程管理活动除了要关注未来的情景,还要关注过去和现在的情景,即同时要关注情景的重构与再现,因为重大工程本身就是嵌在过去、现在和未来连贯历程中的一个重要情景。

(2) 重大工程未来情景的形态本质上是复杂的和深度不确定的,虽然管理者在一定程度上能够依据经验与知识以及可推导的因果关系来构建、预测与想象未来情景,但不能认为人就可以完全凭借自身的偏好与意志来设计和指定未来情景,未来还可能会出现不仅从未见过甚至连想象都困难的难以预测的意外情景,而这些意外情景,远远超过了工程设计者的预测和想象能力,并给工程带来很大的潜在风险。

(3) 重大工程管理环境或问题中的未来情景,除了包括工程环境系统产生的情景,还包括重大工程—环境复合系统涌现出来的情景。因此,工程主体不能完全站在重大工程之外来旁观情景,而要认识到有时正是重大工程本身和人自身的造物与管理行为制造了情景。

(4) 重大工程有着充分大的未来情景空间。简言之,要树立未来什么情景都可能发生的理念,因为未来包含着现在与过去,但并不完全包含在现在与过去之中。这样,我们应该充分估计到会有各种可能的未来情景出现,并会对重大工程建设与管理造成各种可能的影响。因此,管理者需要做好必要的情景风险防范,不能凭借经验只关注自以为有更大可能性的情景(一般称为前景),也不能凭借价值偏好而只关注更理想和美好的情景(一般称为愿景),更不能主观地把自己不希望出现的情景从未来情景可能空间中剔除掉。

因此,重大工程管理理论中的情景概念,不能仅仅通过预设不同参数与结构、扩大可能空间等简单方法来获取。因为,首先,人的认知能力有限;其次,当前与未来之间的重大工程情景因果链太长、关联关系太复杂,其中充满了许多我们知道、部分知道甚至根本不知道的事情。这表明重大工程管理理论研究中需要有对情景新的认知和用新的方法来生成、预测和发现情景。

2. 重大工程管理情景认知

前面我们对一般意义上的情景及重大工程管理中的情景特点分别做了概述,在此基础上,现在我们来集中介绍重大工程管理理论中的情景概念。

以重大工程决策为例,决策者总希望能获得一个好的决策方案。如何衡量决策方案的好坏呢？从重大工程长生命期与工程对环境影响巨大等特点出发,自然希望决策方案对于工程环境未来情景而言不仅是恰当的,而且面对未来情景的可能变动,决策方案的功效始终是有效的,即对情景变化是鲁棒的(稳健的)。从工程风险防范意义来讲,决策方案基于未来情景的鲁棒性非常重要。因此,仅仅考虑前景与愿景是不够的,因为我们既不能保证现在自以为有更大可能性的情景一定在未来出现,更不能要求未来情景听命于我们的主观偏好。面对未来情景的深度不确定性,我们只能希望决策方案所释放出来的有效性在未来各种可能情景下,包括在最极端或最负面的情景下也能正常发挥并且是鲁棒的。

从以上重大工程管理活动重要实践背景出发,可提出如下的重大工程管理理论中的情景概念。

所谓情景,是重大工程环境或重大工程—环境复合系统在整体层面上形成的宏观现象、现象的演化以及形成该现象的可能路径。

在这一概念中,需要强调说明如下:

(1) 无论在哪一个时间点上,对工程主体而言,现在、过去或未来都有情景的生成与演化,并且是一个连贯过程。

(2) 情景的生成与演化不完全是由人能够设计和规定的。情景主要是包括人、工程与环境在内的复合系统的自组织与演化结果。正因为如此,特别是人的行为复杂性对情景的生成与演化有着深刻的影响。简言之,**重大工程情景既是重大工程管理的背景与条件,也是重大工程与管理制造出来的。**

(3) 一般情况下,情景是一个普遍而普通的现象。但重大工程管理情景是一个有着复杂内涵的概念,特别是情景空间的广泛性、情景形成路径的未知性以及情景的变动与演化等,都是一般意义上的情景所不具有的。而出现这些独特性质并能形成一类专门的情景规则,主要与大尺度、复杂性,特别是与深度不确定性等概念紧密相关。

（4）情景的复杂形成过程与复杂形态决定了需要运用多种手段与方法来描述它,如可以用具有逻辑关联但非因果关联的语言进行叙事分析,用一定粗粒度的结构化的数学模型以及计算机技术进行情景重构与生成等,而更多的时候是用这些不同手段与方法的综合集成。关于这些内容,本书将在第四篇第9章"重大工程管理研究的专门性方法"中加以介绍。

现在我们举一个实例来加深对重大工程管理情景概念的理解。

改善长江航运状况、提高通航能力是中国长江三峡水利枢纽工程的重要功能之一。这就要对工程周边地区的未来交通运输情景进行预测,并在此基础上进行船闸通过能力设计。事实上,"自2003年三峡工程蓄水以来,三峡船闸通过货运量年均增速高达12.2%,2011年即突破1亿吨,这一情景与当初工程设计能力相比,大大提前了19年"。

工程环境这一未来情景与当初的工程功能设计之间的误差已经越来越突出,并成为制约长江水道发展的瓶颈问题。在过闸需求继续快速增长、通过能力缺口越来越大的情况下,专家提出了建设三峡枢纽水运新通道的设想。而这一工程的选址、技术难度、移民搬迁、生态环境保护等都十分复杂,估计论证建设过程需要15—20年。由此可见,对工程环境未来情景的准确预测对重大工程决策的科学性是多么重要。

另外,三峡工程建成后,工程与周边环境即形成了新的重大工程—环境复合系统,重大工程情景的科学内涵告诉我们,这一新的系统在若干年后可能会涌现出原来没有出现过的一些新情景。事实正是如此,三峡工程蓄水后,长江下游水干净了,含泥沙少了,但长江水位下降了,原来居民饮水和工业用水的取水管因水位下降抽不到水了。另外,长江沿岸出现江岸垮塌,原来稳定的地方出现了不稳定状况,并有进一步发生潜在灾害的可能。这是重大工程—环境复合系统新情景的涌现,它也会给重大工程功能与目标的实际效果带来极大影响。

中国三峡水利枢纽工程这两方面的实际情况,具体、生动地反映出重大工程不同类型的情景现象及其对重大工程管理决策理论研究和风险防范的重要价值。

5.2 专题性概念

在重大工程管理理论概念体系内,有一类所谓的专题性概念,这类概念一般不如基本概念那样具有普适性与根本性。它们更主要是重大工程管理要素某一方面属性的抽象,或是对重大工程管理活动中某一管理职能的凝炼。

本节下面介绍几个基本的专题性概念。

5.2.1 管理主体与序主体(主体类概念)

所谓**重大工程管理主体是指在重大工程管理过程的各个阶段担负某一管理任务(职能)的人群**。例如,政府、工程业主、工程规划、设计、施工、监理、科研、咨询、供应等个人、部门或企业都是重大工程管理主体群中的重要成员。他们组成的群体通过职能互补、经验互补、知识互补与智慧互补,并在整体上形成更强大的能力来驾驭重大工程管理问题的复杂性。但是,各主体又因为具有各自不同的目标与利益诉求而需要良好的沟通、协调机制,这在客观上就需要在主体群内部产生一个更具引领和主导作用的主体,它的产生可能是因为行政地位高、资源优势强或者其他什么原因。相比之下,它比其他主体具有更强的话语权与决定权,在对主体之间进行协调时具有更大的权威与裁量权,**我们称其为管理主体群中的"序主体"**。"序"意味着它更能够保证和维持主体群行为的整体秩序。重大工程管理主体群中的一般主体会根据管理职能与任务的变化,从主体群中进进出出,但序主体在重大工程管理全程中一般是稳定的,政府部门(包括委托单位)、业主等都是常见的序主体。

我们把上述概念的基本含义总结如下:

(1) 重大工程管理主体一般是个群体概念,即由多个相对独立的自主主体汇集组成。主体在一定的制度与规则下执行并完成各自的管理任务,在主体群中,一般有一个起引导和主导作用的序主体。

(2) 无论是主体群还是单个主体,都可以通过组织程序与自学习行为,依据一定的规则及自组织来整合资源、增长才干、确定解决问题的方法。当出现难以解决的问题时,主体之间会通过多种方式协商,扩大共识范围,涌现出更强的管理能力。

(3) 序主体会根据重大工程建设环境和管理任务的实际需要更新相关主体,实现主体群的调整与优化。也就是说,重大工程管理主体群的组成与结构在整个管理过程中一般是变动的、柔性的。

(4) 重大工程管理主体能力是指主体群的整体性能力,它既不是序主体的个别能力,也不是单个主体能力的简单相加,而是在序主体主导和制度规约下主体群系统能力的整体涌现。

例如,重大工程建设一般都会遇到重要的关键技术难题,特别是其中的一类难题具有技术突破性与明显的阈值跨越性,包括跨越"原理阈值""材料阈值""装备阈值"与"技术阈值"等,若不实现某一方面的跨越,重大工程关键技术难题将无法解决。而对这类难题，不仅施工企业缺乏成熟的经验，甚至国内外工程行业也缺少先例，主体必须通过技术创新取得关键技术的突破才能解决难题，否则，重大工程建设也就不具备相应的技术支持与保障。

显然，实现技术跨越往往不是施工企业这个单一主体就能完成的，而要由业主、设计单位、施工企业、监理、科研机构和大学等多个主体组成的主体群共同完成。其中，业主往往起着引导和协调作用，工程施工企业是其中的主体力量，而其他单位则起着支持作用。虽然每个主体都具有不同的重要作用，但业主的主导地位以及引导和协调作用，能够很好地弥补企业信用与能力不足的缺陷，并且在资金提供、资源整合、政策制定、纠纷仲裁等方面都有着独特的优势。这样，业主在重大工程关键技术难题突破过程中，就成为技术创新主体群中的序主体。图5.1是这一关系形成的结构图。

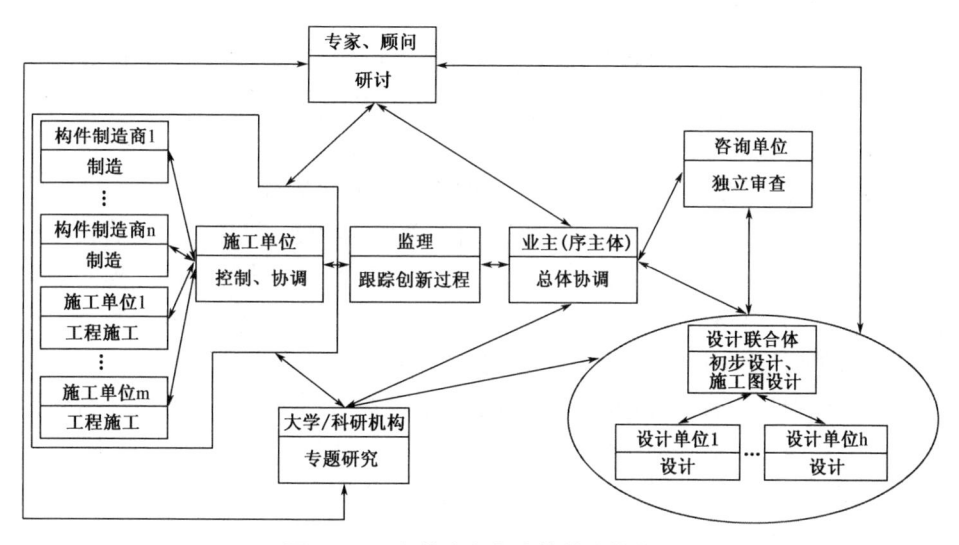

图 5.1 工程技术创新主体的结构关系

5.2.2 管理平台（组织类概念）

"平台"一词借自计算机科学，如软件开发平台、运行平台等，**它主要指一种环境和条件**。有了平台，便可以支撑、扩展和实现新的系统功能。**重大工程管理组织都可以理解成一个平台，因为它的本质职能并不是直接或者主要为重大工程管理问题提供具体的方法和方案，而是提供形成方法与方案的环境与条件。**

在一般相对简单的工程管理中，人们只要根据管理任务的需要，对管理组织职能进行岗位设计，确定每个岗位的职能以及相应的约束机制和激励机制，一个这样的刚性管理组织在工程管理中一般就具备了全部必要的管理能力。但是，重大工程管理职能要复杂得多,例如,重大工程在前期要进行总体规划、总体论证和总体设计,要提出工程建设总体方案。其中包括对工程与环境关系的分析,工程价值和目标的确定,确定工程投融资模式与工程建设方案等;在工程建设阶段,又要通过对管理问题的系统复杂性分析,构建目标、整合资源、建立工程管理组织、优化技术路线、保证现场执行力等等。不难看出,这些问题不仅自身非常复杂,而且相互之间的关联也很复杂。所以,要完整有效地完成这一系列管理任务,已经不是一个刚性的管理组织能直接、全部完成的。事实上,这一系列管理任务需要管理组织设计者特别是序主体完成以下任务:

(1) 动态地选择与组合管理主体群中的各单元主体,并充分利用组织与自组织作用使主体群根据不同的问题需求,形成驾驭管理问题复杂性的能力以满足重大工程管理的需要,这实际上就是重大工程管理组织平台的环境(制度)设计。

(2) 制定主体群内部的工作规则与流程来保证上述驾驭能力的形成与运行,这实际上就是重大工程管理组织平台的条件(机制)设计。

这样的平台适应性地汇集了各方面专家的经验、知识与智慧,整合和配置了各种管理资源,因此,它是能够形成必要的管理能力的基本保证。

由此可见,对重大工程管理而言,平台最重要的功能主要不是自己直接提出和确定解决复杂性问题的具体方案,而是构建一种形成解决复杂性管理问题的环境和条件,并由这种环境与条件涌现出驾驭复杂性问题的能力,这是重大工程主体群,特别是序主体的一项根本性的管理职能。

这深刻地告诉我们,**重大工程的管理组织模式,其本质是一个管理平台设计与选择的结果**。中国当前正值社会经济重大变革时期,有时,虽然一种工程建设管理模式,如工程建设指挥部的名称可能长期不变,但是,它的管理职能与机制等在不断发生深刻变化,这意味着它作为工程管理平台的内涵已经发生了深刻变化。因此,分析和比较一种重大工程管理模式时,不宜望文生义地简单化、概念化地理解,而要从提供驾驭管理问题复杂性能力的环境与条件等方面考虑,分析哪一种平台模式更加恰当和更加合理。

例如,中国苏通大桥是 21 世纪初建设的长大公路桥梁工程,大桥地处长江口,路线全长 32.4 千米,跨江大桥长约 8.2 千米,主桥为 7 跨钢箱梁斜拉桥,主跨 1088 米,预期工程寿命 100 年,2003 年开工,2008 年年底建成通车,工程总投资约 80 亿人民币。大桥面临气象条件差、水文复杂、基岩埋藏深和桥区通航要求高等挑战,大桥工程建成时拥有当时世界最大斜拉桥主桥跨径、最大最深群桩基础、最高桥塔和最长拉索等,工程技术和管理复杂性十分突出。为了能有充分的能力实施对大桥工程复杂性问题的组织管理,业主设计并构建了"省部协调领导、专家技术支持"的组织管理平台模式：成立省部协调领导小组，研究解决大桥建设的重大问题；由交通部和江苏省人民政府共同聘请国内外桥梁界专家，成立技术顾问组和专家组；引进世界著名的丹麦COWI公司，为苏通大桥建设提供技术支持。实践证明，该平台在工程建设全过程中，发挥了重要的作用，取得了良好的效果。具体情况介绍如下。

（1）省部协调领导。为了适应大桥建设需要，由国家交通部、江苏省人民政府成立了"苏通长江公路大桥省部建设协调领导小组"。省部建设协调领导小组是苏通大桥建设期间的最高决策机构，是苏通大桥建设的最高领导层，通过定期和不定期的部省联席会议，对苏通大桥建设中的重大问题进行决策和协调。

省部建设协调领导小组这一强有力的组织机构保证了国家交通部和江苏省人民政府对苏通大桥的最高领导地位和宏观管理，为整个工程项目的建设创造了良好的支持条件和包括技术环境、施工环境、投资环境、资源和政策环境等在内的环境保障。

（2）专家技术支持。苏通大桥为当今世界复杂的桥梁工程之一，工程围绕关键技术开展了100多项实验研究和技术攻关，攻克了多项世界级技术难题。大桥建设依靠国内外力量进行自主技术创新，整合全球智力资源攻克关键技术和难点，为此聘请了国内外知名桥梁专家为苏通大桥技术顾问，并组建技术专家组提供技术支持；同时，苏通大桥首次创新性地引进了著名的丹麦COWI公司提供技术和工程建设管理的全程咨询服务。技术顾问、技术专家组和丹麦COWI公司组成了苏通大桥建设过程中的三重技术支持。

上述省部协调与专家支持的平台构建，从重大工程管理必要的行政公权力与工程技术两个重要方面提供了驾驭苏通大桥管理问题复杂性的条件和环境，确保了相应的管理能力的形成。

5.2.3　多尺度（行为类概念）

在重大工程管理活动中，同一个管理特征、要素、参量等会在同一个维度上出现可分辨次序的现象，我们称此现象为重大工程管理的多尺度现象。**重大工程管理多尺度概念是对重大工程管理活动中的某一管理特征或要素在一个维度上表现出的次序性与层次性现象的抽象**，至于这一要素与特征是用定性方式描述还是用定量方式描述，并不重要。

多尺度现象是重大管理活动和管理问题的一种客观属性，提出多尺度概念并在多尺度意义下开展重大工程管理理论研究，对于精细分析重大工程管理问题的复杂结构和设计复杂的解决方案有着重要意义。

下面我们列举重大工程管理活动中的几个具有多尺度意义的管理要素或管

理现象。

(1) 时间多尺度。现代重大工程往往具有百年及数百年的工程预期生命,如果以此为工程的大时间尺度的话,则工程规划、建设阶段的数年与十多年可认为是工程的小时间尺度,而两者之间的工程运营阶段则为中时间尺度。虽然这一划分并不十分严格,但对重大工程管理而言,就此提出多时间尺度概念是重要的。许多重大工程管理活动、现象与问题在不同的时间尺度内会表现出不同的属性与特点,因而需要我们运用不同的管理理念与方法来区分和分析它们。例如,在小时间尺度上,重大工程管理的核心任务是构建出完整的工程实体,所以,主要是设计和实现工程的物理功能,包括工程的物理功能的完整性与保证工程物理功能的品质。但在大时间尺度上,重大工程管理的核心任务则是对工程功能有效性的维护,包括工程功能状态的健康监测与对功能持续稳健性的控制等。

(2) 空间多尺度。空间多尺度主要源于重大工程两个方面的特点:第一方面,重大工程体量规模巨大,自身就是一个大空间尺度的实体。如中国青藏铁路全长1956千米,经过中国西部广阔的高海拔地带;中国南水北调工程是旨在缓解中国华北和西北地区水资源短缺的国家战略工程,分东线、中线与西线三条调水线,把长江、黄河、淮河与海河四大江河联系在一起,其中东线工程供水范围涉及中国5个省市、中线工程经4个省市,为沿线20多座城市供水,工程地域辐射面极大;而西气东输工程是由两条平行的直径为1.5米大口径输气管把中国西部地区天然气输送至中国东部,西起新疆塔里木油气田,终点为上海,东西横贯中国7个省区,全长4200千米。工程贯穿于如此广阔的地理空间,必将遇到不同空间尺度的地域与自然环境,从而显示出不同的工程特点和差异性极大的管理问题。

第二方面,重大工程功能影响范围与作用空间尺度大。重大工程无论是构成性功能、生成性功能还是涌现性功能,无论是积极、正面的功能还是消极、负面的功能,无论是显性功能还是隐性功能,一般其影响范围都相当大。即使一些构成性的物理功能直观上似乎只是作用于工程现场周边的一个小空间范围,但该功能对社会经济以及对生态环境的影响会逐渐释放出来,并拓展、衍生至更广阔的空间地域。基于这样的背景,重大工程功能在空间多尺度内自然会有大、中、小空间尺度的区分。

例如,中国三峡水利工程的发电功能只与大坝、库区等邻近的小尺度空间直接有关。但是,三峡水库清水下泄造成库区下游堤岸崩溃和使洞庭湖口冲深,进一步导致洞庭湖水量大幅度减少,则是工程空间中尺度的衍生功能表现,而清水下泄至长江口,沙量不能连续供应,上海原来计划的长江入海口造地就造不成了,这是工程大尺度空间功能的体现。

第 5 章 重大工程管理基础理论的核心概念

不仅重大工程功能能够体现出空间多尺度特点,随着重大工程施工工厂化制造模式的发展,工程施工现场的大宗资源供应链也呈现出大空间分布式结构。例如,中国港珠澳大桥工程所需 40 余万吨钢箱梁就由包括中国东北、华东、华中等地的相隔上千公里的多个工厂共同制造。工程供应链的这一多尺度空间分布式结构,一方面保证了现场所需钢箱梁的质量与数量供给,另一方面也给工程物流协调管理带来许多新的复杂性。

不要以为重大工程管理的多尺度概念只涉及如时间、空间等一类易量化的物理要素。其实,多尺度概念对于任何管理要素,即使它只能用定性方式描述,只要该要素在某一维度上展示出次序性和层次性,就存在某种多尺度内涵。下面介绍的几个例子就属于这一类情况。

(3) 层级多尺度。重大工程前期立项论证时要对工程社会经济效益、工程技术可行性等一系列问题进行系统分析。例如,中国港珠澳大桥前期论证时对数十个问题做了详细的论证分析,并把这些问题分为宏观、中观与微观三个层级,即三个层级尺度,并在此基础上构建了完整的决策问题体系。另外,对一个复杂的决策问题的多个目标(指标),也可以通过权重分析,建立基于目标序(重要性层级)的多尺度概念,并制定后序目标服从前序目标的规则,这也是重大工程决策管理中的一种多尺度类型。例如,因为"一国两制"体制,需要对港珠澳大桥跨境通行口岸模式进行决策,依据目标重要性的"序"规则,在决策权重维度上可分为司法管辖权、社会、经济、管理与技术等层次,而口岸空间位置必须与司法管辖权一致。基于对"一国两制"体制的法律尊重,司法管辖优先权必然要大于社会、经济及其他目标优先权,这样的"序"尺度理念能够大大降解这一决策问题的复杂性。

(4) 复杂性多尺度。复杂性是重大工程管理的本质属性,也是重大工程管理理论的基本出发点。复杂性虽然是一个认知意义上的整体性概念,但是,在具体的重大工程管理活动中,复杂性不应该是铁板一块,而应有程度上的不同。例如,复杂性依据严重性或强度可以分为浅度、中度与深度三个尺度。其中,浅度复杂性大体为一般系统性,如重大工程质量、进度管理等专门职能型问题的复杂性;中度复杂性则相当于工程的生成性功能和工程现场综合协调等问题的复杂性;而深度复杂性包括涌现性功能分析、重大工程立项论证及工程情景发现与预测等问题的复杂性等。

(5) 代理面多尺度。重大工程因其公共品属性,从而使"公众—政府—政府部门—专业机构—业主(序主体)—项目管理者"构成了以政府为主导的多层次政府式委托代理关系。它体现了重大工程组织模式的实质,也是重大工程管理理论体系中的"主体与序主体"概念的拓展,并将形成对重大工程管理组织模式

有重要影响的"递阶式委托代理原理"。（详见 6.5 节）

在这一关系中，政府接受社会与广大公众的委托行使重大工程建设与管理的重要主导性职能。这样，政府就成为社会与公众的代理，同时具有最广泛的代理面，这决定了政府在重大工程管理中将采取超越一般主体利益诉求的价值观与立场。政府部门是政府某一职能的具体代表，既有与政府基本一致的代理面，又因为各部门行使不同的管理职能，其代理面较同级或上级政府小。至于专业机构、业主、工程建设管理主体中的承包商、供应商、监理等，更因其自身的价值取向与利益诉求，各自的代理面一般仅局限于一个单位或企业。这样，从政府逐渐往下构成的重大工程管理委托代理关系中，形成了代理面从大到小的多尺度结构。

(6) 问题结构化多尺度。研究重大工程管理问题首先要对问题进行表述。比较而言，在众多的问题中，有一类能清晰地表述问题各个要素、各个部分之间的逻辑关系，能够用严格的推断与程序表示出问题的关联性与输入/输出关系，这一类问题称为**结构化问题**。重大工程管理中的工程技术领域或由自然规律支配的问题基本上都属于结构化问题。如果问题中的一部分或在一定程度上不能清晰和明确地表述出问题各个要素、各个部分之间的逻辑关系，或在某些关系或关联表述中含有不确定或模糊性成分等，我们称其为**半结构化问题**。例如，重大工程管理活动中一些对社会经济系统影响的问题，大体就是半结构化问题。再进一步，如果半结构化问题中要素之间的关联性与逻辑性更加含混不清，甚至难以用清晰、准确的定性方法来表述，则称其为**非结构问题**，例如包含较多人的行为、心理活动与文化价值观等因素的管理问题。

不难看出，结构化越强的问题，描述、分析与解决起来都比较简单和容易；反之，则越来越复杂和困难，彼此之间相应的管理方法和技术也有着很大的差别。为了反映重大工程管理中这一客观情况，可提出**问题结构的多尺度概念**。

此外，**在管理组织柔性程度、管理方案形成路径的迭代方式以及管理主体多元化程度等方面也都有多尺度内涵的体现**。

由此可见，重大工程管理中的多尺度概念是普遍存在的。其核心思想是在重大工程管理问题中，某一维度的管理要素的特征存在着一定次序或层次的变化趋势，并且这一趋势导致了这一管理要素表现出不同的性质和特征，而这些性质与特征之间的差异性在重大工程管理实际活动和理论思维中需要区别对待而决不能视为铁板一块，需要重视它们的实际存在和造成的影响。实践证明，多尺度概念有助于我们更细致地认识、分析和应对重大工程管理问题的复杂性，也会促进人们在重大工程管理实际活动中的行为准则的形成。

5.2.4 适应性(行为类概念)

5.2.4.1 两类基本的适应性类型

重大工程管理活动一般都是在深度不确定情景下进行的,而且管理问题又主要是各类复杂性问题,这就要求重大工程管理主体具有认知、分析和驾驭复杂性的行为能力。否则,如果主体只有简单性与一般系统性的行为能力,那么他将无法认知问题的复杂性和掌握处置复杂性的本领。

但是,任何作为个人的管理主体只有有限理性和智能性,并且因为个人之间认知和价值观的偏差,在一般情况下不可能具有上述完整行为能力,即使重大工程管理主体群也难以保证一定拥有足够的应对复杂性的能力,这是重大工程管理活动中普遍存在的实际状况。

那么,管理主体是如何形成自身必要的应对复杂性的行为能力的?这一过程又是如何进行的?

John Holland(1995)关于"**适应性造就复杂性**"的著名论断为这一问题做了极好的注释,并在很大程度上可作为这一问题的答案。

"适应"(adaptation)源于拉丁文 adaptatus,原义为调整、改变。它在不同学科中意义各不相同,但基本内涵是一致的,即主体根据外界环境与条件的变化,主动改变自身特性、行为、组织模式与功能等,使自身保持与新环境的协调以继续生存、发展和发挥作用,这种行为能力则为**适应性**。

根据上述概念的基本思想,不难理解,在重大工程管理活动中,主体是通过自己的适应性行为来提高认知、分析和驾驭管理复杂性的行为能力的,即通过造就复杂性来应对复杂性。同时,由于重大工程管理活动的多样性以及主体自身行为的自主性,主体的适应性行为也会呈现出多种不同的形态。

另外,除了主体行为本身,主体最主要的一类行为结果(主体所选择的管理方案)在某种意义下也表现出一种独特的适应性属性,即所谓管理方案关于情景变动的适应性,这是重大工程管理在适应性范畴内最基本和最重要的两种类型,下面分别给予介绍。

1. 第一种类型:**主体行为的适应性**

重大工程管理活动中,所谓主体行为的适应性就是指主体通过与各方面广泛的交互作用,并在不断学习与积累经验过程中,形成和提高应对管理问题复杂性的能力。例如,主体通过学习,对重大工程管理问题的本质属性由不知到知,由知之不多到知之较多,由知之片面到知之全面,以及由知之肤浅到知之深刻。这样,管理主体就深化了对重大工程管理问题复杂性的认知。另外,主体还会根据管理活动的需要,恰当而及时地调整和完善自己的管理理念、目标、组织结构与行为方式等,以使自己对重大工程管理复杂性的认知、分析及解释等能力更强。需要指出的是,这种适应性主要来源于重大工程管理组织内管理主体间的自主性与自组织能力,是一种主体的主动适应性。

主体行为适应性对提高重大工程主体自身能力至关重要。事实上,主体能力从来都不是静态的、固化的,主体在管理活动中真正起实际作用的能力都是在工程管理过程中,在工程管理理论思维与工程思维共同作用下,通过不断自适应学习与积累经验涌现出来的。这主要是因为新的能力往往是在改变主体自身行为方式、组织结构中,甚至通过组织重构而获得的。因此,提高能力既是主体自适应行为的目的,也是自适应行为的结果。

下面我们对此进行总结:

(1) **适应性是管理主体在重大工程管理活动中通过各种形态的变化来应对环境深度不确定和管理问题复杂性的基本行为准则;**

(2) 主体适应性的强弱是衡量主体管理能力与水平的重要标志;

(3) 适应性能力是管理主体自学习和自组织的结果,它主要是管理主体应对重大工程管理问题复杂性的一种"活"的主动性反应(包括提前反应),也是问题复杂性与行为适应性两者相互耦合形成的管理活动整体行为现象。

2. 第二种类型:管理方案的适应性

当然,重大工程管理主体自适应能力的提高不是根本目的,根本目的是基于主体能力的提高而做出高水平、高质量的管理方案,从而保证工程复杂性问题的有效解决。在这个意义上,必须重视重大工程管理方案这一主体适应性行为结果表现出的另一种独特的适应性现象,即**所谓管理方案关于情景变动的适应性(管理方案的适应性)**。

重大工程长生命周期的特点,要求重要的管理方案,特别是重要决策方案的功能与效用在长生命期内保持有效性。这除了要求方案能全面体现工程坚固的物理质量与可靠性外,更要求方案在环境出现深度不确定变动或新的情景涌现时,其功能效用还是稳健的。即这类情景变动与涌现不会影响方案功能的正常释放,否则可能导致工程自身功能损伤甚至失效。管理方案的这一品质实际上向我们揭示了重大工程管理中的另一类适应性的科学内涵。

根据系统原理,任何重大工程管理方案都是主体设计的一个人造复杂系统,方案的效用则是这个系统的整体性功能。但是,任何功能都有一个效用正常释放所对应的环境变动范围。如果这个范围大,说明该方案抵御外部干扰的能力强,或者说方案对环境变动的适应性强。从工程管理方案的角度考虑,一般时间越久,抗干扰能力会降低,这意味着适应能力在减弱,就像人的年龄越大,身体抵御外界变化能力越弱,越容易生病。但重大工程环境的变动是客观的,我们无法要求环境在工程长生命期内的变动只限制在一个我们期望的小范围内。这样，重大工程管理方案是否具有很强的关于环境情景变动适应性就成为工程管理方案质量的一个重要属性，也是最终考核管理主体行为能力的一个重要指标。

不难看出，方案的适应性不同于主体行为适应性。它不是活的主体关于环境变动的主动性反映，而是主体行为适应性最终结果的属性体现，即人造复杂系统功能品质的反映。**其实质是对管理方案功能与工程环境情景变动之间长时间尺度耦合程度的整体性度量。**

这样，我们就需要构建一套方法来度量这一适应性，例如，首先要研究如何预测与发现重大工程管理环境情景及其变动的技术，其次还得研究如何度量方案功能与情景变动之间的耦合程度，等等。显然，这些技术、方法与一般工程管理中运用的常规预测和评估方法会有很大不同，因为这些问题都是基于深度不确定下的复杂系统整体行为的问题，需要我们通过方法论创新才能解决。因为这部分篇幅较长，有关内容请见后面第 6 章中的情景鲁棒性原理和第 7 章中的重大工程深度不确定决策。

现在，我们把以上两种类型的适应性综合在一起，就形成了**"管理主体行为适应性—行为能力提高—行为成果形成（形成管理方案）—管理方案适应性"**这样一个基于适应性概念的逻辑链。

不难理解，管理主体行为适应性在管理活动中有着多方面的体现，如管理组织的适应性、管理方案形成路径的适应性以及管理目标的适应性等等。但我们认为，对于重大工程管理活动而言，管理主体行为适应性是最根本的、起主导作用的，而管理方案关于环境情景变动的适应性是主体行为适应性最重要的质量表征，也是最充分体现重大工程管理品质的属性之一。所以，我们把这两类适应性作为重大工程管理理论中关于适应性概念的基本内容，而把其他适应性内容当作这两类基本类型的拓展和衍生。这样，可以使理论的基本概念更加简洁。

5.2.4.2 主体适应性行为的意义

前面指出，管理主体行为的适应性是在主体与环境、主体与主体交互以及主体面对复杂问题的过程中，通过包括在实践中自我学习和不断总结经验而逐渐提高的。这样，主体的自学习行为就成为整个重大工程管理活动适应性的重要前提与主要路径。由于重大工程管理主体一般是由多主体组成的主体群，因此，应该把主体的自学习行为理解为主体群的自学习行为，这一行为的重要标志是主体群对复杂问题共识的形成。下面我们对此稍作分析。

解决重大工程复杂性问题，首先，需要不同领域的知识，其次，需要主体群形成共识。开始，各个主体从不同角度、不同层面、不同领域的经验与专业知识出发，对重大工程复杂性问题形成自己的认知。不同主体之间的认知必然存在着一定的差异性,这就是主体群对复杂问题认知过程中初期的非共识现象。在这一阶段,每个个体的认知中一般既包含主体知识与智慧中的正确部分,同时也可能或多或少存在着片面与谬误,因此,需要把不同主体认知中的科学、正确的部分保存、集中起来,并对其中的片面与谬误部分进行修正和完善。而主体群的自学习行为也是对非共识认知反复进行修正和完善,并不断提高主体群共同认知的科学性与集中度,逐渐形成主体群的认知共识。最终的主体群共识比之前任何的阶段性非共识都更加科学、全面和深刻,这就是主体适应性学习行为的意义。

1. 主体群共识形成的基本规律

在对重大工程复杂性问题形成共识的整个过程中,既有管理主体对数据、信息的加工处理,也有对信息的转化、变换与挖掘。在这一过程中,除了一般性数据分析外,更重要的是对人的形象思维、逻辑思维与创新思维的综合。例如,通常人们较多掌握简单性和确定性的知识,但缺乏关于复杂性与深度不确定性的知识。因此,在实践中,人们一般是通过对简单和确定知识的集成来认识问题的复杂性和深度不确定,这就构成了人们认识论上的试错过程。在这一过程中,人的知识与智慧起着关键的作用。这里的"人"一般不是指个体,而是指重大工程管理主体群,因为群体的知识与智慧才更全面、更准确,才更能保证在整体上形成驾驭复杂性问题的能力。

从认识论上讲,共识是主体群对管理问题本质属性与一般规律的全面掌握,共识的形成也是主体群认知行为和能力的涌现。这样,共识就体现了主体群在认识能力上相对于个体的优势。但是,共识不是个体认识的简单叠加,也不是简单的少数服从多数。在对复杂管理问题的由非共识向共识的演化过程中,一般都要通过对个体不同认知进行比对、筛选与修正,并在反复多次的互动下,最终使主体群的认识逐渐收敛并形成一致,这既是主体群新的整体认知的涌现,也是主体群适应性能力的涌现。

2. 主体群共识形成的基本路径

根据工程思维,对每个重大工程的某个具体的复杂性问题,主体群共识的形成路径总是独特的、唯一的。但从共识形成的一般规律出发,主体群共识形成有它的基本路径,该路径一般由以下四个阶段构成:

(1) 集成

这一阶段的主要任务是根据问题特征和解决问题的需求,选择主体个体并由序主体设计管理平台的运行规则。例如,在解决重大工程关键技术方案时,业主会聘请国内外不同领域、不同层次的专家和咨询单位,会同设计单位和施工单位在一起研讨。在选择个体的过程中要注重个体的差异性,差异性包括垂直差异和水平差异,垂直差异主要指个体上下层次的差异,水平差异主要表现为不同领域、不同专业知识之间的差异。适当的差异可以保证个体意见的广泛性与完备性,对于一些复杂问题,因为存在较大的差异性,会导致最终达成共识的过程较长,这在一定意义上是合理的、必要的,快速"消灭"差异性反而是危险的。

(2) 互动

对于复杂问题,专家个体对问题的看法不仅有差异,还可能会有冲突。这时,需要主体彼此之间通过讨论与学习调整对问题和解决方案的认识。组成群体的个体一般都有自己的经验和专长,因此很难轻易放弃自己的认识。此时,担任组织者和引导者的序主体要有效地引导个体之间的互动,协调不同专家的认识冲突,归纳和凝炼主体群的共同认识,最终使主体群的认识趋于完善和统一。

(3) 校核

主体群形成的共识需要进行科学的校核,这一过程实际上是对主体群共识在工程可行性和现场可操作性意义上的检验,是工程技术对工程理念、工程原理与工程现场的检验,也是工程思维和理论思维的深度结合过程。尽管一些共识的理论原理是正确的,但如果工程现场存在较大的困难,共识也会因此而修正,这充分体现了工程思维的重要性。

一般,对主体群共识的校核需要在技术可行性、经济可行性、现场可行性和环境可行性综合意义下进行。

(4) 共识

主体群对一个复杂工程管理问题形成共识的过程中,往往会产生新的知识。但在运用这类新的知识时,要遵循工程思维原则,因地制宜,不能一味强求。要树立共识不是凝固的意识,随时跟踪共识在具体现场的表现与实际效果,及时补充和实时修正。

以上四个阶段形成的基本过程如图 5.2 所示:

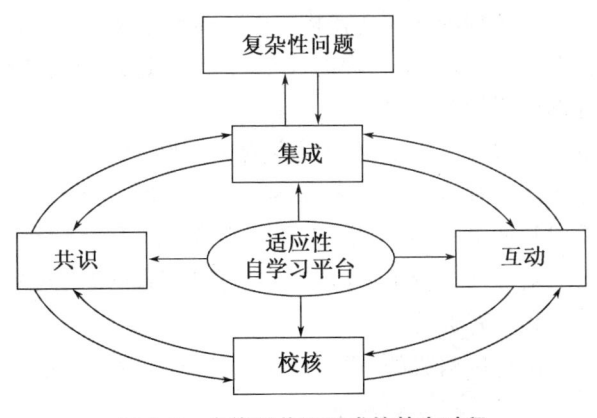

图 5.2 主体群共识形成的基本过程

5.2.5 功能谱(目标类概念)

重大工程具备什么功能最能体现人们通过工程想达到的目的和想实现的意图?

实践中,重大工程因生命周期长而成为大时间尺度工程,同时也是使重大工程—环境复合系统具有较高复杂性的一类工程。据此,我们可以以时间尺度与重大工程—环境复合系统复杂性程度为维度来引入**重大工程功能谱**概念(如图5.3所示)。

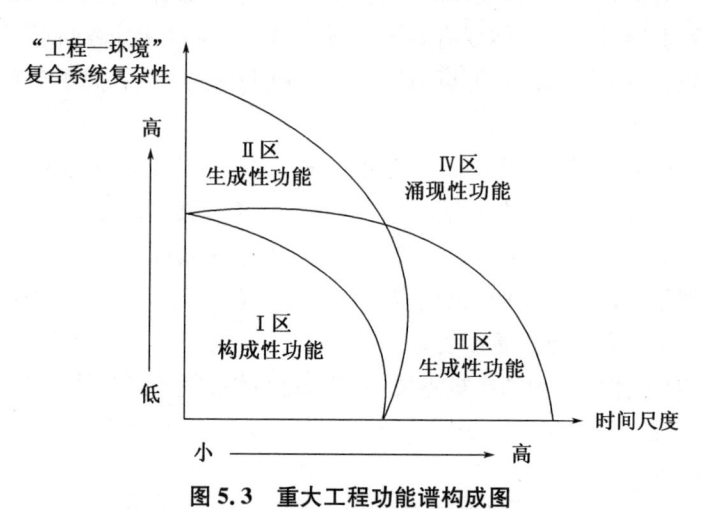

图5.3 重大工程功能谱构成图

如图5.3,我们大体上可以对重大工程各种类型的功能在该区间内的分布进行划分。其中,区域Ⅰ表示重大工程所涉及的时间尺度较小、工程—环境复合系统复杂性较低的那一部分功能。在这一区域,工程环境总体比较平稳,环境变动对工程功能的有效性正常释放造成的干扰和冲击相对较小,这时的重大工程功能主要表现为通过工程硬资源直接构成的一类最基本、最直接的物理功能,称为**构成性功能**。例如,大型桥梁工程的通车功能、人造运河的通航功能、水利大坝的发电功能等都属于构成性功能。

区域Ⅱ为重大工程涉及的是时间尺度较小,但重大工程—环境复合系统较复杂的那一部分功能。在这一区域内,虽然工程环境基于时间的变动和对工程功能有效性的干扰和冲击较小,但是,工程建成后新的重大工程—环境复合系统有可能出现较多的新的情景现象,并进一步在这些新的情景现象催化下可能释放出对人类社会有利或有害的情景性功能。这类可能功能不是工程立项决策者拟通过工程物理结构直接构成的,而是重大工程—环境复合系统内部相互作用在更高层次上自组织生成的新功能,一般称其为**生成性功能**。生成性功能一般不属于工程最基本和最直接的功能,是构成性功能辐射、衍生、拓展而形成的间接功能。例如,重大交通工程建成后形成的人口聚集功能、房地产与旅游业带动功能等。一般,区域Ⅱ既有构成性功能,又有生成性功能。

区域Ⅲ表明重大工程涉及的时间尺度大,但重大工程—环境系统复杂性相对较低的那一部分功能。在这一区域内,大时间尺度导致工程环境可能会出现强烈变动与演化,因此,有可能会对工程立项设计的功能有效性造成较大干扰和冲击,也可能会使新的重大工程—环境复合系统产生另一类衍生和拓展功能,这些都属于一类生成性功能。例如,重大工程建成后,经过长时间、缓慢的积累形成了地域性文化的变异或转移,因此,区域Ⅲ也既有构成性功能,又有生成性功能。

区域Ⅳ表明重大工程涉及的时间尺度大,同时重大工程—环境复合系统复杂性高的那一部分功能。这时,除了大时间尺度与重大工程—环境复合系统复杂性各自独立产生的影响外,二者之间还会相互作用并在不同系统层次上引发出更多、更复杂的情景现象,例如,重大工程功能的影响与新的复合系统的作用逐渐从局部扩大至全局。这样,功能链的传递距离大大拉长,并可能出现功能作用的层次跨越,使得功能链两端的功能因果之间的关联越来越模糊。这时,新的复合系统所产生的新的功能,形成机理更为复杂,新功能的突发性、奇特性和无法觉察性与构成性、生成性类功能相比,往往更难以预测和解释,它们更多的是以功能涌现与功能隐没的方式出现,我们总称为**涌现性功能**。例如,大型水利大坝工程使大坝上游水速变缓,局部生态环境变化并促进了微生物和寄生虫的生长,造成了人类传染病的蔓延与人类健康和生存环境的严重破坏,又进一步引发了较大规模的人口迁徙,使原本繁荣的人口居住地荒芜。另外,大坝水利工程对大坝下游局部流域小气候特别是降雨量减少造成影响,加之大坝的拦水作用,使下游局部地区的水量一直充沛的湖泊频繁出现干枯,并进一步造成城镇荒芜、人口迁移等等。因此,区域Ⅳ既有构成性功能,又有生成性功能,还有涌现性功能。

上述关于重大工程复杂功能形态与特点提醒我们,虽然工程决策者总是从对自己意图最有利的角度出发,努力设计和构造既多又好的工程功能,但是,重大工程这一人工复杂系统的复杂性本质使得工程在被直接构造出基本功能后,还会生成和涌现出其他类型的功能,在表现出好的功能的同时,还极有可能表现出不那么好或者很不好的功能来。这告诉我们,人们在构造重大工程显性功能的同时,还可能不知不觉地埋下了某些隐性功能的种子,而且,这些种子发芽后是否结出苦果,人们自己往往也不知道。我们要特别关注和警惕重大工程这一类意料之外并有严重危害功能生成和涌现的可能性。它们的出现可能会大大损伤重大工程立项决策最初的目标预期,而导致重大工程立项决策出现重大偏差和失误。

从以上重大工程功能的形成分布看,依据时间尺度与重大工程—环境复合系统的复杂性的变化,重大工程的功能具有从构成性功能依次向生成性功能和涌现性功能拓展的整体趋势,这可以看作重大工程功能结构的普遍规律(如图5.4所示),**我们称这类重大工程功能类型的有序排列为重大工程功能谱。**

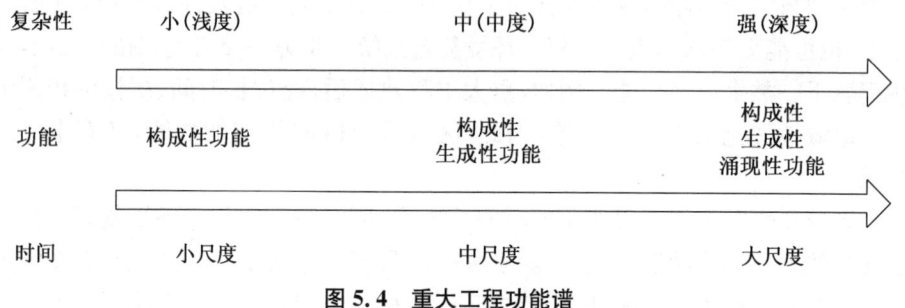

复杂性	小(浅度)	中(中度)	强(深度)
功能	构成性功能	构成性 生成性功能	构成性 生成性 涌现性功能
时间	小尺度	中尺度	大尺度

图 5.4 重大工程功能谱

功能谱是重大工程功能的重要属性,它显示了重大工程整体性功能可以在某些维度上进行分解而呈现出更精细和多样性的微观结构。

最初,重大工程的功能设计反映了人们对工程建设目标的认定,因此,功能谱也是一个与人的工程目标(目的性)紧密关联的概念。通常情况下,随着工程从一般工程逐渐向重大工程演进,人的工程目标也从单目标、多目标向目标体系演进。这时,人的目标维度或目标层次在不断增加。而现在,功能谱概念使我们不仅在维度和层次上丰富了工程目标的含义,而且在同一个维度上还拓展和深化了工程目标。简单地说,人的重大工程目标不仅有层次与维度的区别,而且有"谱系"的内涵。正是功能谱概念告诉我们,即使人们对重大工程目标的设计都是善意的和用心良苦的,也有可能生成和涌现出反其道而行之的功能。这不仅丰富了我们关于重大工程目标的认知,还告诉我们,重大工程目标设计的风险远远大于一般工程。在这个意义上,**重大工程功能谱也可以理解为重大工程的"目标谱"**,其中有些目标是构成性的,而有些目标是生成性的甚至是涌现性的,即重大工程目标既包括主体自身的他组织成分,又包括人造复杂工程系统的自组织成分。

5.3 概念体系的逻辑化与系统化

本章我们提出了9个基本概念作为构建重大工程管理理论概念体系的一次

第5章 重大工程管理基础理论的核心概念

尝试。重大工程管理理论的概念,首先是对管理实践活动各个主要环节及重要组成要素本质属性的凝炼与抽象,是人们对管理活动认知的基本单元。为构建重大工程管理理论而提出的核心概念,要能够从根本上体现管理活动与管理问题属性的同一性、普遍性与规律性,而不可能像在一个已经成熟的理论体系中那样,为了研究一个具体问题而提出某个说明性概念,这样的说明性概念往往缺乏理论思维原则的同一性与理论拓展能力。

那么,本章提出的 9 个核心概念能否符合上述要求并在概念之间形成逻辑化与系统化关联,这将决定我们拟构建的重大工程管理理论是否具有可靠、扎实的基础,是一件重要的事。

为此,我们先回顾本书关于重大工程管理理论思维原则的论述:不论重大工程管理理论研究的是怎样的问题,问题的本质属性都被规定为复杂性。这一论述虽然简洁,但以它为准则确实能检验我们前面提出的基本概念的品质和意义。

在介绍上面核心概念时,本书都对它们的实际管理活动背景,包括现象、情景及主体行为等作了具体说明与描述,由此能够清楚地看出,9 个基本概念都源于重大工程管理的实际活动与现象。因此,它们都有着重大工程管理的复杂性属性的根,即所有的基本概念都实质性地遵循了重大工程管理理论的思维原则。

(1) 重大工程—环境复合系统。这一概念抽象了重大工程建成后与原来工程环境集成在一起形成的新的复合体。由于该系统中除了包括工程区域原来的社会、经济与生态等复杂环境,又增加了新的复杂人造工程实体,特别是该系统在长时间尺度内,可能演化与涌现出新的系统整体行为与功能,更体现了重大工程管理的复杂性。

(2) 复杂性。这一概念包含了重大工程环境、多主体、主体能力不足与工程系统高度集成化形成的各类复杂性。它既包括了重大人造工程系统,又包括了重大工程—环境复合系统的复杂性;既包括了重大工程管理活动各环节与主要要素的复杂性,又包括了管理活动整体复杂性。因此,该概念全面梳理了形成重大工程管理复杂性的主要原因,为我们针对不同类型的复杂性问题选择不同的管理方案提供了指导。

(3) 深度不确定。深度不确定既是对形成重大工程管理环境与问题复杂性重要原因的深刻揭示,也是对重大工程主体行为特征根源的高度概括,特别是由于深度不确定是引发重大工程管理复杂性的直接或间接原因,因此,这一概念进一步深化了对重大工程管理本质属性的描述。

(4) 情景。这一概念主要是指重大工程环境或重大工程—环境复合系统在整体层面上形成的宏观现象、现象的演化以及形成该现象的路径,指出了在一定情况下,正是重大工程本身和人的造物行为制造了复杂性情景。关于情景概念的一系列内涵重构,大大深化了我们对重大工程管理情景复杂性的认知。

另外,情景的复杂形成过程决定了对其一般规律的研究不能采用传统的分析与预测方法,而要采用包括计算机实验在内的多学科综合方法,因此,该概念还将极大丰富重大工程管理理论研究的方法论。

(5) 管理主体与序主体。重大工程主体实际上是由多个自主主体组成的主体群,其中,起主导作用的主体为序主体。这一概念清晰地指出了重大工程管理主体群是个有结构、有层次的复杂自适应系统,并指出了主体群能力是在序主体主导下的整体能力的涌现,清楚地揭示了重大工程管理主体能力的形成机理。

(6) 管理平台。管理主体群在实际的管理活动中是以管理组织职能形态出现的,但因为管理问题的复杂性,重大工程管理组织的核心职能已不再是直接制定各类管理方案,而是通过构建平台提供必要的环境与条件,使主体群能够涌现出驾驭管理复杂性的能力,这同时揭示了重大工程管理组织模式的科学内涵。

(7) 多尺度。该概念进一步凝炼和抽象了在重大工程管理活动中,管理要素在一个维度上可分辨次序性变化的现象与特征,这对于精细辨识与分析重大工程管理问题的复杂结构有着重要意义。

(8) 适应性。这一概念紧紧围绕着管理主体自身行为复杂性,既描述了其行为表现与特征,又刻画了主体行为主要结果(提出的管理方案)与环境复杂性的整体耦合程度。因此,这一概念充分突出了重大工程管理活动中最重要的主体行为基本准则及行为结果的品质。

(9) 功能谱。从重大工程自身和重大工程—环境复合系统的复杂性出发,揭示了重大工程功能所表现出的"严重的"复杂性。例如它同时具有结构化的构成性功能、半结构化的生成性功能以及非结构化的涌现性功能,即不仅在功能结构上有多维度特点,而且在同一维度上还有反映功能类型有序排列的谱系特征,"谱"实际上是对重大工程功能和目标复杂结构的描述与刻画。

由上面的简单分析可以看出,本章所有的基本概念都是对重大工程管理活动重要环节与要素的复杂性属性的提炼与抽象,即使有些概念的科学术语,如复杂性、情景等在其他学科已经存在,但在这里都进行了概念内涵的重构,不仅嵌入了重大工程管理活动复杂性的本质属性,并且注入了重大工程管理活动形态的规定性。相反,如果我们仅仅把复杂系统科学、物理学、生物学现成的类似概念简单、直接地移植过来,那不可避免地会使重大工程管理基础理论体系核心概念标签化和泡沫化,失去理论构建必要的特有学理意义。

进一步地,重大工程管理理论是对包括环境、主体、客体、目标、行为等基本要素的管理活动和问题的理论思维成果,因此,必然要遵循活动和问题的现实逻辑性与人的思维逻辑性。也就是说,作为理论体系的基本概念不能孤立化与碎片化,不仅要能够对重大工程管理活动与问题有较好的整体覆盖,而且彼此之间还要有较紧密的逻辑关联。即在理论体系中,核心概念除了在内涵上要充分保证源于重大工程管理活动实践外,还要充分体现概念之间的系统性与逻辑化,否则,人们无法以概念为基础,并通过概念与概念的组合,形成理论体系中的基本原理与科学问题。

现在,就让我们来检验一下上述核心概念是否具有这样的逻辑关联性。

(1) 重大工程—环境复合系统:重大工程管理客体(包括环境与工程本体)的整体性抽象。

(2) 复杂性:重大工程管理主体、客体与环境共同本质属性的抽象,它直接体现了重大工程管理理论的思维原则。

(3) 深度不确定:重大工程主体、行为与环境特征的抽象,也是重大工程管理本质属性根源的提炼。

(4) 情景:主要是对重大工程管理环境特征,特别是环境演化特征的抽象。

(5) 管理主体与序主体:重大工程管理主体群复杂结构的抽象。

(6) 管理平台:重大工程管理组织职能复杂性的抽象。

(7) 多尺度:重大工程管理主体行为准则与行为结果品质的抽象。

(8) 适应性:重大工程主体、平台基本行为准则及行为品质的抽象。

(9) 功能谱:重大工程人造系统功能与主体关于工程目标复杂结构的抽象。

由此可见,这些概念包括了重大工程管理环境、主体、客体、组织、目标、思维原则与行为准则等,较好地覆盖了重大工程管理活动的核心要素,特别是它们不仅紧紧围绕着复杂性本质属性这一核心,而且,在一定的逻辑关联下,它们能够形成重大工程管理活动与问题的基本逻辑框架,并清楚地表述了在重大工程管理活动中各自的职能与作用。

由此可见,本章提出的核心概念具有良好的系统性与逻辑化品质,这也是本书拟构建的重大工程管理理论体系良好品质的前提与保证。(见图5.5)

本章一共提出了关于重大工程管理理论体系的9个核心概念,但这绝不意味着这9个核心概念对于拟构建的重大工程管理理论体系是完备的,即体系的原理、科学问题等完全可以以这9个概念为基础,从这9个概念导出,而只能认为:

(1) 本书只是对构建重大工程管理理论体系的一次探索,是一次从某个视角与基于一定的工程管理实践而构建理论体系的尝试。今后,不同学者的更多探索与尝试将会不断丰富重大工程管理理论体系的基本概念。

(2) 这里的9个概念在一定的学理意义上的确是重大工程管理理论体系中最具基础性、概括性、拓展性与覆盖性的核心概念。另外,随着理论体系的不断

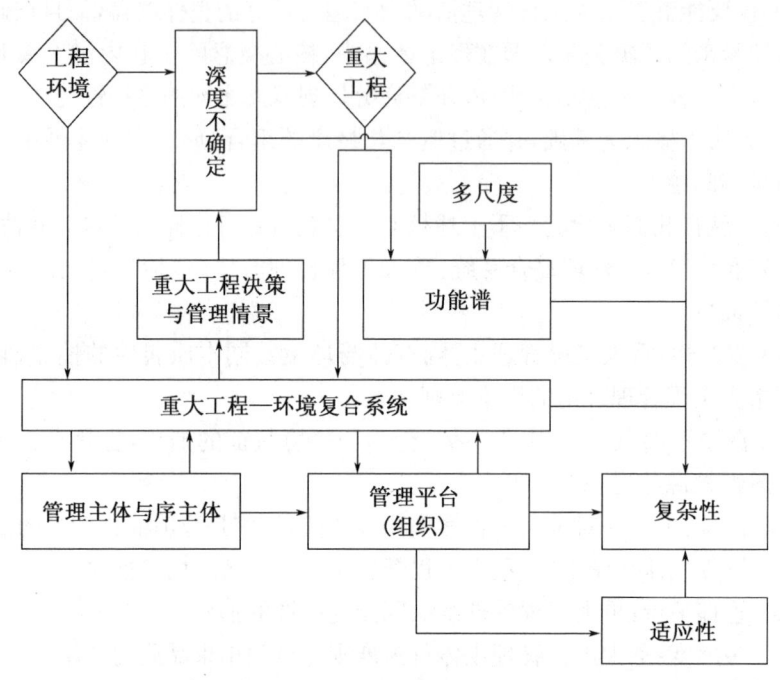

图 5.5　核心概念逻辑化与系统化

拓展,特别是到了理论体系的科学问题层面,还会在具体的科学问题范围内产生新的概念,并逐渐丰富和拓展概念体系的层次与结构。例如,在重大工程深度不确定决策科学问题中出现了情景鲁棒性概念;在重大工程现场管理科学问题中,出现了战略资源供应链概念等。这些都反映出重大工程管理理论体系所具有的旺盛生命力。

参考文献

[1] Baccarini D. The concept of project complexity：a review[J]. International Journal of Project Management，1996，14(4)：201-204.

[2] Bosch-Rekveldt M，Jongkind Y，Mooi H，et al. Grasping project complexity in large engineering projects：The TOE（Technical，Organizational and Environmental）framework[J]. International Journal of Project Management，2011，29(6)：728-739.

[3] Chapman C B，Ward S. Managing project risk and uncertainty：A constructively simple approach to decision making[M]. Chichester：Wiley，2002.

[4] Chapman C, Ward S. Why risk efficiency is a key aspect of best practice projects[J]. International Journal of Project Management, 2004, 22(8): 619-632.

[5] Cook K S. Trust in society[M]. Russell Sage Foundation, 2001.

[6] Davies A, Mackenzie I. Project complexity and systems integration: Constructing the London 2012 Olympics and Paralympics Games[J]. International Journal of Project Management, 2014, 32(5): 773-790.

[7] Eisenhardt K M. Agency theory: An assessment and review[J]. Academy of management review, 1989, 14(1): 57-74.

[8] Fahey L, Randall R M. Learning from the future: competitive foresight scenarios[M]. New York: Wiley, 1998.

[9] Flyvbjerg B, Bruzelius N, Rothengatter W. Megaprojects and risk: An anatomy of ambition[M]. Cambridge University Press, 2003.

[10] Geraldi J G, Adlbrecht G. On faith, fact, and interaction in projects[J]. Project Management Journal, 2007, 38(1): 32-43.

[11] Harty C, Goodier C I, Soetanto R, et al. The futures of construction: a critical review of construction future studies[J]. Construction Management and Economics, 2007, 25(5): 477-493.

[12] Head G L. An alternative to defining risk as uncertainty[J]. Journal of Risk and Insurance, 1967: 205-214.

[13] Heimer C A. Solving the problem of trust[M]. American Bar Foundation, 1999.

[14] Hobday M. Product complexity, innovation and industrial organisation [J]. Research Policy, 1998, 26(6): 689-710.

[15] Holland J H. Hidden order: how adaptation builds complexity[M]. Addison-Wesley, 1995.

[16] Hu Y, Chan A P C, Le Y. Understanding determinants of program organization for construction megaprojects success: a Delphi survey of the Shanghai Expo construction[J]. Journal of Management in Engineering, 2014, 31(5): 1061.

[17] Kahn H, Wiener A J. The next thirty-three years: a framework for speculation[J]. Daedalus, 1967, 96(3): 705-732.

[18] Lessard D, Sakhrani V, Miller R. House of Project Complexity: understanding complexity in large infrastructure projects[J].

EngineeringProject Organization Journal, 2014, 4(4): 170 - 192.

[19] Meier S R. Best project management and systems engineering practices in the preacquisition phase for federal intelligence and defense agencies[J]. Project Management Journal, 2008, 39(1): 59 - 71.

[20] Miller R, Lessard D R. The strategic management of large engineering projects: Shaping institutions, risks, and governance [M]. MIT press, 2001.

[21] Munns A K. Potential influence of trust on the successful completion of a project[J]. International Journal ofProject Management, 1995, 13(1): 19 - 24.

[22] Schoemaker P J H. When and how to use scenario planning: a heuristic approach with illustration[J]. Journal ofForecasting, 1991, 10(6): 549 - 564.

[23] Shenhar A J, Dvir D. Toward a typological theory of project management [J]. ResearchPolicy, 1996, 25(4): 607 - 632.

[24] Shenhar A J. One size does not fit all projects: Exploring classical contingency domains[J]. ManagementScience, 2001, 47(3): 394 - 414.

[25] Söderland J, Geraldi J, Söderlund J. Project management, interdependencies, and time [J]. International Journal of Managing Projects in Business, 2012, 5(4): 617 - 633.

[26] Van der Heijden K. Scenarios: the art of strategic conversation[M]. John Wiley & Sons, 2011.

[27] Vidal L A, Marle F. Understanding project complexity: implications on project management[J]. Kybernetes, 2008, 37(8): 1094 - 1110.

[28] Ward S C, Chapman C B. Risk-management perspective on the project lifecycle[J]. International Journal of Project Management, 1995, 13(3): 145 - 149.

[29] Ward S. Requirements for an effective project risk management process [J]. Project Management Journal, 1999, 30(3): 37 - 43.

[30] Williams T M, Eden C, Ackermann F, et al. The effects of design changes and delays on project costs[J]. Journal of the Operational Research Society, 1995, 46(7): 809 - 818.

[31] Williams T M, Eden C, Ackermann F, et al. Vicious circles of parallelism[J]. International Journal of Project Management, 1995, 13

(3): 151-155.

[32] Xia B, Chan A P C. Measuring complexity for building projects: a Delphi study[J]. Engineering, Construction and Architectural Management, 2012, 19(1): 7-24.

第6章 重大工程管理基础理论的基本原理

重大工程管理理论中的基本原理主要是管理主体行为基本准则与管理活动运作的基本定律,是人们对重大工程管理活动实践经验的固化与基于基本概念进行逻辑推理形成的知识表述。另外,原理的形成,特别是原理体系的形成,是一个不断发展与深化的过程,需要长期探索和不断完善。本章提出以下5个基本原理,作为构建重大工程管理理论基本原理的尝试。

6.1 复杂性降解原理

前面2.3.4指出了复杂性是重大工程管理的本质属性。这意味着,不论重大工程管理活动有着多少不同的形态,究其分析和解决问题的核心与关键应当是如何应对和驾驭问题的复杂性,即从思维层面上讲,应把问题复杂性尽量降低与缓解。换句话说,**管理主体分析和解决重大工程管理问题的基本行为准则应当是复杂性降解**。

6.1.1 复杂性降解基本原理

首先,重大工程是由各类物质型资源构成的具有独特规定性的人造复杂系统实体,因此,自然表现出由工程实体决定的物理复杂性。一个具体、确定、实实在在的工程实体,其物理复杂性也是具体、确定、实实在在的。同时,任何具体的重大工程实体都是人们从工程概念到工程实体一步步演化过来的,也是人们对工程物理要素属性及其关联的认知从抽象到具象一步步演化过来的。

因此,在工程概念与认知的抽象阶段,人们主要是在理论思维层面活动。在这一阶段,人们依据理论思维把工程硬系统的属性进行抽象并将属性之间的关联系统化,形成复杂工程属性的逻辑体系,我们称此体系为**工程虚体**。显然,与重大工程实体的物理复杂性不同,**重大工程虚体的主要表征是工程要素属性的系统复杂性**。

这样,工程虚体通过工程要素属性的逻辑化与系统化,确立并丰富管理主体对重大工程整体属性与功能的认识,支持主体构建工程实体的筹划,并以此通过对工程要素属性之间的各种关联关系的推断,指导重大工程现场的管理活动。

第6章 重大工程管理基础理论的基本原理

另外,工程虚体既然是人们依据理论思维建立的工程要素属性与关联的逻辑体系,人们自身的个性化价值取向与认知水平在很大程度上就会影响和决定如何抽象工程要素属性及如何确定属性关联。也就是说,即使同一个工程的物理复杂性形态,也可能由于主体思维方式不同而形成不同的虚体工程形态。我们可以利用虚体工程形成过程的这种可变性,在不改变工程物理复杂性的前提下,设计某种技术路线来降低和缓解该工程的固有复杂性。特别是,这种降低与缓解是在工程要素抽象的属性与关联层面上开展的,在许多时候,仅仅表现为一种概念化和逻辑化形态,更类似中国古代的纸上谈兵和现代的战争推演,并没有真正影响和破坏工程的固有物理复杂性。但是,它能够在一定粒度与性能意义上,帮助我们更清晰、简便地认识和分析原本难以理解和认识的工程固有复杂性。

当然,在真实的工程管理活动中,特别是到了构建工程实体的具象阶段,管理主体还是要完整地面对重大工程实体固有的属性及其关联,特别是那些在很大程度上决定了重大工程物理复杂性的主要属性及关联。因此,任何实际的重大工程管理活动绝不能仅仅依据虚体思维的概念、假设和一般逻辑,更不能仅仅依据上述降低和缓解复杂性的思维,而要实实在在依据实体思维,把重大工程各种属性、关联及其固有的复杂性整合为一个完整的工程实体。

这意味着,管理主体在认识和分析重大工程要素属性与关联性时,可以充分利用工程要素属性及关联的逻辑体系,基于重大工程管理复杂性认知的可变性,通过各种可行路径在思维层面上适当、合理地降低或者缓解系统复杂性(简称**复杂性降解**),帮助我们搞清楚复杂性背后的规律和道理。当然,这是为了在工程虚体逻辑体系内帮助管理主体提高认知能力而采用的思维假设与理想化,是一种支持管理主体认知复杂性的手段,也是为了缓解管理主体在管理活动中认知复杂性的困难和能力不足,帮助管理主体发现管理复杂性规律。

进一步地,在实际的重大工程管理活动中,又需要管理主体运用实体思维面对具体的工程物理实体,还原其真实的复杂性,绝不能因为虚体工程思维对重大工程实体的复杂性有任何实质性的破坏或损伤。

由此可见,复杂性降解的完整过程,需要充分体现和保证虚体思维与实体思维相结合、重大工程个性特征与一般属性规律相结合的原则,并形成重大工程管理活动的综合集成思维。**总体来说,在重大工程管理前期,主体可依据工程虚体可变性原理,通过假设与理想化的降解行为,帮助和支持管理主体对管理复杂性的认知与分析,并在重大工程管理中后期,再通过实体思维还原工程固有的物理复杂性,以保证重大工程实体造物的真实与完整,这就是所谓的复杂性降解基本原理。**

可以认为,复杂性降解原理是重大工程管理活动中管理主体面对复杂性问题时的首要行为准则与先导性目标。具体地说,可以从以下三个方面来理解复杂性降解行为的原理:

(1) 降解中包含的降低行为,主要是从主体能力提高方面来说的,例如,通过主体自学习来提高自身的分析与驾驭复杂性能力。这时,可以完整保持工程原来固有的物理复杂性形态。因此,降低在一定意义上更多地体现了一种整体论思维。

(2) 降解中包含的分解行为,主要是在虚体思维层面上对工程原来固有的整体物理复杂性进行一定的分割以降低原有的复杂性。因此,分解在一定意义上更多地体现了一种还原论思维。

(3) 不论哪一种情况,它们对工程实体原来固有的物理复杂性都没有任何实际的损坏,但又都能够帮助管理主体提高分析和驾驭复杂性的能力,同时要注意,无论管理主体采用何种降解行为,都不能使工程原来固有的复杂性丢失,更不能使固有复杂性特性发生任何质的变化。

6.1.2 复杂性基本降解路径

如前所述,复杂性是重大工程管理的本质属性。这里的复杂性是一个综合的整体认知,因为它综合了重大工程管理活动的环境、组织、主体、问题等多方面、多层次的复杂性,也集成了重大工程物理复杂性、系统复杂性等在管理领域的反映。

从管理的基本思维来说,重大工程管理主要就是管理主体对复杂性问题的管理,因此,管理主体当然希望问题简单些、复杂性低些。但管理复杂性是管理主体在重大工程虚体层次上对重大工程实体固有属性的认知,是重大工程固有复杂性在管理主体头脑中的映象,因此,必然会依管理主体不同而不同,依管理主体认知能力变化而变化,这告诉我们,实际的复杂性降解过程中有着多种不同的复杂性降解路径。

如何根据复杂性来源和成因设计具体的降解路径和如何把握好降解的分寸,尽量做到恰到好处,是复杂性降解行为重要而关键的一点。以下是几条基本的降解路径。

1. 提高管理主体认知的降解路径

重大工程管理问题的复杂性主要来源于两个方面:一是本体论观点,即来源于管理环境与问题自身的复杂性;二是主体论观点,即来源于管理主体的认知缺陷,包括知识、经验与能力不足等。在实体复杂性与主体认知之间,如果主体认知能力提高了,相对而言,问题复杂性就降低了。

在很大程度上,主体的复杂性认知能力在于其学习能力,这是因为认识管理复杂性、驾驭管理复杂性和提高管理能力等都涉及对重大工程管理客观复杂性的认识广度和深度。因此,管理主体的自学习是提高管理主体认知能力并降低问题复杂性的重要途径。

管理主体自学习是指主体在管理活动中自觉地通过多种途径和手段获取各种必要的知识,并内化为自身分析、预测、调控问题复杂性能力的自我发展行为。在管理主体自学习的过程中,学习的内涵应该是广泛而全面的,既包括自然科学与工程技术,又包括经济管理、法律法规及哲学历史。自学习的主体不仅指管理个体,更是指管理主体群。要形成重大工程管理主体群持久有效的自学习机制,包括设计有利于提高管理主体群特别是序主体自学习的组织模式。

中国重大工程管理组织中一般都有技术与管理的技术顾问和专家组,还会聘请国外著名公司与专家,对分析和解决工程复杂问题给予多方面的智力支持,这实际上就是一种有效的管理主体自学习的组织模式。例如中国东海的杭州湾跨海大桥管理主体在前期论证工作中,为确定桥位、桥型方案、基础结构以及经济性等开展了广泛的国际技术咨询。

2002年8月和2004年,管理主体就大桥初步设计中的钢管桩防腐、混凝土耐久性、桥梁上部结构施工、钢桥面铺装等问题,多次向美国林同炎国际顾问公司进行技术咨询;2003年7月和2004年9月,就预应力混凝土箱梁防腐、斜拉桥结构体系等问题,又先后向美国国家工程院院士、国际著名桥梁建筑工程大师邓文中进行了咨询。他们在这些复杂的技术管理问题上,给予了重要的智力支持。

除了通过自学习来提高管理主体能力并降低复杂性外,还可以通过现代信息技术获取更丰富的信息资源来降低因信息缺失和信息处理能力不足形成的问题复杂性。

事实上,**重大工程管理活动同时需要逻辑思维、形象思维与灵感思维,特别是由这三种思维形式综合集成形成的复杂性思维**。人在这一过程中的优势主要是在形象思维、顿悟与经验方面的发挥,特别是在解决复杂性问题时必不可少的创造性思维。但是,所有这些优势现在越来越需要依靠对信息的搜集、处理、存储和传递的支持。人也只有在此支持下,才能精准、全面、实时地利用信息与信息分析结果,再结合自身的经验、知识和智慧,提高管理主体驾驭复杂性问题的能力。

由此可见,丰富的管理信息资源与资源管理能力能够有效降低由人的心理或生理因素产生的认知误差,降低因为人的阅历、性格、情绪、思维方式与价值观缺陷产生的认知局限,并通过运用信息技术帮助管理主体实现降低复杂性的目的。

2. 改进管理方法的降解路径

为了降解复杂性,还可以通过改进管理方法来实现,例如:

(1) 凝炼与统筹管理目标

重大工程管理目标的多元化导致的管理复杂性主要体现在以下几个方面:① 管理目标的多层次与多元化;② 管理目标之间的矛盾和冲突;③ 管理主体价值观变化,导致管理目标出现动态性与复杂性。

针对上述情况,可以通过对管理目标进行凝炼与统筹来降低管理复杂性。

所谓管理**目标的凝炼**是在目标设计之时,对重大工程的构成性目标、生成性目标以及涌现性目标进行筛选、合并与提取,突出和保证战略型、基础型目标的地位。

例如,建立重大工程管理目标的层次性。工程目标一般都具有层次性,位于最高层次的是工程战略目标,它揭示了该工程的综合目的和意义,是工程主导性目标;往下依次是工程的策略性目标和执行性目标等,分别用以表述工程的领域目标、实施计划或措施。重大工程上层目标一般比较抽象、宏观和不可完全预测,而重大工程下层目标一般是比较具象、微观和可测的。

进一步地,重大工程管理必须充分考虑各凝炼目标之间的对立统一关系,注意统筹兼顾。在重大工程管理目标凝炼的基础上,通过对部分目标进行剔除、限制和补偿,尽量保证目标之间的整体均衡,兼顾好直接与间接,眼前与长远,以及功能性、社会性与战略性目标之间的均衡,此即工程管理**目标的统筹**。

管理目标的凝炼与统筹使目标的多元性得到一定的压缩,增强了目标之间的结构化关联,因此,有利于提高管理目标的有序性与可度量性,从而降低分析和评估目标的复杂性。

5.2.3 中介绍的依据目标重要性的"序"规则,进行港珠澳大桥跨境通行口岸模式决策,就是典型的通过目标统筹路径降解该决策复杂性的成功实例。

关于管理目标的凝炼与统筹,后面的 6.2 节中将有更详细的介绍。

(2) 工程未来情景的紧缩

情景概念告诉我们,复杂系统的未来情景空间是充分大的,不仅存在管理主体能够想象的情景,还可能出现主体难以想象甚至无法想象的情景,而且任何一个未来情景出现的可能性常常是不知道的,也难以预测它是如何从当前的现实情景演化成未来情景的。

这样,当前重大工程现实情景与工程未来情景之间的演化关系一般为:由一个情景点经一束不确定和模糊路径中的某一条路径,演化至一个充分大的情景空间中的某一个不确知情景点。由现在往未来看:第一,未来的那个情景点肯定存在,但现在不知道是哪一个,并难以预测;第二,无法确知究竟哪一条路径是现在与未来两个情景点之间的现实演化路径,也难以预测。而我们就是要在未来情景不确定与演化路径不确知的背景下完成重大工程管理任务,这显然是一项困难的任务。困难还在于未来越遥远,对应的情景空间会越大,未来的情景点与对应的演化路径也会越分岔和模糊,导致管理复杂性越强。

我们无法消除这一客观状况,因为这是由重大工程多尺度特征与重大工程—环境复合系统的复杂性造成的,而人是不能完全确知自己从现实到未来的所有情景与行为的。

这时,我们可以采用以下方法:

① 以管理主体群的经验与知识为基础,锁定未来情景空间内的一些具体的特别有意义的情景;

② 把未来情景视为对环境状态的预测,通过设定一些条件和参数来生成未来情景;

③ 设定未来情景空间内的一个子空间,依据一定的原理认为未来情景在这个子空间内的可能性要大得多;

④ 设定一些有特定含义的情景作为未来情景的阈值,即规定在阈值附近的一个小范围内的任何情景都是可接受的或者不可接受的等等。

不难看出,以上各种方法的学术思想都是通过压缩重大工程未来情景空间的深度不确定性来降低管理复杂性。

(3) 管理方案的比对与迭代

重大工程管理复杂性的挑战之一就是难以确定管理方案,如重大工程前期决策、施工方案的确定等,涉及工程多目标、多主体,涉及工程技术、资金、装备和人员的整合,涉及工程、社会、经济与文化多个领域,既有工程规律、技术规律,又有管理规律和人文规律。

这时,管理主体可通过多次比对、调整、逼近的技术路线,将整体性的问题复杂性化解为分阶段、分领域相对简单的复杂性进行分析和处理,并最终获得解决方案。

关于这一基本原理,本书在 6.4 节有进一步的说明。

3. 关联性切割的分解路径

下面首先论述由重大工程要素强关联以及管理要素高度集成化形成的管理复杂性。

一般工程的管理要素常以层次关系为主,横向关联相对较少,工程目标一般都是可预测的和可实现的。这时,在工程管理中,因果关系一般是显性的和直接的,因此,工程管理在横向上往往可以分解成若干相对独立的部分。这样,工程复杂性也就可以被局限在各个相对独立的部分,从而容易被划分为相对独立的管理职能。这样的情况有利于我们在还原论基础上,把工程质量、进度、成本等直接管理目标进行分割,并通过类似于故障模式的影响分析技术及风险因素分析技术,提出局部问题或各管理职能领域内的解决方案,最终以叠加的方式来解决整体性问题。

但是,重大工程不仅是材料、装备、资金和技术等硬资源的集成,而且是组织、管理、信息、价值等软资源的集成。这时,不仅重大工程各部分之间的集成性提高了,而且各部分之间的横向交互作用也更为强烈,甚至超过重大工程纵向层次之间的相互作用。在影响力上,有些要素之间的相互影响不再是局部性的,而可能是全局性的,甚至能逐步扩大成为支配全局的整体行为。这时,重大工程的功能设计不再是完全可预测的,因果关系也变得不那么直接和显然。

例如,由于重大工程要素之间的高度集成性,工程要素的一些微小变动可能被放大,形成整体性后果,使故障发展成为事故。这就是为什么重大工程风险的因果关系会变得模糊、风险难以预见和突发性问题频现。重大工程管理要素的这类强关联和高集成引发的管理复杂性,我们称之为重大工程管理中的**关联复杂性**。显然,**重大工程关联复杂性增强了管理复杂性**。因此,可以考虑在管理过程中恰当地切割重大工程局部与全局的关联来降低管理复杂性。

如何对重大工程管理要素关联性进行切割呢？这是一个理论与经验并重的问题,主要思路如下:要认识到所谓的关联性切割,仅仅是管理主体对工程虚体属性之间的隶属关联、包含关联、并列关联、因果关联、相关关联等进行拓扑结构或者逻辑结构分割,是一类在认知思维上的假设与理想化,而不是对重大工程实体的任何固有物理复杂性的肢解。

重大工程管理要素关联性切割前要根据属性关联方式进行分析,并按照下面的原则进行:

(1) 对一类在关联网络中存在相对薄弱关联的情形,我们可以从相对薄弱处切割,被切割的各个部分的复杂性一定有所降低,然后再对它们进行拼装,恢复成原系统(如图6.1)。

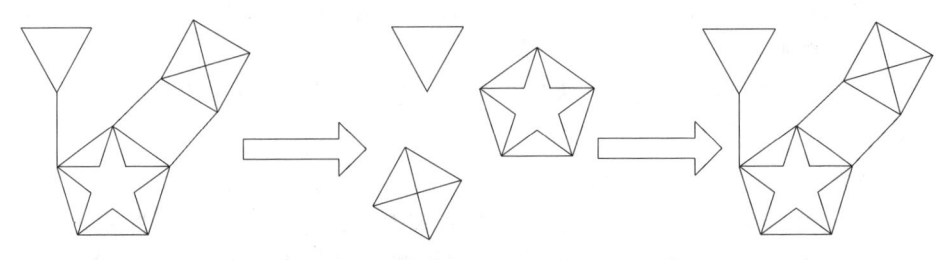

图 6.1 关联系统各个部分的切割与拼装

(2) 对那些不存在上述相对薄弱关联的情形,可以简化关联模式和强度进行隐形切割,降低复杂性后再综合。

以上两个原则实质上是"**关联—切割—再关联**"的过程。管理主体试图将重大工程管理复杂性整体分解为多个复杂性相对较低的部分,在对这些部分复杂性逐一分析、研究的基础上,再将它们的关联性复原。港珠澳大桥主体工程与三地着陆点复杂性分析中就采用了这一降解技术。

需要强调的是,不论采取何种切割方法,绝不能在重大工程管理活动中对实际存在的管理要素物理性关联进行实体意义的肢解和破坏,否则将损坏重大工程固有的物理整体性。

6.1.3 复杂性降解的"度"

在复杂性降解过程中,一个重要而困难的问题是,如果管理主体采用了复杂性降解技术,那么何时应使降解过程停止,即在实际中降解行为如何适可而止。

坦率地讲,目前我们还很难对这个问题有精细的、可量化的答案。正如我们很难定量度量重大工程管理问题的复杂性,也就很难度量降解复杂性的效用,从而明确判断在什么时候应该停止降解。总之,关于重大工程管理中复杂性降解恰当的"度"的研究是一个极具理论前沿性的问题。

这里,我们仅仅从复杂性降解的基本内涵出发,对这个问题做如下简要的分析。

首先,任何对复杂性的降解,都绝对不能把系统复杂性降解为一般系统性甚至简单性,即不能一味用还原论思维来降解复杂性。

其次,**复杂性降解是在工程虚体层面上帮助管理主体认知和分析管理复杂性的一种辅助手段**。因此,凡是管理主体有能力,或者能力有所提高并能够驾驭复杂性时,就可以停止降解了。停止后,如果管理主体发现自己仍然还存在某一方面能力上的不足,那可以继续进行降解,这往往要在逐步降解过程中综合考虑管理主体在后面修复原来固有复杂性的能力有多大。

详细地说,要明白复杂性降解的后果不都是无代价的,因为主体不仅需要把降解后的虚体复杂性还原至工程原来固有的实体复杂性的自然形态,而且要对降解造成的认知损伤进行补偿。所有这些降解的逆向行为本身也是复杂的,有时甚至可能比降解更困难,而且降解得越多,还原起来的困难会越大。

还有一点,就是并非所有的降解复杂性行为都是有效的,都能如愿以偿。正如 5.1.2 所述,有时,一个降解复杂性的善意或初衷,却会引发另外某一类新的复杂性,而对这类新的复杂性缺乏估计与预防,又可能导致新的、更严重的、更复杂的后果。

实践告诉我们,在实际管理活动中更多的是管理主体充分发挥自身适应性自学习能力,通过管理主体群共识的形成来确定用什么降解方法和降解到什么时候停止是恰当的。

当然,即使重大工程管理复杂性降解方法和降解的度均已确定,我们也不得不思考另一个至关重要的问题,即重大工程管理复杂性降解的有效性问题。我们在前面也提到了停时准则,即复杂性降解到什么时候是有效的,毕竟它对重大工程管理有着重要的实际意义。若复杂性降解不当,要么过度降解,使原来固有的复杂性变成了简单性或一般系统性;要么就是降解不够,使得管理主体仍然难以驾驭复杂性。这一问题本身不仅是重大工程管理理论中基本原理的关键问题,也成为管理理论体系中重要的基本科学问题之一。

最后,从以上各点并综合本书2.3.4关于重大工程管理问题分类的概念(图2.2与2.3)出发,我们对重大工程管理复杂性降解的"度"再做一个原则上的论述。

根据重大工程管理问题分类,如果把A类问题降至B、C类问题,或者根据重大工程管理问题体系,把最高层次问题降至下面两个层次问题,这时,问题复杂性一般是有基本结构的,即使存在动态性与不确定性,也并不以涌现性与深度不确定性为主。对这一类问题一般通过项目管理为主的综合技术是能够解决的。例如,重大工程前期立项论证属于复杂性管理问题,通过工程功能谱的设计与分解,将立项论证分解为数十个相对独立并相对简单的子论证专题,同时考虑到它们之间的关联关系,只要在项目管理和一般系统工程技术范畴内,各专题问题能够解决,工程论证复杂性降解的度就是恰当的。又如,工程标段的划分也是重大工程管理中一类复杂性问题。大的整体标段建设必然复杂,对承包商的综合能力要求也高,这时,将整体标段划分为较小标段就是一种降解复杂性方式,但同时也增加了不同标段之间与不同承包商之间的接口与界面的协调工作。这时,一方面要考虑承包商驾驭较小标段复杂性的能力,另一方面要考虑接口与界面之间复杂性的协调难度,而解决的原则是在均衡以上两方面的前提下,保证承包商在项目管理范畴内能够实施和完成任务。

一般说来,复杂性管理问题相对集中在工程前期和中前期,而在工程建设中后期和后期,总体上管理问题的复杂性会不断降低,因此,在前期较为集中的复杂性降解过程中,拟把复杂性问题降至在项目管理范畴内能够解决,就是复杂性降解有效和恰当的度。

6.2 适应性选择原理

6.2.1 适应性选择的科学内涵

在一般性意义上，选择是重大工程管理活动的基本形态，也是管理主体在管理活动操作层次上最普遍和最基本的行为。典型的选择行为包括规划论证方案的选择、投融资方式的选择、组织模式的选择、承包商和供应商的选择等等。必须看到，主体的所有选择行为都是在现实的深度不确定环境和问题的客观复杂情景中进行的。因此，主体必然要从复杂性降解的工程虚体思维回归到对复杂性的工程实体思维中来，这就要遵守主体现实行为的适应性准则。（见5.2.4）

我们称基于适应性准则的主体选择行为为适应性选择。它是主体在管理活动操作层面的行为现实。

适应性选择究竟具有什么样的科学内涵呢？

首先，**适应性是主体选择行为的目标**。重大工程环境与问题各种复杂性的存在，要求主体必须改变传统的目标最优化思维，而代以新的目标适应性思维。**对复杂性而言，适应性即最优性**。例如，能够适应深度不确定情景变动的工程决策方案是最优的，能够适应不同管理问题复杂性的柔性组织模式是最有效的，等等。当然，以适应性为目标，很大程度上会嵌入主体的主观价值偏好，容易使选择走偏。应对这一点，第一，要提高主体自身的自适应学习能力，提高主体的认知与分析能力；第二，要坚持选择是一个不断试错、迭代、逼近的过程，不能一蹴而就。

其次，**适应性选择是主体在操作层面上对复杂性降解的"补偿"**。复杂性降解是主体面对管理复杂性最基本的思维原则和先导性目标，但降解只是主体在认知和分析问题过程中的一种虚体化假设。而在真实的重大工程造物活动中，工程固有的复杂性依然存在。所以，主体面对仍然真实存在的复杂性并要确定管理方案和解决问题时，还需要将工程客观复杂性从虚体还原到实体，这需要调整自己的行为。无论是客观还原，还是主观调整，主体的有限理性决定了这必然是一个不断试错、修正的选择过程，因为只有经过多次选择，才能形成逐渐逼近问题真实复杂性的认知序列，并以此序列为基础，构建和重组解决问题的方案序列。因此，可以认为，适应性选择是对复杂性降解所造成的关于复杂性偏差与损伤的一种补偿与复原。

最后，**适应性也是主体选择过程中自身行为准则与行为能力的标志**。为了能够驾驭管理复杂性并解决复杂性管理问题，主体在选择过程中要不断通过自身的适应性学习行为积累经验,提高能力。因此,主体自身的适应性学习是其适应性选择的先决条件和前提,也是主体能力与水平的重要标志。从系统科学原理看,任何重大工程管理方案都是主体设计的一个复杂系统,也同时造就了多种类型和层次的复杂性。这是主体应对重大工程管理问题复杂性的主动性反应(包括提前反应),也是两者相互耦合形成管理活动整体行为的基础。因此,需要主体在适应性自学习基础上通过对不同方案复杂性进行比对和对方案进行选择,以保证方案的可行性和其他品质。这样,凡是对重大工程复杂问题方案进行选择时,主体自然都要采用适应性自学习路线,这就是主体适应性选择过程中自学习行为的基本内涵。

这样,适应性选择就成为重大工程管理活动中主体最重要的一类实际操作方式,也成为重大工程管理活动中主体行为的基本原理之一。特别是,如果把它与复杂性降解原理联系在一起,不难看出,**这两个原理都是以主体行为为核心,共同形成了重大工程管理活动新的综合行为准则。其中,降解在思维层面上通过工程实体的虚体化帮助主体认识和分析工程管理复杂性,而基于适应性原则的选择又在操作层面帮助主体从虚体化思维回归到实体化实践。**这样,主体既利用了降解思维提供的认知启发,又在操作层面避免了虚体化可能导致的认知偏差。**这在一定意义上是系统科学通过还原论与整体论结合,综合形成系统论,也是重大工程管理主体在管理活动中基于复杂整体论的行为体现。**

适应性选择在管理学其他领域,如资源计划管理中多有应用,主要是主体通过适应性自学习过程来获得新的知识,不断改进管理政策。但是,与这一类注重政策设计与优化的适应性选择不同,重大工程管理必须尊重工程建设的不可逆规律,讲究一次性造物成功,而无法像资源计划管理那样允许摸着石头过河以及推倒重来的反复过程。因此,重大工程中的适应性选择原理强调在关键管理阶段,如提出重要管理方案时,必须在充分的适应性自学习基础上,反复思考、分析、模拟、实验,最终一次性地形成完整方案而不能再有重大变更。这必然会使主体在自学习基础上的选择行为难度大大增加。

在重大工程管理实践中,适应性选择可分为被动式适应性选择和主动式适应性选择。

被动式适应性选择如图 6.2 所示,是指从一个备选方案出发,通过分析、模拟、修正等主体适应性自学习,最终将备选方案变为满意方案。在工程实践中,这种被动式适应性选择通常出现在已经基本确定某个备选方案,但需要对它进行局部修正时。

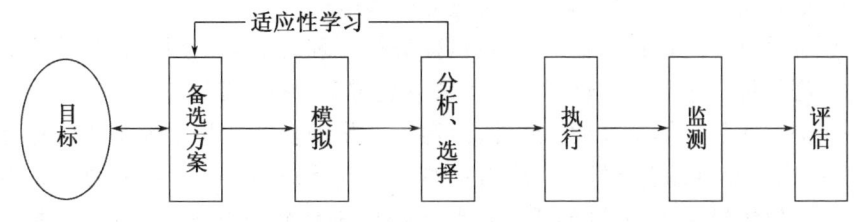

图 6.2　被动式适应性选择图

主动式适应性选择如图 6.3 所示，是指从多个备选方案出发，通过比对、筛选、修正等主体适应性自学习，最终确定一个备选方案为满意方案的行为。在工程管理实践中，主动适应性选择应用非常广泛，通常多在同时出现几个差异性较大的备选方案，并需要进行同等深度比对时运用。

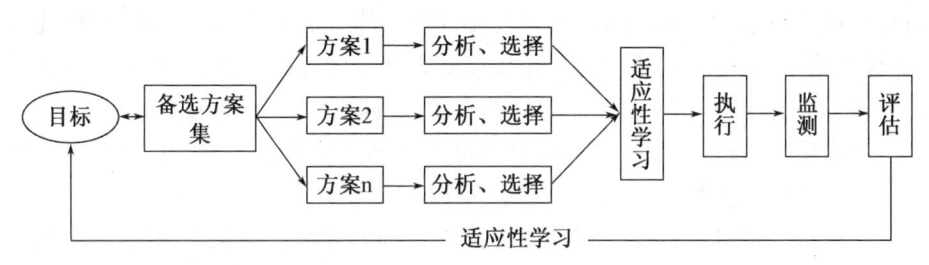

图 6.3　主动式适应性选择图

6.2.2　适应性选择的管理策略

明确了适应性选择的基本内涵后，重要的问题是如何设计适应性路径来确立其选择行为策略。一般地，**适应性是对主体群（管理组织）之管理目标选择、管理方案形成、管理组织机制设计以及方案质量评估等重要行为构成的自适应属性的度量**，因此，如果期望有较高的适应性，就必须在这几类行为方面进行优化设计与安排。具体包括以下三个方面。

1. **管理目标的适应性选择**

实践中，主体的任何适应性选择，都是为了更好地实现管理目标，而这又取决于重大工程目标谱结构和主体偏好。由于重大工程管理目标具有强烈的主体利益偏好和价值偏好，因此，即使对同一个工程，不同的主体也会提出不同的目标和目标之间不同的权重。这样，主体在管理活动中提出的管理目标，哪怕经过了认真、慎重的选择，也是主体基于有限理性和某一个阶段的选择结果，或者是不同主体各自独立提出的目标集合。因此，为了不因为目标集合存在的缺陷（如目标不完整、层次与关联模糊、冲突性目标没有预处理等）而影响对工程总体管理目标的评价,需要对目标集合进行适应性选择。

要在目标广泛设计的基础上,对目标进行合理的筛选、合并,提取更具本质性的核心目标。选择和构建多目标体系不是对多目标一般意义下的叠加,而要进一步揭示多目标体系复杂关联性,以对工程物理复杂性与系统复杂性有更深刻的理解,并对目标进行综合。综合的难点主要是对冲突性目标的协调。为了做好目标整体意义上的选择,重要的是要科学地构建目标体系,即要准确处理好:① 目标的多元化;② 目标的层次性;③ 目标的关联性;④ 目标的非可加性(非可加性是指部分目标虽然有同一属性,但并不具简单可加性,如风险,不能认为若干个小风险之"和",就是工程大风险;另外,不同属性的目标之间往往也不具可加性,如我们无法将工程质量管理目标与安全管理目标相加);⑤ 目标的动态性;⑥ 目标的均衡性(目标体系结构应该是稳定的、协调的,过分强调某一些目标可能会损害另一些目标,造成工程目标整体上的缺陷);⑦ 目标的优先权(目标体系中,位于不同层次的目标其重要程度不同,同一层次的目标在不同时段其重要性也不同,可根据各个目标的重要程度赋予其不同的优先级)。

在宏观上,目标的适应性选择要遵循下面两个原则:① 局部目标服从整体目标;② 目标在技术上和管理上是可实现的。

在微观上,目标的适应性选择要做好以下几件事:① 相关性分析,根据目标的性质及相互关系,进行目标正相关、负相关、可加性、层次性、关联性分析等。② 冲突分析,目标之间是否存在冲突。考虑冲突目标能否协调、怎样协调等。③ 时间分析,不同时间尺度的目标分类及重要性分析。④ 资源分析,分析实现目标的资源消耗与成本等。⑤ 收益分析,分析实现目标的收益。⑥ 风险分析,分析目标与工程管理风险的关系,关注容易出现变异的目标,减少变异,降低风险。

目标适应性选择需要主体通过自学习,掌握更多的信息与知识,提高分析目标复杂性的能力。

例如,在制定重大工程进度控制方案时,需要主体统筹工时与工效、好与快的目标冲突,为此,主体要不断学习并丰富和掌握以下信息:① 同类工程建设的一般规律;② 国内外已建同类工程实际进度情况与进度控制经验;③ 综合分析待建工程的自控条件;④ 系统分析拟采用技术的风险;⑤ 综合平衡待建工程主要直接目标;⑥ 全面考虑并评价工程相干者对工程的期望;⑦ 把工期作为重要资源来配置。

由此不难看出,虽然工程进度控制的直接表征只是时间,但主体在设计时间控制方案时,不仅要全面统筹工程风险、质量、投资、安全等其他控制任务,而且要在更高层次上统筹工程主体群的价值偏好,充分保证工程进度控制目标的综合性。

由此可知,由于重大工程管理复杂性,主体在设计管理方案目标时,必须充分考虑到:

(1) 管理环境变动,将导致管理目标发生变化;

(2) 管理主体自身价值偏好的变动,将导致管理目标发生变化;

(3) 方案制定过程中,主体的认识和能力的变化,将导致管理目标发生变化。

可见,重大工程管理目标会因为多方面原因而变化,这时,主体必须对目标进行适应性调整,避免造成管理方案的失效或失误。

2. 管理组织的适应性机制

根据上面的分析,重大工程管理组织作为管理平台,其自身要有适应性机制。这样,平台才能提供主体群开展适应性选择的基本条件与环境。

"机制"一词,本义为机器的构造和工作原理。如果把机器理解为一个系统,则其构造与工作原理可视为系统的结构及流程。所以,机制可以视为一个系统或组织的要素组成、相互关联及工作流程等。

那么,重大工程管理组织平台如何形成基本的适应性机制呢?

第一,组织平台根据问题(任务)、主体、资源和环境四个主要要素设计适应性机制。

(1) 问题(任务)。重大工程管理问题种类多、涉及领域与层次多,其中不乏重要的大问题、难问题,主体的一切适应性选择行为都必须以问题(任务)为导向,问题的性质、特征就是主体在工程思维下的适应性方向,更是适应性目标。

(2) 主体。不同的管理问题(任务)对主体的能力有不同的要求。例如,难问题需要主体有更丰富的经验和知识;大问题意味着需要主体必须具有与该问题相匹配的事权,即主体要有按照相关法律、法规对该问题进行决策、提出解决方案的权力,这往往比主体具有的知识与经验更重要,因为它直接关系到重大工程管理方案的合法性与权威性。另外,问题(任务)的复杂性特征又要求主体群具有形成共识的适应性自学习能力。所有这些,要求重大工程管理组织要由与问题(任务)相适应的主体组成,特别不能出现主体事权的缺失与僭越。

(3) 资源。这里所谓的平台资源主要是指序主体通过选择主体、设计平台结构,提供主体涌现适应性选择能力的条件等。这里强调的是,平台必须形成由个别主体分散能力向主体群整体能力演化的运作机制,这是管理组织最重要的功能性资源。

(4) 环境。这是指管理组织内部的运作环境与协调机制。例如,根据问题(任务)特征选择主体之间的关联与协作方式。

① 合同契约方式：以法律规定形式明确各主体权责，从而使主体行为稳定在法规的制约下，并成为相互约束和自己必须遵守的行为规则。

② 关系契约方式：关系契约是在一般契约的基础上，更加关注主体之间的文化联系与行为习惯，并在合同契约之外，通过关系的作用来维持主体之间的关联、化解彼此的冲突。关系契约主要表现为面临一些特别情况时，有关各方拟采取灵活的彼此均能理解和接受的处置方式，其宗旨是各方都有共同关注长期合作和利益的基础，期望建立相互高度信任的战略合作联盟。关系契约具体表现形式有伙伴模式、动态联盟、战略合作联盟等。重大工程管理组织内部往往既有正式的合同契约方式，也有非正式的关系契约，彼此互相补充，效果很好。

③ 组织契约方式：这种方式是一种面向具体问题（任务）的团队合作方式，它不再以衡量各方利益为主线，而是强调任务的完成，主要用于管理过程中多主体跨职能的合作。这时，一般要进行机制、协议、文化和技术等方面的接口设计，如工作协商例会制度、树立共同的理念和使命感、构建共享的信息平台等。

综上所述，管理组织内部的适应性环境与协调机制，在宏观上表现为合同契约，在中观上表现为关系契约，在微观上表现为组织契约。

第二，管理组织平台根据上述四个要素的动态变化设计适应性机制。

在重大工程管理实际活动中，上述四个要素会出现各种变化，由此，组织平台应相应产生各种变更并体现平台的适应性功能。其中，问题（任务）的变化是根本的和主导的，起着导向性作用，组织平台的所有变更应该说都是由问题（任务）变化引起的。例如：

(1) 平台主体的变更。问题（任务）的变化必然对主体的事权、知识和能力提出新的要求。因此，平台一定要有相应的变换主体等适应性机制，一般地，变更一般主体情况较多，变更序主体情况较少。

(2) 平台结构的变更。问题（任务）的变化，可能会引起平台主体之间的相互关联及作用发生变化。这时，会直接要求对平台结构进行变更或者重组，以涌现出新的必要的能力和功能，这通常表现为工程管理模式的变更。

(3) 平台机制的变更。主要指平台内部工作流程等的变更，如在工程前期阶段，业主与研究单位可能是直接的委托—代理关系，而后来则变更为通过设计、施工单位间接的委托关系。又如，起初业主可能是通过承包商与分包商建立业务联系，但后来则变更为直接的专业分包合同关系等。

上述组织管理平台表现出的多方面柔性品质充分体现了它在应对复杂性管理问题（任务）时，通过适应性机制构建驾驭管理复杂性的能力的基本原理。这是重大工程管理组织的优良品质，也是主体群适应性自学习行为的积极结果。

3. 管理方案适应性评估

在 5.2.4 中,我们提出了第二种适应性类型,即管理方案的适应性。这虽然不属于主体行为的适应性,但方案作为主体适应性选择行为的最终结果,它的质量必然会成为对主体适应性选择行为质量的直接考核。

什么是管理方案质量,方案质量是不是就是工程质量,应该如何根据重大工程复杂性特征确立对管理方案质量评估方法,等等,这一系列相互关联并前后有序的问题都是重大工程管理理论中的新的科学问题,需要我们在理论思维原则下,通过基本概念与原理的论证,明确相关结论。

从我们现在初步构建的理论看,考察重大工程管理方案质量的核心与关键是管理方案能否在工程长生命期内持续发挥其功能(效用),并能在环境情景可能的深度变动中保持其稳健性。

这一理论观点充分揭示了在重大工程管理的复杂性特征下,管理方案的质量内涵,同时提出了拟用方案功能与环境情景深度变动整体耦合程度来评估、度量方案质量的技术路线。

需要指出的是,这里的环境情景变动包括了以下两类情景变动:

(1) 重大工程实体形成前,周边区域环境的情景变动。

(2) 重大工程实体形成后,重大工程—环境复合系统涌现出的情景变动。

而这又涉及如何发现和预测重大工程情景变动,如何度量管理方案与环境情景变动之间的耦合程度。有关这一方面的内容,本书将在 7.2 节 "重大工程深度不确定决策" 中给予介绍。

综上所述,**适应性选择是重大工程管理主体在管理活动中的基本行为准则与主体行为能力。在管理实践中,适应性选择要充分体现理论思维与工程思维的相互结合,它的主要内涵是通过对目标的适应性选择和对管理组织平台适应性机制的设计来提高管理方案的适应性。**

6.3 多尺度管理原理

由 5.2.3 知,重大工程管理中的多尺度概念是普遍存在并有实际意义的,其核心思想是在重大工程管理问题中,某一维度的管理要素存在一定次序性的变化趋势,而且这一趋势将导致这一管理要素依维度表现出明显不同的性质和特征,需要我们在重大工程管理的实际活动和理论研究中仔细分辨和区别对待。这样做会提高分析管理要素的精细程度与重大工程管理水平。例如,重大工程决策要同时考虑各类问题,其中工程与自然环境协调问题就是一类多时空尺度问题。在具体的决策过程中,主体不仅要同时考虑那些不同时空尺度的问题,还要把它们统筹在一起进行综合评估,这就要对不同尺度进行处理,是把大尺度缩小,还是把小尺度放大。这意味着,无论在实践层面,还是在理论层面,重大工程管理活动都要关注和加强对多尺度属性的分析与管理。

6.3.1 多尺度管理基本内涵

所谓多尺度管理是指在重大工程管理活动中,充分注意并区别同一维度管理要素多尺度属性引起的特征差异性,并针对这些差异性设计和构建相应的管理原则、流程与方法,使管理活动能够更加精细地体现这一类差异性。

多尺度管理首先基于以下理念:管理要素不同尺度引起的差异性对于重大工程管理活动内容以及管理效果有着重要影响,并且往往正是这些差异性形成了重大工程管理活动某一方面的复杂性,因此不能简单化地对这些差异性不加区别。例如5.2.5指出的,不同时间尺度形成了重大工程构成性、生成性与涌现性等不同功能类型的重大差异,而不同类型之间的差异性又决定了不同的功能形成路径及评价方法,这就在传统的工程多功能概念基础上,形成了能深刻反映重大工程复杂性的功能谱概念。如果我们在重大工程实际管理活动或理论研究中,对这一多尺度现象不加区分,就极易忽视重大工程功能谱的精细结构而导致我们违背重大工程管理从系统性到复杂性的思维原则。

那么,对重大工程多尺度应该如何管理呢?从多尺度自身内涵的逻辑出发,主要可以从下几个方面考虑。

6.3.2 多尺度管理:多尺度划分与特征提取

1. 要不要进行尺度上的区分

虽然多尺度在一定意义上是一种普遍现象,但是并不是在任何时候和对任何问题都要对该管理要素进行多尺度划分,是否划分主要拟根据下述两点来做决定:

(1) 要依据该管理要素不同尺度对分析与解决管理问题是否有重要影响,如果该要素在不同尺度上的特征对管理问题有显著影响,这时一般应对该要素的维度进行尺度分割,并赋予相应的不同特征加以描述与区分;反之,如不同尺度上的要素影响甚微,则没有必要进行分割了。

(2) 要以分析与解决管理问题的精细度要求为导向。一般地,分析复杂性管理问题需要精细地分析管理要素对问题的影响,这就要重视多尺度的作用。但是,如果对问题的分析不需要那么精细,那就没有必要对此管理要素进行尺度划分了。

2. 如何对要素进行尺度划分

如果需要对某一管理要素进行尺度划分，那么如何划分尺度呢？在同一维度上划分多尺度，好比在直线上划分数个不同的区间。但是，多尺度的划分要比区间划分复杂得多，尺度一般不具有区间长度等直观度量特征，而多数情况下仅表现为定性的或直观的品质与形状体验。如对时间维度，可用近期、中期与远期作为尺度；对空间维度，可用小范围、中范围与大范围作为尺度；对不确定性，可用浅度、中等与深度作为尺度；对供应商所在地，可用集中式与分布式作为尺度；对于抽象后的问题，可用结构化、半结构化与非结构化作为尺度；等等。由此可见，尺度的背后一般都有着某种具体的物理、工程或管理内涵，尺度的划分往往是模糊的，不可能都像区间划分那样有着明显的数量或几何特征。一般把尺度划分理解为主体在直观上可区分要素特征的边界分割。

3. 如何提取各个尺度上管理要素的特征

这一问题其实在多尺度划分设计时就已基本上搞清楚了。起初，我们正是已经发现了管理要素在同一维度的不同尺度上表现出重要的不同特征，并且认识到不同尺度中的特征对管理问题有着不可忽视的作用与影响，才提出多尺度概念。由此可见，管理要素在不同尺度上的特征对管理问题的影响往往会成为一种引导人们进行多尺度划分的导向。这说明划分多尺度是一种有着高度目的性和实践性的管理行为，其重要依据是在提取管理要素不同尺度特征前提下，开展管理问题与要素不同特征之间的关联分析，特征的同一类关联基本上应该属于同一尺度。例如，在单尺度意义下，人们往往只注重重大工程的直接性物理功能，即构成性功能；在近、中期尺度意义下，人们一般会区分构成性功能与生成性功能；如果再增加远期尺度，根据重大工程—环境复合系统行为特征，又会考虑到涌现性功能，由此完整地揭示了重大工程功能谱独特的尺度性表征。

4. 如何充分利用多尺度特征的作用

提炼管理要素不同尺度下的特征，其实际意义是充分揭示不同特征对管理问题的影响，并由此精细化分析和解决复杂性问题。这是多尺度管理最基本的作用和意义。

具体地说，这里需要完成的工作是在准确地提取各个尺度下要素特征的基础上，如何对尺度特征进行表述或提取，如何清楚分析和建立各类特征与管理问题之间的关联作用与相互影响。如果没有做到和做好这些工作，多尺度管理就难以体现其实际意义。

为此，既要根据理论思维提取不同尺度上的属性特征及其特征所包含的工程管理内涵，又要从工程思维出发，考虑不同特征与管理要素的关联关系，明确特征对管理现场的实际影响。

例如,基于时间维度的多尺度是一类普遍现象,但不能简单地一概把时间维度划分为近期、中期与远期,以为这样就体现和完成了多尺度管理。因为这一划分的真实意义是要根据管理要素的科学内涵寻找在不同尺度上的特征表征。如重大工程功能这一管理要素在不同时间尺度上的表征为功能的不同形成路径,而且形成路径之间有着重要的差别,接着,将功能的不同形成路径这一特征嵌入重大工程功能设计管理中,再根据不同的形成路径,就可以开展某一重大工程实际的功能谱设计活动。其中,构成性功能与生成性功能一般采用传统的工程规划设计与工程社会经济综合分析方法,但仅仅采用这些传统方法往往无法预测和发现涌现性功能。这时,需要通过新的方法预测和发现重大工程环境大时间尺度情景演化现象,并在此基础上,形成重大工程大时间尺度的涌现性功能。

需要指出,即使同样的维度,例如将时间维度划分为近期、中期与远期三类尺度,究竟提取什么样的特征,也要看是在研究什么问题、问题和要素属性有着怎样的关联、关联是否能够区分出属性更细致的特征等等,绝无固定答案。

例如,同样的时间维度,对于重大工程管理环境而言,不同时间尺度的影响主要体现在环境不确定性的严重程度上。所以,有必要依据时间的近期、中期与远期,将不确定性划分为浅度、中度和深度三个不同级别,这和基于不同时间尺度的功能谱概念就完全不同了。至于不同维度上的管理要素,在多尺度意义上提取的属性表征与描述方式,以及它们对管理问题的影响,所有这些问题呈现出的不同的管理内涵,都需要我们结合具体的工程管理问题一个个地分析和明确。

6.3.3 多尺度管理:多尺度向维度的整合

对一个维度上的管理要素进行多尺度划分,在某种意义上可以看作主体在理论思维层面上的一种复杂性降解手段,而重大工程管理实践活动又要求我们不仅要有面对虚体工程的尺度划分,更要有面对实体工程的尺度向维度的整合。这需要我们把管理要素由多尺度综合至原来维度,并在原来维度上整体性地研究管理问题。这是多尺度管理在实际操作中的重要步骤,如果没有这一步,我们即使通过多尺度概念精细化了同一维度管理要素属性的复杂性,这里的复杂性也只是被分解了的复杂性。因此,必须在此基础上,将其向管理要素所在维度进行整合,得到在维度整体意义上的复杂性。

因此,总结起来,多尺度管理主要由以下两个阶段组成。第一阶段为基于还原论思维对维度进行尺度划分,并通过提取不同尺度下属性特征,分析问题与管理要素属性的关联以及对管理问题的影响;第二阶段为基于整体论思维对多尺度分析进行维度层次上的整合,形成在维度整体意义上对管理问题的认知。这样两个既包括还原论尺度划分,又包括整体论维度整合的阶段集成在一起,就形

成了系统论意义上的多尺度管理。

关于多尺度管理的具体技术与方法,在多尺度划分阶段,某个尺度所对应的工程管理活动内容与环境背景相对集中和简单,该尺度下的问题特征、要素属性、彼此影响与作用等也相对清楚。这意味着,这时更有利于人们集中于管理要素中的某一部分复杂性。从工程管理相关技术与方法的规定性与适用性看,这时一般多采用系统分析技术和方法。

至于在维度整合阶段,主要是整体论思维原则的体现。因此,一般拟采用管理目标(功能)的统筹方法和各类综合评价技术。

综合评价技术的基本原则为建立一个包括主体价值取向及各尺度属性、作用与影响在内的综合的效用函数(指标),作为管理要素在维度整体意义上的表征,并结合具体方法,得出主体基于客观属性与主观价值相结合的认知。

常用的典型综合评价方法有:

(1) 对非结构化突出的问题,如重大工程宏观、战略性管理问题,因为难以定量描述,也难以建立结构化模型,所以常采用专家定性综合评价为主的方法。

(2) 运用因子分析、主成分分析及聚类分析等方法进行多尺度特征与影响的综合评价。

(3) 运用系统分析中的评分法、关联矩阵法及层次分析法进行综合评价。

(4) 运用模糊识别、模糊综合评价等方法进行综合评价。

(5) 通过计算机仿真进行过程分析与综合评价。

(6) 通过人机对话,将多尺度特征的客观性与主观性相结合,形成交互式多目标综合评价方法。

(7) 将两种或多种综合评价方法集成与改进,获得更为综合的评价方法,如将模糊评价方法与聚类评价方法集成为模糊聚类方法,与人工智能方法集成为模糊人工神经网络方法等。

(8) 进一步地,基于方法集组合的综合评价方法与基于计算机的评价支持系统等。

以上各类方法主要是多年来在各个领域内形成并取得成功应用的综合评价方法,其基本思想对我们解决和处理多尺度综合有不少启发和可用之处。不过系统综合及其评价从来都是复杂困难的,不能认为只要把在许多其他领域成功应用的综合评价方法直接套用到重大工程多尺度管理中就实现了多尺度综合,这其中除了如何选择和借用一些适当、成熟的综合评价方法外,更重要的是需要我们在工程管理实际活动中坚持理论思维、工程思维与其他思维的综合。

综上所述,**多尺度管理是在重大管理活动中对管理要素进行多维度分析的基础上,对同一维度管理要素属性进行多尺度划分,分析不同尺度下属性特征对**

管理问题的影响,进一步以多尺度分析为基础向整体性维度进行整合,此即多尺度管理的基本原理。

6.4 迭代式生成原理

前面指出,基于适应性准则的选择是重大工程管理活动中主体最普遍和最基本的行为。但是,在理论上还应该了解主体选择行为在实际操作层面上的一般规律,如需要进一步搞清楚主体选择行为的主要目的导向、选择行为的基本程序以及选择过程中技术路线等等。这实际上是管理主体在重大工程管理活动中的一类基本行为准则。只有进一步搞清楚这些问题,才能对重大工程管理活动中主体行为的一般规律有更透彻的了解。

6.4.1 选择过程中的主体行为迭代性

从工程思维的角度看,主体全部选择行为,或者选择的全部目的,都是提出和确定好的解决管理问题的方案,这是主体选择行为的根本目的。

对一个相对简单的工程管理问题,因为其管理目标清晰、问题结构化程度高,一般可以采用明确目标、严格分析、建立模型的方式,通过优化技术,从若干可行方案中选择解决问题的最优方案。我们称这一类方案生成方式为最优式生成原理。

但是,对于重大工程管理中的复杂性问题,这样的最优式生成方式会因问题的复杂性而遇到极大的障碍,这主要是因为:① 复杂性问题的管理目标具有多层次、多维度和多尺度特点;② 复杂性问题难以完全用结构化模型表述;③ 即使勉强构建结构化模型,也会因为模型非常复杂而难以对模型求解。

这样,在重大工程管理活动中,虽说主体选择行为仍然以提出和确定解决管理问题的方案为主,但由于主客观原因,主体很难通过优化式生成原理生成方案。

这时,主体只能根据适应性准则以自适应行为来应对问题的复杂性,如主体要通过自学习途径提升自己的知识与能力。就问题而言,主体还要对问题复杂性进行降解,对管理目标进行凝炼与综合,对问题属性进行多尺度划分,等等。那么,主体所有这一切在实际中是怎样操作与实现的呢?下面我们就来分析这一操作与现实的实际过程。

1. 主体第一层次迭代

对于管理主体中的个体,为了提高自身的选择能力,必须开展自学习活动。对人来讲,学习是一个复杂的过程,特别是为了提高重大工程管理复杂性认知和驾驭能力的学习,更是一种基于创造性思维的学习,属于一种智慧行为。它既包括理解、领会及知识的积累,又包括突变、飞跃与顿悟过程。正如认知学习理论的格式塔学派认为的,最终要在主体的认知上形成一个有组织的整体,即完形,而不是仅仅形成刺激与反应的联结。无论怎样,主体的自学习必须逐渐把握待解决问题的本质,并把学习成果迁移到问题的情景中去。这显然是主体认知思维的一个自我迭代过程。在这样一个不断迭代的过程中,主体自身的信息与知识不断丰富起来,对问题及如何解决问题的认知不断全面、完善和深刻起来。这一迭代过程的长短与效果因人水平而异、因问题难易而异、因过程轨迹不同而异。但不论是谁,都不能一蹴而就,这是由人的学习与认知规律所决定的。

这一类发生在主体个体身上的迭代行为,**我们称为第一层次的迭代行为**。它是重大工程管理方案选择过程中最基础的一类迭代行为。

2. **主体第二层次迭代**

由于重大工程管理问题涉及政治、社会、经济、技术、文化等多个领域,而单个或少量主体不可能拥有管理活动所需的全部知识与全部资源,因此,选择并确定重大工程管理方案,不仅要求各管理主体个体对问题的认知、分析和综合能力均达到一个较高的层次,还必须由一个多领域个体组成的主体群来协同解决问题。在实际中,解决不同的问题需要不同的事权与不同的专门知识,这就决定了重大工程管理主体群的组成一般不能是固定不变的,而要根据问题性质的不同,在序主体的主导下,对主体进行不断选择和对主体群的结构进行适当变换,以形成一个新的主体平台。从选择过程的视角看,这既是管理主体群又是管理平台在重组或重构意义下的不断迭代。正是通过这种迭代,管理平台适应性地产生了与所需解决问题相匹配的事权和能力。这是在重大工程管理方案选择过程中发生在主体群中的迭代行为,**我们称为第二层次的迭代行为**,它是重大工程管理主体行为选择过程中的管理平台层次或管理组织意义上的迭代行为。

管理平台的迭代不是目的,它只是为了高质量完成管理方案选择的组织保证。进一步地,需要主体群在这一平台的动态迭代基础上,采用一种有效方式完成管理方案的选择。

3. **主体第三层次迭代**

一般地,对于某个管理问题,根据平台工作机制,一开始主体群会形成一个或多个初始方案,通过对这些方案进行多方面的分析与评估,并根据分析与评估结论,主体群或者对原始方案进行修正与完善,这实际上是方案在纵向过程意义上的迭代;或者对原来多个方案进行比对、剔除与重组,这实际上是方案在横向过程意义上的一次迭代。在实际管理活动中,无论纵向或者横向迭代都需要多次才能最终完成,这主要是因为:

(1) 对重大工程管理方案的比对,实际上是一个对管理方案系统功能的动态综合评价。这不仅要从对方案功能的单项评价转变为对方案功能的多项评价,还要基于方案功能谱意义开展综合评价。特别是在评价过程中,随着主体认知的深化与价值观的变化,方案的迭代必然会出现多次修正甚至反复。

(2) 在方案比对过程中,相关的数据与信息、专家的知识与经验都十分重要。但是,在实际中,相关数据和信息只有在多次比对中才能不断丰富和完备起来,专家的知识和经验也才能被不断释放出来。

(3) 总体上说,对方案的比对是要求在方案选择过程中形成主体群的共识。主体群共识之"共",标志着主体群中各个体对问题复杂性认知的逐渐集中与趋同,这一过程首先取决于问题自身的复杂性程度,复杂性越高,趋同越困难,比对迭代次数可能越多。其次,还取决于主体自学习形成的价值观的演变。例如,主体的环保意识加强了,就可能会否定原先认同的环保质量较低的方案而提出环保质量更高的方案。这表明,原先的共识可能逆向变成了非共识,这样曲折与反复的迭代方式在重大工程管理实践中是经常发生的。

由此可见,重大工程管理方案的选择过程在现实操作层面上,主要由对方案的纵向或横向迭代所构成。在这一过程中,无论是主体的综合评价、认知提升,还是主体群对方案共识的形成,都体现为一种"**不断比对、逐步逼近、最终确定**"的普遍模式。这是在重大工程管理方案选择过程中,发生在主体群共识形成上的迭代行为,**我们称为第三层次的迭代行为**,它也是重大工程管理方案选择过程中最高层次的迭代行为。

综上所述,重大工程管理方案的选择行为在操作层面上,表现为一种由"**主体个体自学习迭代——主体群平台迭代——主体群共识形成迭代**"组成的三个层次、相互反馈的综合迭代模式。具体程序是主体不断对某一阶段性的方案进行纵向或横向比对、调整和修正,甚至推翻原方案重新设计新方案这样一个不断迭代的过程,最终以逐次迭代方案序列逼近最终方案。

从理论思维看,如果重大工程某个管理问题存在一个最优方案,那主体在现实的方案选择过程中,是通过一个不断比对与修正的迭代过程向这一最优方案逼近,**我们称此为重大工程管理方案的迭代式生成原理**,并常以比对、迭代、逼近概括其整体操作程序与过程。

不难看出,从提出方案的技术路线看,前述优化式生成原理是把问题复杂性一次性地整体纳入方案的选择行为中,在实践中要能够这样做,一则问题不能太复杂,二则主体能力要非常强。但在重大工程管理活动中,这两点往往都做不到。而迭代式生成原理则是把问题的整体复杂性分解到方案生成过程中的各个阶段,不仅使主体在每个阶段遇到的复杂性只是整体复杂性的一部分,而且采用了多次适应性迭代形成的方案序列逼近问题最终方案。**这种实际操作行为既体现了主体的复杂性降解准则，又体现了适应性选择准则。**

其实，这种迭代式生成原理，即通过比对、迭代、逼近某一复杂问题最优方案的原理，在其他学科领域也多有运用。例如在数学中，求一个圆的周长是一个复杂性问题，在人们尚没有发明微积分之前，即人们的认知水平还相对较低的时候，可先分别计算该圆的内接正三角形、正四边形、正六边形、正八边形等的周长，通过正多边形边数的不断增加，形成一个该圆的内接正多边形周长迭代序列，并以此来逼近该圆周长。当然，这样的用圆内接正多边形周长逼近圆周长的方法，对任何有限次迭代来说均有误差，但可以用增加该迭代次数来减小误差。在实际计算过程中，究竟要迭代多少次，要看我们提出的精度要求，这一点和复杂性降解过程何时停止相类似。

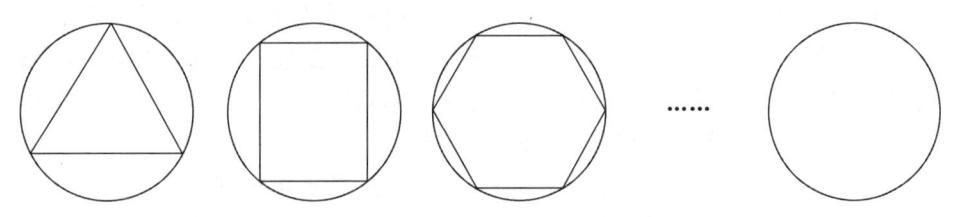

图 6.4　圆周长求解的迭代示意图

6.4.2 选择过程中技术路线的迭代性

如上所述，重大工程管理方案的迭代式生成原理在操作层面上，集中表现为主体的比对行为，而比对所采用的基本技术主要是综合评价，其关键技术路线包括评价目标的综合与定性定量相结合的综合评价技术。虽然在一般意义上，这两方面的关键核心技术在管理实际中运用很广泛，其中的一些典型方法我们在 6.3.3 中也作了简介，但在实际操作过程中，它们自身也都体现出鲜明的迭代性特征，强调这一点，对我们恰当使用它们有着指导意义。具体说明如下：

1. 综合目标比对的迭代性

无论是对管理方案的纵向还是横向迭代，应在同样环境下对方案进行同等深度与统一价值观的比对，这就需要主体提出综合评估技术中的综合目标。

例如，中国某一重大桥梁工程在招标方案比对中，初步遴选出 35 个指标。为使评价指标更具代表性和全面性，管理主体对这 35 个初选指标进一步凝炼，并通过集值迭代法进行指标重要性排序和聚类分析，最后凝炼成 15 个评价指标，既具有较广泛的代表性，又突出了评价目标中的主要因素。

由此不难看出，综合评价过程中对目标的处理，需要主体对每一个阶段的目标进行筛选或合并,对目标之间的关联性进行定性或定量的判定。而到下一个阶段,主体要在上一阶段评价的基础上,进行类似的迭代。这是主体采用的目标综合技术路线所反映出来的迭代式内涵。

2. 定性与定量综合集成的迭代性

因重大工程管理方案的复杂性,主体往往一开始要形成方案的整体思路、设想与概念,这一阶段主体主要是在已有科学理论、经验知识的基础上,综合主体群的智慧,形成以语言和文字描述为主的直观判断。这就是所谓的方案生成中的定性方法,如主体对方案目标、功能的总体分析与设计,对问题与环境的关联性分析及形成方案的技术路线设计,方案综合评价指标与评价准则的制定等。观察、叙述、案例与档案分析、实地调查等都是常见的定性方法,定性方法的研究结果多为经验性假设、规划、方案初步设想、技术路线表述等。

但是,要提出一个重大工程管理方案,还需要对方案要素之间的关联进行精密的量化表征。因为,一般的语言或文字描述对工程造物活动而言显得过于粗糙,我们需要运用逻辑推理、模型、数据分析与仿真实验等方法对问题及方案中的部分关联进行精密计算和严格论证,这就是方案生成中的定量方法。定量方法一般要以定性方法及所得结论为基础,运用严谨的逻辑推理与数学演绎进行精密求解与论证。如不同方案性能的精细比对、方案中的参数确定等都广泛运用定量方法。数据采集与分析、数学建模与模型求解、计算机模拟与仿真等都是典型的定量方法。

对于重大工程管理方案,其中结构性部分的设计多采用定量方法,非结构性部分的描述多采用定性方法,而问题的整体性方案选择既要运用定性方法,又要运用定量方法,更要运用定性与定量相结合的方法。

那么,在重大工程方案选择中,如何处理定性方法与定量方法之间的关系呢?

首先,人们在一开始认识、分析问题复杂性时,只能以描述的方式说明其外在的表现特征,用语言文字表述思辨性内容,用经验判断与感觉的灵活性建立概念框架。这既符合人们擅长自下而上、从个别到一般的认知特点,同时也符合复杂性问题中非结构部分难以精确量化描述的特征。在这一阶段中,人们的归纳、理解、知识、经验发挥了基本的作用,并为进一步采用标准程序和精确手段进行问题的严密和精细分析奠定了基础。定性阶段主要依靠主体对问题和方案认知的不断深化,因此,自然表现出不断深化的迭代特点。

其次,许多重大工程方案及关键技术,对工程有着直接而重大的影响。对这类问题,我们不能只停留在定性的描述上,而需要清晰、精确地分析和描述,才能避免出现差错,保证整个工程管理方案的质量。定量论证,特别是采取多种定量方法,对于完善定性认识和保证工程重大方案的科学性具有重要作用。特别是重大工程中的复杂性问题,由于其整体性强、与外部深度不确定环境联系密切,主体需要在初始阶段认识和理解的基础上,经历一个逐步深化认识的过程,例如采用数据采集与分析、跟踪监测与仿真、预测方法的选择与改进等多种定量方法,还要对自身的定量结果进行修正,这些也都是在不断迭代中完成的。

最后,对于重大工程复杂性问题需要定性定量相结合。工程复杂性问题一般具有跨学科、跨领域、多层次的特点,因而对所研究问题的经验性假设,通常不仅仅是某一领域、某一学科的专家就能完成的,而需要多个不同领域、不同学科的专家构成专家群体,并在一定的机制下形成群体经验、知识、智慧的集成,形成群体共识,这就是定性的综合集成。不仅如此,在运用定量方法时也需要根据总体目标,采用多种模型、多种计算工具、多种量化手段的集成,这就是定量的综合集成。

定性综合集成与定量综合集成在工具与方法上主要是运用信息化、网络化实现专家的知识、智慧、经验的集成,通过建立模型库(概念模型、结构模型、数学模型)、数据库、方法库、规则库等实现定量的综合集成,同时建立以知识库、信息库为核心的决策支持平台,作为定性与定量综合集成过程的知识储备与智力支持。由此可以认为,**重大工程复杂性问题方案的选择不仅需要运用定性与定量相结合的方法,更需要运用从定性到定量的综合集成方法。**

不难看出,在上述过程中,定性阶段与定量阶段内部都会多次迭代才能完成,而且定性迭代与定量迭代会相互影响,引发彼此新的迭代需求,形成定性定量相结合整体中的互动迭代特点。

虽然在重大工程管理方案的选择过程中,我们会运用多种技术与方法,但定性与定量相结合是最主要和普遍运用的技术与方法。无论是在定性综合集成内部、定量综合集成内部,还是从定性到定量的综合集成两者之间的相互转换,都表现为一个不断迭代的过程。正是这样一种多层次迭代方式,在发挥定性与定量方法各自作用的同时,弥补了各自方法的不足,形成了新的更强的选择能力,同时揭示了主体在方案选择过程的操作层面上所表现出的迭代式生成这一基本原理。

6.5 递阶式委托代理原理

重大工程管理主体群在管理活动中不是一个无序的主体集合,而是一个多层次和结构复杂的管理平台。在实际的管理活动中,它表现为一个遵循一定机制与约束的管理组织。一般情况下,一个重大工程管理组织的具体模式和形态将根据工程自身的特点、工程环境、工程主体,特别是序主体的文化价值观及管理习惯呈现出多元化与多样性特点。但是,随着重大工程所有权与决策权、管理权、建设权、经营权逐渐分离,工程主体之间产生了一种递阶式委托代理关系。这一关系使得重大工程组织平台除了具有多层次、多尺度等系统复杂性外,还呈现出多主体协调与权力配置等管理复杂性。因此,从递阶式委托代理基本原理出发,不仅有利于分析重大工程多主体间的复杂关系,而且有利于设计和优化重大工程管理组织模式。

重大工程管理中的递阶式委托代理原理体现了管理主体群内部复杂动力学机制及管理组织行为的形成动因。

6.5.1 重大工程递阶式委托代理关系概述

重大工程是满足社会公共需求的基础设施工程,具有较强的公共品属性。重大工程一般以公共财政投资为主,所以,**从产权上讲,社会公众具有重大工程的全部或者大部分所有权**。但是,由于各种原因,社会公众不可能人人都亲自直接参与重大工程建设事务的决策与管理,只能作为初始委托人,通过政治、法律与民主的形式授权给某一级政府进行重大工程的决策与管理,这就在很大程度上产生了**重大工程所有权与决策管理权的分离**。

一开始,政府作为重大工程主要决策主体,在接受社会公众的委托后,通常会按照相关法律与市场规则,将重大工程的决策与管理职能全部或大部分委托给政府某些职能部门或者社会专业机构,这就进一步产生了**重大工程决策权与管理权的分离**。

上述职能部门或者专业机构在保证对工程管理控制权的基础上,会进一步将工程建设与管理任务细化,并通过招投标等环节,将具体的工程建设任务委托给专业的设计单位、施工单位、供应商单位和监理单位等,这就产生了**重大工程管理权与建设权的分离**。

因此,重大工程管理主体群中的主体都经历了所有权、决策权、管理权、建设权的多次、多层级委托代理过程并被吸纳到工程组织平台中来,成为重大工程管理组织(系统)内的基本主体要素。而公众—政府—政府部门—工程管理者—建设单位这一委托代理链在整体上也就形成了重大工程管理组织的递阶式委托代理关系链,简称为**重大工程递阶式委托代理关系,或者重大工程政府式递阶委托代理关系**。如图 6.5 所示。

由于重大工程管理主体群中各委托主体与代理主体的异质性,因此,要通过一定的机理才能实现稳定的、均衡各方利益的"委托与被委托"和"代理与被代理"关系。在重大工程管理实际活动中,这一关系既要充分体现政府作为主要主

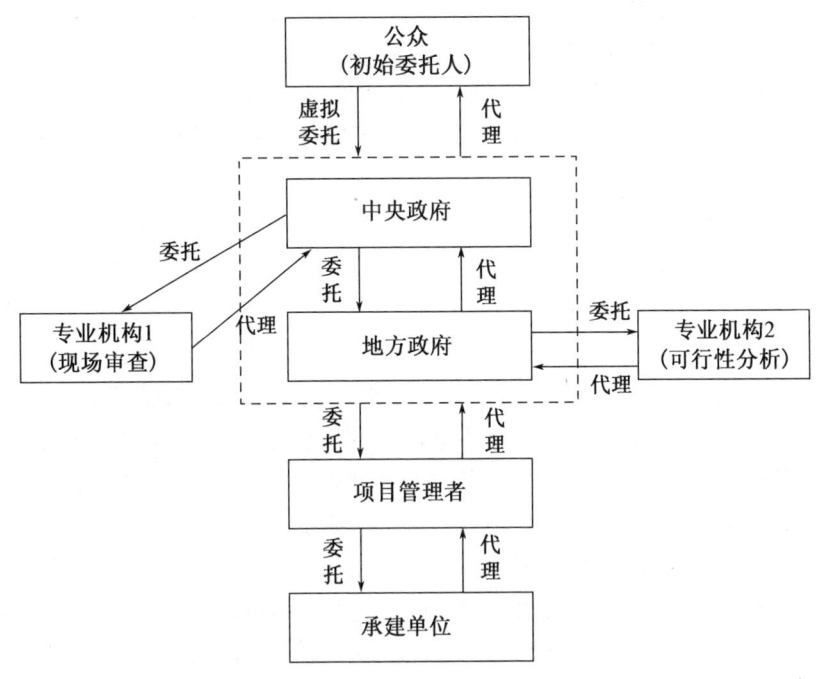

图 6.5 重大工程递阶式委托代理关系图

体的行政作用,又要充分体现市场经济的资源配置作用,并形成多种形式的、对相关方都有约束力的"行政—市场"协同的组织契约关系。**正是这种契约关系保证了重大工程管理组织的稳定结构和整体能力,这种整体性的契约关系体系及其稳定运行动力学机制就是重大工程委托代理原理。**

根据图 6.5,在重大工程递阶式委托代理链中,主要有以下几类委托代理关系。

第一类:公众与政府的委托代理关系。社会公众作为纳税人,向国家缴纳税款,并依据法律委托政府实施基础设施工程建设与管理,实现纳税人的公共利益。这种公众与政府间的委托代理关系是重大工程中最具代表性的一种政府式委托代理关系。它与制度经济学意义上的标准委托代理关系不同,可以认为,这是政治意义或者法律意义上的委托代理关系。在实际中,与某一工程有着密切利益关联的社会公众只占整个社会公众的一小部分,而政府的行政公权力相对来讲总是强大的,因此,就容易出现"弱委托、强代理"的现象,并可能引发多方面的问题。其中最普遍的问题是,如果对政府缺乏监督,那可能会导致政府自身公权力行为的异化。例如,公众作为初始委托人,理应对代理人(政府)行为实施监督和评价,使代理人的行为结果与委托人的利益和目的相一致。但由于公众和政府之间不存在经济意义上的有形契约和合同,不能利用合同条款激励与约束政府,并且重大工程的众多信息又容易被政府"专享",公众监督的成本极高,从而导致政府(其实,在实际中往往就是政府中的某个部门或某些个人)的某些行为有可能背离社会公众委托宗旨而夹带其自身的各种"寻租"行为,造成对初始委托人利益的损害。

第二类:各级政府机构之间的委托代理关系。政府是有上下级层次的,越是规模大、影响大的重大工程往往越会有高层次政府介入。这是因为这类工程涉及的地域更广,所需资金投入更多,对国家和地区经济社会发展推动作用更大,这就需要决策主体(主要是政府)具有更大的事权和更强的资源整合能力,而满足这种要求的必然是较高层级的政府。另外,不论什么样的重大工程,它的实体边界都是有限的,一般只在某一或某些地方政府管辖区域内,因此,在实际工程建设和管理过程中,上级政府在许多时候必然要委托工程所在地的下级政府来处理和完成工程建设与管理相关问题,这就形成了上下级政府(包括上下级政府某一职能部门)之间的委托代理关系。特别是工程中涉及地方的具体公共产品与公共服务的供给事项,更要由上级政府委托给下级政府来做。例如,上级政府委托下级政府根据当地的社会、经济、环境现状组织专业部门对工程建设的预可行性进行分析,并根据下级政府提交的分析报告与项目建议书作出是否立项的决策。这也是一种行政意义上的非标准委托代理关系。在这种关系中,下级政府作为代理人在执行过程中拥有较为明显的信息优势,因此,作为代理方的地方政府很容易为了自身的利益,利用信息不对称作出有利于自己的论证结论与方案选择,并对上级政府施以隐性的诱导和影响,导致上级政府在立项决策时产生认知偏差。

第三类:政府与专业机构的委托代理关系。政府本身一般不具备重大工程管理所需的专业技术能力,因而需要委托专业机构对重大工程的重要决策与技术问题进行分析和论证。由于双方社会地位与性质不同,因此,这里的委托代理关系应该是一种标准的契约关系。在实际中,专业机构既会主动发挥其专业优势,运用各种有效的技术手段来完成政府委托的任务,但也可能出于自身具有的信息优势和经济人特征双重原因,出现道德风险问题。例如出现将研究成果与知识产权占为己有等行为,或者乘机谋求不正当的经济利益。

第四类:政府与项目管理者的委托代理关系。工程管理者在重大工程的建设管理中具有核心作用,中国在过去几十年中,重大工程的建设管理方式经历了从传统的基建办公室和工程指挥部到代建制模式的变革。目前,已有部分工程建设管理实行了代建制,但传统的管理方式依然占较大的比例。因此,政府与工程管理者的委托代理关系中,存在着两种方式:一种是传统型工程管理模式下的行政性委托代理关系,其委托代理问题与第二类(政府机构之间的)委托代理关系类似;另一种是代建制管理模式下的政府部门作为委托人,通过公开招标方式,选择专业化的项目业主负责工程的投资管理和建设管理任务。这种情形下的政府部门和工程业主之间构成了标准的经济学意义上的委托代理关系,其可能出现的问题与第三类(政府与专业机构的)委托代理关系类似。

第五类:**项目管理者与承建单位的代理关系**。为了有利于社会分工和更好地提高重大工程建设质量与效益,工程管理者通常采用招投标的形式选择承建单位。工程管理者作为委托人,在保证对重大工程的控制权的前提下,委托专业的承建单位在限定资源、限定时间条件下完成具体的工程建设活动。由于重大工程建设工作量大、建设周期长、关系复杂,现场控制难度大,因此,工程管理者与承建单位之间存在明显的信息不对称性与契约执行的不确定性。在某些情况下,承建单位可能会利用自身的信息优势与多种机会主义行为,损害业主等工程管理者的利益,以追求自身的利益最大化。这样,工程管理者与承建单位之间构成了严格经济学意义上的委托代理关系,其问题也与第三类(政府与专业机构的)委托代理关系类似。

6.5.2 重大工程递阶式委托代理的特征

由上可知,重大工程多层次主体之间形成了多层次的递阶式委托代理链。相比而言,标准的企业委托代理问题一般仅仅具有单委托人—单代理人的单链特性。而在重大工程委托代理关系中,由于层次与主体更多、关系更复杂,如果运作原理不好,管理组织平台效率损失会更大、成本会更高,因此,需要我们总结和提炼出这一多层次递阶式委托代理关系链的基本特性。

(1) 委托代理关系的统筹性。重大工程任务众多,各参与主体有各自的目标与行为,委托代理关系不仅需要将参与主体的职能充分发挥出来,还需要将众多参与主体职能统筹起来。以中国港珠澳大桥为例,仅在工程前期工程论证期间,工程管理者就委托不同机构分别开展了港珠澳大桥水土保持、大桥跨界管理、口岸布设方式以及大桥工程对中华白海豚影响等数十个专题研究,并在此基础上,再对工程开展总体上的综合论证。因此说,重大工程委托代理关系充分体现了工程目标、主体行为、管理要素关联以及外部环境等综合关系的统筹性。

(2) 委托代理关系的动态性。重大工程参与主体多,各阶段主要管理任务变化大,工程管理者需要在不同阶段针对不同任务委托不同主体参与工程管理,从而形成了由不同主体组成的动态委托代理链。这实际上也是重大工程管理组织平台的动态重组与演化。

(3) 委托代理主体地位的双重性。当权利和职能沿工程管理组织层次由上而下移动时,每一委托代理主体(除了最上端和最末端的主体之外)往往既是委托人又是代理人。例如,工程管理者对于政府而言是代理人,对于承建单位而言是委托人。作为代理方,工程管理者一般都会具有社会责任感和历史使命感;而作为委托方,他又具有信息优势与追求自身效用最大化的动机。就政府而言,其地位亦具有双重性:当政府作为代理人时,其代表了社会公众而具有强大的决策权与话语权;而当其为委托人时,通常又以行政关系或者契约方式为纽带,委托相关部门或专业机构代表其从事相关职能。这时,重大工程管理委托代理关系与标准委托代理的假设条件一致,代理契约是建立在自由选择和权益明晰化基础之上的。

6.5.3 重大工程委托代理的递阶式机理

重大工程委托代理是递阶式的。**"阶"的意思是指等级、层次**,表明重大工程主体间的关系并不是杂乱无章的,而是有层次、逐级地形成组织整体的稳定结构。除了上述所说的在结构上形成了多层次委托代理链之外,还有其更为本质的机理属性。**"递"的意思是指传递、输送**,重大工程在建设过程中,各主体之间存在着物质与信息流的传递与转换。对于重大工程委托代理中各类流的传递,第一,从委托方到代理方与从代理方到委托方的关系流是不同的。例如,由政府委托专业机构时,政府作为委托方,向专业机构传输的主要是资金流和信息流,而专业机构作为代理方,向政府传输的主要是知识流和技术流。第二,资金流与信息流从初始委托人公众逐步流经各级政府、工程管理者,最终到达终端代理人工程施工单位的过程,同时也是资金流与信息流逐渐被利用并转化为工程实体的过程。(见图 6.6)

最后,有一个很重要的问题要做特别说明,即当今的重大工程是市场经济环境下的造物实践活动,一方面,人们的行为方式与理念都强烈地受到市场经济规则的约束与影响,工程资源的整合与配置、工程承包商的决策与行为等等,都强烈地受到市场法则的支配;另一方面,重大工程实体往往既体现了一定的公共品属性,也体现出一定的商品属性,例如,工程投融资模式与运作遵循了金融市场规则,而在工程竣工后可能采用收费还贷的市场运营模式。因此,重大工程委托代理关系整个是在市场环境下进行的,故本节的主要内容应更准确地表述为**市场条件下重大工程的政府式递阶委托代理原理**。

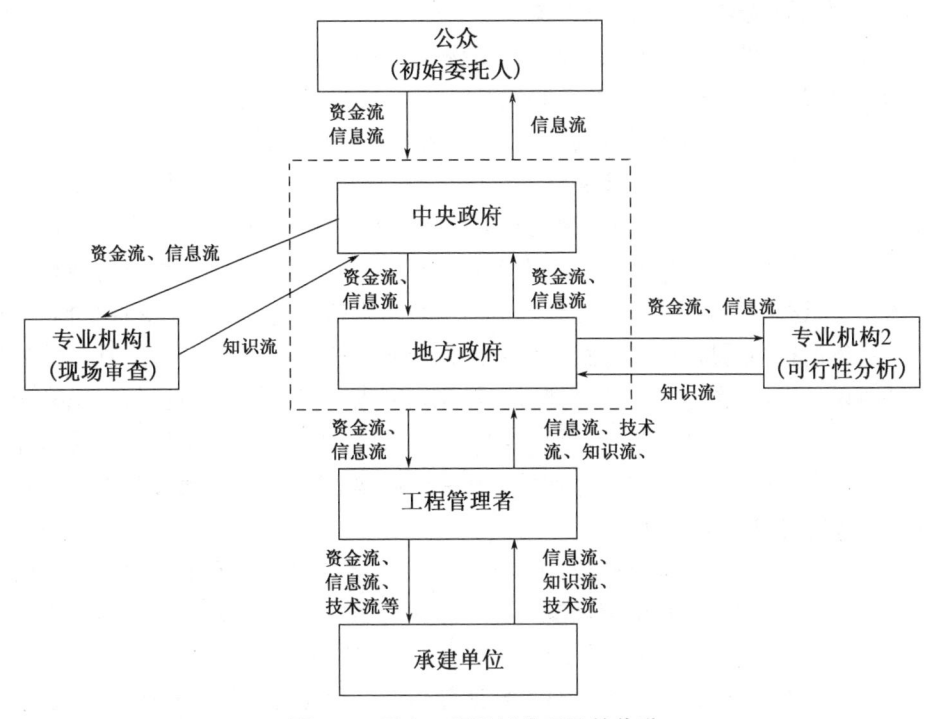

第6章 重大工程管理基础理论的基本原理

图6.6 重大工程委托代理流的传递

6.6 基本原理的逻辑关联分析

在前述5个基本原理基础上,本节在整体上做一个逻辑关系分析。

根据理论思维原则,如果对重大工程管理活动中的现象与问题进行抽象分析,并提取其中最根本、最普遍的两个要素,应该是:主体与复杂性。

主体,是在重大工程管理活动中起着主导作用,并具有认识与实践能力的人与人群。没有主体,就没有重大工程管理活动。

复杂性,是重大工程管理活动中最重要、最能体现重大工程管理特征的本质属性。没有复杂性,就不是重大工程管理活动。

重大工程管理理论中的原理既要在理论思维的属性认知上充分反映重大工程管理的本质,又要在工程思维的价值意图上充分体现重大工程管理活动的特征,还要在两者结合上实现理论的逻辑化。所以,原理必须围绕着主体与复杂性这两个最根本、最普遍的要素,充分揭示重大工程管理活动中主体行为与对象特征的基本规律。能否做到这一点,是衡量重大工程管理理论中基本原理学术品质的主要标准。

下面我们就这个问题进行论述。

在本章内,我们一共提出了复杂性降解、适应性选择、多尺度管理、迭代式生成与递阶式委托代理等五个基本原理。

首先,重大工程复杂性在其物理背景、系统内涵与管理活动之间的相互转换规律,突出了复杂性这一本质属性在重大工程管理活动中的重要地位,而复杂性降解原理提出了主体可以充分利用对工程虚体复杂性认知的可变性,适当、合理地降低或者缓解复杂性,在一定程度上解决主体在认知复杂性过程中的困难与能力不足,**这是主体在重大工程管理活动中最基本的行为准则与主导性目标**。

主体的行为适应性既造就了复杂性,同时也成为以复杂性"对付"复杂性的一种手段。因此,主体可以通过把适应性原则嵌入工程决策方案选择、组织模式选择、承包商与供应商选择等过程中,形成一类在管理操作层次上以适应性选择为主要形态的行为准则,并**以此作为对复杂性降解的"补偿",它比复杂性降解更具现实操作性和可实施性**。

另外,根据复杂性降解原理,主体可以对管理活动普遍存在的多尺度现象进行必要的尺度划分,分析不同尺度特征对管理问题的影响,把管理要素复杂性精细化,并在此基础上,分类开展多尺度管理的管理活动。

这样,**在主体的适应性选择与多尺度管理两个行为准则的共同作用下,主体的降解复杂性行为有了可遵循的基本"抓手"**,提高了主体驾驭复杂性的可操作性与实际能力。

进一步地,重大工程管理主体的全部行为,以及行为的全部目的都是设计和提出解决复杂性管理问题的方案。因此,在现实的管理活动中,主体能力的局限性只能在复杂性降解原则下,把问题整体复杂性分解到方案生成过程的各个阶段,使主体在每个阶段面对的复杂性只是整体复杂性的一部分,从而得到某个局部阶段的、难度相对较低的解决方案,再把各个阶段这样的方案组成方案序列,并用这一序列的迭代来逼近整个阶段的问题方案。**主体在实践中的这一迭代式生成方案的方式既充分体现了复杂性降解准则,又充分体现了适应性选择准则,是主体在实际管理活动中的一类普遍的、现实的操作方式**。

由此可见,**在复杂性降解原理导向下,通过适应性选择与多尺度管理两个原理,进一步从不同角度形成了主体行为更具操作性的行为准则,而迭代式生成方法则是将上述三个原理完全整合到一起,形成的主体管理行为和操作手段的一般范式**。

最后,递阶式委托代理关系维系了重大工程管理主体群的组织结构,并使之稳定化,主体群内部主体之间"委托与被委托"和"代理与被代理"的各类契约关系,一方面是重大工程管理组织平台结构和整体能力的基本保证,另一方面是发挥组织平台效能的基本原理。根据这一原理,重大工程管理组织的主体构成与行为规范、管理机制设计等都有了保证。

综上所述,本章提出的**五个基本原理均源于重大工程管理实践**,并紧密围绕着主体与复杂性这两个根本性的管理要素,充分揭示了重大工程管理现象中的逻辑关系、因果关系的基本规律以及主体的行为准则与普适性操作原则,它们之间彼此有着紧密的关联性。

具体地说,从重大工程管理复杂性这一本质属性出发,在管理复杂性与主体驾驭复杂性的冲突和博弈中,首先在主体认知阶段,通过对工程虚体认知的可变性,在总体上确立主体的复杂性降解先导性行为准则;为了提高主体管理行为的实际操作性,同时从提高主体行为能力和降解固有复杂性两个方面,以适应性选择与多尺度管理来进一步拓展主体的行为操作准则;在主体的上述这些行为准则共同作用下,一种迭代式生成方式就成为生成主体管理行为的普遍现实范式。而所有这一切都是主体群在基于递阶式委托代理契约关系形成的管理组织平台上实施和完成的。这样,**递阶式委托代理的各类契约关系就成为重大工程管理组织平台运行机制的基本动力学原理**。由此可见,上述五个基本原理以主体与复杂性为核心,构成了重大工程管理理论体系逻辑化的基本原理体系(见图6.7),在此基础上,可以进一步用前面提出的核心概念与基本原理推导出具有学理品质和理论价值的重大工程管理科学问题。

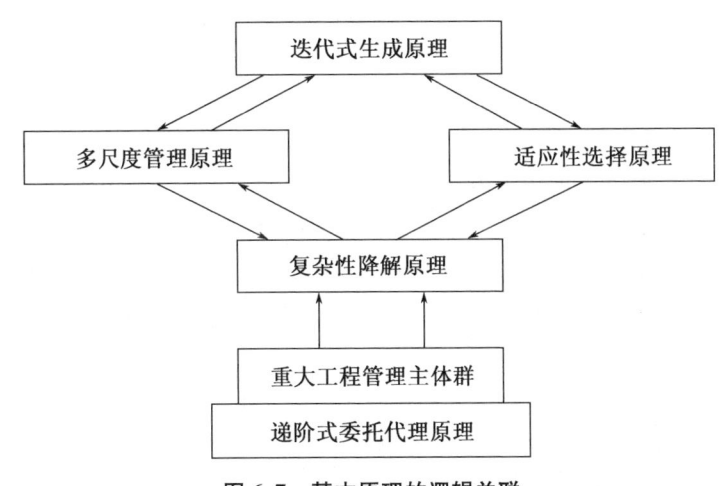

图 6.7 基本原理的逻辑关联

参考文献

[1] Asgari S, Awwad R, Kandil A, et al. Impact of considering need for work

and risk on performance of construction contractors: An agent-based approach[J]. Automation in Construction, 2016, 65: 9 - 20.

[2] Auyang S Y. Foundations of complex-system theories: in economics, evolutionary biology, and statistical physics[M]. Cambridge University Press, 1998.

[3] Baccarini D. The concept of project complexity: a review [J]. InternationalJournal of Project Management, 1996, 14(4): 201 - 204.

[4] Bobylev N. Comparative analysis of environmental impacts of selected underground construction technologies using the analytic network process [J]. Automation in Construction, 2011, 20(8): 1030 - 1040.

[5] Bosch-Rekveldt M, Jongkind Y, Mooi H, Bakker H, Verbraeck A. Grasping project complexity in large engineering projects: The TOE (Technical, Organizational and Environmental) framework [J]. International Journal of Project Management, 2011, 29(6): 728 - 739.

[6] Chu D, Strand R, Fjelland R. Theories of complexity-common denominators of complex systems[J]. Complexity, 2003, 8(3): 19 - 30.

[7] De Bruijn H, Ten Heuvelhof E. Process management: why project management fails in complex decision making processes[M]. Springer Science & Business Media, 2010.

[8] De Bruijn J A, ten Heuvelhof E F. Networks and Decision Making[M]. Lemma, 2000.

[9] El-Mashaleh M S, Rababeh S M, Hyari K H. Utilizing data envelopment analysis to benchmark safety performance of construction contractors[J]. International Journal of Project Management, 2010, 28(1): 61 - 67.

[10] Flyvbjerg B, Bruzelius N, Rothengatter W. Megaprojects and risk: An anatomy of ambition[M]. Cambridge University Press, 2003.

[11] Gransberg D D, Shane J S, Strong K, del Puerto C L. Project complexity mapping in five dimensions for complex transportation projects [J]. Journal of Management in Engineering, 2012, 29(4): 316 - 326.

[12] Harty C, Goodier C I, Soetanto R, Austin S, Dainty A R, Price A D. The futures of construction: a critical review of construction future studies[J]. Construction Management and Economics, 2007, 25 (5): 477 - 493.

[13] Holt G D, Olomolaiye P O, Harris F C. A review of contractor selection

practice in the UK construction industry[J]. Building andEnvironment, 1995, 30(4): 553-561.

[14] Holt G D, Olomolaiye P O, Harris F C. Factors influencing UK construction clients' choice of contractor[J]. Building and Environment, 1994, 29(2): 241-248.

[15] Jap S D, Naik P A. Bidanalyzer: A method for estimation and selection of dynamic bidding models [J]. Marketing Science, 2008, 27(6): 949-960.

[16] Lessard D, Sakhrani V, Miller R. House of Project Complexity: understanding complexity in large infrastructure projects [J]. EngineeringProject Organization Journal, 2014, 4(4): 170-192.

[17] Mahdavi I, Mahdavi-Amiri N, Heidarzade A, et al. Designing a model of fuzzy TOPSIS in multiple criteria decision making [J]. Applied Mathematics and Computation, 2008, 206(2): 607-617.

[18] Maylor H, Vidgen R, Carver S. Managerial complexity in project-based operations: A grounded model and its implications for practice [J]. Project Management Journal, 2008, 39(1): 15-26.

[19] Meier S R. Best project management and systems engineering practices in the preacquisition phase for federal intelligence and defense agencies[J]. Project Management Journal, 2008, 39(1): 59-71.

[20] Meng F, Chen X. A new method for triangular fuzzy compare wise judgment matrix process based on consistency analysis[J]. International Journal of Fuzzy Systems, 2017, 19(1): 27-46.

[21] Mihm J, Loch C, Huchzermeier A. Problem-Solving Oscillations in Complex Engineering Projects[J]. Management Science, 2003, 49(6): 733-750.

[22] Nguyen A T, Nguyen L D, Le-Hoai L, Dang C N. Quantifying the complexity of transportation projects using the fuzzy analytic hierarchy process[J]. International Journal of Project Management, 2015, 33(6): 1364-1376.

[23] Nureize A, Watada J. Multi-attribute decision making in contractor selection under hybrid uncertainty [J]. Journal of Advanced Computational Intelligence and Intelligent Informatics, 2011, 15(4): 465-472.

[24] Owens J, Ahn J, Shane J S, Strong K C, Gransberg D D. Defining complex project management of large US transportation projects: A Comparative Case Study Analysis[J]. Public Works Management & Policy, 2012, 17(2): 170 - 188.

[25] Ozbek M E, de la Garza J M, Triantis K. Efficiency measurement of bridge maintenance using data envelopment analysis[J]. Journal of Infrastructure Systems, 2010, 16(1): 31 - 39.

[26] Pheng L S, Chuan Q T. Environmental factors and work performance of project managers in the construction industry[J]. InternationalJournal of Project Management, 2006, 24(1): 24 - 37.

[27] Shafiei-Monfared S, Jenab K. A novel approach for complexity measure analysis in design projects[J]. Journal of Engineering Design, 2012, 23(3): 185 - 194.

[28] Shapira A, Goldenberg M. AHP-based equipment selection model for construction projects[J]. Journal of Construction Engineering and Management, 2005, 131(12): 1263 - 1273.

[29] Shen L Y, Lu W, Shen Q, Li H. A computer-aided decision support system for assessing a contractor's competitiveness[J]. Automation in Construction, 2003, 12(5): 577 - 587.

[30] Thomas J, Mengel T. Preparing project managers to deal with complexity: Advanced project management education[J]. International Journal of Project Management, 2008, 26(3): 304 - 315.

[31] Turner J R, Cochrane R A. Goals-and-methods matrix: coping with projects with ill defined goals and/or methods of achieving them[J]. International Journal ofProject Management, 1993, 11(2): 93 - 102.

[32] Van de Ven A H. Engaged scholarship: A guide for organizational and social research[M]. Oxford University Press on Demand, 2007.

[33] Vidal L A, Marle F, Bocquet J C. Measuring project complexity using the Analytic Hierarchy Process[J]. International Journal of Project Management, 2011, 29(6): 718 - 727.

[34] Vidal L A, Marle F. Understanding project complexity: implications on project management[J]. Kybernetes, 2008, 37(8): 1094 - 1110.

[35] Wang J, Xu Y, Li Z. Research on project selection system of pre-evaluation of engineering design project bidding[J]. International Journal

of Project Management, 2009, 27(6): 584-599.

[36] Wiendahl H P, Scholtissek P. Management and control of complexity in manufacturing[J]. CIRP annals, 1994, 43(2): 533-540.

[37] Williams T M. The need for new paradigms for complex projects[J]. InternationalJournal of Project Management, 1999, 17(5): 269-273.

[38] Williams T. Assessing and moving on from the dominant project management discourse in the light of project overruns [J]. IEEE Transactions onEngineering Management, 2005, 52(4): 497-508.

[39] Xia W, Lee G. Grasping the complexity of IS development projects[J]. Communications of the ACM, 2004, 47(5): 68-74.

第7章 重大工程管理基础理论的科学问题

关于理论体系中科学问题的一般内涵与意义,我们在4.4节中已经作了论述。现在,我们以第5、6章提出的核心概念与基本原理为基础,运用核心概念来描述并通过明确的基本原理来推导具有学理品质和理论价值的重大工程管理理论体系中的科学问题。显然,这一工作对构建重大工程管理理论体系的意义十分重要,因为只有在形成"核心概念—基本原理—科学问题"的完整逻辑链后,拟构建的重大工程管理理论体系才是基本规范和完整的。

理论中的科学问题更强调问题内涵的抽象性、普遍性和问题内核的可衍生与可拓展性,更注重在理论思维层面上对问题本质的揭示和对基本规律的凝炼。因此,科学问题的提出除了体现理论体系形成路径的规范与完整外,主要是如何对问题内涵与内容进行学术思想以及技术路线等进行界定与描述,而不能,也做不到对每个科学问题进行深入研究,特别是不可能也做不到给出深入、详尽的研究结论。即使是对这些科学问题的选择和凝炼,也是本书作者的一孔之见。

事实上,从理论发展的客观规律看,一个学科领域的理论体系究竟应当包括哪些基本的科学问题,哪些问题是最核心和最根本的,一方面依赖该领域实践的丰富程度,因为只有实践才是理论源泉;另一方面,还依赖理论体系本身的成熟程度,因为理论体系为科学问题的挖掘与生长提供了适宜的学术生态环境。所以,本书提出的若干科学问题表达了笔者主要源于中国实践并在构建理论体系初期的初步思考,而绝不意味着对这些问题的描述和解释都是完善的。工程管理领域的学者们在构建和完善重大工程管理理论体系中的科学问题方面,有着极大的空间来发挥自己的才能和智慧。

本章初步提出了六个较为基本的科学问题,涉及重大工程组织、决策、现场、工程金融、技术管理与风险等,体现了对重大工程管理基本实践活动与基本管理职能的较广泛的覆盖。

7.1 重大工程管理组织模式及动力学分析

与其他领域的管理活动一样,重大工程管理活动最基本的两极也是管理主体与管理对象。所谓重大工程管理组织就是由管理主体群构成的具有对管理对象实施管理功能的系统。而管理组织模式是由管理组织中主体构成、管理事权配置、运作流程、组织结构、决策支持综合形成的组织整体行为与功能的原理等。显然,关于重大工程管理组织与组织模式的研究是重大工程管理理论基本的科学问题。

具体地说,关于重大工程管理组织与组织模式研究的基本理论问题主要包括:① 重大工程管理组织的形成机理与特征;② 重大工程管理组织的基本功能与结构;③ 重大工程管理组织动力学分析;④ 重大工程管理组织中微观主体行为是如何通过中观模式的组织与自组织机制涌现出宏观行为与功能的。

把上述问题作为重大工程管理理论科学问题研究,主要是因为:这些问题有着深厚的重大工程管理实践背景;这些问题的研究在整体上都遵循复杂性的思维原则;这些问题都以本书第5、6章提出的核心概念来描述,并用相关的基本原理来推导,体现和保证了重大工程管理理论形成路径的完整性。

7.1.1 重大工程管理组织模式概述

在本书2.4节,我们指出,重大工程管理活动由决策主体平台、总体决策支持体系平台与总体执行体系平台三个基本部分构成。各个平台分别由不同主体构成,并有各自的组织运行方式及基本功能。每个平台本质上都是一个复杂自适应系统,平台之间相互关联、耦合,构成了一个更为复杂的重大工程递阶分布式管理组织系统,它是以复杂系统为子系统的复杂系统体系(复杂系统的系统)。**这便是我们对重大工程管理组织系统本质和复杂性属性的认知**。

另外,本书5.2.2还指出,任何重大工程各类管理组织的主要职能并不是直接为重大工程管理问题提供具体的方法和方案,而是提供形成方法与方案的环境与条件。因此,需要重大工程管理组织主体特别是序主体完成以下任务:

(1) 动态地选择与组合主体群中的各主体,并充分利用组织与自组织作用,使主体群根据不同的问题需求,涌现出驾驭管理复杂性的能力,这就是重大工程管理组织的环境(制度)设计。

(2) 制定主体群内部的运作规则与流程来保证上述驾驭能力的形成与运行,这就是重大工程管理组织自身的条件(机制)设计。

关于重大工程管理组织是一类平台的认知,体现了重大工程管理组织的自组织与自适应的特征。**作为复杂系统体系,重大工程管理组织并不遵循"人多力量大"的简单系统原则,而是以构建与提高组织整体行为能力为导向,选择和优化主体,包括主体的层次、事权、专业、关系、能力、知识的完备性与彼此的协同性等,这主要反映了对重大工程管理组织的他组织行为**。

另外,复杂系统思维十分注重工程管理组织的机制、流程设计与事权配置等，以有利于组织内部通过相互关联与相互作用，涌现出不仅高于单独个体而且高于个体简单叠加的驾驭复杂性的能力。这主要反映了重大工程管理组织的自组织与自适应行为。作为复杂系统体系的重大工程管理组织，其整体行为能力的形成，特别是对管理对象复杂性驾驭能力的形成，是管理组织他组织与自组织综合作用的行为涌现。其中，自适应与自组织机理发挥了特别重要的作用。

可以这样认为，如果重大工程管理组织的功能与行为能力是通过组织静态结构与职能规定等他组织方式形成的，并无组织的自组织与自适应能力，则重大工程管理组织不可能具有对复杂性的驾驭能力，因为复杂性是动态演化、不可完全预测和不可完全被规定的。

这样，以下一些科学问题就显得特别关键和重要：

(1) 如何选择和优化重大工程管理组织中的主体要素，它们各自的属性与作用是什么。

(2) 这些主体之间通过怎样的关联形成组织的基本结构，这一结构首先应该是稳定的，并能表现出基本的管理职能。

(3) 更重要的是，这一结构要具有自组织与自适应功能，即在主体微观层次与组织宏观层次之间具有一种新的行为与能力生成、转换与涌现方式，使管理组织整体行为能力既与微观个体行为有关，能用个体行为解释，但又不完全由个体行为简单叠加决定和不能完全用个体行为解释清楚。**其中，增长、拓展、衍生出来的能力部分就是所谓组织整体行为的涌现。对重大工程管理组织设计和优化，特别重要的就是自组织机制的设计**，因为该机制能够涌现新的驾驭复杂性能力。

7.1.2 重大工程管理组织模式解析

根据工程思维原则，重大工程不同的管理组织应有不同的构成要素、关联结构和整体能力，而这些都与组织的主体构成有着直接的关系。不同属性的主体或同一属性但不同层次的主体都会直接影响到管理组织能否最终形成相应的行为与能力。例如，主体的事权属性就直接关系到管理组织能否合理合法地开展决策工作，而主体能力属性又直接关系到管理组织能否提出高质量的决策方案来。一般地，我们必须根据工程管理问题的需求特性，充分考虑到需要配备什么类型的主体，他们需要具备哪些必要的事权与能力，才能做到既不会形成管理事权的缺失，又不会造成管理事权的冗余，做到避免管理资源与成本的浪费。

在此基础上，重大工程管理组织内的管理流程、管理事权配置以及各类管理资源的转换方式等，如同形成了**一部机器的运作流程和工作原理，即运作机制**，管理组织在这样的机制下就能够"生产"出具有驾驭管理问题复杂性的能力。这实际上就是所谓重大工程管理组织的组织模式。

"模"是指事物存在或为了使事物能够维持某种稳定性状而作用在它身上的原则、规则与方法等,"模式"就是指这一类发挥作用的原则、规则与方法的样式抽象。

换句话说,所谓重大工程管理组织模式是指重大工程管理组织在个体品质、行为规范与资源配置的基础上,依据一定的流程及信息转换方式而形成稳定的整体性功能的规则与原理,也就是所谓的组织稳定的整体性功能的形成样式。其中,什么样的样式能激活管理组织的自适应与自组织能力,从而使组织涌现出整体性能力尤为关键和重要。

由于政府一般是重大工程的决策与投资主体,因此,管理组织不可避免地表现出以权力为主导的强控制与强话语特点。另外,组织内每类主体或者拥有某种权力,或者拥有某种资源,而且在实际中,权力与资源之间又是可相互转换和相互利用的。所以,重大工程管理组织必然以工程综合目标为导向,协调工程多干系人利益与行为关系,其中,各类权力的配置与行使准则是关键和重点。

重大工程管理组织内部通常的权力类型有行政权、事权、财权、执行权等。其中,行政权是一种**公权**,是政府(或政府行政部门)依据法律规定,接受公众委托而在管理组织中管理重大工程建设并提供公共服务的权力。**事权**,是指行政部门按照相关法规进行重大工程管理中某类具体专门事务决策、管理与监督的权力。**财权**是指主体关于重大工程建设资金或财产的拥有权与配置权。**执行权**主要指管理组织中主体对重大工程决策、建设与管理方案实施与监控的权力。

一般地,重大工程管理组织模式中的权力配置有其基本原则,如合理、合法的权力委托与代理制度等。权力配置会受到经济、社会、文化等环境的深刻影响,特别是管理组织模式要考虑到工程建设管理主体自身能力和如何缩小自身能力的缺口。

例如,中国地域广大,经济发展水平与工程企业能力差异性大,因此,在重大工程建设中,管理组织模式就出现了因地域而异的多样性状况,即使在同一地区,也会由于社会经济发展水平的差异以及管理传统习惯的不同而出现不同的管理组织模式。

以中国的重大交通工程建设为例,主要有以下三种管理组织模式。

第一种模式是以政府为主导的自行管理(临时指挥部)。由政府组建工程建设管理法人统一负责工程建设管理的全部工作,政府充当项目业主,直接承担工程建设项目的组织管理,对工程建设的质量、安全、造价和进度进行全面监控。政府针对工程建设需要专门成立临时性的项目建设指挥部,招聘工程项目管理人员(在中国主要是从行业各单位借调管理人员),开展工程建设的组织管理工作。在这种政府为主导的自行管理模式中,行政权、事权和财权主要控制在政府手中,而执行权交由政府组织的指挥部负责,工程建成后即解散指挥部。这种模式能充分发挥行政权力高效整合与配置资源,集中力量办大事,最大限度地保证政府对重大工程公共品属性的管理职能,但也容易出现公权力过度与不恰当介入、过度干预工程建设、干扰工程建设客观规律的现象。随着项目法人制的实施,这种政府主导的自行管理(临时指挥部)模式已迅速减少。

第二种模式是项目法人制。建设管理法人对工程项目管理负总责,按照合同约定对建设管理法人负责。其主要内涵是指具有自主建设、自我经营、自我发展能力的法人对自己所投资的建设项目,从设计、施工到营运养护,对工程质量、安全、进度和造价全过程开展组织、协调与管理。对于建设规模大、技术复杂的项目,项目法人责任制的组织管理模式较为普遍。

第三种模式为代建制。代建制是指工程项目投资主体或建设管理法人缺乏足够的管理能力时,根据一定的程序,通过招标等方式选择代建单位,委托其承担建设管理工作,并与代建单位签订代建合同,明确各自的职责与权力。

这三种模式属性对比见下表:

表7-1 中国重大工程组织管理主导模式属性

		自管模式	项目法人制模式	代建制
相关权力分配	行政权	中央、地方政府	中央、地方政府	中央、地方政府
	事权	行业主管部门	行业主管部门	行业主管部门
	财权	地方政府	地方政府或地方融资平台	地方政府或地方融资平台
	执行权	政府临时组建的指挥部	具有法人地位的项目公司	招标委托的专业化队伍
工程环境	经济环境	计划经济为主	市场经济发展迅速	市场化
	技术环境	硬技术(装备、设计、施工工艺、材料)和软技术(建设、建设管理能力)主要通过政府整合	负责工程建设的项目公司基本具备工程建设所需的硬技术、软技术	暂时缺乏长期、稳定、专业化的工程建设队伍
	法律环境	工程建设相关法律法规、政策还未完善	工程建设相关法律法规日益健全	工程建设相关法律法规日益健全

7.1.3 重大工程管理组织的基本力系

重大工程管理组织是以社会人为基本要素形成的具有基本结构和基本功能,能够涌现出驾驭管理问题复杂性能力的复杂系统体系。

由不同层次、不同属性的干系人形成具有上述复杂整体性功能的组织,必然有其基本原理为基础。从重大工程管理特征出发,弄清楚这一基本原理,我们才能掌握重大工程管理组织运行的一般规律,设计可行、有效的管理组织模式。

最初,在管理组织尚未形成之前,重大工程管理组织中的各个干系人是相互独立、离散和不相关的。但一旦他们成为重大工程管理组织内的个体要素,每个干系人既是独立的,又是与其他个体相关联的。这时,个体的完全独立性与离散性不再是主要的,每个个体与其他一个或多个个体之间建立起了何种关联是主要的。这是重大工程管理组织在形成前后的一个重大变化,后面许多复杂的组织现象与问题都由此而产生。

众所周知,两个原本相互独立的个体建立起某种关联,意味着个体之间被某种形式(方式)黏合了。这一思想我们在前面已经提及过,如工程管理组织内部个体拥有的行政权、事权、财权和执行权等都属于个体之间产生相互黏合的作用方式。

现在的问题是我们能否在更一般和更本质的层面上建立一种话语来刻画这种现象。多年来,学者们发现原本独立的不同个体被某种黏合剂作用,而建立起某种关联是自然界与人类社会的普遍现象。在不同场合下,人们用不同概念来描述这种黏合现象。但最常用也最直观的是物理学领域中使用的物体之间的力的概念,如两个物体之间的相互引力、摩擦力、磁力、核力等,并由此发展成各种不同的黏合特征与基本原理。

人们从物理学到生物学再到社会学的统一认知角度出发,指出用力的概念可以表述系统内部要素之间广义的关联关系。例如,欧阳莹之在 *Foundations of Complex-system Theories*(1999)中说,一个集合要成功地形成一个系统,其中要素之间的黏合作用必须很强,如果黏合力大于将要素分开的力或者被外部吸走的力,这个集合就能够形成一个整体上有稳定结构的系统。

根据这一学术思想,不论来源于外部还是它们自身,工程管理组织内部这种黏合剂一定存在,否则各个主体一定仍然处于独立与游离状态。

这样,在一般意义上,我们可以借鉴力这个概念对重大工程管理组织中个体之间的相互关联进行描述。由于组织中个体是人,因此,这里的力不仅要遵循社会科学与人文学科的基本原理,还要体现重大工程管理的特殊内涵,而不能简单地套用物理学中的机械力、原子力等概念。具体地说,**重大工程管理组织中个体**

之间的力要服从市场条件下政府式委托代理关系原理,是一种受到"政府—市场"二元张力深刻影响的力系。

这样,稍加总结,我们可得到以下基本观点:

(1) 重大工程管理组织主要由各级政府、政府主管部门、业主、承包商、供应商、监理、科研单位及大学、社会公众等主体构成。

(2) 重大工程管理组织内主体之间普遍遵循着"市场条件下的政府式委托代理关系"原理的力的作用,如行政力、经济力、法制力、契约力及文化力等,并在个体层面和整体层面综合形成组织的力系(力的系统)。

(3) 管理组织中的力不仅有不同的内涵与属性,而且在不同的情况下还会表现出内涵与属性的动态性与演化性,这是造成管理组织功能及组织整体行为复杂性的根本原因。

我们在重大工程管理组织及组织模式研究中引入力的概念,完全是一种对重大工程组织系统内部关联形式形象化的话语表述。因为在实际管理中,管理组织主体之间的各种相互关联与关系、影响与作用,既不能像物理力那样能够被仪器测定与度量,也难以被人们直观感知与明晰界定。正因如此,借用力这一概念,仅仅是借助物理学的基本认知,通过形象化思维手段帮助我们构建重大工程组织管理的话语形态,便于理解重大工程管理组织微观层面上个体及个体之间的基本行为原理。

总结以上内容,以下三点特别重要:

(1) 一个具有某种稳定形态的重大工程管理组织,**其主体之间力的作用不仅是强壮的,而且是稳定的**,否则,主体之间力的相互作用不可能维持彼此的关联并使组织具有稳定的形态。

(2) 重大工程管理组织主体之间力的作用不仅表现在强度上,而且**表现在力的种类、特征和形态多样性上**。正是这种多样性,才使得管理组织表现出不同的功能来。

(3) 重大工程管理组织功能是组织整体意义上的行为表征。它既与组织内主体之间力的相互作用,力的种类、特征和形态紧密关联,又与外界环境与内部的自组织形态紧密关联。这说明**管理组织宏观层面上的功能,必然要通过微观层面上的个体状态与行为、中观层面上的模式与机制,即组织内部多层次的力学体系原理的递阶作用才能在宏观层面上形成**。

根据市场条件下政府委托代理关系,下面一一阐述重大工程管理组织内部几种基本"力"的内涵。

1. 行政力

行政力(又称公权力)是指公共组织,如国家、社团、国际组织等以维护公共利益为目的,在公共管理、公共服务和提供公共品(如国防安全、公共基础设施工程)过程中,根据公共意志赋予公共组织部分成员或者负责人进行决策、指挥、组织、管理的权力。公权力是社会成员在一定范围内的授权。因为公权力主要指公共管理权力,而国家权力是最重要的公共管理权力,所以,行使公权力的主要是国家机关,也可以是国家机关依法委托的团体或个人。

由此可见,行政力的本质是由社会公众授予,以维护公共利益、成就公共事业为目的的公共团体与责任人在职务上的权力,一般表现为基于社会公众意志而由国家机关行使的强制权力,并使这种强制权力制度化和法律化。

显然,行政力具有以下基本特征:第一,公共性是行政力的核心,即行政力是"公"权力、"共"权力,而非"私"权力、"排他"力;第二,行政力行使的对象应为公共事务,而非纯粹的私域事务;第三,行政力承担着公共责任并为公共利益服务,公权力不能被异化为私权力。

所谓行政力就是指重大工程组织内体现社会公众意志并由国家行政机关行使的公权力。

重大工程是承载着社会与广大公众利益的公共品,它是集中代表社会公众需求与利益的载体。这样,在重大工程决策、建设与运营过程中,代表社会公众利益并接受公众委托的国家(政府)必然要站在整个社会公众的立场上,为重大工程科学决策和管理行使一切必要的公共事务管理权。也就是说,在重大工程决策与管理活动中,公权力必然有其重要的、不可或缺的地位与作用,同时公权力在行使过程中不能被异化为私权。在实践中,行政力在重大工程前期决策阶段的地位特别重要,作用特别重大。

2. 经济力

重大工程是由多种资源整合而成的系统。在这些资源中,相当大的部分是能够直接通过市场经济活动、运用货币交换而获取的。也就是说,在重大工程建设过程中,市场条件下的经济利益输送和交换不仅是重大工程实现资源整合、配置的重要方式,也是重大工程管理组织中主体之间建立稳定、有效关联的基本保证,这就是经济力的内涵。这其中,经济利益输送,特别是利益的货币支付方式是最重要的手段。

比较而言,行政力代表了社会共有的公权,而经济力代表了市场活动中的私权。**市场条件下的重大工程管理活动,同时表现出行政力与经济力,这正是工程管理组织遵循市场条件下政府委托代理关系原理的基础,也是重大工程不同程度地表现出公共品与商品二元属性的原因。**

所谓经济力就是指重大工程组织内主体之间通过经济利益输送与交换形成的相互关联作用。

3. 法制力

当今社会是一个不断完善的法治社会。在基本法治环境下,很多国家对重大工程决策与建设管理都制定了一系列专门的法律和法规。这些法律与法规对重大工程决策和建设主体行为、对工程管理组织主体之间关系、对工程建设不同阶段各项专门事务都作出了明确的规定。所有这些都成为重大工程建设与管理主体在管理组织内的行为准则,具有重要的强制力与约束力。

所谓法制力是指法治环境对重大工程组织内主体行为具有的强制与约束的法律、法规力量。

4. 契约力

契约原指不同主体之间在市场交易活动中按照法律自由订立的一种社会协议形式,是双方或多方之间的一种自由约定。缔结契约的不同主体之间的地位是平等的,包括权力的平等与履行必要义务的责任,彼此都不能够有超出契约规定的特权。

"守信"是契约行为的灵魂。契约守信表现为缔约各方在订约时不欺诈、不隐瞒真实情况、不恶意缔约、履行契约时尽责等。这些基本行为从习惯上升为精神伦理时,即形成了所谓的契约精神,精神是一种力量。**所谓契约力就是契约精神的力量。**

今天,原本在私法领域中形成的契约精神已经发展到公法领域,发展到社会人际关系中,形成公私法交叉的契约精神,如公权力不滥用,不随意干涉和微观介入个体之间契约自由与平等,在私体契约面前保持中立等规范。

重大工程管理组织中主体之间的关联,既有市场活动中个体(个人、企业等)的契约关联,又有行政力介入的公私法交叉的契约关联。因此,政府、业主、承包商、供应商、社会公众等能否遵守契约精神,不仅关系到管理组织基本结构的稳定与功能的正常发挥,更关系到公权力不发生异化、工程主体发扬社会责任等现代工程文明等问题。

契约力不同于行政力、经济力与法制力,它是现代社会环境下通过契约精神培育和体现重大工程管理组织主体现代文明伦理与公民行为规范的重要促进与约束力量。

5. 文化力

文化是人类精神活动及其产品的总称,是人类文明发展的精神形态。在当今社会,文化已成为社会、经济,也包括重大工程管理的重要资源。**所谓文化力就是文化这一重要资源巨大能量的表征。**

具体地说,重大工程管理组织主体之间的文化力是以下四个部分的综合:① 主体之间共同、共有的价值观、精神追求与伦理力量;② 主体之间自学习、创新等理念与行为的协同力量；③ 主体之间相互沟通、应变、执行与自适应能力；④ 主体共同表现出来的社会责任、公民行为、公众认同与社会和谐形象，这是物化的文化力。

以上这些能力虽然主要表现为主体的伦理与价值形态，但它们拥有融通主体价值观、凝聚人心、统一意志的强大力量，起着行政力、经济力等不可替代的作用。

概括起来，重大工程管理组织主体之间主要表现出的力的类型如下表所示。

表7-2 重大工程组织主体之间力的类型

主体间的关系	力的类型
公众—政府	法制力
中央政府—地方政府	行政力、法制力、文化力
政府—专业机构	行政力（或经济力）、法制力、文化力、契约力
政府—项目管理者	行政力、经济力、法制力、文化力、契约力
项目管理者—承建单位	经济力、法制力、文化力、契约力

图7.1描述了重大工程管理组织力系的基本结构。

在此基础上，如果再对管理组织主体之间力的相互作用与效果的动态变化及综合效果进行分析，则可凝炼出以下关于重大工程管理组织几个重要的基本科学问题：① 重大工程管理组织模式究竟是如何形成的，即究竟什么样的力学原理与机制会导致某种管理组织模式的形成？② 重大工程管理组织的整体行为是如何在某种力学原理与机制下涌现出的？③ 重大工程管理组织的某些典型的组织行为，如主体之间的合谋行为的动力学分析。④ 如何运用动力学原理实现重大工程管理组织的治理？

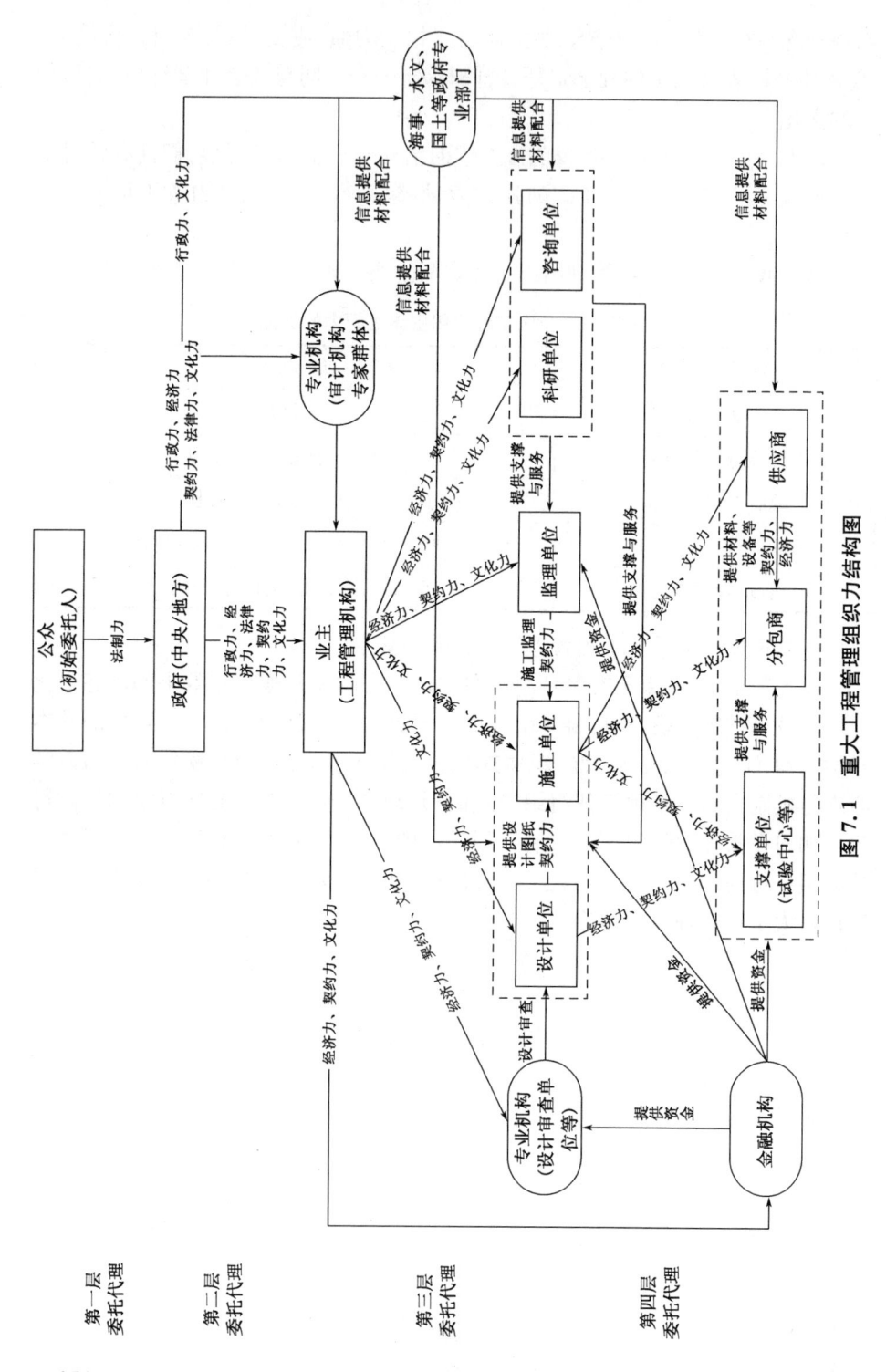

重大工程管理基础理论——源于中国重大工程管理实践的理论思考

图 7.1 重大工程管组织力结构图

7.1.4 重大工程管理组织主体力系的复杂形态

如前所述,仅仅指出主体之间存在几种力的类型是远远不够的。更重要的是主体之间表现出的力系的复杂形态以及基于力系复杂形态的自组织如何使重大工程管理组织呈现出整体层面上的复杂行为与功能。

所谓形态,即事物的外部形状、内部构形以及整体神态。形态是事物的客观属性,不同事物的形态是有差异的。事物形态在一般情况下是不变的,又会因各种原因而变化,但一般仅是局部量的改变,而全局质的改变,则意味着已不是原来的事物。另外,虽然主体各自的力系的形态没有变化,但主体彼此发生自组织现象,也可能使系统发生重要的整体性变化。

现在,我们对重大工程管理组织主体进行力系的复杂形态分析。

任何重大工程管理组织都是在一定环境下形成的、由多种类型主体组成的人工复杂系统。这里的环境除了一般的自然地理环境外,更重要的是国家或区域的政治、社会、经济及历史文化环境。

正因为如此,环境为重大工程管理组织主体提供了法制力、行政力以及文化力的根据与渊源。这里的提供既包括了对主体行为的支持,又包括了对主体行为的约束,即使是经济力、契约力等,也会受到环境的深刻影响。

根据市场条件下的政府式委托代理原理,在重大工程管理组织中,政府(或政府部门)作为主体往往具有最重要的地位而成为序主体。特别是在工程前期决策、重要资源整合和配置等重要管理问题上,政府有着极大的决策权与事权。因此,政府主体在工程组织中的力学形态究竟怎样,这对管理组织的整体行为与功能的形成有着最重要的影响,现对此进行细致的分析。

政府是社会公众遵循一定法律与程序委托的公共事务代理人,因此,它在重大工程管理组织中具有相应的决策、管理行政权(公权力、行政力)。但是,政府也是一个组织,在重大工程管理组织中具体行使这一行政权的其实是政府(或政府某一部门)的代表,即具有行政权的社会人。社会人首先是个体人,因此,政府的代表在工程管理组织中行使行政权以及与其他主体进行关联活动时,将同时充分表现出其个人独立的心理与行为偏好、文化与价值取向等,如自身的记忆、知识、信息、感觉、认知、判断以及学习、创新和对环境的自适应能力等。

这样,政府代表在管理组织的实际管理活动中,将不只拥有自身的行政力,而往往是把行政力与环境赋予的法制力、契约力与文化力,以及自身的心智、偏好,尤其市场条件下的个人利益诉求融合在一起。进一步地,这些具有某些附加成分的力的融合,绝不像物理学中力的矢量相加那样简单,而会形成主体在社会学意义上的复杂行为。例如,如果政府代表不敬畏和不遵守法律力的约束,在人际社会关系中不尊重私权的契约精神,不能够做到抑制公权力对私权的微观介入,这将直接导致政府代表自身原来应有的力的性质出现变化,甚至会出现政府代表自身行为的异化,如脱离公权规范而谋求个人私利,与工程主体中的私人主体产生合谋行为等。所有这些现象都是具有行政力的个体通过自身力的自我形态变化的结果。由于政府代表个人品德、法律意识不同,这一情况在实际中时有发生,表现不一、形态各异。

又如,承包商也是重大工程管理组织中一类重要的主体,他们更多地表现为市场中的经济人,因此,在重大工程管理组织中多以经济力和契约力与政府、业主、供应商等建立关联关系。不同的承包商因法律意识、契约精神、文化价值不同,虽然都以经济力和契约力为关联纽带,但在法律力、文化力等共同作用下,也会表现出各种不同的综合性的力的形态或产生变异,如有的出现偷工减料、肆意变更方案而套取利益等。

管理组织中其他类型的主体在力的综合形态上也都会出现多样性与变动性。因此,在实际中,管理组织中每个主体的力的综合形态都不是静止的、一成不变的,包括力的综合作用的性质、强度与影响范围等。这是因为每个主体在不同情况下,自身的行为、心理及其社会性特征都会发生自组织变化。

下面我们用一个简单的示意图来表述这一现象。

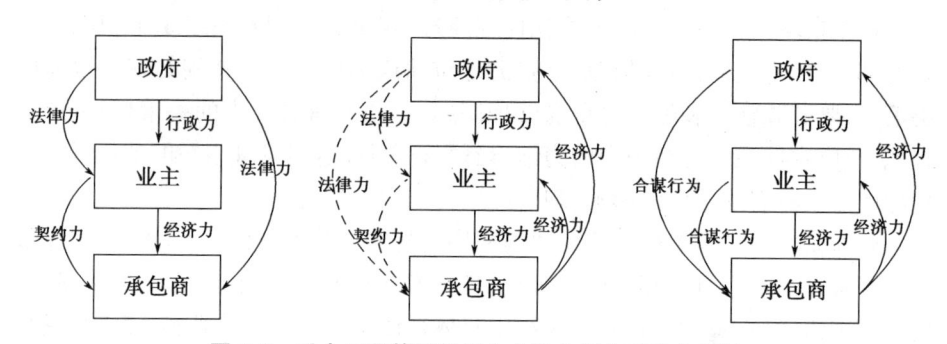

图7.2 重大工程管理组织中主体之间力系的自组织

上面左图为管理组织中政府、业主与承包商之间最初的力系形态,这时管理组织的整体行为与功能体现为规范的市场条件下的政府式委托代理关系。中图表示了在实际中承包商以经济手段向业主与政府人员进行利益输送,从而导致原本存在的法律力与契约力作用虚化,并进一步造成政府与业主在管理组织中原来应有的监控、管制及约束等功能弱化。进一步地,如果承包商加大对政府代表和业主的利益输送强度,政府代表则可能严重丧失社会公众代理人规定的职责,或业主摒弃自身的行为规范而在两者或多者之间出现不应有的合谋行为(见图7.2右图)。

7.1.5 重大工程管理组织的组织行为的形成机理

在重大工程管理组织研究中,最困难的是微观个体行为是如何形成宏观组织行为的。其中非常重要的是要说清楚中观的动力学机制即组织模式是怎样运作和发挥作用的。

前面关于管理组织主体之间的力学分析正是为此构建了一种理论框架。当然,这只是一种尝试和探索,它完全不排斥用另外的概念和原理来分析管理组织主体之间的结构与关联,并在此基础上进行重大工程管理组织模式的理论研究。

另外,即便构建了这一理论框架,期望通过中观结构将组织微观个体行为、中观模式机制与宏观整体功能连贯起来,说明它们之间的行为是如何传导与转化的也是十分困难的,因为这三个层次的行为之间已不是行为状态的简单变换与传递,而是出现了复杂组织系统在自组织与自适应作用下层次之间功能的**涌现与隐没**。

下面我们通过对两种机制的分析来研究这一问题。

基于各个主体的自然属性、行为属性、社会属性、关联属性,工程管理组织内部所有主体的力系的整体形态及其动态演变,就是工程管理组织的**内部动力**,而环境与工程管理组织之间的相互影响产生了**外部动力**,在这两种动力的共同推动下,管理组织的宏观组织行为与功能就形成了。这是从组织微观个体力的复杂形态到组织宏观整体行为与功能的动力学机制。

具体地说,上述机制由以下两种基本机制构成。

第一个机制:**自组织机制**。这一机制是指管理组织内部主体主动地、在目标驱动下按照相互默契的力关联规则,各尽其责又相互协调地自动形成组织的有序结构,自发形成整体行为或主体之间的分工与合作关系。这一机制使管理组织受内在机制驱动,自行地从简单向复杂、从粗糙向精细方向演化,并不断提高自身的组织性和有序性,**简称重大工程管理组织的自组织机制或自组织过程**。

重大工程管理组织的自组织过程因为有人参与而充分反映了人的适应性,重大工程管理组织通常表现出来的结构、功能的自适应变化,其原理就在于此。

第二个机制:**广义进化机制**。这一机制是指由宏观的某种限制(如资源的限制)而引起的外部竞争从而产生的进化机制。如工程管理组织的主体之间以某种力系的复杂形态进行相互作用、相互影响,在局部相互作用扩展到全局的自组织过程中,其组织结构与运行方式会根据外部环境的变化而不断自我完善,以提高自身对环境的适应能力。

重大工程管理组织整体行为与功能的形成及演化过程取决于在上述两个基本机制共同作用下,每个主体力的复杂形态、主体力系之间相互作用方式和程度的变化,以及最终导致的管理组织宏观结构与整体行为的演化路径。

由此可见,重大工程管理组织微观主体层面与宏观组织层面之间,存在着一个以主体各种力的复杂形态为基本元素的相互作用过程,它们构成了一个介于微观与宏观层面之间的中观层面的动力学原理,**这一中观动力学原理即管理组织宏观行为与功能的形成原理,也是重大工程管理组织的组织模式。**

在这里有必要对这一重要过程的内部运作情况再做些分析。每个主体作为个体,因其社会定位及职能定位不同而有着自己原本规范的内部力系与外部力系。内部力系是自身与组织内其他主体之间的各类力的关联体系,而外部力系则为自身与外部环境之间各类力的关联体系。这两类力系相互耦合、变化,呈现为动态、演变的形态。这里的形态不仅包括力的类型,还包括力的强度、方向以及力与力之间的反馈与转换方式。**所有这些力的相互作用的整体形态与演变过程,相当于一部机器完整有序运行的工作原理。管理组织的整体行为与功能就是这部机器运行与工作的整体结果。**

按理说,最初人们在设计与构建重大工程管理组织时,有着明确的目的与功能,因此,也必然有着各类主体原本力系的规定性。一开始,人们更多的是对组织主体进行选择,对组织基本结构进行设计,对组织基本功能进行安排,这些都是对管理组织的"他组织"。实际上,组织内部的主体之间在力系复杂形态作用下还会自发形成新的超越当初设计预期的组织整体行为与功能,这就是所谓的管理组织的"自组织",**重大工程管理组织整体行为与功能实际上是上述他组织与自组织的综合结果。这就是所谓的管理组织宏观层面上的整体行为涌现。**

涌现是管理组织的宏观行为与功能中不能由微观主体力系直接或简单相加而得到的部分。

关于重大工程管理组织整体行为涌现主要有以下理论观点:

(1) 涌现是管理组织在组织整体和宏观层面上的行为与现象,对此需要对组织整体和宏观层面进行新的认知,引入新的概念,而这些在主体微观层面上都是没有的。也就是说,**宏观涌现与微观个体力系之间存在断层。**

(2) 组织涌现现象的产生往往不需要组织内有新的主体出现,而主要是由于主体自身的力系属性发生了变化或者整体力系之间出现了新的关联方式,或者这两种情况同时都出现了。这样,管理组织宏观结构可能出现了变化,也可能因为一部分主体的行为发生变化,组织中绝大部分主体的行为产生变化。**主体之间这种一系列自组织行为经过组织中观层次的运行机理的作用会逐渐放大,或演变为一系列更无法预测的整体行为与功能,管理组织新的形态与功能的涌现也由此而生。**

(3) 组织涌现现象形成于组织的动态过程中,这一阶段主体力系的复杂形态既不同于上一个阶段,也往往不同于下一个阶段。在下一个阶段中,无论主体力系自身,还是主体力系之间,都可能出现新的、人们预料不到的新的动力学现象。这些现象可能阻断了主体之间某些原有的关联性,也可能产生了某些新的关联性。这说明**在重大工程管理组织整体行为与功能的形成过程中,无论主体自身的力系形态还是主体力系之间相互直接而显现的关联都会产生一系列复杂而深刻的演化**。

(4)上述情况使人们无法完全准确地预测涌现形成的路径。因此,**涌现现象事先一般是不能被预测,但对后来观测到的涌现现象一般可以解释它的起因与路径由来**。即我们可以在观测到涌现现象后,在宏观认知概念框架下,通过用微观主体力系形态之间的关联来解释,但不能事先用主体力系的相互关系来推算。特别是,我们可以在宏观层面上引入一些新的思想和概念来加以解释。例如,对于微观层面上不同的组织主体力系形态产生的宏观组织行为现象,我们可以通过组织外部环境影响、组织动态过程中的偶然因素以及组织行为出现的临界条件与阈值跨越等进行解释和说明。

由上可见,**由管理组织微观层次上主体力系的复杂形态,到中观层次主体之间力系的相互作用与演化,直至宏观层次组织整体复杂行为与功能的涌现,这是我们认识与分析重大工程管理组织科学问题的主要技术路线**。

7.1.6 重大工程管理组织中合谋行为的动力学分析

运用重大工程管理组织的基本力系及复杂形态的概念不仅可以研究组织的一般行为,还可以研究组织在一定条件下形成的特殊行为。例如工程管理组织中常见的"合谋行为"。

合谋是社会、政治、经济活动中的一种常见现象,《牛津大辞典》认为合谋是"为了损害第三方利益,或者不为任何目的,两个及两个以上的团体私下达成的一种协议"。合谋的经济学认知是指当委托人和代理人之间总契约不完全时,拥有信息优势的多个代理人之间达成某种契约,提高自身效用的行为。

在重大工程建设过程中,具有信息和权力优势的工程主体(包括政府、业主、承建单位、监理等)利用信息不对称、制度缺陷、监管漏洞与其他主体结盟、串谋,通过某种不合法或不合规的手段来获得自身利益,这种损人利己的行为便是工程中的"合谋行为"。可以说,"合"是指两个及两个以上的主体之间互相配合做某事或共同承担某项工作,"谋"本指筹划、谋划、谋求,但这里常有"阴谋"之意。因此,合谋主要是共同谋划某项违规或违法的事件。重大工程建设过程中存在着多种合谋行为。例如,工程招投标阶段不同投标企业间的围标、串标行为使得合适的投标人被挤出局(或者抬高了工程竞价),严重损害了项目投资人的利益。

因此，构建重大工程合谋治理机制非常重要，而这一研究必须建立在厘清合谋行为的发生机理和演化路径的基础上，我们可以用主体力系视角去看待与分析合谋行为。

合谋行为可以分为两类：一类是工程管理组织内个人微观层面的合谋，即一个组织中的两个或两个以上个人为获取非法收益而采取的合谋行为；另一类是组织间合谋行为，是组织与组织之间所产生的合谋行为。

根据委托代理关系的层级结构，合谋行为还有另外的分类方法：一类为代理人与委托人之间或代理人与监管人之间的纵向合谋，表现为不具有信息优势的委托人与具有信息优势的代理人或者不具有信息优势的代理人与具有信息优势的监管人之间的非正常合作。这一类合谋行为甚至可表现为跨越同一层次委托代理关系的两个主体间的合谋，例如政府与承包商合谋，即承包商直接越过项目管理者而与政府代表合谋，具体方式可能是政府代表利用行政权力迫使项目管理者将工程合同交于某承包商。另一类为同级代理人之间的横向合谋，表现为不同效能的代理人之间可能结成的合谋联盟。

为了更深刻地揭示合谋行为产生的内在机理，需要从组织力系角度分析合谋行为的内外部演化以及演化路径。

下面以重大工程管理组织中的主要参与主体为例来剖析合谋行为的动力学架构与演化路径。

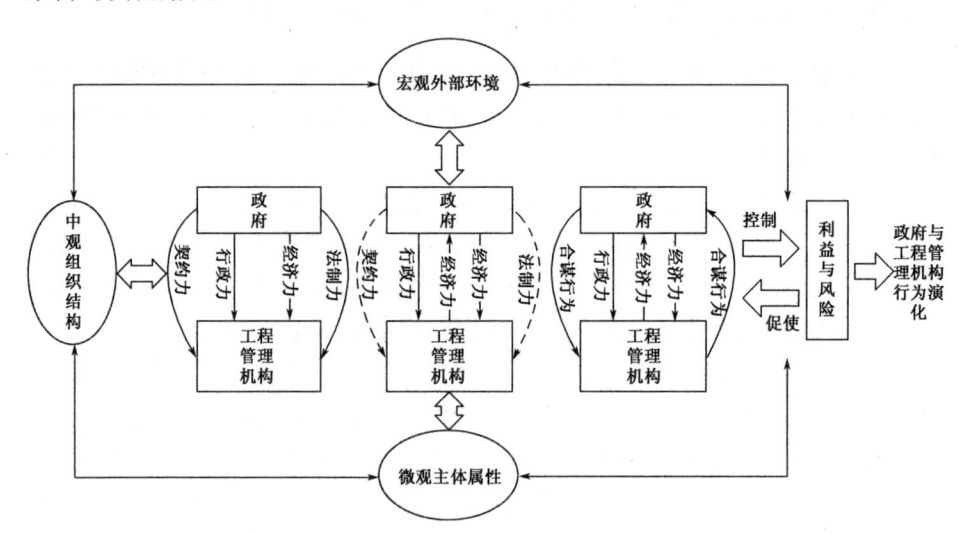

图 7.3　政府—工程管理机构力系结构演化图

1. 政府—工程管理机构

作为例子，本书以代建制模式来分析政府与工程管理机构间的力系与行为

第7章 重大工程管理基础理论的科学问题

演化。

在一般代建制模式中,政府通过招投标的方式委托具有丰富工程建设管理经验的机构进行代建,彼此之间形成了契约力与正当的经济力。而工程管理机构则通过经济力与契约力,以自身的工程建设管理能力获得经济利益,并通过经济力实现工程资源配置与整合。此外,政府以行政力为纽带,行使重大工程决策与管理的公共事务管理权,并在工程相关法律法规(法制力)的强制下以法制力规范各主体行为。

然而,如果法律法规或行业环境的相关制度不完善,或者防范机制或监管机制不健全,有关政府代表捕捉到这一"漏洞"时,为了政绩,可能会自上而下地加大对工程管理机构行政权力的影响,有时甚至向工程管理机构进行本不该有的利益输送,从而形成与工程管理机构的合谋如干预工程可行性分析,使得工程顺利上马。这是一种在权力自上而下配置下的管理组织内的具有政治内涵的合谋行为。

另外,工程管理机构有可能利用法制环境不健全、合同不完备、信息传递滞后等,向具有决策权和审批权的政府代表进行利益输送,并可能逐渐加大利益输送强度,直到政府代表因不敌利益的诱惑而与其结成合谋联盟。这时,原本存在并极为重要的法制力与制约力可能减弱甚至消失,并由此产生双方之间的合谋行为,并从政府那儿套取种种不正当的利益。

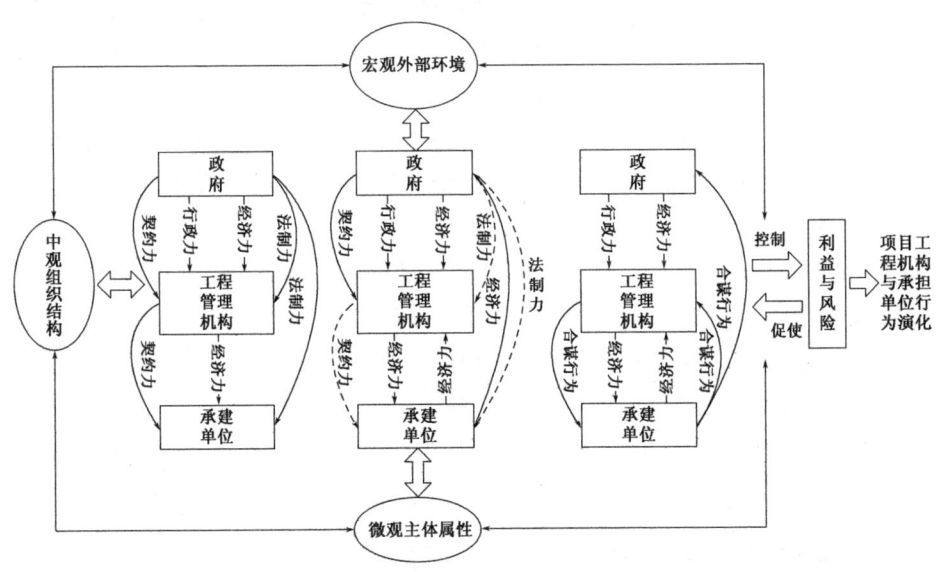

图 7.4 承建单位—工程管理机构力系结构演化图

2. 承建单位—工程管理机构

这里,仍然以代建制模式来分析工程管理机构与承建单位之间力系与行为的演化。

在代建制模式中,工程管理机构在开放市场条件下通过契约力与承建单位缔结合同,并支付合同款,从而形成了经济力,承建单位理应在国家法制环境下,通过法制力接受工程建设相关法律法规的监管。

然而,承建单位是在开放条件下以获取利润为目标的企业,自然希望自身收益最大化。其中,个别企业可能抱着侥幸与法不责众的心理,利用自身的信息优势,向工程管理机构输送经济利益,从而削弱了契约力以及法律环境对自己的约束与监管,并进一步形成承建单位与工程管理机构的合谋行为。例如,这时,工程管理机构可能会利用自身的行政力将合同交付给与之合谋的承建单位以获取工程回扣,而承建单位则通过原本不该存在的经济力的黏合获得工程合同。

更有甚者,承建单位向具有决策权和审批权的政府及政府机构的代表直接输送经济利益,而政府代表则利用自身的权力通过强化行政力迫使工程管理机构将合同交予承建单位。此时,法制力和契约力被行政力和经济力腐蚀,并导致契约所规定的各主体职能变异甚至丧失。这属于管理组织中运用自上而下异化的权力优势来减弱正常契约力而获取不正当收益的合谋行为。

以上案例均属于纵向合谋行为,从中可以看出,纵向合谋行为多是由自上而下的权力高度集中或是多层次组织架构中信息不对称引发的。横向合谋行为则发生在同级代理人之间,这主要是由共同的经济利益诉求导致的、原本没有力系关联的两者之间形成了不正常的经济力。由于力系变化较简单,对于横向合谋行为,这里不作过多论述。

综上分析可见,重大工程管理组织中每个主体的力的综合形态都不是静止的、一成不变的,会跟随宏观环境、组织结构、微观主体属性等发生自组织变化,而管理组织行为也并不是仅由几个因素、几个触点造成的,而是通过内部力系不断演化、涌现与自组织而形成的。可以说,本节的动力学分析验证了本章前几节的观点。

总体说来,合谋行为形成的核心驱动因素在于合谋所获得的利益大于其所承担的风险,这里的利益包括经济利益、政治利益等。这启发我们,合谋行为治理的核心就是如何将经济力和行政力约束在合法范围内,并强化法制力与契约力的约束与规范作用。

7.1.7 重大工程决策组织的动力学分析

本章前面对一般意义上的重大工程组织模式的动力学概念与原理进行了论述。其实,如果针对工程某一具体组织模式,如工程决策组织、工程施工组织等进行其动力学力系结构及动力学原理分析,组织的独特性能够使分析更聚焦和

第7章 重大工程管理基础理论的科学问题

更有细节感。

本部分以中国港珠澳大桥决策组织模式为案例进行动力学原理分析。

1. 中国港珠澳大桥决策组织概述

中国港珠澳大桥是在中央政府主导下,以粤港澳三地政府为投资主体建设的大型交通基础设施工程。由于工程跨越三地,涉及中国"一国两制"制度下的法律、行政、经济环境及议事决策程序之间的特殊情景,这就要求必须在中央政府主导下,由三地政府及国家有关部门共同作为决策主体,形成港珠澳大桥决策组织模式。

另外,为了保证对复杂决策问题给出科学、恰当的决策方案,需要有多学科、多领域专家组成辅助决策支持平台。

再则,港珠澳大桥决策问题涉及面广,问题层次与尺度不尽相同,因此,为了提高决策组织能力和决策效率,需要以不同性质的决策问题为导向,构建相应的冗余性小、效率高的决策组织模式,故在决策过程中,宜形成自适应动态决策组织模式,而不宜构建结构固化的刚性决策组织模式。

以上三个方面是设计港珠澳大桥决策组织(平台)的基本原则。

2. 港珠澳大桥决策组织基本力系分析

大桥决策主体必须拥有相应的公权力,并以此为基础形成决策所必要的事权,而决策主体与决策支持平台之间的关系在很大程度上也是直接或间接通过公权力来委托和维系的。

港珠澳大桥工程决策组织模式大体可分为如下四个阶段。

第一阶段:这一阶段决策的主要任务是在政治、社会、经济等宏观层面上,对大桥工程建设的重要性、必要性等进行综合评价,并确定是否有必要对工程开展可行性研究。完成这一决策任务的行政权与事权主要在中央政府,三地政府通过行政权做好决策支持工作。而为完成好决策综合评价任务并保持决策公正性,中央政府可直接委托权威的专业职能部门执行决策评价任务。由此可见,在这一阶段,政府受社会公众委托作为决策主体,通过公权力的直接与间接让渡而构建具有相应事权的决策组织平台。其中,为保证决策业务正常开展,政府部门与专业机构之间即使有少量的经济契约关系,但这与整个决策组织内强大的行政力系的能效相比,也是微不足道的。何况执行决策任务的专业机构性质也决定了其主要行为并非市场经济环境下的市场行为。

这样,在此阶段,决策主体间力系的主要成分便形成了如下的决策组织内部力系图(图7.5)。

在具体执行中,中央政府指令国家宏观经济计划与管理部门(国家发展和改革委员会)代表其负责此项决策工作,因此,这一阶段实际的决策组织力系结构

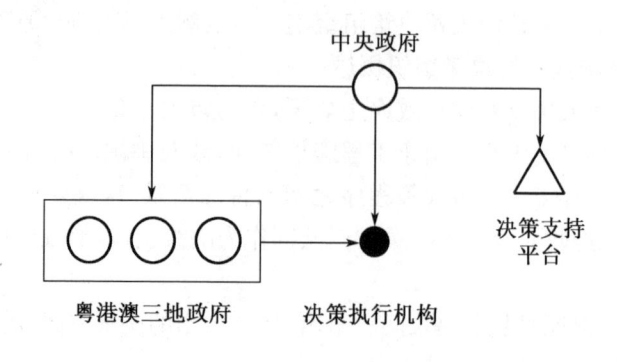

图如下图(图7.6)所示。

图7.5 第一阶段决策组织内部力系图

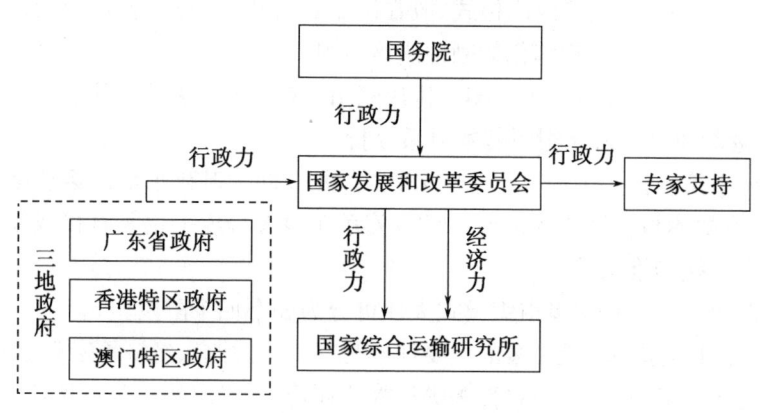

图7.6 第一阶段决策组织力系结构图

第二阶段:在第一阶段决策任务完成后,第二阶段的主要决策任务是以工程可行性分析为主的各专题论证,如交通量调查与分析、工程内容及主要技术标准、建设条件、桥位方案选择、工程建设方案、口岸及设施布置、环境影响评价、投融资方案等决策问题。这些决策问题的重心下移,并直接关系到粤港澳三地各自的政治、社会与经济现状,三地决策偏好既有共同性,又有差异性,甚至会引起利益冲突,因此,一方面,三地政府在这一阶段的决策组织内的作用更加直接和重要,另一方面,组织内部主体之间的摩擦力也会增多。考虑到三地政府的行政平等地位,拟在此阶段的决策组织中增加专司三地行政力协调机构,即港珠澳大桥前期工作协调小组,具体的执行权则交由其下设的常设机构(协调小组办公室),并规定了其工作原则与程序。

另外,在此工程可行性阶段,需要论证大量的专业性决策方案,必须有专业

第7章　重大工程管理基础理论的科学问题

的论证队伍。这可以通过市场渠道招投标选择权威的、独立的法人机构进行论证，并通过经济力和契约力来保障双方的责任与义务，同时由法制力为双方提供行为规范的环境。这时的决策组织内部力系图如图 7.7。这一阶段实质的决策组织力系结构图为图 7.8。

图 7.7　第二阶段决策组织内部力系图

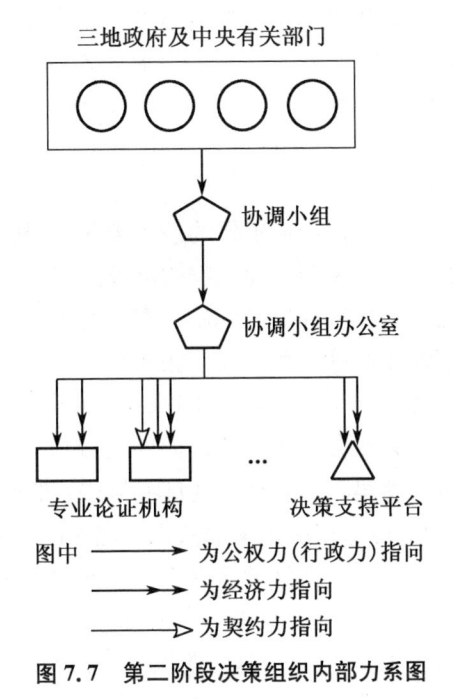

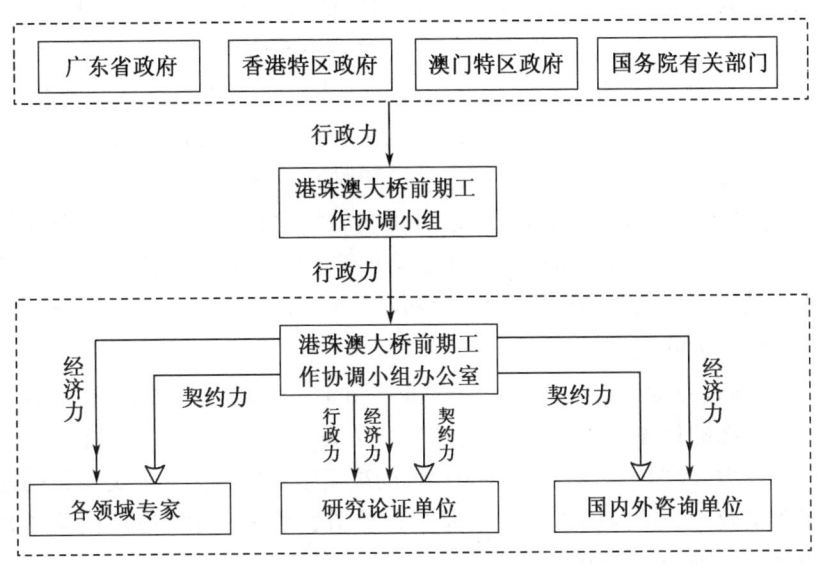

图 7.8　第二阶段决策组织力系结构图

由此可见,这一阶段的决策组织是在行政力与经济力的二元张力作用下开展决策工作的。行政力保障了决策事权的权威性,特别是三地政府与中央政府有关部门组成的协调小组有效地保证了决策主体各方公权力的协同作用,并尽量化解彼此之间力的冲突,具有某种润滑作用。在此基础上,通过法制力不仅构建了高效的决策支持平台,还可选择有能力的可行性论证机构。这时,行政力转换释放出来的经济力则作为社会的、独立的专业法人机构与港珠澳大桥协调小组办公室之间的纽带维系着双方的责任与义务。而法制力与契约力则规范和保障了这一纽带的运行,契约关系、法律关系强化了专业法人机构的职责,保障了高质量决策方案的形成。

第三阶段:随着工程可行性论证工作的进一步开展,基础性的工程建设决策方案获得三地的一致认可,但关于三地政府的出资比例、口岸模式的司法管辖方式、中华白海豚保护的生态补偿等决策问题的复杂性日益凸现出来。港珠澳大桥是跨境公共工程,三地政府是工程立项与投资的主体。而三地政府对港珠澳大桥工程的立项、投融资、口岸模式等重大问题决策有着各自不同的行政管理规则与程序,彼此的差异性必然会增加很多彼此间的接口界面以及彼此的沟通与协调环节。特别是,由于港澳二地具有高度自治与独立的行政管理权,粤港澳三地需要充分沟通与变通才能形成决策上的共识。比如港珠澳大桥的口岸模式选择,在口岸方案制定过程中需要充分考虑由于口岸布设方式不同带来的部分桥面管辖权和移交方式等法律问题。在中华白海豚保护决策中,白海豚保护与桥位选择发生的冲突形成了港珠澳大桥这一阶段决策工作的难点。面对这些决策问题的复杂性与协调难度的增加,三地政府间的行政力系结构必须根据三地行政力的非同向性以及地方政府各自行政力权威不充分的新情况,提供能保证决策组织整体行政力有序和有效并能够对三地非同向力进行仲裁的行政力。根据这一原则,在实践中,即在三地政府之上成立了更高级别的权威性机构——专责小组。"港珠澳大桥专责小组"由国家发展和改革委员会牵头,交通部、国务院港澳办、广东省政府、香港特别行政区政府和澳门特别行政区政府代表共同组成,主要负责协调由港珠澳大桥前期工作协调小组提交的决策议案和重大决策问题以及中央政府交办的其他问题,解决大桥项目前期工作中涉及中央事权及三地存有争议的重大问题。

这样,通过专责小组的行政力来对事权高于三地政府行政权或三地政府出现非共识状态的具体问题进行协调,这实际上是增加了中央政府对港珠澳大桥决策的行政力,改变了新的决策问题导致的决策组织内部力系能力不足的情况,提高了决策效率。这时的决策组织内部力系图如图 7.9,这一阶段实际的决策组织力系结构图为图 7.10。

第7章 重大工程管理基础理论的科学问题

图7.9 第三阶段决策组织内部力系图

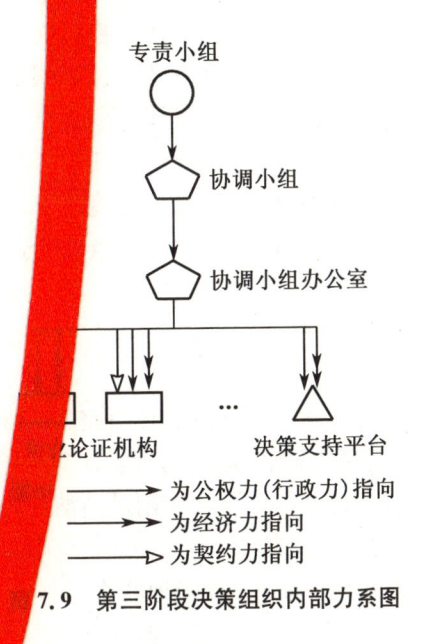

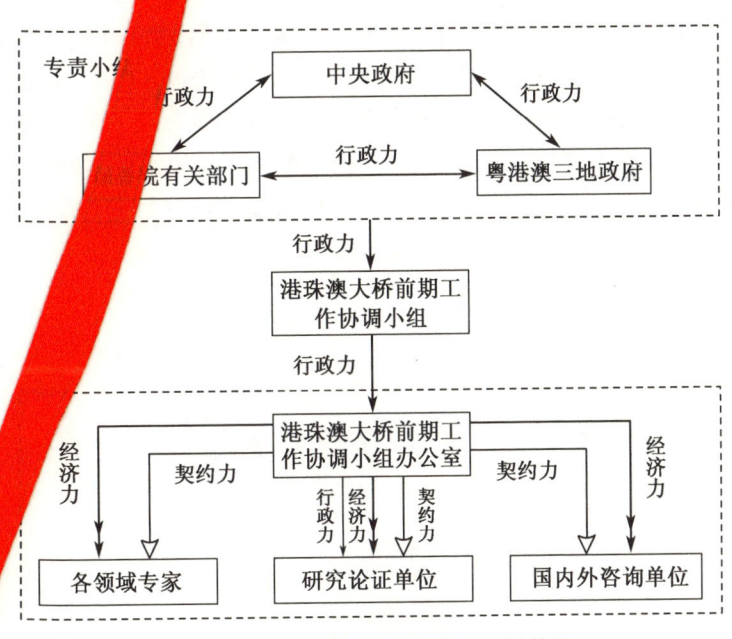

图7.10 第三阶段决策组织力系结构图

本阶段专责小组新的行政力增强了这一阶段诸多复杂问题决策事权的权威性，特别是强化了"一国两制"制度下法制力、行政力的政府协同，进一步完善了原决策组织内部的协同运行机制。

· 167 ·

例如口岸模式决策事实上超越了粤港澳三地政府行政力的权限,专责小组代表中央政府直接介入可以保证在国家行政与法律层面解决该问题。又如,中华白海豚保护决策,涉及建桥工程与白海豚保护之间的冲突,这直接关系到重大工程能否体现工程文化力意义下的工程社会责任,必须在严格行政力与法制力的保障下,根据工程建设充分尊重自然、保护环境的原则,通过寻找法制力与文化力意义下的工程建设与环境保护之间的均衡点,进行功能补偿以实现整体守法。因此,这一阶段成立专责小组,补充了行政力,强化了法制力与文化力,调整了原来的决策组织内部力系结构,使总体决策事权不出现缺口、决策组织功能得到更好的释放。

第四阶段:港珠澳大桥工程可行性论证全面完成后,进入工程建设协调决策阶段。决策问题更多地表现为稳定、常态的现场决策问题。该阶段的重心是保持决策能力的稳定性和执行力,因此需要使用最简洁与顺通的组织架构与模式,运用较短的决策路径来提高决策效率。

因此,具体地体现在保留专责小组、三地联合工作委员会、协调小组的前提下,设立一个常设职能机构。该机构接受三地联合工作委员会委托,从而被赋予了相应的决策事权,同时该机构的职能配置与灵活的管理机制有利于完成相关的决策管理任务,并在出现重大非常规决策与突发性决策情况下,能够临时处理相关问题。在实践中,该机构被命名为港珠澳大桥管理局。这样,原来的组织决策力的重心下移到管理局,使其具有更快捷的解决现场决策问题的执行力。

这时,决策组织的内部力系图如图7.11,而在具体执行中的组织力系结构图为图7.12。

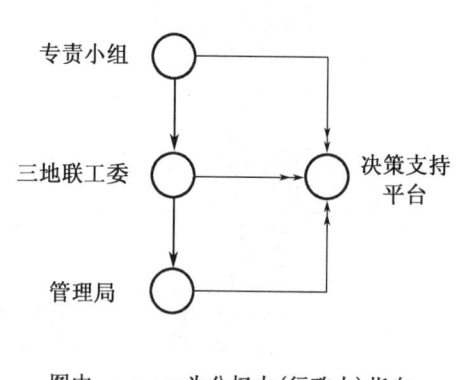

图 7.11 第四阶段决策组织内部力系图

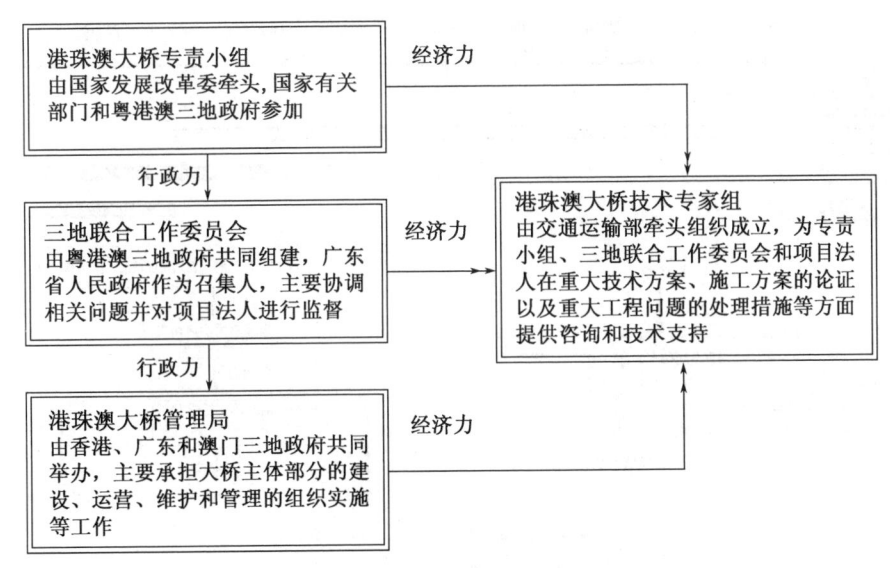

第7章 重大工程管理基础理论的科学问题

```
┌─────────────────────────┐
│   港珠澳大桥专责小组          │     经济力
│ 由国家发展改革委牵头,国家有关 ├──────────────┐
│ 部门和粤港澳三地政府参加      │              │
└───────────┬─────────────┘              │
            │ 行政力                      ▼
            ▼                    ┌──────────────────────────┐
┌─────────────────────────┐   经济力 │   港珠澳大桥技术专家组           │
│   三地联合工作委员会          ├──────→│ 由交通运输部牵头组织成立,为专责   │
│ 由粤港澳三地政府共同组建,广东 │       │ 小组、三地联合工作委员会和项目法   │
│ 省人民政府作为召集人,主要协调 │       │ 人在重大技术方案、施工方案的论证   │
│ 相关问题并对项目法人进行监督  │       │ 以及重大工程问题的处理措施等方面   │
└───────────┬─────────────┘       │ 提供咨询和技术支持              │
            │ 行政力                    └──────────────────────────┘
            ▼                              ▲
┌─────────────────────────┐   经济力       │
│   港珠澳大桥管理局           ├──────────────┘
│ 由香港、广东和澳门三地政府共同 │
│ 举办,主要承担大桥主体部分的建 │
│ 设、运营、维护和管理的组织实施 │
│ 等工作                      │
└─────────────────────────┘
```

图 7.12 第四阶段决策组织力系结构图

对于港珠澳大桥这一特大型重大工程而言,进入建设协调阶段,决策组织内部力系的核心力仍为行政力,因为还需要继续发挥这一阶段中必需的行政力的优势。原因在于:① 港珠澳大桥在建设阶段仍存在三地差异,还需要中央行政力的参与,因此港珠澳大桥专责小组不可缺失。② 考虑到粤港澳三地是独立的法律和经济实体,由代表三地的委员组成委员会以平等协商或根据事权适当区分协商决策的方式进行有关决策比较公允。因此,根据三地协议,粤港澳三地政府在友好协商的基础上,按照属地法律原则,组建三地联合工作委员会来共同负责大桥工程建设中的重大决策事项、协调有关公共事务并对主体部分项目法人(即港珠澳大桥管理局)实施监督,是必要的、合理的。由此可见,三地联合工作委员会实际上是中央政府与三地政府通过协议方式授权设立的负责项目准备、建设、营运决策及进行相应管理的常设机构,享有中央行政力与三地政府行政力共同授予的进行港珠澳大桥协调决策的事权。③ 考虑到政府的监管控制权力、港珠澳大桥的公共工程属性、三地法律法规的差异等,三地政府通过政府式委托代理原理组建了事业型法人——港珠澳大桥管理局。其在以行政力为核心力的引导下,负责大桥主体工程全生命期的投资、建设、运营、管理的具体实施的执行权。可以说,港珠澳大桥管理局集行政力、法制力、经济力于一体,实现了三地政府间行政、经济、法律的平衡,也直接构成了决策组织的平衡,引导了决策组织事权与能力的充分释放和配置。

综上所述,港珠澳大桥决策组织力系结构的柔性演变过程如下:

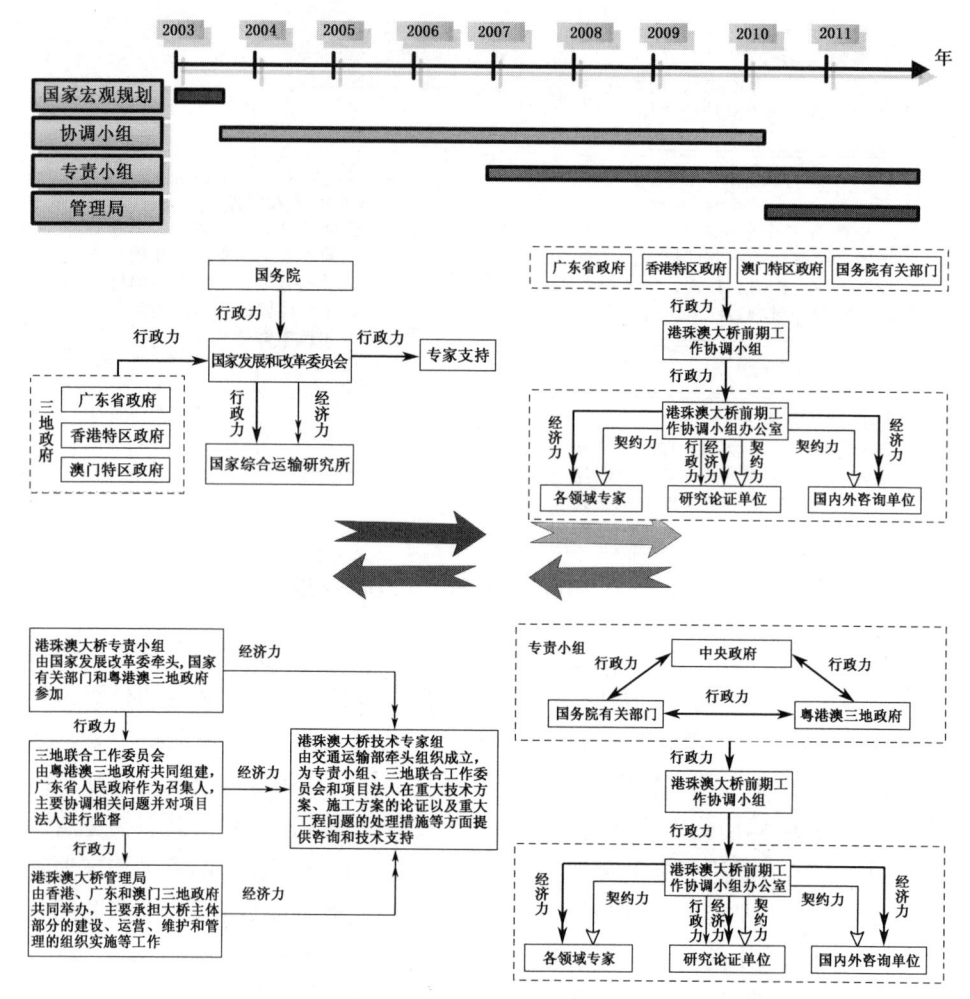

图 7.13　港珠澳大桥决策组织力系结构柔性演变示意图

港珠澳大桥作为一个复杂的重大人造工程系统，在具有动态性和开放性的决策环境下，随着工程立项论证与建设的逐渐深入，决策问题更加复杂，决策涉及面愈加广泛，大桥决策组织所面临的挑战也越来越严峻。为了保证决策的科学性和高效性，港珠澳大桥决策组织适时进行了力系结构重组和自适应变化来获取更高的组织效能。从宏观规划阶段行政力的充分释放到可行性分析前期的行政力与经济力的二元作用，再到冲突协调阶段中央行政力的进一步加强，到工程建设协调阶段行政力优势的持续与稳定发挥，各个阶段决策组织主体力系不断演变从而强化了决策权力，实现了决策能力与决策问题的合理匹配，保证了各项决策活动有序、有效开展。具体演变分析见下表：

表7-3 港珠澳大桥各决策阶段的力系结构演变分析

决策阶段分析事项	国家宏观规划阶段	三地政府协调决策阶段	中央政府协调决策阶段	工程建设协调决策阶段
决策问题	工程的政治、经济、社会效益进行宏观综合评价	工程可行性分析阶段关于交通量调查与分析、工程内容及主要技术标准、建设条件、桥位方案选择、工程建设方案等基本技术方案	口岸司法管辖权引发的口岸模式、中华白海豚法律约束下的生态补偿问题、投融资模式三地体制的不同等	工程现场稳态的决策问题
决策主体	中央政府与三地政府共同开展,委托国家发展和改革委员会负责具体事务	三地政府直接参与,前期工作协调小组进行具体事务决策、协调与管理	中央政府与三地政府共同组建专责小组,由专责小组进行协调仲裁	由管理局作为序主体负责工程建设工作
决策权力	行政权:中央政府 事权:国家发展和改革委员会 执行权:国家综合运输研究所	行政权:三地政府及国务院有关部门 事权:前期工作协调小组 执行权:前期工作协调小组办公室	行政权:专责小组 事权:前期工作协调小组 执行权:前期工作协调小组办公室	行政权:专责小组 事权:三地联合工作委员会 执行权:管理局
组织动力	行政力为核心力,法制力进行约束与保障	行政力与经济力的二元作用,经济力维系契约关系,契约力强化职能安排,法制力进行约束与保障	中央政府行政力的强化	力系结构保持简洁、畅通,发挥行政力的优势

从表中,我们不难得到以下的基本规律:

(1) 在重大工程决策过程中,政府是决策组织的核心主体,通过行政力行使对重大工程重要问题的决策是合法、合理的,作用亦是无法替代的。政府的政治地位、代表性、权威性和整合资源的能力在决策过程中是任何其他社会组织与个人无法相比的,因而在决策组织中,行政力必然是主导的核心力。

政府作为社会公众的利益代表和投资者,对是否提供、何时提供、提供什么样的工程公共产品做出重要的选择和决定,这是重大工程决策过程中政府的社会责任。而要完成这一责任,政府除了要有做出这一选择、完成这一责任的权力,即有决策事权外,还要有对重大工程效益、功能、风险、成本的深刻分析与整体评估的能力和水平,即还要具有必要的决策事能。港珠澳大桥决策组织随着决策问题的变化而适时演变的过程,较好地体现了决策组织的权力、职能、能力与支持等关键决策资源要素与需要解决的决策问题复杂性之间的匹配和对接。不同的决策问题,所需要的权力有大有小,需要的能力也不都一样。因此,为使不出现权力冗余和权力缺失现象,唯有柔性决策组织及组织中力系的不断演化并保持与决策问题相适应,才能提高决策质量和决策效率。

(2) 虽然行政力是决策组织的核心力,但行政力又有大小、级别之分,应依据决策问题需要的权力属性不同而有不同级别的行政力及应对之策。因此,决策时需要明确哪一类决策问题该由哪一级政府进行决策,否则级别高了,会造成权力冗余,这也是一种自上而下的权力越位;级别低了,做出的决策方案缺乏权威性和可操作性,这是一种自下而上的权力越位;或者出现拟决策问题与政府级别未能建立恰当对应关系的现象,这就出现了权力盲区或政府缺位。因此,在重大工程决策过程中,决策组织要保证决策不越位、不缺位,按决策事项的权力属性、重要性、相关性建立分层协调机制,并按各级政府公权力的大小来定位各级政府的责权,发挥好各级政府各自不可缺少并不可替代的作用。

(3) 跨界工程的决策过程中不可避免地会出现权力冲突,通常依靠高层次的行政力来解决冲突。以港珠澳大桥的法律冲突为例,港珠澳大桥横跨粤港澳三个"法系",从而使决策活动受到三地法律、行政法规的约束。有时,在三地政府层次上,行政力无法解决这一冲突,这时必须由中央政府介入以保障法制力的准确执行和决策组织内部力系的平衡。因此,在决策过程中,在法律力的约束下,充分尊重三地属地法律,并在法律法规的相互界面上,充分运用行政力的补充性政策与条款来弥补三地法律法规之间的缝隙,起到了很好的实际效果。

7.2 重大工程深度不确定决策

Simon(1977)说过,"管理就是决策"。这一论断的思想对于重大工程管理而言意味着,虽然重大工程管理活动的内容与形态多种多样,但管理主体最重要的活动形态为决策活动。

从总体上讲,重大工程管理活动的决策有着层次之分。仅就决策问题而言,大体有以下三个层次:

第一层次的决策问题大量存在于工程管理的基层,具有常态性与重复性特点。这类决策问题涉及的要素相对较少、要素确定性程度较高、输入/输出关系明晰,所以决策主体基本上可以根据规定的流程与规则完成决策任务。这是一类有章可循和程序化的决策问题,多为结构化决策问题。

第二层次的决策问题多出现在工程管理中层,如重大工程施工标段的划分,这是一个同时涉及工程进度、质量、风险等多要素且包括多方面不确定性的决策问题。这类问题涉及要素增多，要素间关联紧密且不确定性增强。这一类决策问题中的一部分可通过建立结构化模型来处理，而另一部分则要通过演绎、类比、比拟等半结构模型方法来表述，多为半结构化决策问题。

第三层次的决策问题多出现于重大工程管理宏观层次，这一类决策问题涉及要素更多，要素之间关系复杂，决策目标难以明晰化、不确定性严重，充分反映了重大工程管理问题的复杂整体性，如工程立项论证、社会经济效益评估、投融资模式选择等，多为非结构化的复杂性决策问题。

不难看出，对于上述重大工程管理的三类决策问题，解决第一、第二层次问题相对简单，方法比较成熟，决策主体一般也具备相应的决策能力。但第三层次的问题，因其复杂性而成为重大工程决策活动的难点与重点，需要对这类决策问题确立新的认知、揭示新的规律、设计新的方法。

7.2.1 重大工程决策基本论述

为了重点体现重大工程决策活动的复杂性属性，从现在起，**我们把重大工程管理的上述第三层次决策问题作为研究重点，并简称为重大工程决策问题**。至于另外的第一、二层次决策问题，因其与一般工程决策问题性质与方法基本一致，因此，不再与第三层次问题混杂在一起。也就是说，本书所谓重大工程决策问题即指重大工程管理中一类复杂性决策问题。

一般地，以下三类实际问题都属于重大工程管理中典型的复杂性决策问题：

1. 工程建设中的基础决定性决策问题

这一类决策问题一般对重大工程实体的功能、质量及工程运营具有全局性影响，如工程选址、工程整体方案设计等。这一类问题的复杂性主要体现在：其一，问题涉及工程几乎所有的要素和工程全过程；其二，决策问题多集中于工程建设初期，此时，解决问题所需信息不完全、主体能力不充分等情况更加突出；其三，决策结果对工程后续施工与运营影响大、敏感性强。

2. 工程建设中的需求创新性决策问题

这一类决策问题常常面临难以完全预知的自然环境与技术难题，需要通过创新才能解决，如重大工程关键技术选择与主要施工方案设计等。这一类决策问题的复杂性主要体现在：其一，决策主体普遍缺乏决策需要的完整的知识与能力；其二，决策主体往往需要通过构建创新平台才能实现创新目标，而这本身又会引发一系列新的复杂性决策问题。

3. 工程建设中的发展战略性决策问题

这一类决策问题的目标具有明显的宏观、战略与全局意义，如重大工程整体功能目标设计等。这一类决策问题的复杂性主要体现在:其一,决策目标具有多层次、多维度与多尺度特征;其二,决策问题与环境的深度不确定有着紧密关联;其三,决策主体的工程价值观对决策影响很大。

不论以上哪一种类型的决策问题,最终决策主体都要提出相关的决策方案。根据本书前面所述,在系统意义上提出一个决策方案就是对一个人造复杂系统的功能谱进行设计(包括其中的涌现功能),这一人造复杂系统既包括重大工程硬系统,也包括重大工程软系统,前者即形成重大工程的物理功能、关键技术,而后者则形成重大工程管理方案。另外,系统功能是在要素关联及结构基础上的系统整体行为与系统属性的表现。因此,主体在提出决策方案的过程中,实际上是通过理论思维与工程思维的结合,在既尊重一般规律又体现主体独特意图的基础上,对上述两类人造复杂系统的整体行为与属性进行预设与筹划。一般情况下,主体预设与筹划的价值观都是善的,而且希望将来的工程实体能够释放和实现这些预期的善的功能。但因为重大工程自身以及重大工程—环境复合系统的复杂性,这些善的属性并非都能如期实现,甚至还可能出现主体并未筹划也不期望出现的恶的功能。这反映了重大工程决策目标设计的复杂性。

这里有一个复杂性思维的逻辑关系需要搞清楚。任何系统属性最终都不能脱离实体而存在,而在提出决策方案时,一部分系统属性是主体在虚体工程层面上理论化设定的,即在主体假设与理想化条件下预设的,是脱离实体的。但决策方案的功能价值与作用恰恰又必须通过工程实体与管理活动实践来体现与实现。这表明,重大工程决策方案从设计、形成到实现的过程,是决策主体理论思维与工程思维相互结合,以及总体上从理论思维到工程思维转化的过程。而**这一转化本身既体现路径依赖性,又充满了不确定与演化特点,这是重大工程决策过程与决策主体行为复杂性的主要体现**。

由上可见,重大工程决策活动充满了多方面的复杂性。

7.2.2 重大工程深度不确定决策

在工程思维层面,重大工程决策活动有着多样性的具体内容与形态;而在理论思维层面,研究重大工程决策又要从决策活动的基本属性入手。

当然,我们可以从不同的视角来抽象和理解这种属性。例如,由于重大工程决策目标具有多尺度特征,因此,可以认为重大工程决策是一类多尺度决策;从决策方案形成的迭代式路径出发,可以认为重大工程决策是一类迭代式决策;等等。

但是,最能体现重大工程决策独特性的应是以下现象:决策主体需在一个相对较短的时间内做出一个在相当长时间内(工程全生命期)都能保证其功能始终稳健的决策方案。而在这个相当长时间内,工程环境因为深度不确定可能会形成各种可能的复杂情景及情景的演化。这样,决策方案就要具备关于情景的鲁棒性的品质。没有这一品质,决策方案的功能有可能在工程生命期内受损严重,这将直接影响到工程决策主体本来的意图与工程自身价值的体现。

由此可见,**由深度不确定性而引起的决策方案关于情景的鲁棒性是衡量和评价重大工程决策质量的一个新的、独特的、根本性的学术观点**,同时也使我们认识到,正是这种深度不确定性,使得:(1)重大工程决策活动在许多方面与环节中出现了更多、更严重的数据不精确、信息不完全与情景不明确等现象;(2)重大工程决策目标与方案功能谱同时呈现多层次、多维度与多尺度等新的特点;(3)情景鲁棒性所反映出的重大工程决策方案功能谱对工程全生命期内与环境情景变动的适应性将成为重大工程决策的一种新的客观属性,并可成为重大工程决策方案质量的核心度量标准;(4)决策主体需要逐步确定和深化对决策深度不确定的认知,才能形成高质量的决策方案,所以,重大工程决策方案只有在"迭代式"生成过程中才能形成;(5)基于上述情况,需要提出针对深度不确定特征的重大工程决策新的研究方法,例如,关于情景生成与预测的方法、关于情景鲁棒性的度量与优化技术等。

由此可见,深度不确定性对重大工程决策形成了深刻的、全面的、根本性的影响,而决策的多尺度、迭代式等特征,都可以基于深度不确定这一特质得到延伸或拓展。因此,可以认为,**深度不确定最能体现重大工程决策活动的本质特征,因此,我们认为重大工程决策是一类深度不确定决策**。

将重大工程决策基本属性凝炼和抽象为深度不确定性,有着重要的理论意义:

第一,它揭示了重大工程决策活动与决策问题复杂性的主要根源,这有利于人们从深度不确定性出发,设计解决重大工程决策问题的思路与技术路线。

第二,深度不确定概念与重大工程理论中的情景、多尺度与适应性概念以及复杂性降解、适应性选择、多尺度管理与迭代式生成基本原理等有着紧密的逻辑关联。这样一来,也就把重大工程决策完全置于重大工程管理理论的基本概念与原理之中,进一步强化了重大工程管理理论的系统性与逻辑化。

第三,后面我们会看到,在重大工程管理方法体系中,有相当一部分是针对如何处置工程管理深度不确定问题的,这样,也就为如何具体解决重大工程决策问题构建了必要的桥梁。

就理论思维的逻辑性而言,将重大工程决策视为深度不确定决策,有利于进一步对决策要素属性进行抽象并进行关联分析与因果分析,从而在决策理论层次上形成更细致的关于重大工程决策的基本原理与科学问题。

当然，深度不确定性是重大工程决策最重要但不是唯一的属性。因此，对重大工程决策的全面认知与分析，还要根据工程思维的实际需要，细微地凝炼和抽象出其他概念与特征，以全面揭示重大工程决策的复杂整体性。例如，我们前面提到的决策目标（功能）的多尺度、决策方案形成路径的迭代式等等，虽然不能认为是重大工程决策的最基本的属性，但它们也是重大工程决策问题复杂性的某个侧面。因此，在具体分析和解决重大工程决策问题时，它们仍然有着重要的意义，它们在实际中能够帮助我们设计决策主体行为准则和构建决策方案技术路径等。

7.2.3 重大工程深度不确定决策基本原理

首先，重大工程深度不确定决策是决策范畴中的一种类型，因此，一般决策的基本原理自然也是它的基本原理。例如，重大工程决策活动同样由决策主体、决策问题、决策流程、决策目标、决策方案等基本要素构成。特别是，由于任何决策方案都是决策主体关于人造系统功能的设计，因此，系统分析既是决策的基础，也是决策的辅助技术，自然也是重大工程决策活动的重要组成部分。

另外，就一般程序而言，重大工程决策活动也是以具体的决策问题为导向，确定整体性的决策目标，构造备选的决策方案，通过搜集与分析数据、信息与资料，运用定性定量相结合方法以及计算机模拟仿真技术等，对备选决策方案进行比对、重组与优选，在一定的准则下或者构成决策方案，或者进行上述程序的重新迭代，并最终得到认可的决策方案。

当然，既然是重大工程决策，它必然要体现重大工程管理活动的基本原理，例如，根据复杂性降解原理，在工程目标及功能谱设计的基础上，一般会把整体性的决策问题适当分解为若干个相对独立的子决策问题，并对其分别进行决策，得到各自的决策方案。进一步地，在此基础上，在适应性选择与迭代式生成原理的指导下，或者直接形成一个同时与这些子方案兼容的整体方案，或者对部分子决策方案进行调整而形成一个整体性的兼容方案。

下图是对上述决策过程的示意：

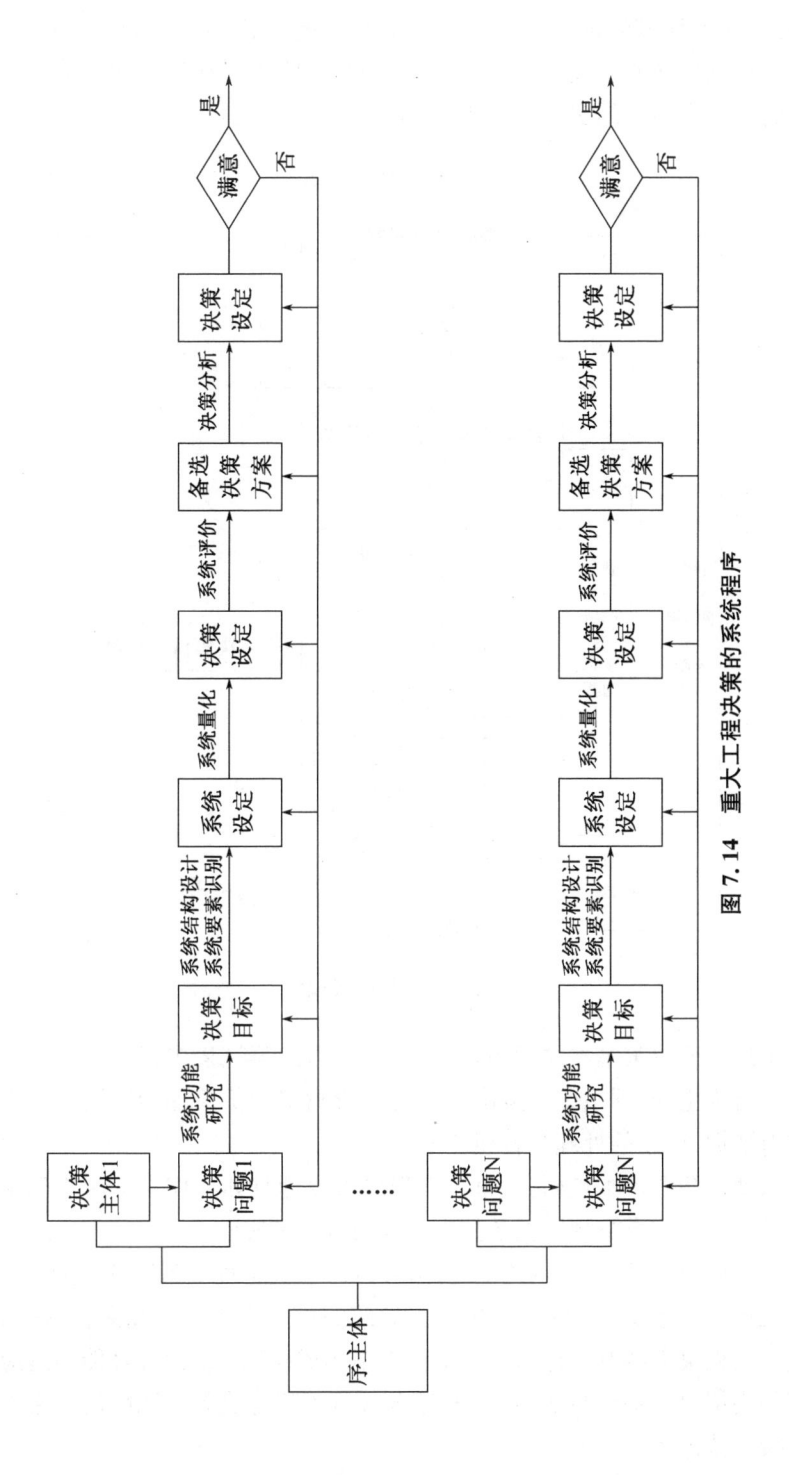

第7章 重大工程管理基础理论的科学问题

图 7.14 重大工程决策的系统程序

另外，在工程思维与可操作层面上，完整的重大工程决策活动是由多阶段相互独立又相互关联的子决策活动过程组成的，这些子活动过程在决策实践中同时表现为决策实践中的实际管理职能（见下图）。

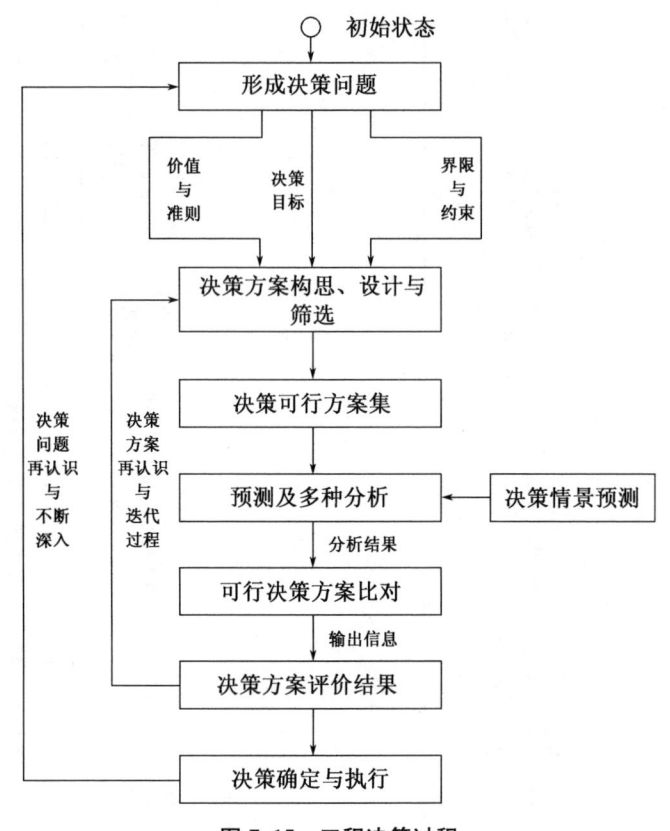

图 7.15 工程决策过程

在上述一般决策基本原理中，我们能够看出决策过程中存在着一条决策主体的基本行为主线，即主体对解决决策问题所确定的价值准则以及在整个决策过程中对数据、信息的处理与转换。

那么就这两个基本点而言，重大工程决策原理是如何体现深度不确定固有的特征并形成有着自身规则性的技术路线与方法的呢？

简单地讲，在工程思维的筹划与操作层面，重大工程决策原理要能充分体现出以下三点：① 有效降解深度不确定而导致的重大工程决策复杂性，提出能够体现重大工程决策特有质量概念的决策方案形成路径；② 设计好能够适应深度不确定的决策组织平台与功能；③ 构建与深度不确定决策相匹配的决策方法体系和决策支持体系。

没有以上这些基于深度不确定性的关于重大工程决策新的认知、组织模式及关键技术与方法，就不能认为已经确立了关于重大工程决策特有的基本原理。因为正是在以上各点综合作用的基础上，才能形成较为完整的重大工程决策主体行为原则、决策流程与决策方法，也才能形成重大工程决策的基本原理与一般范式。

关于重大工程深度不确定决策基本原理更详细的解读将在后面给予阐述。

7.2.4　重大工程决策质量概述

对于重大工程，人们经常谈论工程决策水平的高、低，甚至决策是否出现失误，等等。这些都反映出人们关于工程决策质量的意识。那么，如何理解重大工程决策质量，如何评价与度量重大工程决策质量，又如何提高重大工程决策质量，等等，这些都是重大工程管理理论中决策领域新的重要科学问题。

众所周知，管理学领域中的质量概念始于制造业，最初是针对所制造的物质型产品而言的，如产品材料的物理性能、产品直接使用功能的耐久性与稳定性等都是人们对于产品质量最直接的感知（BusinessDictionary；ISO9001：2008）。人们最初关于工程质量的认知，基本上也是在这一范畴内，是从人造工程硬系统的物理属性，如工程是否坚固、是否经得起环境变化等来衡量工程质量的。

随着人类"制造"实践内涵的拓展，越来越多的以非物质属性为主要特征的产品被制造了出来，如人们的重大工程决策活动就"制造"出了决策方案这样的产品。因为决策方案的功能与作用不再以物质属性，而是以非物质属性体现它的存在与价值，即它通过对一个人造复杂系统功能谱的设计而表现出对解决某个决策问题所做出的规定性。至于这一方案是否合理、有效，在工程整个生命期内是否能够保持稳健，最终是否让人们满意以及满意度的高低，等等，这些实际上就是**重大工程决策质量的基本含义**。

根据这一思想，不难看出：

（1）重大工程决策活动的确具有质量属性，这一属性主要体现为重大工程决策方案对解决某个具体决策问题提出的规定的合理性、有效性与稳健性。

（2）重大工程决策活动是一类理论思维与工程思维相结合的实践，因此，决策方案必然既体现工程建设与管理的一般规律，又体现决策主体在具体工程筹划中的意图与价值偏好。对一个决策方案的质量评价，首先应尊重它对解决决策问题的实际客观作用和效果，至于决策主体的满意程度，只能在尊重这一客观作用与效果的前提下，兼顾主体的价值意图。绝不能以主体的客观偏好凌驾于决策方案所揭示和反映出的客观规律性之上，这一情况往往是重大工程决策出现问题甚至出现重大失误的主要原因。

（3）重大工程决策活动主要是在工程虚体层面上、在工程实施前期所开展的管理活动。因此，决策方案更多地包含着决策主体对某一决策问题的经验与认知，它充分反映了决策主体对该决策问题的预设与理想化。而决策方案的可行性、合理性及可操作性都需要在重大工程造物的实际活动中接受实践的检验，因此，即使一个决策方案经迭代式多次逼近才形成，也不能就认为它就是完美的。特别是重大工程决策是一类深度不确定决策，许多深度不确定性只有在工程建设与管理实践中才会有最真实的暴露，并且一些新的、人们事先无法预知的深度不确定性也只有在实践中才会真实地涌现出来，因此，即使形成了主体很满意的决策方案，方案也还有可能存在隐性和潜在的问题，需要进行完善与变更。所有这些都告诉我们，对于重大工程决策质量的评价与认定，切记：**实践是唯一的检验标准**。

（4）长期以来，人们常常把工程质量与工程决策质量混为一谈，认为工程质量好，就说明工程决策质量高，反之亦然。其实不然。**工程决策质量更多的是决策主体在工程虚体层面上的人造系统功能谱的设计质量，而工程质量则更多的是主体在工程实体层面上的人造系统的物理质量**。前者反映了决策主体主意出得好坏，而后者则反映了根据这一主意东西做得好坏。事实上，既有决策主意好，但建成了一个豆腐渣工程的案例；也有工程决策是错误的，倒是建成了一个坚强工程的案例。

当然，如果工程相对比较简单，工程决策方案关于功能谱的设计与规定，在实践中容易实现，方案中的功能设计转换为工程实体的物理实现路径比较直接和确定。因此，工程决策质量与工程质量之间的关联路径比较短，一致性和吻合度比较强。但对于重大工程深度不确定决策来说，这一点是不容易做到的，因此，不能轻易地把重大工程决策质量与重大工程质量混为一谈。

（5）传统制造业主要看制造的产品——物质性产品的质量，而决策质量主要是看决策方案的质量。但无论制造出一个物质类型产品，还是制造出一个非物质类型的决策方案，都是一个制造过程的最终结果。因此，要研究决策质量，除研究决策方案自身的质量外，还必须研究制造决策方案过程的质量，即研究什么样的决策过程能有利于和保证有更好的决策质量。这实际上告诉我们，必须从重大工程决策全过程来考虑、分析决策方案质量。

综上各点，我们可以看出，建立重大工程决策质量的基本概念是完全必要的，它有助于我们更深刻地理解重大工程决策活动的内涵以及决策方案质量的属性。在此基础上，有助于我们全面探讨如何提高重大工程决策质量。

决策过程的质量涉及决策组织的结构与决策流程，涉及决策主体之间递阶式委托代理关系及决策过程中的行为规范与变异等，这些问题原则上属于 7.1

节范畴,此处主要讨论决策方案质量等问题。

7.2.5 重大工程的情景鲁棒性决策

在 5.1.3,我们曾经指出,重大工程的自然、社会、经济以及自然环境大尺度演化是形成重大工程管理活动深度不确定特征的重要原因,而这一特征在重大工程管理诸多活动中对于工程决策活动影响最大。这主要是因为在相对短的时间内形成的决策方案必须在工程全生命周期内保持其有效性与稳健性,而工程原有环境系统与重大工程—环境复合系统在如此长的时间内产生的多种情景涌现与演化都将极有可能严重影响决策方案的有效性与稳健性,从而降低决策方案的质量乃至使决策方案失效。这一基本认知充分体现了我们关于重大工程各类复杂性对重大工程决策活动影响的整体性理解。

现在来分析这个问题。

决策主体在重大工程前期对工程进行立项与规划论证时,会充分考虑到工程自然社会经济环境的常态性与变异性对工程建设的影响。这时,决策主体一般把环境作为工程系统的背景来考虑,并会尽量在决策方案中体现这些影响以实现工程与环境之间的协调。不难看出,由于**重大工程生命周期长,环境的变动会暴露出深度不确定性并呈现出各类复杂情景,而决策方案的设计与规定要能体现对这类情景影响的适应性,这就必然要把这种适应性充分反映到决策方案的"质量"概念之中**。

进一步地,一旦重大工程建成,原来的环境系统与新建的重大工程在总体上又形成了一个新的人造系统,即重大工程—环境复合系统(见 5.1.1),这一新的复合系统除了可能有助于决策方案实现并保持预期功能,也可能因其新的系统情景涌现与演化,而破坏决策方案作用与效果的稳健性,甚至出现决策主体完全未曾期望过的负面作用与效果。决策的深度不确定性越严重,出现这一情况并造成决策方案损伤甚至失误的风险越大。这将导致人们认为当初的决策方案是有错误的,或考虑不周,或眼光短浅,总之,人们会认为决策质量不高,严重的则认为出现了决策失误。

不难看出,这是两类不同的决策情景的变动与演化。前者主要考虑了重大工程实体尚未形成,环境作为工程背景,类似于工程系统的外部环境变量;而后者主要考虑了重大工程实体形成后,重大工程与原环境系统已相互耦合成一个新的复合系统,无论重大工程还是原来的环境系统都是新的复合系统的子系统,这时的复合系统则类似于工程系统的内部决定变量。不论哪一种情形,它们对重大工程决策方案的形成与质量的影响都是基于决策活动的深度不确定,而重大工程决策方案对作用与效果的规定性面对这两类情景变动与演化时,能否保持稳健性,则充分反映出不同的深度不确定性形态下决策方案的质量属性,**我们称这一类属性为重大工程决策的情景鲁棒性**。进一步地,我们称前者为**重大工程第一类决策情景鲁棒性**,称后者为**重大工程第二类决策情景鲁棒性**。

本书前面介绍过的中国三峡水利工程当初在进行三峡船闸通行能力决策时,因对未来长江货运量增长趋势(社会经济发展情景变动)估计不足,导致过闸船只严重拥堵,从而暴露出决策方案中通船功能设计质量不高的问题。而要解决这一问题,甚至需要在三峡的附坝上再修一条江,在那个地方再搞一个船闸,这就是决策第一类情景鲁棒性问题。

另外,三峡蓄水之后,整个长江中下游出现了一些新问题。如三峡工程以下长江水干净了,但河道冲深了,长江的水位下降了半米到一米,出现了江岸垮塌现象,洞庭湖、鄱阳湖常年水位下降了。至于三峡上游两岸岸边垮塌,有些地方原来是稳定的,现在不稳定了,还得进行居民的二次搬迁,这就是决策第二类情景鲁棒性问题。

这一实例告诉我们,无论是决策第一类情景鲁棒性问题还是第二类问题,其情景变动与演化都会影响决策方案效果的有效性与稳健性,甚至会诱发新的危害情景。显然,一个高质量的重大工程决策方案既不能因为深度不确定而导致的情景变动与演化而使方案效果失去稳健性,更不能因为工程依据决策方案建成后而诱发新的危害情景。**这就是重大工程深度不确定决策情景鲁棒性的科学内涵与实际意义**。

现在我们对决策方案情景鲁棒性再做进一步说明。

显然,对一个高度开放与深度不确定环境,并且在大时间尺度的整体意义下,要考虑重大工程决策方案的质量,既不能仅仅以一个短时间点或一个时间段考察,也不能仅静态或仅在比较稳定情景下考虑问题,而需要在工程全生命期、多尺度以及情景演化与涌现背景下,考察决策方案效果、作用与情景变动之间的契合程度(包括二类情景问题),即**在情景意义下决策方案的效果,作用相对于大时空尺度情景变动既能够保持有效又能够保持鲁棒**。这一认知被我们抽象为评价和度量重大工程深度不确定决策质量的基本概念:决策情景鲁棒性。

由此可见,**情景鲁棒性是重大工程决策质量的基本属性**,是用决策方案效果相对于环境变动的稳健性或契合程度来度量决策方案质量的客观属性。需要强调的是,鲁棒性是工程全生命周期内关于决策方案作用稳健性与契合度的整体性概念。如果把环境(包括重大工程—环境复合系统)看作一个系统,决策方案看作另一个(人造)系统,则**情景鲁棒性就是该方案系统的功能谱与环境系统之间在情景意义下的耦合(契合)度的度量**。

由于重大工程深度不确定决策活动的环境情景不都是"规矩"的,可能是非

第7章 重大工程管理基础理论的科学问题

常态、变异的,并且时空尺度越长,情景的意外可能性越大,这就越有可能对决策方案的有效性造成损伤。而这种意外情景何时出现、会不会出现,造成的损伤有多大,等等,都是深度不确定的。这就意味着,重大工程决策的情景鲁棒性虽然为我们提供了一个观察与衡量决策方案质量的窗口,但还有一系列科学问题需要我们探索与解决。例如,如何更加精细地描述决策方案的情景鲁棒性,如何度量与提高鲁棒性以及如何预测和发现情景等。

综上所述,**如果把情景鲁棒性作为重大工程深度不确定决策的重要质量属性,则称以此作为设计决策方案准则的决策活动为情景鲁棒性决策**。在这个意义上,可以认为,**重大工程深度不确定决策即情景鲁棒性决策**。

一般决策理论中经常有最优决策方案的概念,即基于一定的目标,决策主体通过一定方法,如建立一个结构化的数学模型选择一个优于所有备选可行方案的方案,即最优方案。但对于深度不确定的重大工程决策,要我们准确、全面地提出决策目标并寻找到这样的最优方案实在是困难的。我们只能在尽量顾及深度不确定因素的前提下,选择那些对深度不确定情景变动可能造成的损害不敏感的方案作为整体上可接受的质量高的方案。由此可见,这一思想与传统的最优方案有着很大不同,它总体上更体现了对决策深度不确定以及对决策情景变动复杂性的考虑。这样,也可以认为,**情景鲁棒性是深度不确定重大工程决策方案的最优性**。

7.2.6 重大工程决策情景鲁棒性的度量和分析

在基本明确了重大工程深度不确定决策及情景鲁棒性决策基本原理后,一个重要的问题就是如何预测与发现情景以及如何度量决策方案的情景鲁棒性。因为只有这两个问题有了明确的答案和相应的方法后,我们才有可能对重大工程(情景鲁棒性)决策方案进行评价、选择与改进。

如何预测和发现情景呢?这是一项综合性的新技术。该技术的基本思想如下:任何实际的重大工程决策方案,都是决策主体设计的一个人造系统,因此,必然具有相应的系统功能和系统属性。而决策情景可以当作这一人造系统与环境的整体行为。这样,可以从系统与环境之间的相互影响出发,研究人造系统功能对环境变动的敏感性,这实际上就构建了决策方案对情景的鲁棒性度量的技术路线。

具体地说,可以把以下几方面方法综合起来成为决策情景的预测与发现技术:

(1) 主体根据决策问题的性质,运用自身掌握的专业知识和经验进行展望和质性预测。

(2) 运用相关数据、信息等进行情景关联、结构分析和一定的定量预测。

(3) 把最重要的环境性状作为相应情景的核心表述,并称其为该情景的"**核情景**"。在此基础上,将核情景概念化、结构化,使之成为计算机能够理解的语言,并通过计算机模拟技术与情景建模方法生成情景空间。以上部分内容详见本书9.2节。

综合以上几种方法,再进行一定的校核、验证等步骤,我们就能够得到一定的情景发现与预测结果。

从理论上讲,被预测的未来情景空间很大,即空间内可能包含相当多的情景点。就决策方案的情景鲁棒性而言,其中的许多情景点可能是环境的常态点,它们代表了未来决策环境常见的和稳定的性状,即使这些性状会有波动起伏,它们一般也不会导致决策方案失去功效。所以对决策方案而言,这些情景点的意义和作用是平凡的。但是,情景空间中可能还有另外一类情景点,它们的性状或者它们的波动起伏可能对决策方案的正常功效会造成极大的损坏。不论这类情景点出现的可能性有多大,往往都应该是决策主体关注和花力气防范的。在重大工程决策时,决策主体经常提出百年一遇的质量、安全标准,其实质就是针对这一类虽然罕见(百年一见)但对工程方案功效鲁棒性有极大危害的情景。

我们把这一类即使发生可能性很小,但可能使决策方案鲁棒性遭受极大损坏的情景称为重大工程决策的极端情景。这一概念的提出对我们确立一种评估与选择重大工程情景鲁棒性决策方案具有重要的实际意义。因为这一类极端情景实际上将成为我们判断重大工程情景鲁棒性决策方案的情景阈值,因为决策方案如果能够对这一类极端情景表现出鲁棒性,那该方案对情景空间中其他"平凡"情景点的鲁棒性自然是有保证的。

当然,由于工程决策情景空间太大,极端情景会极端到什么程度,除了一定的客观标准外,还取决于决策主体的价值偏好。例如,我们在选择决策方案时,是仅考虑十年一遇的极端情景,还是考虑百年一遇的极端情景,除了要考虑情景出现的可能性、危害程度等,还必须考虑不同决策方案的实施成本、实现难度等。也就是说,极端情景的最终认定,将由决策主体综合各方面因素,包括情景造成的损坏程度、情景出现可能性大小以及决策方案实施成本及可行性等来决定。

根据上述技术路线,现在我们来设计一种度量决策方案极端情景鲁棒性的方法。这一方法的学术思想如下:以决策主体认可的具有满意鲁棒性决策方案为基准方案,并设计一个与鲁棒性属性紧密关联的性能指标,基于这一性能指标分别赋予基准方案与待评价的决策方案性能指标值,将这两个方案指标值的差距变换为待评价方案的鲁棒性缺失。这里的关键是,变换的方式既与方案的客观属性有关,也与评价主体的决策偏好有关,决策主体不同的价值取向及决策心理将导致对同一个决策方案采取不同的取舍态度。这一点可以从下面构造的不同变换方式看出来。

例如,对某个未来极端情景 s_e(extreme scenario),决策方案 a(decision scheme)具有相应的性能(价值、功效等)记作 $Performance_v(a,Se)$,若决策主体采用方案 a,出现了极端情景必然会遭受风险或损失,现定义决策主体因此产生的悲观值(pessimism value)(Wald,1950)为

$$Pessimism_v(a,Se) = \frac{1}{Performance_v(a,Se)}$$

其中,决策方案 a 属于方案集 $A(a \in A)$。极端情景 s_e 的情景空间 $S(s_e \in S)$,可通过情景耕耘技术等形成。

接着,可通过 $\min_{a \in A}\{Pessimism_v(a,Se)\}$ 准则确定最终方案。可见,这种基于最小悲观值选择决策方案的思想是在极端情景最不利的情况下找出相对最有利的方案。在极端情景下选择悲观值最小的方案,意味着决策主体留有较大的情景鲁棒性余地。

再例如,如果上面的从极端情景最不利情况出发过于保守,在 Lempert 等(2006)人鲁棒决策思想方法的启发下,还可以考虑下述基于后悔值确定方案的方法。该方法的基本思想为:决策主体选定一个方案,因为在未来遇到某个极端情景时,比较某个相对于这个极端情景的满意方案,该选定方案必然因鲁棒性缺失而造成一定损失,决策主体也会因此而自责与后悔(遗憾)。即使如果我们无法完全避免因深度不确定而造成的这种后悔,但我们至少可以按照事后后悔不要太大的原则来选择决策方案。

为此,先给出如下的决策方案后悔值定义:一个决策方案 a 在未来某个极端情景下的性能与该极端情景 s_e 下满意方案性能之间的差称为该决策方案的后悔值(regret value),即

$$Regret_v(a,Se) = \underset{a'}{Max}[Performance_v(a',Se)] - Performance_v(a,Se)$$

其中,决策方案 a' 是决策方案集 A 中所有方案在未来极端情景下性能最好的方案($a' \in A$),s_e 属于情景空间 $S,(s_e \in S)$。

然后,在后悔值中选择最小后悔值 $\min_{a \in A}\{Regret_v(a,Se)\}$,该最小后悔值所对应的方案即主体选择的方案。具体来说,本方法首先度量各决策方案在极端情景下的后悔值,然后找出各方案的最大后悔值,再从这些最大后悔值中选最小后悔值,该最小后悔值所对应的决策方案就是情景鲁棒意义下最优的。

又例如,如果决策主体认为仅从极端情景考虑方案选择过于极端,还可以将极端情景与非极端情景综合在一起加以考虑。这在极端情景出现的可能性极小,或者极端情景下方案成本过大时可以考虑采用。此时,决策主体既考虑到方

案 a 在极端情景 s_e 下的性能 $Performance_v(a,s_e)$，又考虑到 a 在非极端即一般情景 s_g（general scenario）下的性能 $Performance_v(a,s_g)$，并折中考虑这两种情景下度量方案 a 的情景鲁棒性（Hurwicz，1951）：

首先，定义决策方案 a 在 s_e 与 s_g 下的折中（加权平均）性能。

$$Eclectic_v(a,s_e,s_g)=\beta Performance_v(a,s_e)+(1-\beta)Performance_v(a,s_g)$$

其中 $\beta\in(0,1)$ 为折中系数。

然后选择 $\max\limits_{a\in A}\{Eclectic_v(a,Se,Sg)\}$ 对应的那个方案作为情景鲁棒意义下的最优方案。不难看出，基于折中性能的选择原则反映了决策主体既稳妥又积极的决策偏好。

如上所述，虽然情景鲁棒性是重大工程决策方案质量的客观属性，但如何对方案情景鲁棒性进行度量，又能够使其深刻反映决策主体的决策偏好与主观价值是困难的。因为从总体上讲，在设计情景鲁棒性度量方法时，一般都表现出将这一客观属性变换为决策主体的某种主观价值。也正是因为如此，在对重大工程决策方案情景鲁棒性的度量中，很难说只有一种方法或者只有一个唯一的度量值。相反，在不同的度量方法下，会得到多个不同意义下的情景鲁棒决策方案。这一现象反映了重大工程深度不确定性对决策问题与主体决策行为造成的深刻影响。

从总体上讲，关于重大工程深度不确定决策，特别是情景鲁棒性决策的定量化分析方法是重大工程管理理论中刚刚起步并具有学术前沿性的科学问题。

7.3 重大工程金融

第二次世界大战结束以后，许多国家都以财政拨款、政府贷款以及金融机构贷款的方式开始了大规模的基础设施工程建设。但随着工程项目投资额的增加，这种单纯依赖政府投资的工程建设模式很难满足日益增长的工程资金需求。特别是进入 21 世纪以来，随着各国着眼于长远发展战略和国际竞争力的考虑，越来越多的超级工程、重大工程开始涌现，与此相对应，重大工程建设资金缺口的现象也随之日益普遍与严重。

本节从探讨重大工程建设与资金资源的关系开始，分析重大工程建设过程中资金资源的特点、来源渠道，进而论述重大工程投融资的内涵，分析重大工程投融资的基本特征、经济学属性及其困难。而为解决这一困难，本节提出了重大工程金融这一概念，并对重大工程金融这一科学问题进行了界定、特征描述及相关的系统分析。

7.3.1 重大工程资金资源

资金是工程特别是重大基础设施工程建设过程中不可或缺的重要资源。对于一般工程项目来说，建设资金的来源渠道在形式上可分为不同的类型。例如根据会计关系可以分为权益类资金和债务资金；根据国别可分为国内资金和外资资金；根据来源方式可分为自有资金、贷款资金、租赁资金；根据筹措渠道可分为财政拨款、政策性银行贷款、商业银行贷款、证券、信托公司、产业基金以及其他社会资本等几个方面。这些不同形式的资金来源基本上能够解决一般工程项目的资金问题。

从重大工程的角度来看，重大工程的资金来源呈现出如下的不同于一般工程项目的特征：

首先，重大工程资金的需求量巨大，不管是财政拨款还是银行贷款，靠单一渠道越来越难以满足重大工程的资金需求。近几十年来，我国基础设施工程建设的资金来源经历了由国家财政拨款、政府贷款、国际金融机构援助贷款到以特许权经营为特征的项目融资等几个不同的阶段。从由国家完全出资到私人资本的参与，这一变化趋势的出现既是国内国际经济发展和投融资制度改革的推动，也是应对基础设施工程建设资金不足的有效对策。

进入21世纪以来，全球经济一体化速度加快，科学技术日新月异，经济社会发展、贸易运输规模不断扩大，极大地促进了各类基础设施工程的建设，而重大工程投资规模动辄数十亿至数千亿资金要求已经远远超过了一个企业、一家银行、一个财团的承受能力，甚至对于一个政府来说，也是其财政上的巨大负担。从我国基础设施工程建设的历程来看，在不到十年的时间之内，建造了一系列投资额巨大的超级重大工程，如武汉过江地铁工程、京沪高速铁路工程、"五纵七横"国道干线工程……这一系列建设项目预示着未来工程建设资金需求量还会越来越大。

表7-4 中国若干重大基础设施工程投资列表

工程名称	计划投资额/亿元	工程名称	计划投资额/亿元
"五纵七横"国道干线	9 000	哈尔滨大桥高速铁路	923
丝绸之路计划	2 800	港珠澳大桥	700
京沪高速铁路	2 200	上海杭州磁悬浮项目	220
沪蓉高速公路	1 700	杭州湾跨海大桥	160
上海临港新城	1 500	武汉过江地铁	149
武广高速公路	1 168	南京地铁二号线	109

资料来源：根据媒体报道整理

其次，传统的项目资金供给模式在重大基础设施工程巨额的资金需求面前已经表现乏力，完全由一国政府财政出资的建设模式也难以持续，而私人参与和特许经营为主要特征的项目融资模式又因巨大的资金投资量而在实际中难成气候。因此，重大基础设施工程建设强烈的资金需求和资金供给的严重短缺之间的矛盾已成了阻碍重大基础设施工程可持续发展的关键问题之一。

从我国的实际情况看，随着经济社会的发展与进步，大型基础设施工程建设的规模越来越大，标准也越来越高。然而在过去相当长的一段时间内，我国重大基础设施工程建设投资主体仅为政府部门，工程建设资金基本来源于财政预算拨款。虽然20世纪90年代以来，以BOT、BT等特许经营为主要特征的项目融资模式开始陆续进入我国，并在一般的基础设施工程建设领域得到较成功的运用，但在重大基础设施工程领域内，这一模式还处于探索与起步阶段。

总体来看，目前以政府为主导的投融资体系已普遍成为制约世界各国基础设施建设发展的瓶颈。2015年3月，吴建民（2015）在《今日中国》上指出，据亚洲开发银行测算，在未来8—10年，亚洲基础设施工程建设的资金将达到7300亿美元/年，而当前亚洲开发银行和世界银行每年在亚洲地区总投资只有300亿美元左右。而在世界范围内，据世界银行统计，中低收入国家用于基础设施工程建设的资金仅为约4 000亿美元/年，而资金需求量预测高达近万亿，可见基础设施建设资金不足问题不可谓不严峻。

最后，资金筹措难度大更是发展中国家在基础设施项目建设过程中所面临的突出问题，其根源在于相关投融资制度不完善、激励机制乏力以及不尽合理的风险分配机制。具体而言，相比于一般工程，重大工程的资金需求不仅规模更大，而且占用的周期更长，加之利率、汇率等因素还可能提高资金的使用成本；在实际操作层面，重大工程资金提供方涉及多方主体，必然会加重重大工程资金审计、调拨、协调与融资制度的安排和风险管理的难度。

而国际工程项目建设中广泛采用的金融机构或财团贷款等资金筹措方式在我国也遇到了一定的困难。长期以来，中国的银行等金融机构以国有企业为主要贷款对象，业务范围局限性十分明显，缺乏对工程项目投融资的认识和可复制的成功经验，在贷款过程中常常要求项目的母公司提供连带保证，扩大项目贷款的追索范围，借此来规避贷款风险，这就增加了融资的难度和成本。加之国际银团在我国所遭遇的法律、制度困境，例如，与工程项目融资相关的法律法规的滞后以及项目产权的归属性等制度因素，都制约了我国工程项目投融资模式的发展。

7.3.2 重大工程投融资

7.3.2.1 重大工程投融资概述

"重大工程投融资"这一复合型的科学术语有两个关键词,一个是"重大工程",一个是"投融资",其中"投融资"是对这一科学概念的行为界定,而"重大工程"是对这一科学概念的对象界定。虽然学术界尚没有对"重大工程投融资"这一概念的严格定义,但依据对重大工程和投融资的基本认识,在直观上依然可以对重大工程投融资内涵做如下描述:**重大工程投融资是指以实现重大工程这一造物活动所进行的资金投放和融通活动**。重大工程投融资包含了投资和融资两个维度的内涵。

重大工程的投资是指围绕重大工程的资金投入产出的价值和成本估算过程。重大工程投资的特点主要表现为四个方面:第一,投资资金数额巨大,这是重大工程投资的首要特征;第二,由于重大工程的投资资金是随着建设进度而阶段性投入的,因此长时期的工程建设周期决定了重大工程投资过程的长期性;第三,在重大工程投资过程中,任何一项资金的投入都直接转化为重大工程的一部分,因而不可能成为可再次使用的资金,即投资的不可变现性;第四,投资回收的长期性,由于重大工程的投资往往只能通过重大工程运营期间用户对产品或服务的使用付费而获取收益,因此重大工程投资成本的回收极其缓慢。

重大工程的融资是指围绕重大工程的资金筹集过程,这一过程主要包括了重大工程的经济评价、投融资方案的选择、工程投资资金与费用的控制、资金的财务审计以及投融资的模式选择等一系列问题。其主要特征也有四个方面:第一,融资的有限追索性,即当债务人无法偿还银行贷款时,银行对债务人进行追索只能以项目现金流量和资产为上限。重大工程融资有限追索的特征是区别于传统融资完全追索的重要标志。第二,对于工程的投资者而言,如果工程的贷款安排全部反映在借款人公司的资产负债表上,很有可能造成借款人公司的资产负债比例失衡超出银行通常所能接受的范围,因而会采取表外融资的安排。第三,重大工程的融资活动涉及面广,融资过程复杂,风险因素较多,不仅需要多方面的现场交涉,而且需要大量的书面证明与法律协议,这就必然会增加重大工程融资的成本。第四,重大工程投资的巨大规模决定了投资者单凭自身财力难以运作,且投资者自身也不愿承担如此巨大的风险,需要由投资者和与工程建设有直接或间接利益关系的其他参与者和贷款人共同分担。

7.3.2.2 重大工程投融资模式的发展

近年来,我国的经济体制经历了由计划经济到市场经济的转型,并正在不断深化。相应地,中国重大工程的投融资形式也在不同的经济体制和社会背景下产生了不同的模式,即从计划经济下财政拨款的单一投融资模式到政府主导、社会资本参与的模式,并最终演变为如今的政府主导、市场运作的多元化的投融资模式。

1. 计划经济下以政府全额拨款为主的投融资模式

长期以来,在我国计划经济体制下,基础设施工程作为公共品,一直由政府单独投资,各级财政也就成了基础设施工程唯一的资金来源。因此,国家和地方政府的财政状况与政府财政政策对基础设施工程的投资安排影响极大。在这一阶段,基础设施工程项目的资金构成主要由政府预算内支出和政策性收费组成,预算内支出如中央财政专项拨款、"两项资金"和地方政府拨款等,而政策性收费主要指过路过桥费。

2. 以"拨改贷"为主要特征的政府主导的投融资模式

从20世纪80年代开始,改革开放不断深入,国家对企业实施了减税让利的政策,财政收入的增速放缓。作为基础设施工程投资来源的财政性资金出现困难时,银行贷款成为一个新的资金来源。在这样的背景下,我国在基础设施领域开始了"拨改贷"的融资模式。总的来说,政府虽然依旧占据重大工程投资的主导地位,但是可以通过向银行等金融机构贷款来解决建设资金短缺的问题。同时,基础设施建成后可以征收通行费的政策使基础设施项目兼具了经营性特征,财政资金也由无偿改为有偿贷款,为20世纪90年代社会资本的参与打下基础。

3. 政府主导、社会资本参与的投融资模式

20世纪90年代中期以后,我国进一步明确了投融资体系整体改革的方向:投资主体自主决策,银行独立审贷,政府宏观调控,完善中介服务。其核心思想是将投资项目分为公益性、基础性和竞争性三类。其中,公益性项目建设由政府负责投资;基础性项目建设以政府投资为主,并吸引其他主体参与投资;竞争性项目建设由企业投资,政府投资也由原来的中央政府为主转变为地方政府为主。可以看出,这一时期的投融资改革思想是扩大基础设施工程投资渠道,为社会资本进入该领域打开了大门。政府的投资公司、法人机构、海外投资者也相继出现,由此,国内基础设施工程建设的市场化、投资主体的多元化局面开始形成。

4. 政府引导、社会资本运作的多元化投融资模式

进入21世纪以来,中国的基础设施工程建设逐渐形成了"政府引导、社会参与、市场运作、产业发展"的新格局。伴随着"主体多元化、渠道多元化、方式多元化"的三个"多元化"发展,财政出资、民众集资、企业融资、中外合资、BOT模式、PPP模式等多种投融资模式相继出现。基础设施工程投资吸引社会资本参与,积极拓展投融资渠道以及投资主体多元化已成为一个不可避免的趋势。

7.3.2.3 重大工程投融资的经济学解析

根据公共经济学原理,按照提供服务或受益性质,可以把产品分为私有品、准公共品以及公共品三种类型。区分的基本准则是竞争性与排他性。如果某一产品只能向一个主体提供服务,而不能同时服务多个主体,则称该产品具有竞争性属性;如果某一产品只为那些支付费用的主体提供服务,则称该产品具有排他性属性。竞争性和排他性使私人产品得以生产,并在市场中交易,而公共品是既非竞争性又非排他性产品,即公共产品可以向集体提供服务,而且是免费的,如广播、城市广场、免费公园等。准公共产品是介于私有产品与公共产品之间的一种产品类型,比如收费公路。从上述界定来看,重大基础设施工程大多属于准公共产品类型。具体来看,一方面,重大基础设施工程具有私人产品的特征,如高速收费公路、地铁、桥梁、隧道等在制度上实行"谁交费、谁消费,不交费则不能消费"的规则,并且具有的非竞争性是有限度的,由于工程功能容量的限制,任何一个消费者的增加都会挤占其他消费者的使用空间,这样,它就有了私人产品的属性;另一方面,基础设施工程也具有公共品的部分属性,在高速公路、地铁、桥梁和隧道提供的服务中,其服务容量在一定范围之内是具有非竞争性的,即当消费者的数量不多时,增加一个消费者并不影响其他消费者对该产品的使用,非竞争性使其又具有公共产品的特征。这两个方面的综合决定了**重大基础设施工程投资的准公共产品性质,这是重大基础设施工程投资的第一方面的经济学效应**。

重大基础设施工程投资的第二个方面的经济学效应即外部性效应。外部性效应是指如下经济现象:任何一个市场主体的行为都会给其他主体带来一定的除市场性以外的其他方面的影响,如果这种影响是积极的、有利的,则称为外部经济性或正外部性,如果是消极的、不利的,则称为外部不经济性或负外部性。简单来说,外部性就是一个市场主体在正常交易外为其他市场主体提供的便利或施加的成本。对于重大基础设施工程而言,尽管我们可以用基础设施工程在全生命期内的直接经济收益来衡量工程价值的大小,但重大工程项目更重要的价值体现在其产生的社会、经济的外部性,即间接效益方面。

除了投资的准公共产品和外部性效应以外,重大基础设施工程的投资还具有宏观经济效应。凯恩斯主义的经济理论指出,投资基础设施工程会对宏观经济产生需求效应和供给效应两个方面的刺激效应。所谓需求效应是指基础设施工程投资能显著促进一个国家的经济增长,而供给效应是指基础设施在增加资本存量的同时,能扩大生产能力从而影响社会总供给。一般投资理论认为,基础设施工程投资具有汲水效应:一方面,通过提高技术的熟练程度而间接提高私人资本的生产能力;另一方面,基础设施工程的投资收益性可刺激私人资本的投资,进而提高整个社会的投资效率。近年来的研究已经对基础设施工程投资能够促进经济增长这一科学命题达成了共识,并认为其内在机制体现在五个方面:一是基础设施投资能够增加产出,刺激私人投资和提高就业;二是基础设施的生产要素能够作为投入品参与生产,并且有助于带动其他投入品供应的增加;三是提高私人投资生产能力;四是减少企业库存;五是能够产生内部收益。总之,基础设施工程的投资,特别是重大基础设施工程的投资能够产生需求和供给两个方面的宏观经济效应,拉动经济增长。

上述内容从三个角度对重大工程投融资的经济效应进行了分析,即重大工程投资的准公共产品特性、投资的经济外部性以及宏观经济效应。这三个角度从不同的侧面对重大工程投融资的经济学属性进行了界定,突出了重大工程投融资的经济学内涵,为从经济学认识重大工程投融资提供了理论基础。然而,上述内容虽然是对重大工程投融资的经济学属性的分析,但可以看出这种分析存在较大的局限性,主要表现为重大工程投融资三个角度的经济属性:准公共物品性、经济外部性以及宏观经济效应更多的是倾向于对重大基础设施工程这一客体的经济属性的分析。而重大工程投融资是一个复合性的科学术语,对这一科学概念的经济学认识应该从重大工程本身和投融资两个维度展开,但现有的分析是把焦点更多地放在重大工程这一客体之上,而忽视了对投融资的经济范围的界定。

其实,当前与工程投融资有关的资料文献中,不乏对这一概念经济学内涵的初步认识。如不少关于工程投融资的书籍将工程投融资归纳为国际金融的范畴,这种分类显然是值得商榷的。国际金融是涉及国际收支、国际汇兑、国际结算、国际信用、国际投资和国际货币体系的一门学科。工程投融资唯一能够与国际金融产生交集的部分在于国际金融中的国际投资部分,但国际投资是以跨国公司为投资主体,将其拥有的货币资本或资本通过跨国界流动和营运以实现价值增值的经济行为,这与工程投融资有着本质的区别。虽然工程的投融资特别是重大工程投融资也有外资参与,但将工程投融资归于国际金融显然是欠妥的。此外,有研究者分别从工程经济学、项目投资学、工程财务学的角度归纳了工程投融资的经济学范畴,但这种归纳更多的是在技术层面的操作,而不是理论层面或科学问题的界定。基于这样一个现实,本书试图对这一问题给出一个可能的解决途径,即初步提出一个能够包含重大工程投融资内涵的科学体系,同时对这一科学体系进行科学问题层面上的认知。

7.3.3 重大工程金融

7.3.3.1 问题的提出

重大基础设施工程关系到国计民生和国家长远发展,其立项、论证、融资、施工到运营是一个复杂的系统性过程。其中,重大基础设施工程建设资金的筹措、安排、调度、使用和风险管理等构成了重大基础设施工程融资子系统。该子系统不仅需要解决工程建设资金的来源,更多的是要统筹融资制度安排和风险管理。以代建制、BOT、BT、PPP为代表的公共工程融资模式以及以产品支付、杠杆租赁和ABS资产证券化为代表的经典项目融资模式能够很好地解决一般项目的资金来源问题,但对重大基础设施工程而言,融资模式的选择和资金的来源仅仅是其融资子系统的一个构成要素。因此,从治理与制度安排的角度以及统筹规划的角度来说,构建重大基础设施工程融资子系统是比重大工程项目融资更为基础和重要的科学问题,**从金融学的角度来说,可以将重大工程融资体系称为重大工程金融。**

重大工程金融的提出不仅仅是一个学术名词的创造,更是源于其深刻的工程实践基础和时代发展背景:进入21世纪以来,世界范围内的百亿级、千亿级重大基础设施工程建设迅速展开,一系列重大交通工程、大型水利工程、环境保护工程陆续动工建设,形成深刻的重大工程实践基础;2013年,"一带一路"倡议的提出以及2015年亚洲基础设施投资银行(简称"亚投行")的筹建是当前的时代发展背景。特别是亚投行的成立,标志着重大工程在内的基础设施工程建设不仅有了国际上专门的资金来源渠道,还有了专门的制度性规范和专业化的资金管理部门。

7.3.3.2 重大工程金融的科学界定

重大工程金融是重大基础设施工程不断涌现和全球公共产品融资格局出现重大调整的共同结果,具有特定的时代背景,特定的内涵、边界、特点和职能。相对于项目融资,重大工程金融的外延更为广泛、时代背景更为明显、实践价值更为突出、科学意义更为强烈,并由此突显了一些新的问题。而这些新的问题依靠传统的项目融资理论是不能够完全解决的,所以在科学理论与工程实践的基础上,构建重大工程金融理论体系就显得尤为重要和紧迫。对重大工程金融的系统性认识,也即重大工程金融的边界界定问题,是其中最为基本的一个问题。鉴于重大基础设施工程本身的复杂性、系统性、开放性,在其整个工程周期之中都起着决定性作用的资金筹集、资金安排、资金调度、资金风险管理等一系列问题构成了**重大工程金融的边界**。

对于重大工程金融这一科学概念的认识,需要解决以下几个层面的问题:第一是重大工程金融作为一种融资安排,既具有工程融资的某些基本特点,又具有新的内涵;第二是重大工程金融的基本职能综合体现了其实践价值和理论意义;第三是重大工程金融的组织实施包括重大工程金融的多个参与方、参与方的职能、不同参与方之间的相互关系等等;第四是重大工程金融体系的治理,重大工程的建设周期长、难度大、融资风险高,特别是跨国重大工程投资面临着更多的复杂因素,因此,如何解决跨区域、跨国境的重大工程金融体系的治理问题,需要予以重点关注。

基于上述分析,可以对重大工程金融概念作如下进一步界定:**重大工程金融是指在一个开放的环境中构建专门的稳定的治理体系,以服务重大工程建设需求而开展的重大工程建设资金的筹措、调度、安排和管理的金融活动与过程。**

根据上述重大工程金融概念的内涵,不难看出其表现出如下特点:

首先,重大工程金融所进行的一系列投资和融资活动都是以重大基础设施工程建设需求为导向,依据工程规划与进度开展的。相对于公司金融等传统的企业融资方式,重大工程金融的工程导向性特点使得项目发起方或投资方大规模、集团化的融资活动成为可能。在公司金融领域,企业融资多以其自身的财务和资信能力大小作为担保。在这样的背景下,即使是财务雄厚和资信能力较好的企业融得的资金也远远无法满足大型工程建设的资金需求。而在以工程为导向的重大工程金融框架下,考虑到政府的支持、工程的社会效益、工程的经济强度等多方面的因素,工程项目不仅能够获得更大规模的资金来源,而且在贷款期限跨度上也有更长的年限。

其次,重大工程金融具有强大的经济外溢性,但不追寻利润最大化。重大工程投资巨大、周期较长、资金链流动频繁,并且涉及政府、银行、私人财团、保险公司、承包商等多个利益主体,资金流在不同部门之间的转移中不断实现价值的增值,并由此引发经济效益的溢出性。如政府的拨款、私人财团的贷款经过承包商转化为重大工程实物资产,而实物资产由投资银行经过资产证券化,可以进行交易与流动,拥有股权的建筑公司或私人财团甚至可以上市,实现资产的交易和资金更有效率的配置,以此筹集的大量资金进一步推动了社会经济的发展。

在金融领域,不管是以公司金融、国际金融为代表的传统的金融组织模式,还是以互联网金融、供应链金融为代表的现代信息时代背景下的新型金融组织模式,实现资金价值增值和资本利润最大化是其共同的特征。但在重大工程金融框架下,由于重大基础设施工程的公共产品性,公共产品由国家政府部门提供,其最根本的目的是满足社会公众的需求,因此,重大工程金融有着不同于一般金融组织模式的特征,即非利润最大化。但需要说明的是,重大工程金融非利润最大化的特点并不代表其资金的使用是完全公益的、不计成本和利息的。重大工程金融体系中流动的资金在满足重大工程建设任务的同时,依然遵循一般市场规律,在流动中实现价值的转换和增值,并最终以公共产品付费的形式弥补其应有的市场利润。

最后,重大工程金融体系由多信用结构主体构成,由此将带来风险不确定性的多元化。重大工程金融体系下的信用结构主体主要是指重大基础设施工程资金的供给方,包括政府、银行、私人财团、商业集团、外资银行以及信托基金、保险公司等多个部门,因而是一个多主体、多层次的信用结构。如中国港珠澳大桥项目采取了以政府出资为主,兼顾银行贷款的方式;而英法海峡隧道则以私人财团、投资银行的贷款为主要信用主体。

重大工程金融风险具有多元化的特征,包括信用风险、金融风险、市场风险等。重大工程的信用风险贯穿于工程建设的始终,主要表现为重大工程的资金提供方是否能够如期为工程建设提供充足的资金流。金融风险则主要是指利率、汇率、通货膨胀等宏观经济条件变动而引发的风险。鉴于重大工程建设和运营的长周期性,项目建设期不可避免会出现利率、汇率等较大幅度的调整与波动,进而引发资金成本、建设成本、预期收益的风险波动。市场风险则表现为重大工程的需求风险或者自身的收益风险,这一风险的出现主要源于区域经济发展与人口结构的变化以及国家政策的调整等等。

7.3.3.3 重大工程金融与投融资的区别

重大工程金融概念的提出主要就是为了弥补重大工程投融资经济学属性的不足,是将重大工程、投融资以及制度、体系、治理等关键词统一起来的一个更高水平的科学范畴。重大工程金融不仅包含了重大工程投融资的内涵,而且有着更为深刻的外延。总体来看,重大工程金融与重大工程投融资的区别可以从以下四个方面进行区分。

1. **层次不同**

重大工程投融资是对重大工程投资活动和融资活动的一个直观上的称谓,而重大工程金融进一步对重大工程投融资的内涵进行了升华,形成了一个完整的体系。这一体系不仅包含了重大工程操作层面的投融资活动,而且拥有自身的构成要素、关联结构、组织模式、特定功能、运营方式以及业态形式。从治理制度安排以及统筹管理的角度来说,重大工程金融比重大工程投融资更为基础、广泛与重要。此外,重大工程金融有着特定的时代发展背景,如2015年亚洲基础设施投资银行的成立。

2. **内涵不同**

重大工程投融资包含了投资和融资两个维度的内涵:重大工程的投资是指围绕重大工程的资金投入和产出的估算过程,其基本特征表现为投资数额大、投资周期长、投资后不可变现以及投资的回收期长;重大工程的融资是指围绕重大工程的资金筹集的过程,其基本特征表现为融资的有限追索性、表外融资性、融资的高成本性以及风险分担性。重大工程投融资的内涵是围绕重大工程所进行的一系列的工程投资资金的估算、成本收益的分析、现金流的预算以及资金来源的可融性分析等一系列操作性内容。而重大工程金融是重大基础设施工程不断涌现和全球公共产品融资格局重大调整的时代性产物,是不同于重大工程投融资的新的理论概念。同时,重大工程金融是一个由复杂主体构成的具有自身特定功能与业态形式的组织体系。因此,重大工程金融具有更强的理论内涵。

3. 经济学属性不同

从经济学的角度分析,重大工程投融资具有投资的公共品特性、投资的经济外部性以及宏观经济效应三个角度的经济效应。从这三个角度对重大工程投融资的经济学属性进行界定,突出了重大工程投融资的经济学内涵,为从经济学的角度认识重大工程投融资奠定了很好的理论基础。然而这种分析存在着很大的局限性:一方面,上述三个角度是对重大基础设施工程这一客体的经济属性的分析,而缺乏对投融资或工程投融资这一关键术语的深入认知;另外一方面,对重大工程投融资的经济学范围的归纳并不明确,虽然在操作层面上对其进行了工程经济学、项目投资学、工程财务学等不同学科的归纳,但缺乏理论的深度。而重大工程金融正是为解决这一局限性而提出的新的理论概念,能够完全包含重大工程投融资内涵并可进行深入认知,在经济学属性上是一个独立的范畴。

4. 结构功能不同

与重大工程投融资仅仅围绕重大工程所进行的投资和融资不同,重大工程金融既是一系列资金筹措、调度、安排和管理的金融活动,又是一种制度化的设计,具有特定的系统结构、基本功能以及组织和运营形态。具体表现在:在体系结构上,重大工程金融不仅包含了重大工程的投资结构和融资结构,而且还包含了重大工程的资金结构、外部环境以及治理结构,体系结构内容更为丰富;在组织运营方面,重大工程金融包含了组织主体行为、契约体系、风险规避以及重大工程的后评价等。可以看出,重大工程金融具有比重大工程投融资更为丰富的系统意义上的组织、结构与功能。

7.3.4 重大工程金融的组织与结构

从系统性的角度来看,重大工程金融是一个完全相对独立但又与外界环境不断产生资源交换的复杂系统,具有自己的组织形式和结构内容。厘清重大工程金融的组织和结构,对理解重大工程金融的科学思想具有重要意义。

7.3.4.1 重大工程金融的组织

重大工程金融涉及多参与方,概括起来主要有工程主建方、直接投资人、金融机构、财团顾问、技术专家、承包商、供应商以及社会公众等等。在重大工程金融体系中,不同的参与主体具有不同的利益与职责,厘清不同主体之间的博弈关系是解决重大工程金融组织实施的首要问题。

1. 政府

政府作为重大工程的发起者和决策者,在重大工程金融体系中起着重要作用:一是政府为重大工程金融提供投融资环境保障;二是政府为重大工程金融提供法律与政策支持;三是政府为重大工程金融提供强有力的组织支持;四是政府需要分担相当一部分工程风险。

2. 投资方

投资方是与政府部门签订重大工程项目协议的投资者或主导的项目公司。投资方可以是单个公司,也可以是几个公司组成的联合体,在实际的重大工程项目中,联合体的形式往往更为常见,以充分发挥联合的优势。在重大工程运作过程中,投资方一般不直接进行重大工程的建设,而是根据各自的出资情况成立一个自主经营、自负盈亏的有限责任公司,即项目公司,各投资方的所出资金构成了项目公司的资本金,并按资本金的比例对项目收益进行分配。

3. 融资方

重大工程的融资方通常有商业银行、多边金融机构(如世界银行、亚洲开发银行等)以及非银行金融机构(如信托公司)等。在实际执行中,根据工程规模和融资量的多少,融资方可以是一家,也可以是多家金融机构。目前,政府为推广和扶持当地重大工程项目的发展,成立多种形式的产业基金,这些产业基金也是重大工程的融资方之一。

4. 承包商

在重大工程建设中,承包商一般以工程总承包模式负责项目建设。由于承包商主要负责工程建设,因此承包商的选择是影响工程建设成败极其重要的因素,特别是承包商的资历、业绩、信誉、技术水平以及财务能力对投资方关于工程前景的信心与风险的评估影响很大,自然也会影响到他们是否愿意投资的决策。

5. 供应商

在工程建设中,工程材料、装备能否保质、保量、及时满足工程建设现场的需要,直接关系到工程建设的进度、质量与成本控制,而这一切都与供应商的能力与水平有着很大的关系。

6. 专业运营商

由于工程的复杂性,项目公司有时会将部分专业性事务交给专业运营商负责。同承包商、供应商一样,专业运营商的能力与水平也直接或间接影响整个工程的建设。

7. 保险公司

由于重大工程建设过程风险类型多、资金规模大,因此,项目公司、承包商、供应商等都会分别向保险公司投保。保险公司经过精细分析后,可能采取单独,或者联合其他保险公司,或者找再保险公司,或者通过保险的社会化手段以进一步分散和转移风险。

8. 专业机构

为规避重大工程中可能出现的财务、法律、技术、环保、政策等一系列风险,项目公司往往会聘请专业的第三方机构作为法律、财务、管理、技术顾问或咨询专家,以确保重大工程项目合同有序执行。

在重大工程金融组织中,除了需要关注组织主体,还需要关注组织模式。投资方获得工程的建设资格之后,往往会采取项目公司模式开展后续的建设工作。根据工程的规模、投资方的利益需求、政府的认可程度以及资金来源的特征,项目公司有不同的组织模式,如契约式合营类型、公司型合资类型、股权式合资类型、信托基金类型等等。投资方在构建项目公司的过程中,要考虑到项目资金审计、股权分散程度、税收减免优惠、多元化投资的优势以及后续资产转让等一系列问题,以建立最适宜的项目公司组织模式。

此外,在重大工程金融体系中,参与方众多,各种关系复杂,为了保障各参与方的利益,合理分担项目建设过程中的风险,有必要通过合理的形式规定各方的权利、职能以及相应的风险规避机制。如政府部门和投资方(项目公司)之间需要签订投资协议或合同,金融机构与投资方之间存在贷款合同、担保合同、先期购买合同等,投资方与承包商、供应商之间存在承包合同、供货合同等,以及其他主体之间的租赁合同、特许经营合同、产品购买合同以及免责条款,等等。这一系列合同内容既是对各参与主体行为的规范,也是解决冲突与风险问题的依据。

7.3.4.2 重大工程金融的结构

重大工程金融结构主要是对重大工程金融体系的主要要素与关联形态进行构建与规定。重大工程金融中主要有四类结构,分别为资金结构、投资结构、融资结构以及治理结构。

1. 重大工程金融的资金结构

重大工程金融的资金结构,主要是指工程的股本资金、准股本资金和债务资金的形式、相互之间的比例关系以及相应的来源等。重大工程金融可以采用的项目资金结构有股本与准股本、商业银行或政策性银行贷款、国际银行贷款、国际债券、产业信托基金以及发展中国家的债务资产转换等。因此,要充分考虑不同资金来源之间、股权资本和债权资本之间、国内资本和国际资本之间、商业贷款和无息贷款之间的比例关系,在考虑资金可得性的条件下最大限度地降低资金的融资成本,优化资金结构。

重大工程资金结构优化的关键在于重大工程资金管理制度化,这主要包括三个方面的内容:第一个方面是重大工程资金在融资过程中的管理,主要指涉及多方利益关系的合同体系设计以及相应的法律效力问题,如项目发起人与投资方之间的投资协议,投资方与银行、财团之间的贷款协议,以及其他的提货或者付款协议、产品购买协议等;第二个方面是筹集到的资金在重大工程建设和运营过程中的管理问题,包括重大工程资金的财务管理、现金流管理、财务审计等;第三个方面是重大工程资金结构、资本结构和股权结构的优化以及建设成本的控制,主要是防止工程投资方不合理的高额负债或不合理的投资结构而可能导致的资金链问题。

2. **重大工程金融的投资结构**

重大工程金融的投资结构是指重大工程投资者对项目资产权益的法律拥有形式和工程投资者之间的法律合伙关系,即重大工程的所有权结构。在工程项目中,投资结构的设计是一个具有多样化和灵活性的柔性过程。投资结构一般通过对工程本身的投资决策分析来确定,在这个过程中主要考虑的因素包括重大工程的产权责任、决策程序、债务责任、工程现金流、税务结构以及工程会计处理等。从目前的实践看,工程的投资结构已经有了相对成熟的结构模式和框架,主要包括公司型合资结构、合伙制投资结构、契约型合资结构以及信托基金投资结构。

3. **重大工程金融的融资结构**

融资结构是重大工程金融结构的核心内容。在重大工程资金筹集的过程中要优化设计和选择科学、合理的融资结构以满足投资方以及工程其他利益方在融资方面的目标和需求。工程融资结构的设计过程中要详细列出重大工程不同建造和运营阶段的融资计划、实施和管理的主要工作流程和工作内容。同时,融资计划的过程要紧密结合工程财务分析,要求融资人员和财务人员掌握重大工程融资主体、融资模式、融资来源、融资产品、融资市场等专业技术知识,以拓宽融资渠道、降低融资成本,并解决融资过程中可能出现的突发问题。

另外,特别需要注意的是重大工程资金的可融性问题。可融性的意思就是工程资金来源的可靠程度。可融性分析要求重大工程的发起人能够清晰地认识到工程建设期间的费用开支的规模与变动幅度,预料可能发生的成本超支、工期延期等风险并与银行等资金来源方签订相关的合同条款,避免因突发情况而导致资金不到位,工程项目延期、误工甚至流产等情况。特别地,重大工程涉及的资金需求巨大,往往不是一个部门或者一家银行、一个企业所能承受的,需要多个部门如国家银行、财团的联合才能解决工程的资金需求,因此重大工程的可融性分析对于工程整体的可行性分析是必不可少的一个环节。

4. **重大工程金融的治理结构**

重大工程金融的治理结构是对重大工程金融体系的制度化规范。重大工金融体系涉及多个方面的融资单元,如商业银行、跨国投资银行、政策性银行、保险公司、担保机构、产业基金组织、企业财团等等。融资的整个流程体系中又包括融资方案的设计、融资资金的对接、融资协议的签署、融资资金的管理等多个阶段。在如此众多的利益主体参与的流程中如何规避每个环节可能存在的违规、合谋或寻租行为,如何避免资金资源的过度利用或脱节现象、如何使得大规模资金在使用过程中合理而有序,符合财务审计规范等一系列问题构成了重大工程金融治理的主要内容。

7.3.5 重大工程金融中的若干基本问题

上述内容对重大工程金融提出的背景、科学内涵以及组织和结构进行了详细阐述,基本完成了对重大工程金融的科学界定。然而,对于一种新的科学思想、新的科学问题,仅仅对其进行概念和内涵上的界定是远远不够的,更要有能够形成具有学术意义和实践价值的基本问题。下面,笔者从中国重大工程的实践和重大工程金融的学术思想出发,提出若干基本问题的思考。当然,这些思考仅仅是抛砖引玉,重大工程金融更多的基本问题需要众多学者共同探索和研究。

1. 重大工程金融评价

重大工程的金融评价是指在综合性意义下,对工程的投融资理念、模式、方案、效益及风险等进行科学、规范的评估,以在整体性层面上实现对工程建设价值科学、全面的认知。重点是对重大工程在建设过程中的金融活动进行考评、控制、监督、反馈,以达到良好的重大工程金融绩效。在这个过程中,要对重大工程金融的实施过程、经济效益、可持续性、风险问题以及溢出影响等问题进行监测和评价,以确定整个融资过程和资金的使用是否在合理范围之内,并通过及时的信息反馈,为后续的工作或其他类似工程的建设和运营提供经验借鉴。

重大工程金融评价中有一个重要内容,就是重大工程金融的后评价问题。重大工程的金融后评价是指对建设期已经结束、进入稳定运营期的重大工程的融资活动与流程进行全面、客观、系统的总结和评价的过程。如何在重大工程金融体系中进行合理设计和实施,以确保重大工程建设和运营过程中资金流有效率地使用和分配,是重大工程金融后评价的重要内容。

2. 重大工程投融资决策与模式选择

重大工程投融资决策与投融资模式选择是重大工程金融首要解决的问题。具体来看,重大工程投融资决策不同于一般的工程投融资,具有更为复杂、系统和深度不确定的决策特征,选择科学、合理、规范、可行的投融资决策方案至关重要。作为例子,重大工程金融意义下的投融资决策与模式选择的基本问题主要有:

(1) 重大工程的经济评价问题。包括经济评价方法的选择、财务数据的预测分析、效益费用的权衡、对国民经济的影响以及外部性效应分析。

(2) 投融资方案的设计与选择问题。即如何依据重大工程的类型设计出不同的投融资方案并选择最优的方案,如交通类项目、水利类项目、公用设施类项目具有不同的项目特征,在资金约束、资金流量、成本投入、技术水平、参与主体以及社会经济效益方面均有不同的特征,因此,要依据工程的类型选择科学合理的投融资方案。

(3) 投资资金与费用的控制问题。重大工程投资贯穿于工程建设的全过程,并根据工程建设宏观环境的变化、工程建设自身的变动而动态调整,如何在不断变化的内外环境中适时调整投资方、投资量,如何适时控制费用概算,实现效益最优的工程目标。

(4) 投融资的模式选择问题。当前,如何根据有关法规,提高社会资本进入重大工程建设领域的积极性,拓展多种投融资模式,是重大工程金融面临的一个重要问题。这其中特别要关注社会资本对投资风险的高度敏感性,因此,要在加强投资环境的稳定性与工程风险的防范、开展投融资新模式创新研究等方面做好大量的工作。

3. 重大工程金融风险分析与规避

在重大工程管理的相关文献中,风险问题是研究的热点问题之一。对于重大工程金融而言,金融风险分析与规避依然占有重要的地位。重大工程面临的风险可以分为这样三个层次:政府层次的风险、市场层次的风险以及工程层次的风险。政府层次的风险主要是指政治和宏观经济的稳定性、国内外贸易规则的变动性、一国物价和利率的波动性等风险因素;市场层次的风险包括工程的技术水平、资源稀缺性、当地政府的政策支持度以及社会民众的接受度等;工程层次的风险包括工程的设计、施工、资源供给、质量控制以及运营环境等风险因素。

此外,对于重大工程而言,还有更高层面上的原因引起的金融风险,除财政原因导致的工程资金链断裂或者融资渠道中断等之外,严重的自然灾害与社会动荡和冲突等也会使重大工程建设资产遭受重大破坏。

4. 重大工程金融的财务预算控制

在传统的工程投融资框架下,对于工程的财务评估和预算控制形成了机械性的估算定预算、概算定预算、预算定结算、结算定评价的片面逻辑,影响了重大工程的投资进度、财务进度和预算控制。由此,需要思考如何在重大工程金融体系下完善重大工程的财务预算控制制度,以避免投资失控、预算失控以及财务管理失控的无序局面。

在重大工程金融体系中,工程的财务预算控制具有特定的功能,即在重大工程建设过程中,保证建设资金流的安全顺畅,保证财务预算的合理分配,并为重大工程其他目标如进度、质量等的实现提供支撑。从重大工程形成实体的过程来看,财务预算控制可以分为前期、中期和后期三个阶段,即工程前期对概预算的控制,工程中期对费用支出的控制,以及工程后期通过审计、决算对整体财务预算的控制。由此可以看出,重大工程的财务预算控制系统主要包括以下要素:资金使用计划、建设资金调度、投资控制决策、投资概算调整、资金安全保障以及财务预算评估。这些要素与前文中的投融资决策与模式进行有机结合形成了重大工程金融财务预算控制。

5. 重大工程金融的国际一体化

2015年6月29日,亚洲基础设施投资银行(Asian Infrastructure Investment Bank,简称AIIB)在北京正式成立。亚投行是世界上第一家具有专业性、区域性、准商业性的基础设施投资银行。《亚洲基础设施投资银行协定》指出,其主旨是为亚洲地区乃至世界范围内的基础设施建设提供金融服务。在运作方面,将以银行贷款、信托基金、公私合作等多种模式并举的方式来弥补基础设施建设资金的缺口。相比于世界银行和亚洲开发银行消除贫困的多元化目标,亚投行的目标更为明确和集中,其贷款不会像世界银行和亚洲开发银行的贷款一样被分散到卫生、教育、通信、司法等多个领域,而是专门用于增加基础设施工程建设资金的供给。可以说正是亚投行的成立,使得重大工程金融的国际一体化成为研究重大工程金融的重要问题。亚投行随着正常运营与发展,一定会面临一系列重大工程金融的实务问题和科学问题,从而不断丰富重大工程金融理论。

7.4 重大工程技术管理

工程是人们根据一定意图,主要依据一定科学技术原理与自然规律而创造人造物的活动与过程。因此,资金、人才与技术自然成为工程建设的三大重要基础与支点。特别是重大工程,一是技术复杂,二是技术对工程成本、质量、进度与安全等有着牵一发而动全身的作用,三是建设主体往往缺乏足够的满足工程需求的技术储备,从而在工程建设过程中经常产生工程技术需求与供给不足的矛盾。这样,在一定意义上,技术就成为重大工程的核心要素,对技术的管理也就成为重大工程管理的核心活动之一。

7.4.1 重大工程技术与技术管理概述

一般地,重大工程技术是指人们根据工程建设实践和自然科学原理总结积累起来的经验、知识而形成的工程造物必需的各种工艺、方法、技能、工具与装备。应把重大工程技术理解为一个支撑和保证实现工程实体完形的技术体系，而不仅仅是一项或几项单元技术。它具有以下基本内涵和基本类型：

（1）从工程造物活动需求的完整性看，重大工程技术既包括形成工程物理实体所需的工程技术，还包括使工程造物活动有序和有效的管理技术。也就是说，既包括工程硬技术，如施工工艺、技能、方法及先进材料、装备等，又包括管理软技术，如管理体系、组织流程及管理方法等。

（2）不论是硬技术还是软技术，重大工程技术都是多领域、多学科的，如土木工程技术、机械工程技术、信息技术、自动化技术等。

（3）从层级上讲，重大工程技术大体上可以分为以下三类：

① 一般性技术。这类技术用于工程常规性施工，是一类成熟、相对简单、人们一般已熟练掌握了的技术。

② 改进型技术。由具体工程的独特性或新的标准而改进的技术，人们一般已掌握这类技术的基本原理，但仍需要在原有的基础上经过进一步改进、提高和完善而获得。

③ 突破型技术。由工程建设的跨越性或工程复杂性而导致的基本原理尚不清晰、工艺尚不健全甚至还完全不掌握的新技术。这类技术一般不能通过对已有技术做简单的整合或改进而获得，需要通过突破性技术创新实现技术阈值的突破或跨越而获得。

（4）显然，关系到重大工程建设成败的技术主要是上述后两类，特别是突破型技术。其中技术阈值包括技术原理阈值、材料性能阈值、装备功能阈值等等。无论哪一方面，阈值突破的难度与重大工程复杂性之间的关系往往是非线性的，即技术突破难度的增大会远大于工程复杂性的增大。这就使得在重大工程建设过程中，不可避免地会遇到关键技术需求与供给严重不足之间的矛盾。而供给不足的主要原因一般包括工程环境与施工方案的独特性、没有成熟的技术储备、国内外没有相近的替代技术、技术垄断或技术转让价格太高等等。

下表是我国一座20世纪90年代投资额为数十亿人民币的大型斜拉桥工程在建设初期提供的关键技术清单及其工程建设初期技术供给情况一览表。从表中可见，重大工程建设过程中技术供给不足的情况是普遍存在的，因此需要认真对待和解决好。

表 7-5 某桥梁工程关键技术清单

序号	关键技术	技术供给现状	技术供给情况
1	主桥结构体系研究	国外规范设计标准主要针对悬索桥,国内设计标准主要用于跨度较小的斜拉桥	尚未形成针对超千米跨径斜拉桥可供参考的设计标准与规范
2	抗风性能研究	主要研究手段是数值模拟和风洞试验	目前试验缺乏对超大型斜拉桥气动失稳机理的三维分析,尚未形成完整的超大跨径斜拉桥精细化风荷载理论
3	抗震性能研究	已有延性抗震和减隔震两类抗震设计方法	不能直接反映结构性能和损伤程度,缺乏对厚、松、软弱等复杂场地上特大跨径桥梁的场地地震效应分析、抗震设计标准等
4	防船撞系统研究	美国 AASHTO 指导性规范内容齐全。有 VTS 系统等新技术	已有技术中对大型船舶的研究结果与实际情况偏差较大
5	超大群桩基础设计与施工	已有最大桩长超过 120 米,最大桩径超过 3 米,单桩承载力高达 12 000 吨。多采用围堰方式施工	现有桩基规范不完全适合超大直径钻孔灌注桩设计,围堰施工占据水域较大,不利于通航
6	冲刷防护设计与施工	国内外在冲刷防护施工工艺和技术方面已有大量研究并形成施工规范	尚缺少对带有潮汐双向水流作用下的复杂群桩基础局部冲刷预测 国内关于水下抛投防护的施工工艺与技术尚不能指导河口地区群桩桥墩冲刷防护工程设计与施工
7	超高钢混桥塔设计与施工	国内外在塔高、塔形控制及其他相关技术方面均有长足发展与进步	国内尚缺乏国外常采用的钢锚箱方案的路径,也缺乏在大桥检测中应用先进的信息技术和计算机软件技术的路径
8	超长斜拉索减震技术	国内外针对多种震动类型开展了广泛的研究并形成相应的减震措施	一些理论研究成果尚需在工程的实践应用中进一步深化与完善
9	主梁架设技术	国外最大浮吊起吊重量已超过 4 000 吨,起升高度超过 100 米	国内现有施工设备能力尚需提高,桥面吊机需进行专门研制与改善,国内起吊重量尚有差距
10	施工控制技术	国外已有自动检测、分析与预报的计算机控制技术。通过对传感器与桥梁结构远程监控技术更新,桥梁结构健康监测与安全评价系统日益完善	国内在此方面起步较晚,现场控制手段不够先进,预测和判断精度需要提高,并要加强现场施工控制的系统性

一般意义上,解决重大工程技术需求与技术供给不足之间的矛盾包含着重要的、必不可少的技术管理活动。例如,在创新和发明重大工程突破性技术过程中如何组织和构造技术创新平台、设计恰当的技术创新路线,在常规性工程技术活动中如何进行技术选择、制定技术标准、构建技术组织体系,等等,都具有深刻的技术管理内涵,并对重大工程技术的选择、整合及实施具有重要意义。

总的来说,**所谓重大工程技术管理是依据重大工程技术活动规律,针对重大工程技术创新及技术应用所开展的技术决策与选择、技术配置与整合、技术资源计划与协调以及围绕重大工程技术供给与技术保障的组织管理等活动。**

在重大工程管理理论中提出技术管理的概念有着深刻的理论价值和实际意义。

因为对一般工程建设而言,工程技术多为常规和成熟的,人们一般已掌握其原理,在工程建设中如何运用与管理技术也都有完善的规范与程序。因此,在传统的项目管理知识体系中,相对而言,技术管理不是一个突出的问题,所以,PMBOK 划分的 9 个管理知识领域(Project Management Institute,2013)里没有技术管理是可以理解的。但是,对于重大工程而言,技术不仅凸显其重要性与关键性,而且技术的复杂性以及技术管理的内涵、风险与不确定性都大大超过了一般工程,甚至对重大工程管理的其他领域都有着重大影响与引导作用。例如,选择一个基本原理有一定缺陷的新技术,可能会大大增加现场施工难度并导致工程出现隐性质量问题或延长施工工期等。而对于必须通过技术创新才能提供重大工程技术供给的情况问题更加复杂。因为这时需要工程管理主体构建技术创新平台、设计平台机制与流程并做好技术创新资源的配置与整合工作,这实质上是一种通过设计一个复杂管理系统并使其涌现出技术创新功能的行为。所以,重大工程技术管理不仅影响到工程设计与建设过程中的集成化管理、采购管理、进度管理、成本管理、质量管理、人力资源管理、沟通管理与风险管理,还影响到项目后期的运营管理与效率管控。因此,重大工程技术管理概念的引入不仅能够完善和丰富重大工程管理知识体系,有助于提高对工程技术的管控能力,而且对于构建重大工程管理理论体系也有着积极的推动作用。

这样,就重大工程管理而言,技术管理完全有必要成为一个新的、独立的、重要的管理领域。这意味着,就知识体系而言,重大工程的 PMBOK 完全有必要在原来的 9 个知识领域基础上增加技术管理模块而拓展为 10 个知识领域。

7.4.2 重大工程技术选择

1. 重大工程技术选择的界定与内涵

**重大工程技术管理的核心内容就是工程建设的技术选择。所谓工程技术选择，是通过科学程序确定、提供解决重大工程建设技术方案的过程。

首先，重大工程前期设计是对工程造物硬系统结构与功能的规定。设计方案为工程造物提供依据，并决定了工程的综合功能与工程质量。在一定意义上，工程设计是重大工程建设成败优劣的关键，而在工程设计中，包含了对重大、复杂技术方案的选择。因此，技术选择对重大工程造物活动而言，是一项具有全局性和引导性的管理行为。

其次，**重大工程技术选择**不是指对某一两项单元技术的选择，**而是依据工程建设整体需求的技术群选择以及依据工程建设过程需求的技术序列供给与知识序列的推送**。另外，技术选择绝不仅是对多项技术进行技术先进性的比对，而是把技术作为工程设计方案的要素之一，通过对设计方案整体意义上的评价与比对来确定技术方案。也就是说，要把技术自身的先进性、成熟度等与它对工程造物过程中的综合贡献，如技术经济性、安全性、质量保证等进行整体性的系统评价。

最后，重大工程技术选择具有显明的局部可修改但总体不可逆特点。根据工程建设基本流程，重大工程技术选择主要集中在工程建设前期的工程设计阶段。这一阶段形成的工程设计方案不仅对工程总体功能、结构、工期、质量，同时对工程重大、复杂技术问题的解决方案也都作了明确的规定。也就是说，重大工程前期的工程设计方案实际上已对重大工程技术基本原理、工程技术规律及技术综合功效与作用等给予了确定，而且这一确定已作为基本要素之一成为工程硬系统的一部分而被固化，从而使技术选择在工程全生命周期内持续发挥其重要作用。工程建设讲究一次成功性和建设过程的连续演化性，这意味着，**一旦重大工程技术选择完成，即使在某些细微局部上可以进行改进与完善，但从总体上讲，技术选择是不可变更即不可逆的**。由于关键技术选择必须在工程设计方案期内完成，这就决定了**技术选择是一项即时、复杂但需要长期保持有效性的管理行为**，因此，需要有充分体现重大工程技术选择行为特点的技术管理活动作为保证与支撑。

2. 重大工程技术选择的原则

理论与经验表明，重大工程技术选择的基本原则主要表现在以下两个方面：

（1）技术内涵的延展性要广。重大工程技术的内涵一般比较丰富，它除了需要具有坚实的科学原理为基础，还要能够依靠科学原理或者形成新的施工方案与工艺，或者形成新的关键装备与新的工程材料，成为对工程实体建设成功的必要支撑。

（2）技术要与工程一体化。重大工程技术主要是造物活动中工程思维的工具化与手段化。它的价值与意义几乎全部集中在实现工程造物上，而这必须通过技术与工程融为一体来体现。所以,重要、复杂的工程技术选择必须在基本原理正确的基础上,进行必要的工程荷载试验、模型试验、足尺试验、现场试验等;同时要经过实验室试验、中间试验、扩大试验等中间环节与过程,需要从工程现场实际需求出发,获取真实信息与数据,不断修改、完善技术方案,再回到工程现场。如此反复多次,可最大限度地降低技术风险,确保技术方案的可行性与可靠性。例如,对海底隧道工程的关键技术选择,就要对沉管节段进行足尺模型试验,通过多次真实采样来验证不同的混凝土浇筑技术、混凝土配合比设计及裂缝控制技术的可靠性。

3. 重大工程技术选择的路径

重大工程技术选择是一项复杂的系统工程,因为这里的技术是多学科领域的技术群,并且需要将它们集成在一起形成新的技术整体能力。另外,需要实现技术实际效能并转化为工程建设方案以及新装备、新材料、新工艺,还要有较低的可控的风险与成本等。因此,在技术选择的方法方面,人们除采用定性定量相结合、实验模拟、计算机仿真等一系列科学手段外,还要在技术选择过程中有良好的工作机制与组织保证。这包括以下主要内容:

(1) 重大工程技术选择是一个群决策行为,这个群体不仅要包括工程专家,技术专家,工程管理专家,以及社会、环境、财务等专家,而且要包括工程设计、施工和咨询单位。这一群体不仅具有对技术原理、技术可行性及可实施性的论证能力,还具有科学开展技术经济性及风险分析的能力。

(2) 技术选择要有必要的支撑平台,如相关的数据库、模型库、技术经济分析方法库以及关于技术综合评价的支持系统等。

(3) 技术方案选择既然是一个群决策过程,而工程及技术的复杂性必然使得技术选择群体中的每个个体对技术的认知和选择的标准有各自的偏好,从而形成个体之间一开始对技术的非共识状态。这种非共识性是正常的,但必须在其基础上通过一定的工作机制提炼、完善、修正非共识认知中共同的科学、合理成分,即从非共识走向共识,才能保证最终选择的技术方案的科学性。

(4) 为了提高技术选择的质量,除直接参与技术选择的群体外,一般还会聘请具有丰富技术与管理经验的专家组成技术顾问委员会,对技术选择过程中的关键方案进行独立评审。

通过上述技术选择组织模式与机制设计,从选择理念、原则、组织、方法及支持平台等多层次、多领域为技术方案选择提供保障。

虽然在重大工程技术选择过程中,人们充分注意到尽可能发挥群体决策与专家顾问的作用,但由于工程现场的复杂性与环境的动态性,特别是不同类型的深度不确定性会对被选技术作用的有效性与稳健性造成影响,因此,人们还需要对被选技术的技术标准进行规定,特别要使标准有利于技术方案表现出必要的可靠性与鲁棒性。同时,还要制定一套对技术方案进行改进与控制的方法,使技术方案选择的预期目标在工程施工过程中和工程全生命周期内能够有效和稳定地实现。

7.4.3 重大工程技术创新管理

重大工程建设有一部分技术需要通过技术创新形成新技术来解决。这就涉及重大工程技术管理中的另一个重要职能,即**工程技术创新管理**。**重大工程技术创新管理是以组织与实现技术创新为目的的工程管理活动**,也是对重大工程技术创新的管理支持与保证。具体而言,技术创新管理主要由以下几个方面构成。

7.4.3.1 重大工程技术创新战略选择

重大工程技术创新是指工程造物过程中新技术发明创造与应用,是一个完整的复杂系统工程过程,因此,要做好顶层设计与战略规划工作。所谓战略,是从全局性与长远性目标出发,为实现整体目标所作出的谋划。创新战略选择不是具体工作步骤与流程的安排,而是宏观层面上的创新目标、原则、定位、方针的全局性谋划,具有主导性、引领性意义。

根据重大工程造物活动的特点以及工程技术创新的作用,**重大工程技术创新战略选择主要包括以下战略要点**。

1. **工程导向、多方支撑战略**

重大工程技术创新本质上是通过工程科技创新、发明、创造,为工程造物活动提供必要的技术资源,它的最大特点是以工程建设需求为导向。工程导向既要满足工程建设实际需求,保证工程造物活动的成功;又要尽可能减少创新冗余,以降低工程建设风险与成本。重大工程技术创新由于难度大、突破性强,不仅需要构建有效的创新平台,还需要来自其他学术研究、咨询顾问等单位的支撑,甚至需要整合国内外技术资源,以增强创新能力。

2. **多层次创新战略**

近年来,随着重大工程规模不断扩大、技术复杂性不断增强,基于工程建设导向的技术创新面临越来越多的工程级、行业级、国家级甚至世界级技术难题。因此,重大工程技术创新目标在工程导向的原则下,综合工程科技创新的溢出效应、行业目标及国家战略的一致性,形成重大工程技术创新多层次战略,即在解决工程建设具体问题的基础上,集中攻关具有工程行业共性价值的技术难题,实现行业科技水平与国家科技竞争力的提升。具体地,重大工程技术创新的多层次战略包括以下三个层级:① 工程级,即由工程导向提出的技术创新问题。②

行业级,即工程行业的共性关键技术创新问题。③ 国家级,即超越工程导向和行业层面,上升为国家(国际)水平的技术创新问题。

3. 创新产业链式战略

随着重大工程技术创新产品的成功开发与应用,要实现创新产品自主生产并带动相关产业的发展,实现产品到产业的延伸。具体地说,从国家科技创新战略和重大工程对国家社会经济发展的综合作用考虑,重大工程技术创新存在一个**工程技术创新项目—技术创新实现—形成创新产品—产业化**这样完整的链式结构。

以中国苏通大桥为例,大桥斜拉索采用 Φ7 mm 1 770 MPa 高强度、低松弛镀锌钢丝,这是千米级斜拉桥的关键材料之一。业主决定改变从国外购买的方式,而由上海宝山钢铁集团通过技术创新承担斜拉索钢丝制作。经过一年多时间,成功研发了具有良好扭转性能的斜拉索新产品。苏通大桥实现了从工程创新项目到技术创新产品化的转化。

苏通大桥整座桥所用 6 500 吨斜拉索全部由宝山钢铁集团负责提供。全桥共 272 根,单根最长 577 米,重 58 吨,设计寿命 50 年,大大高于目前一般斜拉索 25 年使用寿命的标准,不仅使中国斜拉索制造有了重大突破,而且带动了该行业的发展。

4. 创新的综合集成战略

重大工程技术创新不仅是科技领域的有序活动,而且需要有序的组织管理与协调活动来进行支持与保障,所以在技术创新过程中同时要设计、安排好必要的技术创新管理体系,如创新主体、平台、组织、制度、机制等,并与技术创新活动融为一体,形成一个完整、有效和可操作的综合集成系统(钱学森等,1990)。这一系统不仅要为技术创新活动提供支持和保证,而且还要规范与优化技术创新的目标与功能,不使创新出现冗余,以及不致在工程成本、工期、安全、质量等方面造成不合理的负面效应。

与此同时,综合集成作为一种分析、应对复杂系统的方法论与方法体系,对于重大工程技术创新这一复杂系统行为具有重要的指导和实践意义。特别是综合集成方法体系中的定性定量相结合、人机结合、控制与自组织控制、群体共识形成及综合评价方法等在重大工程技术创新活动中都有着十分重要的实际操作意义。

7.4.3.2 重大工程技术创新管理

重大工程技术创新管理作为一个完善的体系,主要包括以下几方面内容。

1. 重大工程技术创新方式选择

在对重大工程技术创新方式进行选择之前,我们首先了解一下三种基本的技术创新方式：

（1）继承性创新

这是在原有技术基础上的技术改善，一般是对原有技术的局部改进。这类创新既满足了需求，又保证了创新的可靠性。

（2）变革性创新

这是对原有的技术进行一定的变革，它既保持了原有技术的基本性能，又对其基本性能进行了优化和升华。变革性创新是工程技术创新的主要形式，如集成创新和消化吸收再创新都属于这类创新。

（3）"破坏性"创新

这里的"破坏性"并不是说创新的目的是破坏性的，而是指一种原创性的甚至是对立性的创新，它"破坏"了原来某项技术的基本原理或发展路径。这类创新从提出到被证实需要一个长期的过程，要被人们接受、理解并在工程实践中逐步成熟一般需要更长的时间。

从重大工程技术创新的特征可以看出，并不是所有技术创新方式都适合工程需求。例如，破坏性创新虽然最能体现原创性，但从工程技术创新的稳健性要求出发，破坏性创新一般不宜轻易成为工程技术创新的主要形式。因此，为同时满足工程技术的突破性和低风险性要求，继承性和变革性创新较适宜。

进一步分析继承性和变革性这两种创新的内涵，它们基本上是在已有成熟技术基础上的扩展和升华，既包含了技术应用领域的扩大，又包含了技术性能的提升，这就需要对多领域技术进行交叉与融合，这一思维与综合集成管理的基本思想是一致的。因此，**重大工程技术创新应以"需求导向、目标牵引、独辟蹊径、综合集成"为主要方式**。

2. 重大工程技术创新平台构建

所谓重大工程技术创新平台是指通过创新主体的选择、主体行为与职能的确定以及有效的运行机制的设计形成的技术创新活动所必需的条件与环境。该平台能够形成和涌现出实现技术创新的能力。这一能力是创新平台的整体行为，是平台整体功能的体现。

（1）创新主体选择

创新平台的构建是重大工程技术创新管理的首要任务，而创新主体的选择是创新平台的基础。根据熊彼特的创新理论，创新是生产要素的重新组合（Schumpeter，1983）。在重大工程建设过程中，单个主体因资源与能力的局限难以单独完成全部创新要素的整合，因此，重大工程技术创新主体多是由业主、设计单位、施工单位和大学、科研机构等组成的联合体，他们共同构成了重大工程的创新平台。其中，不同主体功能互相补充，在重大工程技术创新平台中发挥着不同的、相互不可替代的各自作用。

另外,根据工程目标与环境的变化,技术创新主体的构成将表现出一定的柔性,主要表现为在不同的工程建设阶段,面对不同的创新需求与目标,创新主体的构成会有所不同。例如,在工程设计阶段应以设计单位为创新主体,建设阶段则应以施工单位为创新主体,这种柔性更能够使创新主体随着工程的推进而产生最适应建设实际需求的技术创新能力。

重大工程技术创新中的许多技术难题必须依托基础性科技研究,如数理、信息、水文、地质、气象等学科研究,这些都需要依靠大学等研究机构的科研力量。因此,在重大工程的技术创新平台中,要有多个相关领域专家智力资源的协同支持。他们一般不以某个组织的身份参与技术创新的具体研究活动,而主要是根据自己的经验和知识对技术创新给予顾问式指导。一般他们都是某一学科的权威人士,具有丰富的经验。

(2) 工程技术创新的旋进式发展

旋进式思想可以将技术创新方案的形成具体化为"不断比对、逐步逼近、最终收敛"的过程。工程技术创新管理中的一些重大问题(如技术创新方案)关系到工程质量、安全、进度及风险防范等重大工程目标的实现。方案涉及技术、设备和人,涉及业主、施工单位、设计单位,涉及组织、文化及经济等多个领域,既有工程技术规律,又有管理规律和人文规律,具有多方面的系统复杂性。因此在确定创新方案的过程中,需要广泛、全面、同等深度地开展概念模型的比对、方案效果的比对,甚至细化到设备效能的比对、人员的比对、施工工艺的比对等。重大工程的技术创新是一个从需求规划逐步逼近工程现场实践需求的演进过程,过程中各个阶段环环紧扣、相互关联,既体现了创新活动和建设实践的紧密融合,也体现了两者之间的旋进式相互推进。

总体上,实际的重大工程技术创新活动一般都要以一个个完整独立的科研项目为载体,并由工程需求直接驱动科研项目的实施,取得创新成果后将其运用到工程建设中,同时有可能产生反馈信息引发新的创新需求,再驱动新一轮科研项目的实施。工程需求即生产性需要,由工程需求驱动整个科研项目的开展,体现了重大工程技术创新的工程实践导向性,以及以应用性研究为主,最终成果要通过工程实际应用来体现价值。

重大工程技术创新是集科学性和系统性于一体的过程。科学性主要体现在尊重科学、实事求是、探索并掌握工程的客观规律、准确把握创新项目研究的技术路线。系统性一方面体现在多个科研项目之间存在的相互联系,如它们涉及的科学规律往往具有很强的相关性,另一方面也体现在科研项目之间的递进关系,即一个项目的终点往往是另一个项目的起点。重大工程技术创新管理过程通过相关的反馈机制,使得各个科研项目之间具备相关性和继承性,符合技术创新科学性和系统性要求(见图7.16)。

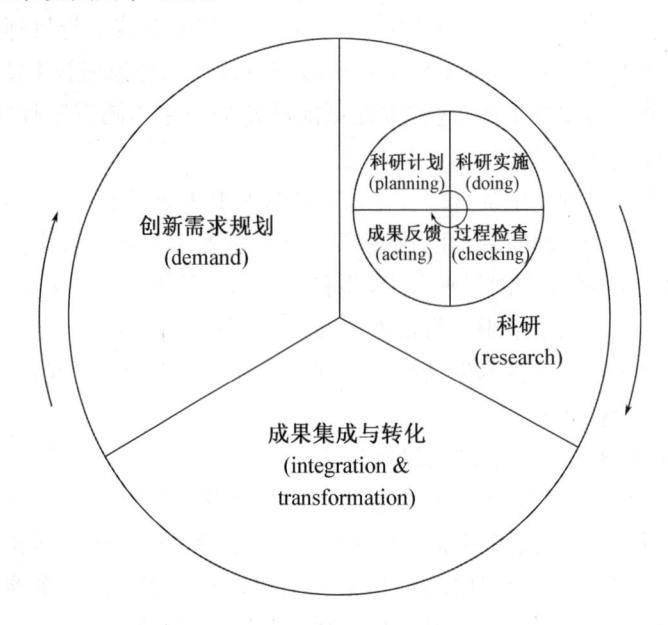

图 7.16　重大工程技术创新三阶段一体化管理

7.4.4　面向重大工程全生命周期的技术管理

重大工程从立项决策、设计、施工,直至最终完工和交付使用,这一系列的过程构成了工程的全生命周期。工程全生命周期主要可分为工程前期、工程建设期、工程运营期、工程退役期4个时期,或6个阶段:规划阶段(也称前期决策阶段)、设计阶段、施工阶段、竣工验收阶段、运营阶段和退役阶段,具体如图7.17所示。重大工程的全生命周期过程涉及技术选型、技术评估、技术方案设计、技术控制、技术审核、技术维护等技术管理内容,可用图7.17描述。

具体地,在规划阶段,技术管理活动包含技术选型和技术评估。所谓技术选型就是根据工程实践需要,对所要用到的技术进行类别、功能等方面的选择。技术可行性评价是通过已建设的同类工程的技术体系和拟新建设工程的技术体系进行流程和要素比较,分析拟新建工程的差异性和特殊性,以及对人员、设备、材料和经费支出等方面的影响,然后评价拟新建工程论证中的技术可行性、经济性与风险等,并通过技术评估的反馈及时调整技术选型的相关决策。在设计阶段,技术管理的内容包含技术实施方案的确定。在工程施工阶段,技术管理包含技术实施与控制等。在项目竣工验收阶段,技术管理的重要内容是技术审核,这一

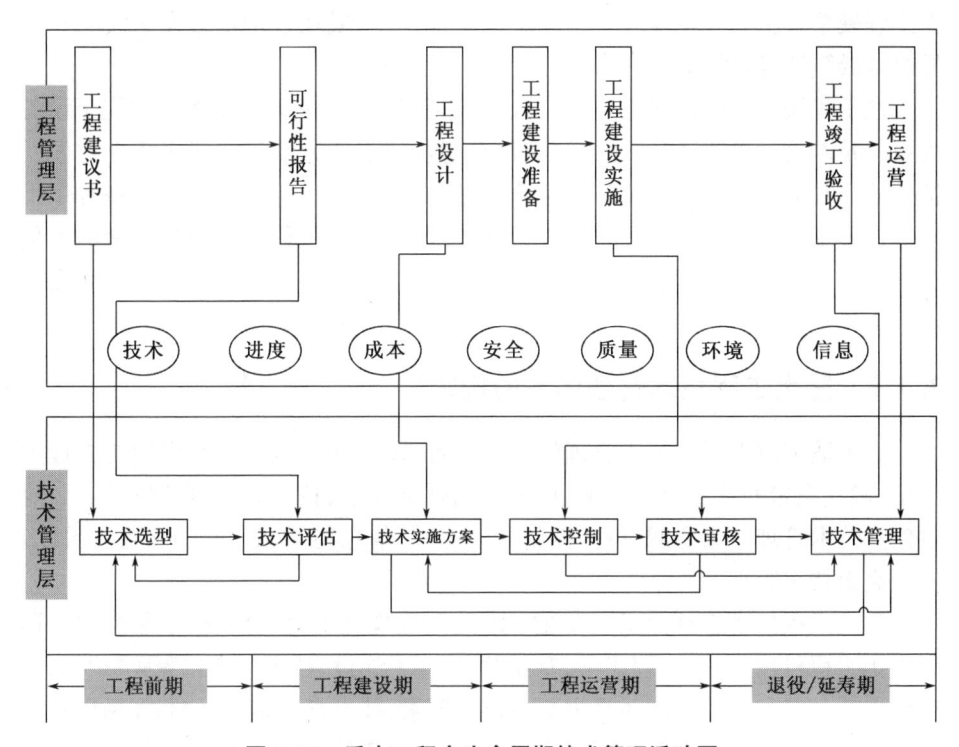

图 7.17 重大工程全生命周期技术管理活动图

阶段的技术审核主要是针对技术实施方案的审核。在项目运行阶段,技术管理则包含运行技术综合管理,同时对技术实施方案、技术控制体系、技术审核结果进行总结分析。

另外,在重大工程全生命周期的 4 个主要阶段,重大工程技术管理有着各自不同的但又相互关联的管理任务。

在工程前期准备阶段,针对工程建设目标,需要落实技术选择、技术可行性分析、技术风险评估、技术安全性分析、主体工程技术准备等流程化工作。其中重大工程的技术安全分析是将技术群作为一个特定的系统,以该系统功能发挥的程度和系统自身的稳健性、有效性来确定技术安全内涵,并以技术选择、可行性评估、风险评估、技术安全等为技术评价体系的基础,做好工程技术准备。

工程建设阶段是整个技术管理体系发挥重要作用的阶段。重大工程的施工是一个复杂的多工种协同操作、多项技术交叉综合应用的过程。在技术管理层面上,有两个基本要求:① 要能够保证施工过程按照科学技术的规律、有序推进;② 要能够充分发挥施工技术团队及技术装备的巨大潜力。

工程运行阶段将涉及工程检修与技术维护、应急管理等,以保证被固化在重大工程硬系统中的技术能够持续稳定地发挥作用,或在技术功效发生波动和变异时,能够及时给予修复与维护。

在工程竣工验收阶段之后,从长远目标来看,为了实现技术改进领先于设备失效的技术管理思想,需要通过制定具有超前意识的方案和路线来建立技术反馈体系。具体来说,这时,工程技术管理另一个关注的重点是对工程准备和工程建设过程中形成的所有工程技术进行分析评价,总结工程在实施过程中的工程技术管理成果,提炼出技术管理经验,为未来重大工程的实施提供借鉴,并在丰富重大工程技术管理理论的同时,促进技术管理团队管理水平的提高。

7.4.5 重大工程技术管理体系的构建

为了适应重大工程技术管理的基本特点,需要在工程全生命周期的管理过程中,确立完善的技术要素体系、技术控制标准体系、技术管理责任体系等。通过建立技术管理要素之间、技术控制指标之间、信息与知识之间的交互和关联,实现高效技术管理。

重大工程技术管理体系需要在一定的授权规则下,按分级授权原则建立逐级承担工程科技创新、工程建议、专业发展、能力建设、技术标准化等职责明晰的组织体系。工程技术管理体系主要由技术要素、技术责任、技术控制体系以及工程技术决策与支持体系等共同组成。其中,技术责任体系是在设计、采购、施工、调试等业务板块内建立的技术组织及岗位体系;技术控制体系是建立的技术控制组织及授权体系,涉及工程部、业务中心等职能部门;技术决策与支持体系是建立的技术决策与支持组织,涉及业务中心、工程部、总工程师团队、工程科技委等职能部门。

重大工程技术管理体系设计基本要点如下:

1. **技术要素体系构建**

技术要素体系是在工程设计、设备供应、工程建设以及运营管理等过程中,对应于主要相关技术最小任务单元的相应技术单元,具有相对独立性、完整性、不可分解性和责任人对应非交叉性等基本属性。

通过基础技术体系分解,建立技术要素体系,梳理技术要素逻辑关系,建立按项目、任务、组织进行柔性组合的技术要素体系。

2. **技术控制标准体系构建**

技术控制标准体系是为了保证工程建设过程中的设计、采购、施工、调试等各环节能够满足工程总体技术指标、法律规范要求以及安全监管部门或业主要求而实施的技术控制标准体系。

按照技术要素建立不同技术要素的控制指标体系,实现了技术要素—控制标准的映射关系,并确定不同安全、质量及风险控制水平下的控制目标值和阈值。

3. 技术责任体系构建

技术责任是指从事某项具体的技术工作而承担的相应责任。技术责任体系是为了保障工程建设所有技术活动(包括工程建设、科技研发、能力建设)的正常开展而设置的有着明确分工和技术授权的各级岗位及其相互协同关系的管理体系。

通过业务—人—技术的映射关系建立技术责任体系,主要研究角色分析、技术分工与授权分析以及技术系统关系分析等。

4. 技术决策支持体系构建

技术决策支持体系是为业务中心技术责任体系及技术控制体系提供技术支持的体系,通过业务所对应的人在技术控制标准、技术隐形知识、技术潜在风险、相关责任人等方面的信息、知识推送,实现决策支持。

整合上述技术要素体系、技术控制标准体系、技术责任体系及技术决策支持体系即实现了对技术管理体系的整体构建。在技术管理体系与重大工程其他管理层级的映射关系中,组织管理模块将角色和岗位映射到技术责任管理模块中相应的技术,表明各个技术要素与相应责任人的所属关系。技术责任管理模块中相应的技术到工程技术控制模块中的各种指标及规范,表示各个技术要素所应达到的标准以及符合的规范,从而为最后一部分的技术决策支持模块提供依据。决策完成之后将结果信息反馈到前三个模块中的相应责任人和技术要素,并做出适当的调整,进一步完成整个过程信息的交互和循环。

图 7.18 所示的技术管理体系分为组织、流程、业务、控制和决策支持五个层级,其中核心层级是流程。以重大工程的流程活动为逻辑和时间序列,将重大工程分解为独立的子业务单元,然后对应所需要的组织人员、完成业务活动需要的技术要素以及相匹配的技术标准,最下层是对应技术决策的知识支持的推拉交互过程。在基础管理的层级模型中,组织管理模块是唯一具有能动性的模块,其对流程模块、业务模块、技术控制模块和技术责任体系模块进行统一调度。一方面,根据设计、采购、施工、调试不同阶段的具体流程,组织管理模块将角色和岗位对应到技术责任管理模块中的相应技术责任;另一方面,组织管理模块将技术责任管理模块与技术要素体系联系起来,表示了各个技术要素与相应责任人的所属关系。技术控制模块中的各项指标与规章制度对技术要素体系进行规范化约束,同时,技术责任体系中相应的技术和技术责任人都要在技术标准体系的控制下进行一系列活动。基于以上各个模块的相互协调机制,技术决策支持体系对相应的业务提供技术管理决策支持,该体系包含技术知识库和决策知识库,可以根据具体业务协助科学决策。决策过程结束之后将决策结果反馈到组织管理模块,进一步调整和优化技术责任体系及技术要素体系,从而实现整个技术管理

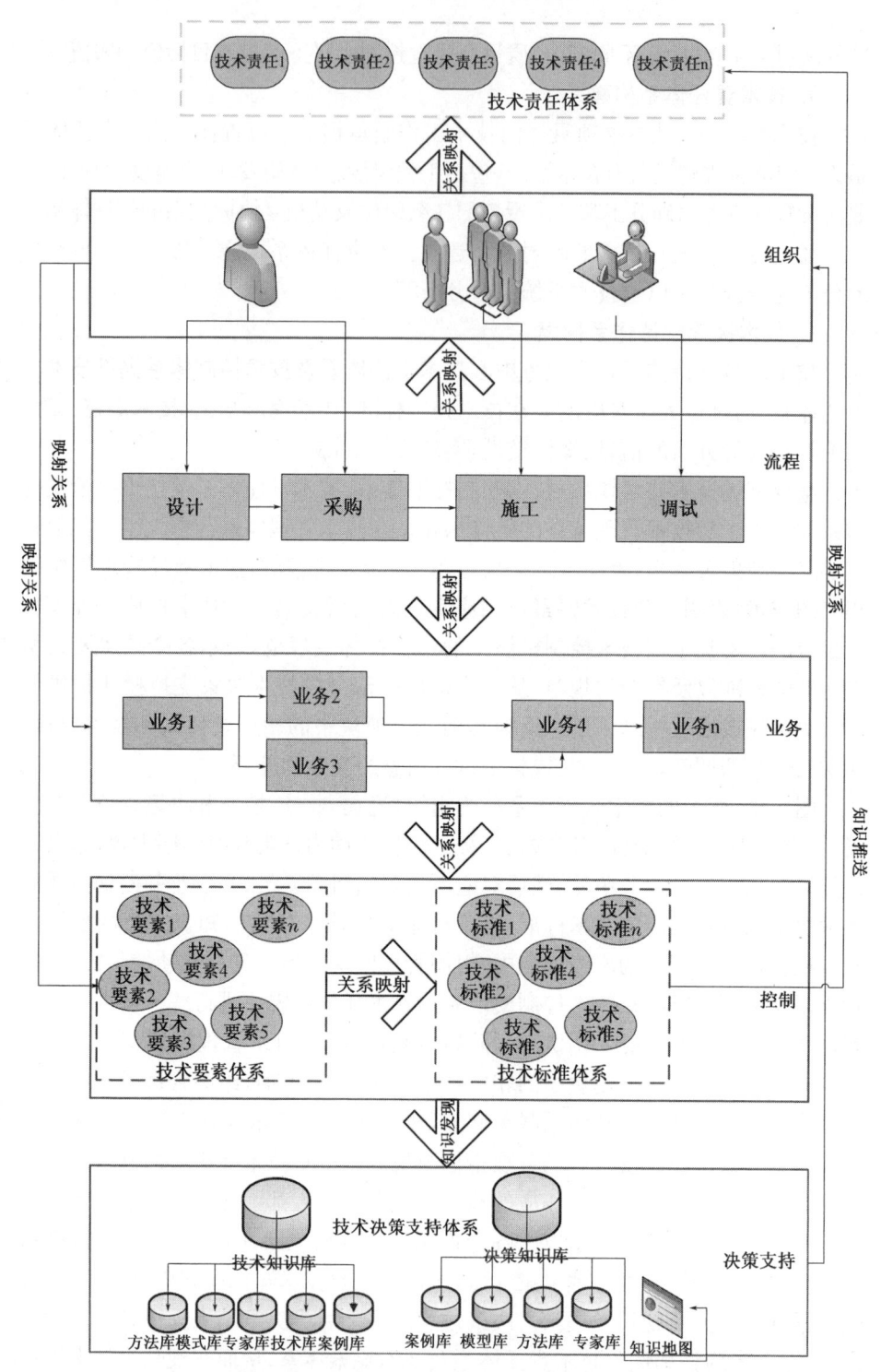

图 7.18 重大工程技术管理体系的层级模型

体系中信息流的运转。

7.4.6 重大工程技术管理的实施体系

重大工程技术管理体系的实施与执行,除了要切实以重大工程建设需求为导向,而且要充分关注工程的社会与自然环境、设计技术管理实施与执行体系。需要强调的是,执行体系设计的重点不是具体的技术管理任务的安排,而是如何在执行过程中充分体现综合集成思想,把技术管理与工程其他方面的管理融为一体。

将人工智能等信息技术应用于工程建设,可构建智能协同平台作为技术管理的支撑平台,实现人机交互,从而提高技术管理体系的智能化水平。在该平台中,各部分通过资源共享、相互合作、分工运作,形成了"业务—资源—人—绩效"四大因素组成的实施与执行体系的内核。对业务的管理采取分级策略,由上而下大致分为战略级、流程级和任务级。将人、信息/知识、技术以及其他硬资源合理分配到各个任务中,并对关键节点进行控制,由此形成独特的技术管理模式。该管理模式被专家评估、知识积累等内外部条件约束,以良好的质量安全业绩为目标,通过分级授权、垂直管理、流程导向、过程控制等方法,实现标准化、规范化、流程化、可视化、智能化的运作。该模式依靠技术改进与流程优化等环节,保持可持续进步能力。

7.5 重大工程现场综合控制与协同管理

重大工程现场一般是指工程物理实体的位置所在地,也是人们物化工程实体的最终场所。

无论是一般工程还是重大工程,其现场管理活动有着大量基本相同的任务,自然也有着许多类似的管理行为、程序与技术。因此,本节不把重大工程现场中与一般工程现场相比并无重大区别的管理问题列为研究范围,**而主要关注现场管理中充分反映重大工程管理复杂整体性的问题**。

7.5.1 重大工程现场复杂性特征概述

1. 现场空间多尺度性

长期以来,在人们的概念中,工程现场即为建构工程实体的施工工地。但对于重大工程而言,现场的空间尺度要大得多。例如,工程自身可能就是一个大尺度的实体。如中国的青藏铁路,全长1956千米,而南水北调工程中东线工地涉及中国9个省市,地域十分辽阔。又如,随着重大工程现场施工方式从现场建造转型为现场装配,越来越多的工程实体部件采用了工厂化制造模式。这类部件数量多、质量要求高,因此,往往同时选择分布在不同地点的多个供应商联合生产。从功能上讲,这些供应商所在地也应理解为工程现场,或工程第一现场,而工程实体施工现场仅是第一现场产品的装配所在地。例如前面介绍过的,中国港珠澳大桥40余万吨钢箱梁,其中板单元就由中国东北、华东、华中等相距数千公里的四家工厂分别制造,而钢箱梁组装则另由位于广东的总装厂完成,再由海路运至桥梁施工工地。如此复杂的工程供应链已不能将工程现场仅理解为狭义的施工工地。相反,要将这样一个空间大尺度的供应链网络理解为完整的工程现场,才能准确、全面地认识港珠澳大桥工程现场的实际内涵。

2. 现场环境的非完全确知性

重大工程现场环境一般比普通工程恶劣很多,常要面对山高水深、风大浪急以及自然环境的异质性与非均匀性特点。虽说人们在工程前期已经做了大量的调研与勘探工作,但相比大尺度、大范围、连贯性工程现场的未知环境,这还是难以全覆盖,令我们准确而精细地确知工程现场环境细节和规律。况且,人类对自然现象复杂规律的认识能力总是相对有限的,有些复杂规律甚至是人们在很长时间内都无法完全确知的。因此,我们经常是在尚未完全了解工程环境和尚未完全掌握某些规律的情况下,就开始了工程现场的造物活动。这样,从总体上讲,重大工程现场管理主体一般总是在对深度不确定环境不完全确知,甚至对极个别情况比较严重不确知情况下就开展重大工程建设与管理。

3. 现场主体思维与能力的局限性

进一步地,当今人类重大工程规模越来越大,复杂程度越来越高,而工程管理主体所具备的现场管理经验与能力往往是在以前相对较小规模的、复杂程度相对较低的工程管理实践基础上积累起来的。因此,管理主体在面对新的重大工程现场管理问题时,往往是仰着头而望之。这反映了主体对现场复杂性驾驭能力的相对缺失是重大工程现场管理活动中普遍存在的现象。这和一般工程主体能够"居高临下"地凭借丰富经验驾驭现场问题完全不一样。

再则,人们解决问题的思维习惯是常用简单思维模式对待复杂问题,常用单因素或少量因素思维模式分析多因素问题,常用显现、直接和短关联路径思维模式分析隐现、间接和长关联路径问题。而这样的思维模式很难形成流畅、通透的分析现场复杂性的思维路径,更难完整、清晰地设计出解决重大工程现场复杂问题的方案。

特别是重大工程现场任务聚焦于把重大工程设计方案中的虚体工程落实为实体工程。而工程设计方案往往只是从蓝图意义上提出一条成功的工程造物路径。沿着这一条路径,现场却有着许多条隐藏着的失败路径或路径分岔。这些失败路径或路径分岔对现场主体而言既不确定又不确知,甚至连设计人员也无法预测到它们在何时何地、由何因触发而显现,这就大大增加工程现场的复杂性与风险。

重大工程现场复杂性需要主体通过管理理念、组织、技术与管理等诸方面的综合创新来应对。这其中既有重大工程现场实际问题"逼出来"的创新需求,即工程建设不可避免的创新,又经常有主体过度的创新偏好形成的创新冗余,如通过创新追求并非完全必要的重大工程建设中的"首创"和"突破"。主体的这一类创新思维与行为会给重大工程现场增加许多不必要的风险与困难,并因此引发许多复杂性管理问题。

如果再从工程现场多要素横向关联,多任务界面之间的接口,以及现场设备、材料与人员之间的协调等方面进行分析,还会发现重大工程现场产生的一系列新的复杂管理问题。而其中一些突出、典型的重要问题将成为重大工程现场管理独特的科学问题。正是遵循上述考虑,我们选择了以下三个较典型的科学问题作为本节研究的主要内容。

7.5.2 现场质量综合控制

重大工程物理质量主要是在工程现场形成的,因此,首先要从重大工程硬系统物理功能与总体目标上认识和理解现场质量的内涵。

第一,根据重大工程长生命周期的特点,工程质量在宏观层面上主要体现为整体耐久性。耐久性在工程、材料领域是一个常见的描述质量属性的概念,它的基本意思是指材料、设备及制造品抵抗外部环境作用而保持自身功能经久耐用的能力。一般地,可以把某个事物的耐久性分解成不同维度的能力,如混凝土的耐久性可分解为抗渗性、抗冻性与抗侵蚀性等维度。人们对工程质量的期望主要体现为其物理功能在工程生命周期内的经久耐用能力。因此,**从整体层面上看,重大工程质量的基本标志应是其整体功能的耐久性**。

这样,关于重大工程现场质量的思考就应把一切与质量形成相关联的要素,如工程材料质量、现场施工装备水平以及设计、工艺与技术标准等,在系统整体意义上进行综合分析。在这个问题上,应注意以下两点:

(1) 虽然重大工程耐久性主要是在现场造物过程中形成的,但实际上,从工程规划、认证起,包括工程设计、技术标准,以及供应商、承包商选择等活动都对工程质量耐久性有着重要影响,因此,应以全过程和全覆盖的系统思维考虑重大工程耐久性的形成,而不能仅仅局限于现场这一阶段的质量管理活动。

(2) 虽然从关联关系或因果关系上,我们能够对重大工程耐久性进行活动或要素的多维度分解,但这并不意味着工程整体层次上的耐久性就是这些被分解的活动或要素维度上耐久性的简单叠加。因为**工程耐久性是比个别活动或者要素更高层次的整体行为涌现**,虽然它的确与现场质量活动或要素相关,但又是以这些活动与要素为基础的演化结果,其中具有复杂的形成机理。

第二,**根据重大工程现场普遍的大规模装配化制造的特点,工程质量在微观层面上主要体现为材料与部件的质量稳定性**。重大工程造物现场需要大宗材料与部件,它们是重大工程硬系统的基本要素,其质量如何显然直接关系到工程硬系统的整体质量。在这个问题上,应注意以下三点:

(1)重大工程基本材料与部件的质量标准与工程生命周期长短之间的关系往往是非线性的,即质量标准往往比工程规模、生命期的增长幅度提高更大,只有充分保证了这一点,工程整体质量才有基本保障。

(2)在严格的质量标准下,工程材料与部件在施工过程中要保持质量的稳定性(一致性)才具有现场微观质量的整体意义。**所谓质量稳定性(一致性)是指每批材料或每个部件实际质量指标均能保持在质量标准规定的允许范围内而不出现异常值**。因为重大工程材料与部件数量特别巨大,它们是工程硬系统的基本单元,所以,对工程整体质量而言,真正意义的不是个别或部分材料与部件是质量精品,而是材料与部件质量普遍和稳定地符合标准。有了微观层面上的质量稳定性(一致性),才能保证重大工程整体耐久性。

(3)在工厂化生产基础上,当前重大工程现场装配的比重越来越大,但重大工程硬系统毕竟不能完全是在现场通过工厂自动化方式制造的,它在现场仍然需要人工建造的环节。这样,**重大工程硬系统的实际质量就同时依赖工厂化生产质量与人工现场施工(装配)质量,这种混杂的现场施工模式必然导致复杂的工程质量形成机理**,特别是人工现场施工质量更容易因人的心理、生理状态出现隐性波动与变异,而这类情况既难以及时观测与发现,也难以预测与控制。

因此,无论是宏观层面的质量耐久性,还是微观层面的质量稳定性(一致性),或是工厂化生产与人工现场装配形成的混杂现场施工模式,都是重大工程现场质量在工程现场质量管理的核心内涵。这充分体现了重大工程现场质量管理复杂整体性的认知原则。依据这一原则,不难看出,重大工程现场质量管理的活动既要以工程微观层面的材料、部件质量稳定性为基础,又不能简单地完全由微观质量来决定,因为现场材料、部件质量属性在施工过程中将发生一系列转换,不仅可能会出现新的质量波动与变异,而且可能会导致质量波动与变异的隐形传导,而重大工程耐久性已属于工程整体质量行为的涌现,因此不能视为材料与部件微观质量属性的简单叠加,而混杂的现场施工模式更增加了现场整体质量形成机理的复杂性。

由此可见,对于重大工程现场质量管理的认知,要特别关注:

（1）重大工程宏观质量耐久性与微观质量稳定性之间的复杂关联及涌现机理。如工程现场质量形成过程中的波动与变异研究，包括质量波动的传播路径与规律、质量变异形成的诱因与阈值、质量变异危害性分析与防范措施等。

（2）重大工程现场前续阶段隐性质量缺陷对工程后续阶段质量的关联影响及其机理。如，研究现场质量稳定性形成以及质量变异的客观规律，从质量变异性出发，并注意这两种规律的相互作用。

（3）基于稳定性的现场质量动态控制技术。既然重大工程现场质量目标之一是微观层面上的质量稳定性，那么质量控制重点应由静态局部稳定性转变为系统性质量波动与异变的防范。例如，在工程大批量构件的工厂化制造过程中，要实时分析系统性质量波动的成因及影响，特别是防范各工序产生的质量波动沿制造路线传播与扩大，最终造成质量缺陷或质量事故等。为此，要在实时、连续的制造质量数据采集基础上，进行数据分析与预测，通过数据驱动构建质量形成机理模型并建立质量稳定性的逻辑推断；还要充分发挥质量专家的作用，设计防范系统性质量波动与异变产生的路径，在综合运用上述各方面技术与方法的基础上，揭示重大工程现场质量稳定性的规律。

（4）要利用定性、定量方法与计算机技术，模拟工程现场情景、条件对工程质量稳定性的影响，重点分析工程质量波动路径的形成规律、质量异变诱因与阈值、质量异变危害性以及各种质量稳定性控制技术与防范措施。

（5）在工程施工现场，还要根据工程思维原则，实施好对重要或关键部件预先进行的 1∶1 尺度的试制或试验，即足尺试件制，以获取和确定相应的现场施工工艺与参数，为编制工艺指导书和优化施工方案等提供实证资料。要实施好每一批同类产品的首件认可制。实践证明，通过首件认可制可认真总结施工工艺、方法和具体的质量控制措施，对于提升施工质量、确保零缺陷具有重要的示范作用。要设立好技术测量中心及实验室，确保所有的工程质量管理活动都建立在科学、可靠、可信的数据基础之上。

（6）重大工程现场质量活动是一个复杂系统工程，从时间上讲，现场质量活动是前期设计活动的延续。因此，理应把工程设计一并考虑在内，形成设计、施工一体化的质量管理理念。从主体上讲，现场质量活动也绝不只是施工单位的任务，而是包括业主、设计、施工、供应商及监理等单位的协同任务。因此，应由这些主体组成有效的质量控制组织并建立相应的质量管理制度（如下图）。

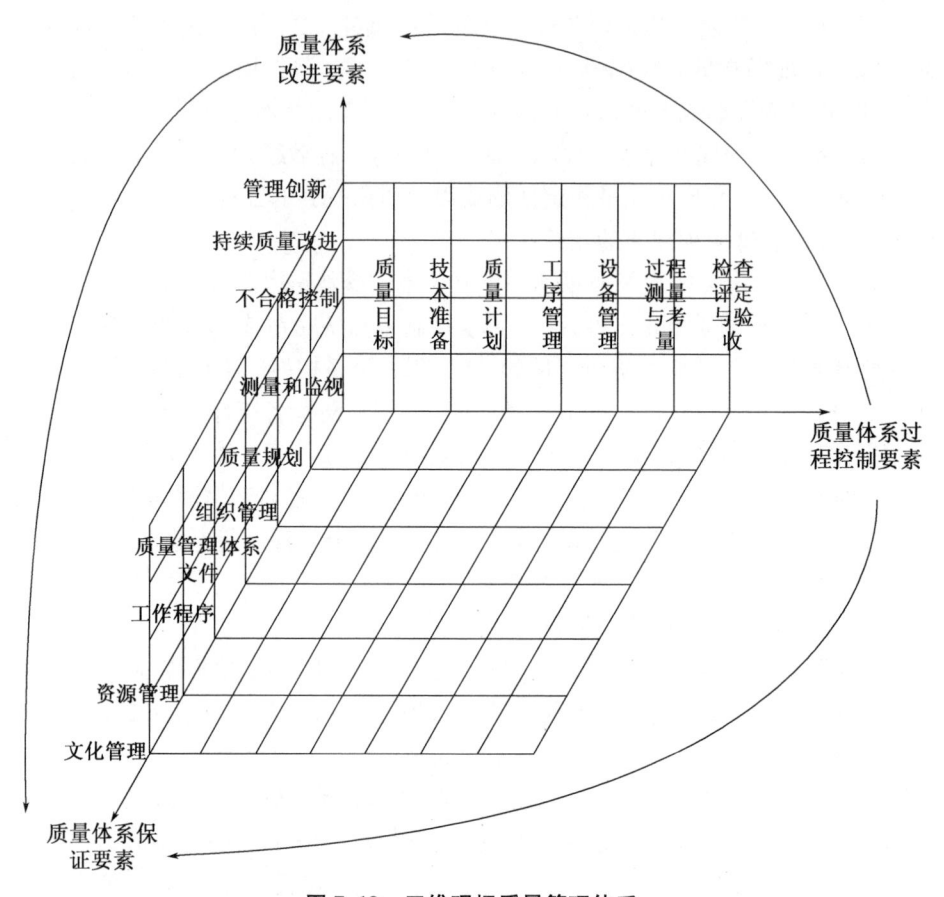

图7.19 三维现场质量管理体系

当然，重大工程现场管理活动不仅包括质量管理，还有成本、安全、进度、环保等，因此，完整的提法应是**重大工程现场管理是以质量为核心的多目标协调管理**。如重大工程质量与进度在一定程度上就是一对矛盾体，仅有质量的进度和仅有进度的质量在工程实际造物现场都是不可取的。因为质量差，进度再快也无实际价值，而进度慢也不一定就等于质量好。工程界经常讲质量第一，这并非对现场多元管理目标真正的排序。所谓质量第一，可以理解为在保证质量的前提下，同时对其他目标进行权衡和优化。这其实也是一般工程现场管理的普遍共识，只不过**对重大工程而言，由于工程的长生命周期和整体质量形成的复杂性，以质量为核心尤为重要和困难**。

另外，安全管理也从来都是工程现场的重要管理问题。不言而喻，对于重大工程现场而言，安全管理一定会遇到更多的困难与挑战，除了需要我们研究如何把现场常规安全问题管理得更好外，更需要我们对由重大工程现场复杂性引发的新的现场安全问题进行深入分析,探索其规律,形成新的安全管理技术与方法。

由于**这一类因现场复杂性引发的安全性问题主要是由现场要素横向强关联所致,因此传导机制更加隐性和不确定,更容易由局部故障、事故而酿成大范围甚至全局性灾害**。所以,我们不宜把它们仅作为一般低级别、小范围的安全事故来对待和处理,而**更应把它们理解为重大工程现场一类具有全局风险的安全灾害潜势**。因此,对这一类重大工程现场特有的安全管理,我们将在7.6节"重大工程复杂性风险分析与控制"中论述。

7.5.3 现场技术与供应链的协同管理

根据上一节关于重大工程现场质量综合控制重要性与复杂性的论述,容易理解,**重大工程现场管理活动最主要的是在保证质量稳定性的原则下,做好技术与供应链的协同管理**,因为这两方面与现场工程质量的形成有着最为密切的关联。

7.5.3.1 现场技术的协同管理

基于质量稳定性的技术管理主要是指基于保证工程质量的关键技术的选择和创新。直接地看,这似乎是技术范畴的事,但由于技术选择和创新需要必要的资源整合环境和机制,这意味着现场技术选择和创新必须有相应的管理支撑,并且要通过技术—管理综合体系来完成。要做到、做好这一点,**主体必须对工程"现场技术—管理"概念有深刻的认识,并在此基础上构建有效的综合体系,做好体系内多主体的协同管理**。

重大工程现场关键技术选择和创新一般都具有技术发展进程中的突破性。这不仅涉及向现场主体直接提供什么样的技术与技术创新成果,而且与现场的技术决策主体、使用主体、管理主体开展的技术—经济分析、技术风险评估、技术质量评价等都有着密切的关联。因此,重大工程现场关键技术选择和创新是一项综合性和多主体协同性的管理活动。对这一类技术选择和创新需要有超越工程层面的认识,需要综合地把技术选择和创新的工程效益、经济效益、社会效益与工程的长远战略与社会责任结合起来。

具体地说,重大工程现场技术协同管理的核心任务就是把技术选择和创新过程中的管理目标、组织、制度、机制等通过系统分析与系统设计,形成一个完整、有效和操作性强的管理体系,而不是仅仅开展纯粹的技术研发工作。这一体系既能充分地使序主体的主导作用、企业的主体作用、其他单位的支撑作用得到充分发挥,又能使明确的机制、流程和程序有效地运转起来,使整个现场技术选择和创新活动持续满足现场工程质量需求。

7.5.3.2 现场供应链协同管理

重大工程现场另一个重要的保证质量稳定性的管理活动是大宗关键物资（材料、装备、部件等）的供应链管理。其中，主要是微观层次上的材料物理质量、装备的性能质量，即大宗材料与部件质量稳定性。为此，目前重大工程现场普遍采用了部件的工厂自动化、智能化制造技术。实践证明，自动化与智能化制造技术不仅有力地保证了工程现场材料与部件质量的高标准、稳定性与工程进度要求，而且有力地推动了重大工程现场物资供应链的模式创新。

这一供应链模式具有一系列新的特点：① 使重大工程现场呈现出大范围分布式形式。② 使工程现场施工和工厂制造呈现实时强关联模式。③ 使供应链形成由多个同质与异质供应商、生产商为结点的递阶复杂网络。

这样，对重大工程现场供应链管理需要确立更深刻和全面的协同管理理念与新的驾驭复杂性的能力。

我们在下面通过一个典型的重大工程现场案例来说明这一思想。

中国港珠澳大桥桥梁上部采用钢结构制造，钢结构是大桥主体工程重要组成部分，制造规模达42.5万吨，相当于12座中国香港昂船洲大桥钢结构的工程量。港珠澳大桥设计使用寿命120年，与英国BS标准一致，产品质量必须达到或超过中国香港昂船洲大桥和美国奥克兰海湾大桥，其正交异性钢桥面结构是抗疲劳的关键，而钢桥面板U肋角焊缝是质量关键，质量控制难度大，保证大批量构件质量稳定性难度就更大。

从目前国内桥梁钢结构制造行业现状看，钢梁板单元的下料、组装、焊接等关键工序，主要是依靠手工或半机械化作业。虽然已经实行了工厂化生产，但自动化水平低，钢结构质量受焊工水平和机械设备性能的制约，不仅质量稳定性较差，生产效率也较低。而国外钢梁制造中的高成本、长周期、人海战术等又不适合港珠澳大桥工程的施工现实。因此，唯一的出路只能是通过技术和管理创新，并将技术创新与管理创新综合为一个完整的现场技术—管理协同体系，才能应对港珠澳大桥钢梁制造面临的挑战。

具体地说，首先，大批量板单元制造关键在于质量的稳定性，但传统的制造工艺自动化程度低，工人的现场直接参与度高，这样，即使高水平的熟练工人也会因为其生理、心理、情绪以及制造现场环境等因素波动而造成产品质量的不稳定。因此，要使大批量板单元质量具有稳定性，必须使制造过程中人的参与度最小化，即要大力提高制造过程的自动化程度和机器人水平。对于体积小的板单元，这只要利用自动化连续制造模式即可实现，这是应对港珠澳大桥钢梁制造挑战的技术管理思想之一。

其次，虽然钢箱梁整体部件体量大，但可以直接按照桥梁制造线性同步工艺完成箱梁的小节段拼装和焊接,并在有效保证其几何精度的基础上大大缩短拼装周期。至于大节段拼装,只要构建相对封闭、稳定和标准化环境,即全部在厂房内完成,即可避免天气等因素对拼装进度与质量的不利影响。而且工厂标准化拼装还有利于实现零伤害、零污染、零事故(HSE)目标。再则,对于钢梁拼装高水平工人紧张的状况,由于板单元自动化制造模式大大节约了一线高水平人力资源,因此能够有效地向钢梁拼装阶段输送和转移尽可能多的高水平人员,从而缓解钢梁拼装质量和进度的困难,实现钢梁制造的人力资源配置的均衡与优化。这是应对港珠澳大桥钢梁制造挑战的又一技术管理思想。

这样,可以将面对港珠澳大桥钢梁制造的挑战与困难的管理理念概括为:通过工厂化向自动化和智能化的提升,实现**板单元制造人最少、整体拼装人最好的现场人员配置管理策略**,即通过技术—管理协同综合体系,实现系统性的资源优化配置,提高驾驭钢梁制造复杂管理问题的能力。

综上所述,应对港珠澳大桥工程现场钢梁问题的挑战,可构建一个与技术创新相匹配的管理体系,并将二者综合在一起形成一个整体性的协同管理体系。该体系的顶层设计思想如下:

(1)该体系主体群由业主与多个供应商、生产商组成,在这一主体群中,业主(港珠澳大桥管理局)居于引导与主导地位,成为主体群中的"序主体",而整个供应链在地域上呈现出分布式网络结构。

(2)供应链中作为技术创新主体的供应商,将根据企业自身实际情况,实施企业整体性的技术创新和管理创新。

(3)在市场经济体制下,重大工程现场技术选择和创新通过公平合理的市场规则来实现。

上述顶层设计原则较好地体现了重大工程业主(政府代理人)与供应商、生产商(企业)之间基于"政府—市场"二元作用的行为规范。

在供应链协同管理实践中,港珠澳大桥钢梁制造的目标定位赋予了供应链中业主许多新的责任内涵。

首先,业主需对相关的技术选择和创新活动进行战略性的重组和安排,如技术创新主体的选择与优化、技术创新平台的构建、技术创新制度设计、技术创新主体的培育以及整个技术创新过程的监管等,充分体现了重大工程技术管理和供应链管理新的综合职能。

其次,钢梁制造企业群形成了一个分布式、强耦合的制造商网络。为使各业主具有与之匹配的较强的分析、驾驭、协调和执行能力,需要通过组织创新来保证对整个供应链多主体的协同管理,特别是通过制度补充与明晰管理权限来体现业主在协同管理中的适应性选择原理。为此,管理局在一段时间内经职能重组成立了专责的"钢筋梁办公室"。

再次,重大工程现场供应链运作本质上是一种市场行为,这就要求业主自始至终尊重各供应商企业的市场地位,尊重各方签订的契约规定,尊重市场经济的基本规则,其中,特别要求业主在相关合同中充分体现这些精神。

业主上述一系列原则的落实有利于通过市场杠杆撬动企业的积极性和技术创新精神,同时,各主体之间的合同作为市场关系的契约充分保证了在市场机制轨道内优化配置资源,使各方的权益与责任、业主和供应商行为都有全过程、持续性以及法律意义上的约束,从而充分保证了供应链组织内多主体之间合法、合理的综合力系及由此形成的协同效应。

在实践中,上述协同管理取得了理想的效果。虽然港珠澳大桥钢梁制造工程量大,质量标准严,但经过上述供应链的协同管理,形成了全新的现场生产与供应链模式,相比传统制造工艺,生产效率提高了30%以上,焊缝质量稳定,一次探伤合格率达到99.9%以上,并在国内率先实现了大型钢箱梁拼装的车间化作业,从传统的工程工地粗放式管理模式转变为自动化、精细化管理模式。

当前,中国港珠澳大桥钢箱梁结构制造技术创新总体水平达到了世界先进水平。

7.5.4 现场综合减灾

自古以来,一般工程特别是重大工程造物活动都有着明确的防灾减灾之目的,如古人筑屋是最早的工程造物活动之一,其直接目的就是遮风挡雨、抵御野兽侵害等灾害。中国文明史之发端,一般也从大禹治水工程建设开始。据传说,远古时代黄河泛滥,贤人大禹带领民众疏理水道、拓宽峡口,这在当时可谓一项重大水利工程,工程历经13年,终于兴利除害、治水成功,中华农耕文明由此发展。

今天,许多重大工程立项论证也都有着明确的治理洪水、改善生态等防灾减灾的目标与功能期望。

一方面,重大工程建设与建成后的功能释放与环境有着密切关联,特别是在工程全生命期内可能出现的各类自然灾害对重大工程影响和威胁最大。这类大尺度自然灾害,如地震、海啸、火山爆发等,往往会造成工程整体性的损毁,并衍生成一系列对人类生命财产巨大的伤害,即使自然灾害发生的直接时间很短,但灾害造成的破坏性影响也可能是长久的。例如,地震造成大坝坍塌,引发了大范围水灾;海啸损毁了核电站,造成长久的核辐射灾害,时间可能以百年计。因此,重大工程现场管理中的一项重要任务就是在工程造物的同时,加强对大尺度自然灾害的防灾减灾。

另一方面,虽然重大工程的基本出发点是为人类造福,但在形成人造工程实体过程中,常要改变甚至破坏原来的自然环境与生态平衡,这本身就可能破坏了原来的自然规律,而成为某种潜在自然灾害的诱因。如大型水库建设,蓄水防洪本是好事,但同时减少了下游河流水量、降低了水位,可能造成下游河岸崩溃、湖泊沼泽化。这实际上是工程功能谱中的负面效果造成的灾害。

重大工程现场建设还要防止因工程质量低下,造成工程损毁等由主体的行为而直接导致的灾害,平时人们俗称的"豆腐渣工程"实际就是指由人的恶劣的工程现场行为造成的人为灾害。而长大桥梁塔墩要防止船撞、隧道要预防道内火灾等都体现了人们对重大工程现场可能发生的(自然或者人为)灾害的防范。

由此可见,重大工程建设以及重大工程—环境复合系统都有形成灾害的可能性,而灾害的潜势既可能是客观自然规律受到破坏,又可能是人的行为导致,还有可能是这两种因素的共同作用。因此,虽然重大工程建设原本有着防灾减灾的目的,但在实践中,工程也可能在建设过程中制造出新的灾害。因此,在重大工程现场的建设管理中要有针对性地认真做好防灾减灾工作。

重大工程管理对待各类可能的灾害的态度应是积极谨慎的。首先,不能因噎废食,即不能因工程建设期与运营期可能产生多种灾害潜势而停止工程建设。但同时又要从工程规划论证开始的整个生命期内,特别是在工程现场施工期内尊重自然规律并按自然规律办事,提高现场施工的科学性,加强主体行为的规范与约束,保证防灾减灾目标的实现。

特别是由于重大工程建设规模大、技术复杂,各类灾害呈现多尺度、多类型等特点,现场的防灾减灾工作更加复杂和困难。

既然重大工程建设全过程中都有着防范灾害风险与防灾减灾的任务,那为什么要把这一问题作为重大工程现场管理科学问题来理解呢?

首先,这主要是因为重大工程现场活动是整个工程造物的核心活动。工程实体的完形就是在现场完成的,而规划、设计、工程供应链等工程活动都是工程现场活动的前期准备与支持。而整体性工程质量、功能稳健性等重大工程重要属性也都是最终在现场形成的。另外,各类灾害有着在工程现场高度集中和相互耦合的特点,所以,工程防灾减灾的任务在现场更重要也最能体现它的价值和意义;而在重大工程现场管理活动中,分析、研究重大工程防灾减灾问题最能体现工程防灾减灾的实践性与时效性。

其次,无论自然灾害还是人为灾害,本书主要是把灾害视为在实践中发生的一类重大工程管理情景与现象,研究对它们的预防和如何降低、减少它们的严重后果。这就需要我们把这一任务置于工程现场管理实践中,以面对必然发生的真实情景和现象的态度来研究重大工程防灾减灾,这更能体现主体在工程造物现场防灾减灾的工程思维与行为,凸显研究该问题的实际意义。

7.5.4.1 重大工程灾害概述
1. 重大工程灾害内涵与分类

一般意义上,所谓的灾害是指"自然发生或人为发生的,对人类和人类社会具有危害的事件与现象。灾害是一种超出受影响地区现有资源承受能力的人类生态环境的破坏"(UNISDR,2004)。这一定义强调了灾害的两个基本特点:一是灾害既可能是自然环境产生的,也可能是人的行为造成的;二是灾害现象要有严重的危害后果,而这又要视后果是否超出地区本身的承受能力。

与重大工程关系密切的一类灾害是自然灾害,如地质灾害(地震、河库淤积、湖泊沼泽化等)、地貌灾害(滑坡、土壤侵蚀等)、气象灾害(风灾、干旱、暴雨等)、水文灾害(洪水、海啸等)。而另一类是人为灾害,如工程经济灾害(工程塌方、有害物质泛滥等)、社会生活灾害(火灾、战争、恐怖袭击等)、生态灾害(环境污染、人口失控等)。自然灾害多为重大工程环境系统的大尺度现象,而人为灾害则为工程环境或重大工程—环境复合系统的多尺度现象。无论哪一种情况,应对可能的灾害都是重大工程现场管理的一个复杂问题。

一般地,自然灾害之成因、影响与演化都遵循着相对独立的自然规律,又具有大时空尺度特征,因此,重大工程管理主体要根据客观自然规律尽量准确地预测在工程生命期内可能爆发的各类自然灾害的类型、强度与范围,并据此做好工程选址、工程技术选择与工程方案设计等现场前期决策论证工作中的防灾减灾工作。

例如,在历史上有过多次喷发,还有再次爆发危险的火山地区建设重大工程,就要根据历史爆发数据编制出未来火山喷发空中降落堆积物灾害的预测图、火山碎屑流灾害预测图和火山泥流灾害预测图,以指导该重大工程的选址及预防灾害工作。如工程一般不能选择在降落火山碎屑灾害范围之内,对于可能引发的火山泥流,不仅要考虑它对沿途路径直接冲击造成的破坏,而且还要防范可能发生的连锁性灾害,如可能引起的洪水泛滥。因此,需在相关地区建立有效的监测与报警系统,以及制定如水库提前放水等应急预警方案。其他如发生过强地震的地区,要对晚期强余震的发震率、震中烈度、发震地区、次数及余震区发展方向等进行预测,以此确定工程选址时应避开的区域。

重大工程另一类灾害为人为灾害,它的成因主要包括:

(1) 重大工程决策失误。这类灾害特别体现在重大工程—环境复合系统在工程长生命周期内对自然生态等灾害产生的诱导。如,大型水利工程建成后引发的地质灾害、下游河流沼泽化、海水倒灌、土地盐碱化、鱼类资源枯竭等。

(2) 工程方案设计、关键技术选择、质量标准低下等造成的严重事故,并由此引发对工程建设及周边地区造成灾害性影响。如水利工程大坝坍塌、隧道塌方等。特别是人为灾害增加了人的行为复杂性,从而更增加了工程现场防灾减灾的复杂性。

第7章 重大工程管理基础理论的科学问题

2. 重大工程现场应对灾害的原则

从总体上讲,重大工程现场管理应对灾害的指导原则是**防灾减灾**。所谓"**防**",主要是防止与预防。但是,大规模严重自然灾害一般是难以防止的,这就要做好预防工作,即做好对灾害发生的防备工作。因为有备就可以减轻、减小、减少灾害造成的损失。而所谓"减灾",主要是指在重大工程现场建设过程中,因提前安排了各种预防措施,使得一旦灾害发生即可减轻灾害造成的损失。因此,**无论是防灾还是减灾,其根本目的都是减灾**,其实际途径或是在一定程度上减少灾害发生的可能性,或是减少灾害发生后造成的损失。所以,可以认为,**重大工程现场对待灾害的总原则是综合减灾**,这里的"综合"首先是指防灾与减灾综合化,其次是指减灾管理的综合化。

综上所述,重大工程现场管理对于可能发生的灾害的基本原则是:

(1) 在尊重和遵循客观自然规律的基础上,尽可能降低灾害发生的可能性,一旦发生,也因提前做好防范措施而能够有效缩小灾害规模,降低危害程度。

(2) 人在自然灾害面前往往防不胜防,因此,人们更要把主要精力放在减少、减轻灾害损失上,如事先设计好现场综合减灾管理体系,做好各项减灾预案。

(3) 可以看出,综合(1)与(2),现场防灾减灾的管理核心应是运用各种综合手段做好全过程、全方位的减灾管理。

崔京浩(2006)研究了土木工程在防灾减灾中的重要性,受其启发,我们可以构建如下的重大工程现场综合减灾内涵结构图:

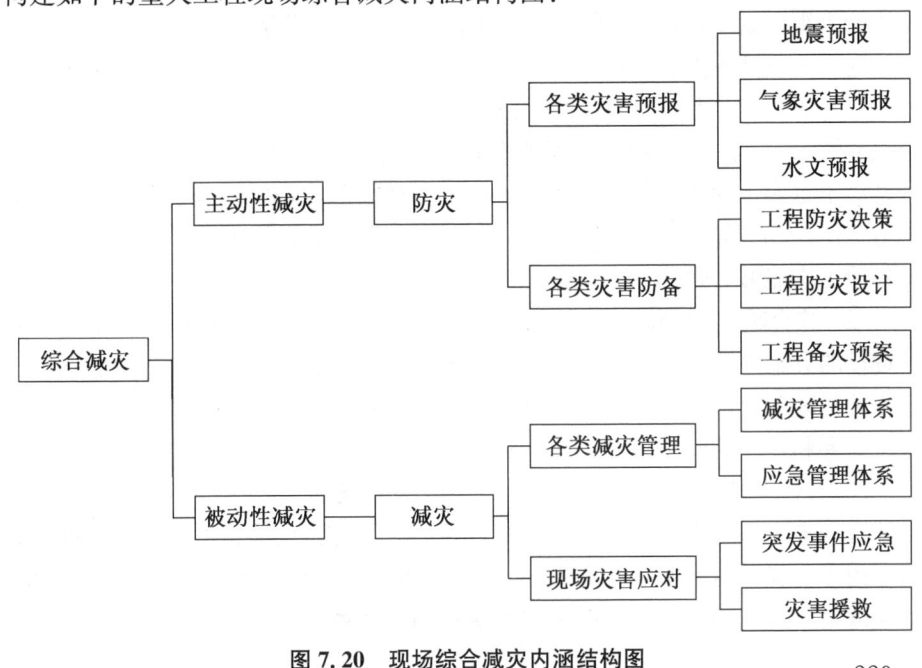

图 7.20 现场综合减灾内涵结构图

不难看出,无论是主动性减灾(防灾)还是被动性减灾,各项举措的执行与落实都体现在工程现场的主体减灾行为中。因此,重大工程现场中的综合减灾管理是具有重要现实意义的科学问题。

7.5.4.2 重大工程现场综合减灾

根据前面的论述,我们可形成如下的关于重大工程现场综合减灾科学问题的认知。

1. 重大工程现场综合减灾的基本认知

灾害一般是一类系统特殊的整体层次的情景现象,并具有大尺度、深度不确定等复杂性。因此,重大工程管理现场灾害不同于工程物理现场或管理活动中在系统要素或子系统层次上的局部故障与事故。另外,研究重大工程现场灾害,其出发点不能仅仅停留在灾害的风险分析上,依据墨菲定律,任何事物只要有可能出毛病,就迟早会出毛病,而灾害就是迟早会出的大毛病。**现场综合防灾就是把小概率灾害风险视为必然会出现的大灾害现实,并研究如何应对它们。**

重大工程综合减灾是一项贯穿于工程建设全过程甚至工程全生命周期内的任务,但从上图所示,其中最主要的是在工程现场建设阶段的灾前防备与减灾管理。具体地说,前者为防备灾害设计相关方案,后者为构建现场综合减灾体系等。

2. 重大工程现场综合减灾体系

为全方位与全过程地做好重大工程现场综合减灾各项工作,需要有坚实与完备的组织与制度保证,并形成一个稳定的多功能的综合减灾保障体系。

这一体系基本上包含以下子系统:

(1) 综合减灾组织体系。综合减灾组织体系是开展工程现场综合减灾工作的职能性组织,是一个科学、合理和高效的横向协调、纵向指挥的系统。横向协调是由于重大工程现场综合减灾涉及多个主体与部门,必须实现各方相互协调、通力合作,才能形成综合减灾的整体能力。纵向指挥是保证紧急情况下综合减灾各项工作能够有效、有序、迅速开展。

(2) 综合减灾责任体系。综合减灾责任体系主要是对工程现场各主体的减灾责任的分配以及对综合减灾各项任务的执行系统。该体系职能主要包括以下五个关键环节:进行减灾责任的分解落实、责任制执行、责任的监督检查、责任的考核奖惩和责任的问责追究。

(3) 综合减灾制度体系。考虑到重大工程现场摊子大、技术复杂,为了使现场综合减灾工作有序、有效,减少冲突,增强协同能力,现场各主体都要依据相关制度约束自我行为和服从减灾大局,并使不同主体之间表现出良好的协调关系,这就需要工程现场有一个良好的综合减灾制度体系。

（4）综合减灾教育体系。主要采取多种形式与方法，坚决贯彻以人为本的综合减灾理念，增强人员的综合减灾意识以及使其掌握必要的减灾技术。综合减灾教育体系的落实，能够尽可能地防范人为灾害的发生，在灾害一旦发生后提高人员自救能力以及减少人员与财产损失。

（5）综合减灾应急救援体系。任何重大工程现场灾害防范体系再完备，也还可能会出现自然或人为灾害。因此，要立足于灾害发生后的综合减灾应急救援工作，特别是做好突发灾害发生后的应急预案。预案体系主要包括应急预案组织设置、流程安排、应急资源保障以及应急预案的演练等。

3. 两个实际案例

案例1：苏通大桥工程现场灾害防备方案设计

中国苏通大桥地处长江入海口，江面宽6千米，水流湍急，浪高1～3米，潮差2～4米；气象条件差，常有台风、季风、龙卷风等自然灾害发生；桥区通航密度大，平均日通船只2500多艘，高峰达6000艘，其中万吨级以上有数百艘，桥区具有较高人为灾害潜势。

在面对自然灾害方面，苏通大桥在工程设计中做了充分的防灾工作，使大桥能防8级以下地震。在方案论证阶段，通过严格的风洞模拟实验，能够抗10级以上台风的袭击，安全系数高达2倍，桥塔上设有风障、导流板，可以减轻大风冲击。

大桥建成后，桥区应可通航5万吨集装箱货轮，特定条件下可通过20万吨级油轮。为防船撞击形成人为灾害，苏通大桥设有主动和被动防撞系统。所谓主动防撞，即利用自动控制导航来控制航船航向航速，避免轮船靠近桥墩发生撞击；而被动防撞则主要是预先在周边加有一圈消震设施，力保桥墩撞而不坏。

在大桥工程施工期，现场施工与通航矛盾尤为突出，人为船撞灾害发生概率骤然加大，预防此类灾害的备案非常详尽：

① 通过分析，在工程施工现场确定失控船舶的监控范围。

② 严格执行大型船舶通过桥区施工现场的报告制度，监督过往船舶严格遵守航线规定，通过VTS系统对桥区传播动态现状，实行全天候监控，并专门在桥墩周围安装防撞消能设施。

③ 对确认的失控船舶，立即启动整套应急预案，实施对失控船舶的综合救助，将失控船舶拖离桥区水域至安全水域锚泊或搁浅。

案例2：港珠澳大桥隧道火灾减灾研究

中国港珠澳大桥是跨海的隧—岛—桥集群工程，其中离岸深水特长沉管隧道长6.7千米，现场综合减灾问题主要包括：① 沉管隧道接头及结构火灾力学行为及耐火保护技术；② 离岸特长沉管隧道防火灾检测技术；③ 火灾报警、灭火与安全预警设施配置方法;④ 火灾的烟雾场、温度场、压力场规律;⑤ 排烟通风联动控制方法与技术;⑥ 人员逃生与救援体系。

以上问题既包括技术问题,又包括管理问题;既有物理问题,又有人的行为问题。分析和解决这些问题,需要运用多学科技术与方法的集成,尽可能加大防范灾害发生的力度,做好各项备案,因此,这是一个典型的重大工程现场综合减灾问题。

重大工程现场这一类灾害问题的解决往往缺少经验和样本,也很难运用纯粹的理论分析与数学模型推导,一个有效的方法就是进行现场模拟试验。

关于沉管隧道火灾减灾研究,主要构建了足尺隧道综合试验平台,开展隧道火灾场景试验。这一试验主要是为了辨别危险源与预测可能发生的火灾及其严重后果。例如,根据不同类型的火灾环境与情景,对不同的消防救灾方案进行评估。

在大量的试验结果与理论分析基础上,构建了特长沉管隧道安全等级标准、安全设施配置以及有效的灭火技术等工程现场综合减灾预案。

需要指出的是,无论哪一类灾害,综合减灾的第一目标是挽救人员生命。因此,上述隧道火灾救灾预案详细分析了沉管隧道中影响人员疏散行为的主要因素,包括工程物理因素、火灾危害因素、条件因素和管理因素等。其中,工程物理因素又包括水底环境,隧道长度,疏散线路,以及疏散口间距、宽度等。

进一步的实证调查与实验结果表明,年龄、性别及文化程度对人员疏散心理及行为有着显著影响。统计分析发现,在隧道火灾发生情况下,大多数人员心理素质都较差,其中女性不如男性理智,文化程度高的人员更容易产生恐慌心理,火灾情况下人员的恐惧心理、惊慌心理、冲动心理、侥幸心理、个体孤独心理和从众心理等心理反应对疏散行为影响极大,与人员避难行为特征与隧道内避难逃生效果的关系也极为密切,由此可较细致地得到沉管隧道人员疏散过程中的速度分布以及逃离路径特性等。

在掌握以上行为规律的基础上,可使用多种信息与自动化技术形成港珠澳大桥海底沉管隧道在火灾情况下人员疏散与应急救灾预案。

由上可见,重大工程现场灾害研究必须运用复杂性思维原则,科学区别自然灾害与人为灾害的不同特点,采取不同的应对方针与方法。总体上,要把现场的综合减灾、风险管理与安全控制综合在一起考虑与分析。在管理应对策略上,要防范为先,但因为灾害风险的深度不确定与现场横向强关联形成的复杂性,面对灾害,人们更要树立防不胜防的意识,以综合减灾为指导思想,落实各项灾前防备与减灾管理工作。

7.6 重大工程复杂性风险分析与控制

在重大工程造物过程中，各种可能的潜在危险与灾害必然会形成重大工程各种风险。

相对于一般工程，重大工程面临风险的不确定性严重地增强了，而且一旦发生危险与灾害，其危害程度也会远远超过一般工程。特别是重大工程的复杂性形成的一些独特的风险类型，具有新的成因与形成机理。因此，我们不能完全用一般工程风险的认知以及处理方法来对待它们，而需要从重大工程复杂性属性出发拓展对重大工程风险的认知，揭示其新的独特规律，探索相应的控制方法。

具体地说，重大工程风险科学问题研究不能仅仅采用风险源分析、风险发生概率估计及相关指标体系综合评价等一般工程传统的风险研究方法，而**需要从重大工程复杂情景出发，精准地针对具体的风险现象进行分析研究**。根据这一点，本节选择了三类在实践中频发的典型风险现象作为重大工程风险分析的典型科学问题，分别是：

（1）重大工程决策风险。重大工程决策是一类复杂的管理活动，决策环境具有深度不确定性，决策方案不仅对工程本身，而且对社会经济环境也有着长远而深刻的影响。任何决策失误引发的风险，后果一般都极其严重，因此，必须加强对决策风险的分析与防范。

（2）重大工程超支风险。现实中，几乎所有的重大工程都会出现工程最终成本远超当初预算的现象。因为重大工程本身投资规模就大，而一般超支幅度又高，常导致重大工程在建设过程中不断追加投资，由此引发一系列财政、社会、政治等问题，甚至导致重大工程建设半途而废。人们对此现象并非不关注、不重视，但人们多从主体资金计划不周、乐观情绪影响等方面寻找原因。而事实证明，这对解决超支风险问题的效果并不理想，我们将从一个新的视角来分析这一风险。

（3）重大工程现场风险。在一定意义上，重大工程各类风险现象几乎都集中发生在工程现场，其中一些风险种类与一般工程现场风险较为一致，但另有一部分风险种类充分体现了重大工程现场复杂性的风险成因与独特的形成机理，需要我们确立关于重大工程现场风险新的认知。

7.6.1 重大工程决策风险分析

决策，特别是工程前期的工程规划、立项论证、总体设计与工程方案选择等复杂性决策是一类具有重要战略性与全局性意义的管理活动。此类决策一旦发生失误,造成的危害远比其他局部性和短时间内的事故危害要大得多,因此,就其严重性而言,决策风险当数重大工程风险中的首要风险类型。

所谓重大工程决策风险是指重大工程决策活动过程及其产生的决策方案在重大工程整个生命周期内造成的潜在性不确定危害。这里强调了:

(1) 这类危害是不确定的,即可能发生,也可能不发生,而发生的可能性的大小意味着风险出现的大小。

(2) 这类危害是潜在的或是隐形的,这就使得人们对这类危害难以在事前观测或预测到。如果最终潜在性并未成为现实性,则意味着风险在实际中化险为夷。

(3) 这类危害的根源主要是人们在重大工程决策过程中的多种不当行为。

(4) 风险是不确定现象,因此完全确定的危害不能认为是风险,**不确定性或可能性才是风险的本质属性之一**。

7.6.1.1 决策风险概述

由于决策不当而破坏重大工程功能与目标实现,给社会经济及自然环境造成极大危害的事例在国内外屡见不鲜,这生动地向我们警示了重大工程决策风险的存在及其严重后果。

中国黄河上游的三门峡水利工程是中国在黄河上修建的第一座以防洪为主要功能综合利用的大型基础设施水利工程,国家为此工程投入了大量人力、物力和财力。但是建成后仅一年多就由于决策上的错误与设计方面的问题,被迫放弃了原来的目标而改建,但水库的发电和上游泥沙淤积之间形成的尖锐矛盾仍然存在。2003年秋,陕西渭河下游遭遇5年一遇的小洪水,但形成了50年不遇的大洪灾,学界分析认为,其主要原因是三门峡水库长时期高水位运行,渭河下游三门峡库区严重淤积,以致有8条支流倒灌、3条支流决口。2004年1月4日,中华环境保护基金会理事长曲格平在新闻发布会上表示,三门峡工程是一个重大的决策失误,是中国水利工程中的一个失败的记录。

研究重大工程决策风险,可以简单直观地围绕着重大工程决策活动,根据相关要素一一分类与罗列风险源,例如:

(1) 论证预测风险。重大工程前期需要对工程功能、目标等进行预测和设计,例如大型机场建设需要预测客流量,一旦出现较大误差,必然给工程造成风险。如中国珠海机场,耗资巨大,仅基建费用就拖欠达17亿人民币,这在当时是一笔巨大的资金。该机场设计时预测客流量为1 200万人次/年,但实际建成后每月客流量大约只有4万~5万人次,2015年全年只5.7万人次。

(2) 技术选择风险。重大工程关键技术的选择不仅要求原理正确,还要求成熟度高和稳健性强。但是,实际上,环境的复杂性与工程的独特性可能导致技术完全或部分丧失应有的功效而导致工程建设失败。

（3）环境变动风险。重大工程决策是在高度开放的环境中，并且主要是在工程前期的工程虚体层面上的活动与过程。因此，决策主体对工程虚体的认知、对环境的预设与理想化程度都会深刻影响重大工程决策方案效果。一旦环境变动与决策方案效果之间产生严重冲突，必然导致决策失误等风险。

如此等等，通过对重大工程决策活动逐一分解，我们还可以得到一系列重大工程决策风险源类型，这在具体对一个工程进行风险分析时是常用的，但本节主要是从科学问题层面上基于复杂性本质属性研究重大工程决策风险，因此，这样的列举决策风险源方法不作为本节研究的主要内容，本节主要从决策行为复杂性出发，对其导致决策过程风险进行分析。

7.6.1.2 重大工程决策过程风险

既然重大工程决策风险源于工程决策活动，而任何决策活动都由决策过程与决策结果所组成，那么，决策风险当然既要看决策结果，又要看决策过程。这如同企业生产产品，产品的质量既取决于产品本身，又取决于生产过程。

不难理解，决策方案如同决策主体通过决策过程而生产出的产品。因此，决策方案质量高，决策活动风险就小。关于这一点，本书已在 7.2 中揭示重大工程决策是一类深度不确定决策，并从决策质量概念出发，指出决策方案质量的核心内涵主要是方案关于工程情景变动与演化的稳健性。根据这一学术思想，我们容易理解情景鲁棒性可以作为观测、度量和判别重大工程决策风险的一个重要属性。这些都不再阐述。

另外，由于重大工程决策方案是决策过程的最终产品，决策方案对决策过程必然具有强烈的情景依赖性。也就是说，认识与分析重大工程决策风险必然要分析重大工程决策过程对风险形成的影响，并由此提出提高过程质量、降低决策风险的对策。

根据 ISO9000:2000 的定义，"**过程**"**是指将输入转化为输出的相互关联或相互作用的一组活动**。一般工程的决策过程，可理解为提出问题、分析问题，并提出解决问题方案的一组活动。因此，这类决策过程的核心内容就是决策程序或决策步骤。因为一般简单工程的决策主体在整个过程中基本是确定不变的，决策环境、目标及备选方案形成及方案选择等都相对简单，因此，决策的主要任务应当是按照程序执行完决策过程中的每一个步骤即可。

但是，重大工程决策环境与问题的复杂性、决策目标与决策方案的迭代式形成方式，特别是决策主体行为的社会性和自适应性，使得再也不能把重大工程决策过程简单地理解为一组规范的程序化步骤组成的活动，而是由多主体构成的、有着柔性结构的复杂自适应组织的行为链。这意味着重大工程决策过程本身就具有多种形态的复杂性。其中有些复杂性可成为驾驭复杂决策问题的能力,而另一些则可能导致决策过程风险的形成。

简言之,**重大工程决策过程风险主要是指决策过程中,由决策主体行为所导致产生的工程潜在危害的可能性。**

这意味着,决策过程风险一定有其相应的主体活动或行为,正是这些活动或行为的综合效果导致了风险的危害,即风险形成的过程不能是无主体、无行为、无活动的。

7.6.1.3 两类典型的重大工程决策过程风险

1. 信息垄断风险

数据与信息是决策的基础。人们根据决策目标和需求,广泛和尽可能全面地搜集相关数据与信息,并对它们进行适当的处理,从中获取形成决策方案的必要支撑与依据。这是贯穿整个决策活动中的一种信息转换与加工过程。由此可见,拥有越全面的信息,越能帮助决策者做出正确的决策;反之,缺少信息就无法进行决策,或只能做出低质量的决策方案,而隐瞒或歪曲信息更是一种可能形成决策风险的行为。因此,我们要用复杂性思维全面审视并深入研判决策主体在决策过程中对待信息的种种态度与行为,并防范可能产生的风险。

在重大工程决策过程中,政府或其代理人一般占有信息优势。在一定意义和场合下,考虑到国家安全、社会稳定等,在一段时间内会对一些信息进行保密,这是正常的政府行为。但有时也会保密过度,或信息占有者为维护自身形象,或仅从自身利益考虑而将与决策相关的信息过度与社会公众隔离,导致决策信息不透明、不对称甚至信息垄断。另外,决策主体还可能只选择一些有利于自身的信息公开,甚至有意缺损、修改正常信息,而最终导致某种错误决策方案的形成,那问题的性质就更加严重。

上述任何一种情况一旦出现,都将使重大工程决策只能在信息缺失和扭曲的情况下进行,产生决策风险的可能性也大大增加,我们称此为**重大工程决策过程中的信息垄断风险**。

当然,也有这样的情况:决策主体并无以信息垄断为手段谋取利益的行为,而是由于其自身搜集、处理与利用信息的能力不强,导致信息缺失,进而导致决策失误,这虽然是另一类性质的问题,但也属于由信息缺失引起的决策风险。

既然在重大工程决策过程中可能产生信息垄断风险,那我们就要认真地认识该风险的基本特点,以便更有效地进行防范。

首先,在信息搜集、辨识、加工和分析的各个阶段都有着不同的风险形态,例如信息缺失是一种风险,而信息冗余、信息混杂无序乃至相互冲突也是一种风险。信息讲究其价值,但信息的价值又因时、因地、因目的不同而不同,因此,切不可教条地认为信息有着永恒不变的价值。以三门峡水库为例,当年苏联水利工程专家以自身经验与知识信息为准则设计三门峡工程,但苏联河流基本上为清水河,而中国黄河为泥沙河。这样,照搬原来的知识信息必然导致决策失误。

其次,信息的时效性往往是很强的,信息本身就是在一定时间范围内的事物客观属性的反映。因此,在重大工程决策中,利用信息一定要注意是否已是"时过境迁",如果是,对相关信息的运用一定要谨慎小心。

最后,信息风险除了可能是直接和显现的,也可能是间接和隐形的,还可能呈现长关联传导性。例如,信息的偏差可能并非立即引发风险,但在较长时间后才慢慢暴露和反映出它的影响和作用,而这往往使我们难以回溯找到原来的风险源。这一情况更体现出信息风险的复杂性。

关于重大工程决策过程信息风险的防范与治理,重点为建设与完善相关的决策民主制度和法律制度。例如:① 建立重大工程信息公开与披露制度。为了解决重大工程决策过程中因信息不对称而导致的决策风险,切实保证工程决策者与公众之间的信息互动,应建立和完善必要的重大工程信息公开与披露制度,一方面为公众积极参与重大工程决策、献智献策创造条件,另一方面也为公众监督决策者的决策过程提供平台,有利于防范因信息垄断造成决策风险。② 完善重大工程决策过程的规范性与程序性。重大工程决策过程是一个不断比对、迭代、优化并最终形成决策方案的过程。在这期间,每一个阶段性的中间方案都必须有其信息依据和支撑。故应设立法定的、公开透明的程序,让公众代表与专家以多种方式直接参与对关键方案信息依据的监督与评估,及时防范和纠正信息偏差。

2. 行为异化风险

重大工程决策过程中决策主体的核心行为当数主体的选择行为。不难理解,决策主体的选择行为反映了他们对决策复杂性的分析与驾驭能力,这很大程度上取决于主体的智能性,如主体的感知、认知、经验、知识水平,对问题复杂性本质的把握、对决策资源整合的战略思维与未来情景的发掘水平以及对决策方案功能与目标的综合评价与风险分析能力等。而这一系列行为都有一个基本前提,就是决策全过程都应有科学、规范的制度与法规,而决策者必须遵循这些制度与法规。

但是,事实上,一方面,任何重大工程决策主体都是委托代理关系下的社会人,都有着自身和其所代表的利益,他们在决策过程中一般都会强烈地维护这些利益。另一方面,在实际决策过程中,或者由于委托代理制度不健全又缺乏监督管理,或者由于代理人失责、失德,决策主体在决策过程中形成因谋求私利而损害工程整体利益的所谓行为异化。**这一类因决策主体在决策过程中违背决策行为**

规范与道德准则而导致的决策风险被称为重大工程决策过程的行为异化风险。

造成重大工程决策过程行为异化风险现象的原因主要有：① 信息垄断或不对称使主体有机可乘。② 缺少健全的制度和监督机制或实际执行不力。③ 个人利益诉求非理性膨胀。如对个人政绩的追求、滥用权力及其他的非法的利益合谋等。

以上个人非理性行为极易使决策者在决策过程中产生急功近利思想以及滥用公权力甚至以权谋私等行为。其直接后果则是理应规范、科学的决策过程成为违章违法、个人裁量权过大和非程序化的过程，决策风险也就自然容易产生。

同样地，应对和防范行为异化决策风险也是要加强和完善相关制度和法规建设，特别是要加强对主要决策者的监督制度，严格决策者遴选制度以及问责制度等。

总体上讲，决策主体异化行为是一种机会主义行为，行为异化风险更具有隐蔽性和复杂性。如利益合谋总是在私下进行的，而行为异化又常有表面伪装，包括"上有政策，下有对策""挂羊头卖狗肉"或者"搭便车"等，因此更需要加强行为异化类型与动因等规律性研究以及行为异化防范制度与对策设计。

实践证明，上述两类典型的重大工程决策过程风险在实际中常常在一个工程中不同程度地并存着。这一点并不难理解，因为信息垄断与不对称为决策主体行为异化提供了有利的庇护与伪装环境与条件，而行为异化者甚至还会主动创造这样的环境与条件。反之，这样的环境与条件也往往更容易催化和诱导主体的行为异化。因此，对待和防范重大工程决策过程风险问题要采取多方面的综合治理策略。

7.6.2 重大工程成本超支风险

说起重大工程，除了工程规模大、技术复杂等特征之外，人们印象极深的就是其普遍存在成本超支现象。Bent 的研究总结了重大工程 9 类基本特征（Bent，2011），其中与成本超支有关的特征就有 5 类，足见成本超支是一个突出问题。成本超支极易引发重大工程投资风险，造成不良的政治、经济与社会影响，因此，成本超支在事实上已经成为重大工程重要的风险现象，也成为重大工程管理理论体系中一类重要的科学问题。

7.6.2.1 工程成本超支概况

多年来，各国政府和学者们一直关注着重大工程成本超支问题，并进行了专门、系统的研究。据不完全统计，国际上几次重要的工程超支调查统计情况（部分）和典型超支案例如下表所示：

第7章 重大工程管理基础理论的科学问题

表7-6 国际工程超支调查情况(部分)表

调查单位	案例数量	案例类型	超支情况	备注
瑞典审计局	15	公路、铁路	铁路17%,公路86%	部分项目尚未完工
美国交通部	10	铁路	61%	
英国交通道路研究实验中心	21	地铁系统	6个超出50%, 3个超支20%—50%, 4个超支10%—20%	只有13个项目可以估算出超支情况
Aalborg University	258	桥、隧、公路、铁路	28%(标准偏差=39)	1927—1998年,20个国家

该调查结果表明:

(1) 十分之九的重大交通工程项目都存在超支情况,其中铁路平均超支45%,桥隧超支34%,公路超支20%。

(2) 重大工程项目超支是国际性现象,并且,发展中国家比发达国家问题更突出。

(3) 超支现象在过去的70年中没有什么改变和缓解。

表7-7 典型重大工程成本超支案例

	国家	项目名称	类型	起始时间	完成时间	预算	超支比/%
1	丹麦/瑞典	厄勒海峡大桥[3]	桥梁	1993年	2003年	29亿美元	39
2	英国	伦敦—肯特海峡隧道铁路[2]	隧道	1998年	2007年	61亿美元	57
3	西班牙	马德里—塞维利亚地铁线[1]	铁路	2003年	2009年	4.6亿欧元	37
4	斯洛文尼亚	Mochove核电站3号和4号机组[4]	核电	2007年	2014/2015年	27亿欧元	33
5	德国	KraftwerkMoorburg 火力发电厂[13]	火电	2006年	2014年	18亿欧元	67
6	法国	Flamanville核电站3号机组[14]	核电	2006年	2016年	33亿欧元	82
7	丹麦	Anholt海上风电[6]	风电	2011年	2013年	13.2亿欧元	74
8	捷克	Brno环城路工程[7]	公路	1998年	预计2035年	3.4亿欧元	24
9	西班牙	马德里—塞维利亚高铁[10]	铁路	1987年	1993年	15.75亿欧元	72
10	葡萄牙	葡萄牙高铁项目[11]	铁路	2003年	2012年	65亿欧元	28

(续表)

	国家	项目名称	类型	起始时间	完成时间	预算	超支比/%
11	西班牙	西班牙高铁项目[9]	铁路	1995年	2009年	79亿欧元	80
12	德国	Nuremberg-Ingolstadt 高铁[8]	铁路	2003年	2006年	13.68亿欧元	161
13	瑞典	北部隧道[12]	隧道	2010年	2019年	1.6亿欧元	15
14	德国	NowyTomysl-Swiecko 高速公路[5]	公路	2006年	2012年	6.46亿欧元	57

数据来源如下：

[1] AnaIrimia-Dieguez, Carmen Medina-López, Rafaela Alfalla-Luque. Spanish Metro Line：Metro De Sevilla[R], 2015, http://www.mega-project.eu/

[2] Marisa Pedro, Miljan Mikic. High Speed 1：The Channel Tunnel Rail Link[R], 2015, http://www.mega-project.eu/

[3] Marisa Pedro, Miljan Mikic, Oresund Link(Öresundsbron)[R], 2015, http://www.mega-project.eu/

[4] Daniela ŠpirkovÁ, Koloman Ivanička, NPP Mochovce-Units 3 和 4-Case Study[R], 2015, http://www.mega-project.eu/

[5] Agnieszka Łukasiewicz, A2 Motorway：Nowy Tomysl-Świecko stretch[R], 2015, http://www.mega-project.eu/

[6] Louis-Francois Pau, Anholt offshore Wind Farm[R], 2015, http://www.mega-project.eu/

[7] JanaKorytárová, VítHromádka, Petra Adlofová, Dominik Bártů, Lucie Kozumplíková, Michal piroch, Big City Road Circuit Brno[R], 2015, http://www.mega-project.eu/

[8] Ing. Konrad Spang 和 M. Kümmerle, High Speed Railway (NBS) Nuremberg-Ingolstadt in Southern Germany (Part of NBS/ABS Nuremberg-Ingolstadt-Munich)[R], 2015, http://www.mega-project.eu/

[9] Rafaela Alfalla-Luque, Carmen Medina-López, High-Speed Rail(HSR) in Spain-A case study：HSR Madrid-Barcelona-Figueres (French frontier)[R], 2015, http://www.mega-project.eu/

[10] RafaelaAlfalla-Luque, Carmen Medina-López, High-Speed Rail(HSR) in Spain-A case study：HSR Seville-Madrid line[R], 2015, http://www.mega-project.eu/

[11] João de Abreu e Silva, Marisa Pedro, The High-Speed Project in Portugal[R], 2015, http://www.mega-project.eu/

[12] Jonas Wennström, NorraLänken, the Northern Link[R], 2015, http://www.mega-project.eu/

[13] Gerald Adlbrecht, Paul Littau, Kraftwerk Moorburg, coal-burning power plant[R],

2015，http://www.mega-project.eu/

[14] Giorgio Locatelli, Mauro Mancini, Flamanville 3 nuclear power plant[R], 2015, http://www.mega-project.eu/

同样，重大工程成本超支在我国也是很突出的问题，典型案例如下表所示：

表7-8 中国重大桥梁工程成本超支案例（单位：亿人民币）

序号	工程名称	估算	概算	决算	超支比/%	数据来源
1	琅岐闽江大桥	19.60	—	22.56	15.10	工可批示及福建省交通厅访谈
2	矮寨大桥	7.20	—	15.00	108.33	工可报告及中国第一军事门户网
3	江阴大桥	—	20.87	27.30	30.82	交通部设计批复文件及决算报告
4	南京长江二桥	—	32.00	33.50	4.69	新华日报及二桥网
5	南京长江三桥	—	30.90	31.87	3.14	《新时代南京跨江大桥建设管理》及中国审计网
6	南京长江四桥	—	66.00	68.60	3.94	新华日报及现代快报
7	苏通大桥	—	64.50	80.00	24.03	港珠澳大桥管理局访谈
8	泰州大桥	89.90	—	93.70	4.23	工可报告及江苏人民网
9	胶州湾大桥	—	90.40	100.00	10.62	山东省交通厅访谈
10	杭州湾大桥	—	117.60	134.50	14.37	杭州湾大桥竣工验收报告
11	嘉绍大桥	—	62.50	63.50	1.60	指挥部总结报告及嘉兴新闻在线
12	厦漳大桥	30.00	—	47.10	57.00	工可报告及管理公司访谈
13	云南腾冲龙江大桥	—	14.60	18.00	23.29	指挥部访谈
14	马鞍山大桥	—	60.00	70.80	18.00	安徽高速公路控股集团访谈及大桥指挥部文件
15	南浦大桥	—	14.00	21.50	53.57	上海交建局访谈
16	徐浦大桥	7.30	—	20.00	173.97	上海交建局访谈
17	杨浦大桥	13.20	—	14.53	10.08	上海交建局访谈
18	东海大桥	—	70.00	110.00	57.14	港珠澳大桥管理局访谈

重大工程成本超支现象如此普遍并且超支幅度巨大，不仅导致投资人，特别是政府不断突破工程预算，还极易引发一系列社会与公众的质疑，因此日益受到社会的广泛关注与专家学者们的重视。

至于工程超支原因,不论是学术界还是工程界,大多从工程复杂、工程变更、技术不确定性、需求不确定性以及环境不确定性等几个方面来解释。前述表中关于重大工程超支的调查研究,学者们总结分析认为,超支的主要原因为:① 坏运气或过失;② 决策者的乐观倾向;③ 战略性误导;④ 工程范围的变更以及负面声音等。

而我国学者认为,中国重大工程成本超支的主要原因包括:① 工程变更;② 征地拆迁补偿以及规定费用增加;③ 物价上涨。

由上不难看出,全球重大工程建设领域普遍认为:① 重大工程成本超支是全世界普遍存在和长期存在的现象;② 工程成本超支原因是多方面的,而且原因的离散度较大;③ 很难从历史统计样本中预测出某个新的具体工程的可能超支原因与超支数额。

这说明重大工程成本超支现象虽然存在总体意义上的宏观可解释性,但并不存在统计意义上的精细规律性。这也说明超支现象的背后可能被某种复杂性所支配,需要我们在复杂性思维原则下开展对该问题的分析研究。

7.6.2.2　一般工程超支与"乐观偏差"的辨析

既然研究重大工程成本超支问题,那就应该从工程成本的基本内涵入手。在一定意义上,所谓工程成本就是人们在工程造物活动过程中必须投入的、不可或缺的资金。

这里要强调以下两点:

(1) 成本是实现重大工程完整形态的一切必要造物活动的资金投入总和,这里的"一切"表示造物活动是所有实际发生的、必不可少的每一项活动。

(2) 成本是必要的投入,因此,它不应该包含工程造物过程中的人为浪费和贪腐行为。

在上述两个基本视角下,我们先对一般工程成本进行结构化分解,即把工程造物活动逐层次分解为子活动体系,从而形成成本要素结构图(如图 7.21 所示)。再按此图,由各子工程活动产生的工程量、价格与资源消耗量数据,自下而上,逐一求得各子工程活动所需成本,再求总和得到工程总成本。

事实上,这种把工程成本分解成结构化体系的还原论思维反映了人们认为工程造物活动在整体上不仅是完全确定的,而且是可叠加和完全可认知的。也就是说,人们通过自上而下的层层分解,能够将工程的整体造物活动分解成一个个独立的活动单元,而且每个单元的费用都能被计算。这样的思维和操作在实践中适用于建设周期较短、环境和技术比较简单和确定的一般工程成本概算,因为一般工程的造物活动基本上是确定的、程序化的及成本可测算和可叠加的。

当然,即使如此,也不意味着就能把一般工程成本算得分毫不差。因为对一

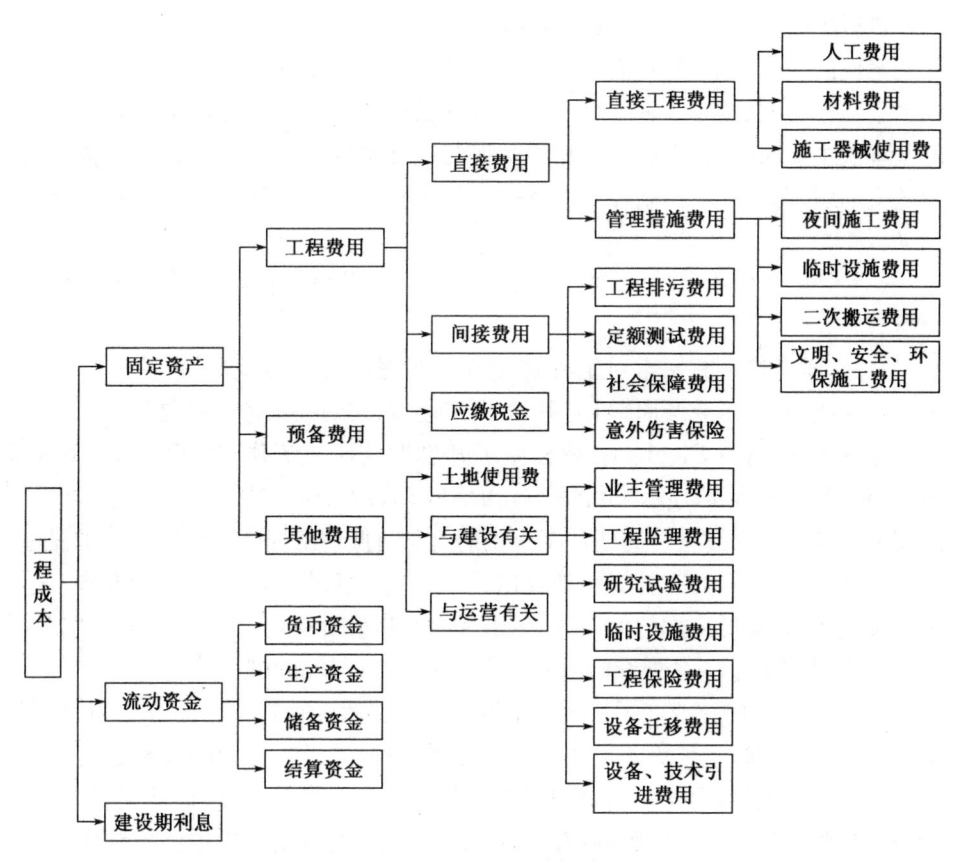

第7章 重大工程管理基础理论的科学问题

图 7.21 工程成本要素结构图

一般工程而言,工程环境、工程活动的具体操作、技术效果以及主体行为总会发生变动、不确定、误差或失误,因此,往往会在实际中产生费用增加,并形成成本超支现象。那么,为什么最终实际总成本一般总是增加而很少出现降低现象呢?这是因为人们在做成本概算时,是在虚体工程思维下对工程造物活动进行分解,是在理想化假设条件下,根据人们经验预测显性的、确定的和程序化的造物活动成本,这极容易缺失对隐性的、不确定与非程序化的造物活动成本的统计,也极容易在整体层面上,形成对工程成本概算的缩水倾向。这就使得在工程实践中,实际发生的工程成本普遍大于最初的概算,超支现象也就普遍发生了,因此,低于概算的节支情况是罕见的。

综上所述,我们对一般工程超支问题有如下基本结论:

(1) 对于一般工程,成本超支现象也是一种常态。

(2) 各个具体已建成工程可将最终实际发生的工程成本与最初的概算栏目

——进行事后对照,能够从中精准地罗列出各项超支栏目与超支幅度。随着这样的案例研究日益增多,我们可以得到越来越丰富的工程超支清单。这一清单相当于工程超支数据库,它一目了然地告诉我们一类(或不同类)工程成本超支的基本或主要原因、发生超支的相对频率与超支幅度等。这对我们具体认识工程超支问题、总结成本控制经验以及提高新工程成本预算的准确性有着积极的意义。

(3) 但上述分析基本上属于案例研究,对工程超支科学问题尚缺少理论分析。

对此,学者们不断探索对工程超支原因的理论研究,并取得不少成果与进展。下面我们对"乐观倾向"与工程(重大工程)超支的关系进行简要辨析。

在这方面,Bent Flyvbjerg 教授做了开创性的研究工作,他于 *From Nobel Prize to Project Management：Getting Risks Right*(2006)中首次系统地提出了乐观偏见与策略误导是过高估计工程预期收益与低估工程成本从而造成工程超支现象的重要原因,并有针对性地提出了一种关于工程成本预测的新方法——参考类预测,以降低人们的偏见(包括乐观偏见和策略误导)造成的偏差。此后,Bent 教授还发表了一系列专门研究乐观偏见与工程超支问题的论文。

Bent 教授的研究改变了传统的事后列举工程超支直接原因的方法,而从理论层次上对工程超支现象的内在原因进行了挖掘,并且对原因的搜索超越了工程管理的直接范围,而从人的心理与行为关联关系上进行了分析。这些学术创新在工程管理界有很大的影响,在工程实践界也能列举出不少主体乐观倾向造成的实际成本超支现象。

十分重要的是,Bent 教授还严谨地指出,对一个缺乏实际工程估算知识、经验与能力的人来说,乐观偏向确实会给一般工程,特别是重大工程的成本低估、收益高估现象造成影响(当然也有个别例外情况)。但是,在当代社会,重大工程管理已形成一个专业化的知识体系,在成本预算问题上也有一套科学的分析、评价、同行审查的完整流程,这足以帮助我们发现和纠正成本估计过程中的疏漏与偏差。可为什么仍然有大量案例与数据表明低估重大工程成本的现象不断上演,甚至没有好转的迹象。这似乎在"证明"这一领域内的成本预测专家都是"傻傻的",并且长期持续地犯同样的乐观偏见错误。特别是,持续的案例对照研究表明,在重大工程成本低估问题上,专业人士和一般非专业人员似乎都表现出乐观倾向,这也缺乏逻辑可解释性。

对此,Bent 教授谨慎地表示,也许"乐观倾向并不是重大工程成本低估和收益高估的主要和突出原因,乐观倾向也许能够部分解释工程表现不佳的原因,但并不是全部的完整解释"。

上述的观点是 Bent 教授关于乐观偏见对重大工程成本超支影响与关系的主要观点。下面,我们在此基础上再作进一步的分析。

所谓乐观、乐观心态、乐观情绪或乐观精神,是人类心理范畴的概念。它是关于人对事物及其变化具有积极、向上、正面、充满信心和美好信念态度的表述。而人的心理态度是指人对客观事物的主观反映。人们在心理上表现出来的乐观心态或乐观情绪具有积极的意义,它是人们不断进步和发展的一种生存策略,因为"你对未来充满乐观期待,就会获得采取行动的动力"(菲尔普斯)。

由此可见,乐观是人们的一种积极正面的精神力量。乐观不是什么不好的心态,而问题是所谓的乐观倾向、乐观偏见或者顽固乐观等心态,即人们的盲目乐观情绪,无根据地低估未来或不确知事物的困难、风险,高估、过度期待未来或不确知事物的效益和自身的利益等心态,并使这种心态在意识层面上形成一种心理定式。人一旦形成心理定式,思考和解决问题就会出现定式效应,例如,在预测重大工程成本时,乐观倾向的心理定式往往都会表现出低估困难、成本、风险,而高估功能与收益等倾向,也正因为已成定式,这种倾向已不是偶然性行为偏差,而是系统性行为偏差,**这就是所谓的重大工程超支现象的乐观偏见的基本内涵。**

正如 Bent 教授指出的,"人们的乐观状态可能过高地估计收益,并且低估成本和时间,同时有忽视错误和错算的可能性存在,但这仅仅表示了乐观倾向是重大工程预算时低估成本的一个重要的、可信的解释",但也未必是"全部的完整解释"。

事实正是如此。人们对重大工程成本进行估计是一种预测行为。在实际过程中,这种行为既包含预测个体行为,又包含预测群体行为。其中,预测个体行为确实会受到自身乐观心态的影响,但人的预测行为并非完全受自身心理态度所左右,行为效果还会受到其自身的知识、经验及能力的影响。这也说明了为什么一个人的乐观性格未见有什么变化,但随着他的经验与知识的不断丰富,他对工程成本的预测准确性会不断提高。另外,管理群体对工程成本的预测及对偏差的纠正更是要经过一个反复迭代的过程。这不可能简单地归结为群体中所有的成员都存在同样的乐观偏见,并且这种乐观偏见具有同步叠加效应,而其他预测能力要素,如知识、经验、程序等都几乎不起任何作用。这样的假设与推测都是缺乏事实根据和理论支撑的,况且人类心理情绪有着时间周期律,即使乐观性很强的人,也存在着乐观强度周期性变化的客观规律,即乐观情绪总是时高时低,而不会总处于乐观的亢奋状态。这又从一个角度说明我们不能运用乐观偏见来完整地解释它是重大工程成本超支的根本原因,因为重大工程成本超支现象与数据从来没有出现过与人的乐观情绪周期同步的规律性。

特别是，最近认知神经学家们发现，人的大脑中有两个特殊区域——杏核体与前扣带回皮质喙部(rACC)。杏核体是大脑深处处理情绪的一个小结构，而rACC是前额叶皮层中调节情绪和动机的一个区域，它的活动与人的大脑中的乐观情绪关系密切，人越是乐观时，这些区域的活动越是活跃，这两个大脑结构之间的联系也更为密切。

据此，我们更无法解释为什么人们在预测重大工程成本时，这两个结构会莫名其妙地活跃起来，特别是不同时期、不同民族与文化背景的工程决策主体，只要面对工程成本问题，它们都会不约而同地产生活跃反应。

事实上，我们更应该根据工程管理中的两种思维方式来分析这一现象。

具体地说，即使我们理想化地假设工程造物活动与管理活动是基本确定和结构化的，也就是说工程是简单的，我们仍然要遵循工程造物和工程管理实践活动中的基本思维模式，即在工程前期进行工程概算时，主要任务是在一定理想化假设下构建"虚体工程"的蓝图，这时人们主要关注工程硬系统的普遍属性与基本结构，关注工程造物活动的基本要素、要素属性以及要素之间的关联，容易丢弃工程造物活动许多个别具体的细节。基于这样的思维，工程成本概算只能是基本框架性的和粗线条的，在很大程度上是基于理想的、逻辑的与虚体思维范式的，而现实中的曲折、反复，甚至推倒重来的实践现实在这里都一概不会考虑。

但当人们在工程现场把虚体工程蓝图转换为完整的实体工程筹划时，一切工程造物活动都被具体化了。所有被忽略的细节都将逐一显现。反映在成本问题上，实现工程完形必要的一切活动与环节都是具体的、现实的，都会有成本发生。原先框架性的和粗线条的成本概算将变为精准和细线条的成本实际发生量，成本将随之会大幅度膨胀起来。

总结起来，一般工程成本超支现象的出现往往是由于在前期概算时，虚体工程思维与工程施工时的实体工程思维之间形成的巨大"偏差"。这一偏差在初期常常是潜在的、隐性的，其幅度取决于虚体思维框架性与实体思维精细性之间的误差的大小。由于对同一个事物的认识和分析，精细性总比框架性更具体，需要更多的资源支撑，因此，成本超支往往也就成了一种常态现象，而该现象出现的种种不确定性则成为一般工程成本超支的风险形态。

当然，由于完整构建一般工程成本的结构化体系比较容易，加之在丰富的实践经验与系统分析帮助下，一般工程的成本超支额度通常相对较小，并且在造物过程中也较容易被控制。这也意味着，一般工程成本超支风险相对较小，并且一般是可控的。

最后，还需要指出，本部分主要内容不是具体罗列一般工程成本超支的因素并进行因素分析，而是提出关于对一般工程成本超支的认知，确立科学的认识论,以便更好地指导我们具体研究一般工程成本超支风险问题。

为研究方便,我们把基于工程成本要素逐层分解为可独立估算的成本要素体系及自下而上叠加形成工程概算,并在此基础上产生的这样一类成本超支(现象)称为**工程常规性超支**。**基于常规性超支形成的工程风险称为工程常规性超支风险**。一般情况下,相对简单工程的成本超支基本上属于常规性超支,相应的工程风险也多属于常规性超支风险。

7.6.2.3 重大工程复杂性超支风险

在一般意义上,关于一般工程成本超支风险的认知与分析原则上都适用于重大工程,因为重大工程是一般工程的子集。但重大工程自身的复杂性属性必然又会对工程成本超支原因及风险特征产生独特而深刻的影响,并由此形成一些独特的现象和科学问题,这些现象与问题将是本节的主要研究内容。

例如,与一般工程不同的是,重大工程投资主体多为政府,这就使得政府在重大工程决策和管理上往往具有主导性的话语权与决策权,也因此,在工程前期确定工程概算或作出相关决策时往往会注入更多的政治因素。

重大工程管理中的政治因素是指工程决策与管理中的政治思维与政治利益诉求。例如,出于树立政府形象与官员个人政绩需求,决策者希望工程尽快上马,因此会过分夸大工程的价值与美好前景,或强行推行领导者的主观意志,轻率决断重大工程立项问题;也可能利用政治权力改变工程设计方案,干预工程正常建设或者扭曲工程招投标程序,从而导致低估重大工程成本概算,最终造成工程成本超支。而政府指定的工程论证部门或直接执行政府指令或间接接受政府影响,也会做出追随性的低估成本预算,因为低估成本往往更容易显现政府的政绩,哪怕这一政绩是虚假的。

另外,重大工程规模巨大、技术复杂、生命周期长等特点都对工程成本超支现象起着"推波助澜"的作用。

例如,以中国某重大交通工程为例,若按照 100 年的工程生命周期计算,桥墩垂直角度误差不超过 1/100 即可满足要求,但现在工程生命预期为 120 年。经分析,垂直角度误差允许限值将由 1/100 提升至 1/250,出现了工程生命期提高 20%,而技术标准提高 2.5 倍的情况,技术标准的显著提高将直接导致工程成本呈现非线性增长趋势(如图 7.22 所示)。

近年来,我们通过案例调查与文献梳理,曾经总结出数十种可能导致重大工程成本超支的原因,如材料价格上涨、机械故障、工程质量不合格而返工等。但我们认为,这样的原因分析主要是一种将超支要素结构化的就事论事思维模式,并未挖掘显性表象背后的深层次原因。这种基于还原论的成本分析方法,即使超支要素举不胜举,也难以深刻揭示重大工程复杂性引发的成本超支原理性原

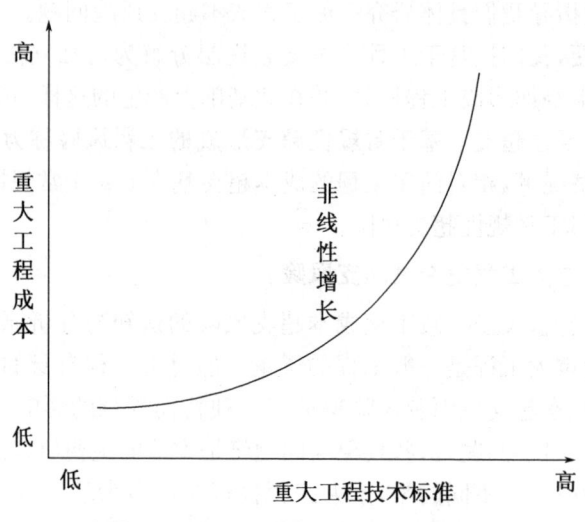

图 7.22 重大工程成本与技术标准关系

因,因为复杂性在许多时候是不能被结构化和非显现的。也就是说,不论超支因素结构化体系如何详尽,它只能描述和概括工程造物过程中那类构成性和程序性活动以及相应的超支现象。但是,重大工程复杂性还会在工程造物过程中自组织涌现出难以预测、确知和控制的超支现象。特别是这些超支现象往往会极大地拓展原来的造物活动的规范性,成为实际的构建重大工程硬系统的一个个新的、难以预测但不可缺少的造物环节。因此,相应的成本增加也就不可避免了。**我们把这一类由于重大工程复杂性导致的成本超支称为复杂性超支,而把由复杂性超支现象的不确定性和可能产生的危害称为重大工程复杂性超支风险。**

因此,对于重大工程而言,

成本超支＝常规性超支＋复杂性超支
成本超支风险＝常规性超支风险＋复杂性超支风险

复杂性超支不是一个抽象的理论概念,根据重大工程复杂性的不同形态,复杂性超支风险也呈现出不同的物理形态与管理内涵,下面主要论述这一部分内容。

1. 工程环境复杂性导致的复杂性超支风险

重大工程自然环境普遍复杂多变,例如,工程施工现场的地质、水文、气象状态一般不仅呈现非均匀性,而且还会出现突变。即使人们在工程前期的论证阶段做了必要的勘测工作,但毕竟是样本性探查,非样本处依然极有可能出现强烈的突变情况,人们无法事先确知这类隐性的非平稳突变信息。因此,如果从整体上考虑到各种可能的情况,前期按照样本勘察信息所做的成本概算就极有可能大大低于后来实际发生的成本,而实际成本的巨额超支恰恰就是这类非平稳复杂状况引起的。

另外,重大工程关键施工环节往往需要极严苛的施工条件,需要气象、水文、海流等提供同一的时间"窗口"。但复杂环境的动态变化使得这样的时间"窗口"极为罕见,或预期的时间"窗口"稍纵即逝,这就使得施工计划不得不多次变更,并导致施工材料、人力、装备成本与运营成本增加,而这些增加量无法在前期成本概算中精准预测,并列入预算,故又成为工程超支的重要原因。

例如,在港珠澳大桥建设过程中,由于现场环境的突然变化而无法进行沉管施工,不得不将已经浮运至海面工地的大型海底隧道沉管拖回,一次往返就会发生数百万人民币的费用,而这在事先是无法预知并列入概算的。

2. 深度不确定性导致的复杂性超支风险

深度不确定性是重大工程复杂性的典型特征。重大工程深度不确定性有着多种形态,仅以重大工程的社会经济环境为例,国家政治与社会的稳定程度、经济发展态势、金融安全保证、社会信用及国家货币政策等都会极大地影响重大工程建设投资目标与方案、工程静态投资总量、动态投资控制、概算调算以及工程移民和拆迁政策、补偿税减免等,导致这些方面都存在深度不确定性。这些影响因素之间还会相互作用与传导,又会加剧这种不确定性程度,进一步使重大工程实际成本的大幅度增加,形成重大工程复杂性超支风险。

3. 演化与涌现导致的复杂性超支风险

系统演化与涌现是重大工程复杂性的重要形态,这里的演化与涌现既包括自然、社会、经济环境系统整体行为演化,又包括工程物理系统与人组成的复合系统整体行为的涌现。特别需要指出的是,重大工程的规模效应与深远影响是在工程实体形成过程中逐渐释放的,例如,工程建设可能引发人口迁移、土地价格上涨、环境破坏等,对这一类具有危害性现象,需要采取一系列成本较大的应急措施和补救方案,即需要大量的资金投入。由于这一类现象属于复杂系统整体行为的演化与涌现,所以往往是工程主体在工程论证初期无法预料的,也就很难在初期全部、准确地反映在工程概算之中,最终结果也就表现为工程成本的超支。

4. 工程不同主体利益博弈导致的复杂性超支风险

在复杂性内涵上,比物理与自然领域更为复杂的,应是人的适应性行为,而人的行为复杂性往往源于人的利益偏好与利益博弈或其他机会主义行为。在这方面,主要有以下三种类型:

(1)主体之间在工程造物过程中因不同价值观而产生的价值冲突,其中一些冲突会转化为成本的增加。如某大型桥梁工程在施工过程中,引桥架桥机倒塌,砸坏了已经完工的两个桥墩,施工方需要进行应急抢修,但需使整个工程延迟工期10个月,并自行承担额外产生的2000万人民币费用。但业主方因考虑政治因素,将工程如期完成作为首要目标,要求施工方加快抢修进度,甚至允许购置新的引桥架桥机,最终业主方宁可追加2亿人民币费用也要保证在原工期内竣工。这就反映了主体之间价值冲突对工程成本超支的重大影响。

(2)另一个在实践中常见并对工程超支具有重大推动力的就是工程方案变更。在工程施工过程中,因种种原因,施工方提出补充或修改原合同条款,包括增加原有内容或改变原有方案,这都是允许的,在合同中也有专门的相关条款规定变更的具体条件。根据合同,由于施工环境或条件出现不可抗拒的制约,工程变更是合理的、必要的。但施工方也有可能会提出一些可变可不变,或基本没有必要的变更要求,其出发点是以工程变更的名义获得更多利益。特别是重大工程变更涉及极为专业的内容,施工方又相对掌握更多的信息,所以在总体上处于信息主导地位。这样,施工方与业主(监理方)之间一般是在信息不对称情况下的行为博弈,即使某些有一定合理性的变更诉求,也可能会被施工方扩大化。因此,通过变更这一原本合理、合法的途径,施工方因机会主义行为可能多次获得额外利益,从而使变更导致的超支现象频发。

(3)更有甚者,如果工程施工方与监理或其他有关方行为异化而产生非法获取私利的合谋行为,那这一方面的超支问题会更加隐性和严重。

虽然凭借工程变更而谋利的行为在一般工程管理中也有发现,但由于重大工程主体之间的利益博弈更为复杂、工程方案的技术更加专业、更容易产生信息不对称以及变更金额更大等原因,主体机会主义、合谋行为更容易在工程变更名义下"推波助澜",形成成本超支现象。

5. 工程创新导致的复杂性超支风险

重大工程建设普遍需要广泛的技术创新支撑。技术创新是一项复杂的系统工程,需要构建相应的管理体系与平台。重大工程技术创新以科技攻关为主线,可以分为工程需求、科研管理和成果转化三个阶段,充分体现了创新与实践相互推动的旋进式前进路径。这一路径既有对自然环境、工程技术等客观规律认识的不断深化,又有创新主体共识的逐渐形成。所有这些都是一个不断比对、迭代和收敛的过程,而且在此过程中充满了不确定、反复甚至失误,表现出高度的探索性。这一过程主要取决于创新问题的复杂性以及创新平台对创新复杂性的驾驭能力,这种能力需要主体逐渐提高和完善。因此,整个创新过程所产生的成本往往比人们理想化估计的要高许多,这主要因为技术创新本身就是人们的一类高度不确定和不断改进的知识创造活动。事实证明,人们在编制工程概算的过程中,基本上是用简单确定性思维来看待复杂和高度不确定的创新问题,因此技术创新中许多后来实际发生的成本经常在前期被低估或未被考虑。

此外,重大工程技术创新是以工程实际需求为导向的,一方面要实现技术阈值的突破,另一方面要保持创新的稳健性。因此,技术创新与工程实践互动过程十分注重扎实的技术实验、试验等环节。有些试验不仅要在实验室完成,而且要在现场开展足尺试验与首件认可制,所有这些都需要耗费大量的资金,这也是造成工程成本超支的原因之一。

综上所述,我们即使仅仅从重大工程复杂性的几种形态出发,也能看出重大工程复杂性的确是导致工程成本超支的主要根源,而且这一类超支与常规性超支有着本质的不同。例如,它们产生的原因基本上是非结构化的和深度不确定的,它们不能由还原论与结构化来构成,而是系统整体性演化和涌现出来的。

在此基础上,我们就能比较明晰地形成如下关于重大工程成本超支新的科学思想与基本理论观点:

(1) 重大工程成本超支(风险)由常规性超支(风险)与复杂性超支(风险)组成。

(2) 常规性超支风险与复杂性超支风险是两类有着根本不同属性的超支(风险)类型,前者源于工程一般意义下的虚体工程思维与实体工程思维之间的差距,而后者源于重大工程的包括深度不确定性在内的系统复杂性。

(3) 重大工程复杂性超支的责任者主要是工程复杂性,从这个意义上讲,复杂性超支如同正常意外性事故一样,是一类正常意外性超支。它不宜仅仅用主体能力不足、乐观心理等原因解释,也不宜仅仅用直观罗列超支现象的方法来分析,因为这样做只是一种感性认知的反映,而缺乏重大工程理论思维的深度。

(4) 面对重大工程客观存在的复杂性超支现象,我们必须根据复杂性思维来看待、分析和处理它们。如:

① 我们拟根据重大工程主体行为的迭代式生成原理,首先在第一层次迭代行为中通过自学习过程,提高主体认识和驾驭复杂性的能力,从而帮助我们辨识和控制复杂性超支现象。

② 依据第二层次迭代行为准则,对工程概算的主体群结构及流程进行科学设计。

③ 依据第三层次迭代行为准则,对概算方案的"非共识—共识—非共识—……"生成序列进行比对与迭代,不断减少误差,并逼近成本最终真值。即不论怎样,对待重大工程成本超支问题,其解决方案只能是迭代式形成结果。

(5) 重大工程成本复杂性超支风险是重大工程风险体系中一类具有特殊性的风险形态,它的独特性有着两个层次的内涵:第一层次是一般重大工程复杂性的普适性内涵,第二层次是具体工程独特性的内涵。所以,我们不宜采用一般的样本统计方法或者一般风险源体系评价方法来研究具体工程复杂性超支风险，而只能采用类似于处理正常意外性事故的思维来对待复杂性超支风险问题。

最后，我们强调指出，本部分我们论述的重点不是——具体罗列和分析重大工程新的成本超支的具体原因，而主要是以重大工程管理理论的复杂性思维原则为指导，建立重大工程成本超支与成本超支风险认知与分析的科学思维，特别是提出重大工程基于复杂性的正常意外性超支风险的认知，这样才能让我们摆脱从感性、直观层次上就事论事地寻找重大工程成本超支原因，树立关于重大工程成本超支新的理论思维。这样，不仅能使我们从理论上提高对重大工程成本超支问题的本质性的认识，也能在实践中提高我们分析和控制这类超支问题的能力。

应该说，本部分上述总结的1—5点，特别是4、5两点在一定意义上也是我们理解、分析和应对重大工程成本超支风险的基本思路与行为原则。

7.6.3 重大工程现场复杂性风险

本书所介绍的所谓重大工程现场复杂性风险主要是指那些具有以下两个基本特点的风险：

（1）它们是在工程施工现场发生的，并且是由现场直接复杂性或其他前期管理活动过程中形成并累积到现场的风险潜势导致的风险。

（2）它们充分体现了风险的秉性，即发生灾害的不确定性。例如，目前的科技水平已能准确预报台风的强度与路径，即使台风经过工程施工现场，人们对台风路径认知的不确定性已很小，因此，台风对工程施工现场是几乎确定性的灾害，但可以不属于风险；而地震则不然，人们还无法准确预报，因此，地震对工程现场来说是不确定灾害，即属于风险。

根据以上原则，本部分主要讨论重大工程现场三种类型的复杂性风险。

7.6.3.1 工程环境复杂性风险

虽然在重大工程前期论证时，人们已对工程环境，特别是主体工程所在地的地质、水文、气象等自然环境做了尽可能详细的调查与勘测，但毕竟重大工程主体规模大，调查勘测只能通过一定粗粒度的取样进行，并仅能以样本信息代表环境整体信息，这样，样本点之间的信息是缺失的，如果这中间没有非平稳性，则一般不会造成施工环境突变的风险，反之则可能出现潜在的风险。另外，由于工程本体的复杂性，工程主体在前期也难以完全明确自己应该掌握哪些信息才是完备的，甚至还不知道哪些是自己应该掌握但实际上并没有掌握的信息。总之，重大工程主体往往是在信息不完整甚至严重缺失的情况下投入现场施工，这必然与工程环境的实际复杂性现状形成巨大的反差。这种环境本体复杂性与主体对现场认知不完备之间的反差成为工程现场潜在风险的主要原因。

例如,中国润扬大桥的南锚旋基础采用了当时国际上首创的排桩冻结工法。大桥基础长 70.5 平方米,宽 52.5 平方米,基坑一般开挖 29 平方米才能到达基岩面。南锚旋基础面积近 4 000 平方米,要实行深层持久的冻结,国内外是首次遇到,工程风险一定很大。事实正是如此,在基坑开挖到地下 10 米左右,发现部分冻结壁止水效果不好等问题。而锚址距离长江不到 100 米,地下水与长江水相通。这些情况表明,如继续施工下去,发生渗水、突水的风险很大,可能危及整个锚旋基础施工的安全。为此,立即组织专家进行研究,专家们认为,南锚地层的不均匀性导致了冻土发展不均匀,而承包商对现场环境的这一复杂性导致的风险信息缺乏认知,更缺乏防范措施。根据专家建议,立即采取了如局部液氮增强冻结、基坑外侧增加卸压槽等应急措施,并根据施工过程中现场监测数据对设计方案进行动态变更,及时控制住了现场施工中的风险。

7.6.3.2 工程技术复杂性风险

任何重大工程的复杂性与独特性必然在工程现场技术层面上表现为技术创新与技术集成的唯一性。即任何一个重大工程现场都不可能是另外一个已建工程技术的完全复制品。这样,在工程施工现场,技术创新与实施必将成为一项新的技术复杂系统。

重大工程现场技术复杂系统包括技术选择、技术创新、技术管理与技术实施等环节,每一个环节又可分解为若干子系统,因此,实际上形成了一个现场技术复杂网络。我们不仅要对这一网络的关联结构、技术流传导等方面表现出的多种形态的复杂性有完整的认知,而且还要对该网络中的技术选型、控制、管理与评估等与工程现场的质量、进度、成本与安全等进行统筹协调。特别是,重大工程技术的规范与标准,需要通过相关试验来确定技术参数,但试验往往是不充分的,这种不充分试验模式本身又可能产生技术可靠性与成熟度的风险。而真正对技术创新的评价又必须等到工程现场施工结束后才能清楚,这意味着我们只能是在一定的试验和探索状态下进行技术创新和在现场实施新技术,这一过程本身就不可避免地带有风险性。

应该说,重大工程现场造物活动使技术风险性成为一种现场常态,因为重大工程现场生产的不是企业规范的生产线上的大批量标准化产品,而是独特的工程实体孤品,每前进一步虽有既定方案,又有方案的探索风险。

我们既然无法完全避免这种现场技术风险,那就必须想出智慧的方法,在降解这类风险中完成现场的技术管理与实施。

中国港珠澳大桥是一个很好、很典型的案例。从中我们可以深切地体会到重大工程现场技术复杂性以及风险是如何产生的,同时也能感受到工程建设者们是如何运用技术集成创新来降解技术风险、完成现场施工任务的。

　　港珠澳大桥主体工程为中间长6.8千米的海底隧道。隧道由沉管连接而成，每节沉管长180米，重约8万吨，类似于一幢巨大混凝土楼房。施工时，将沉管预制好送到施工海域，逐节安放至准备好的海底基槽中，再精准对接起来，共计由33节在海底次第对接而形成完整的海底隧道。

　　该海底隧道使用寿命至少120年，工程现场在南中国海，海底状况复杂、气象状况恶劣，为台风多发地区。特别是，这样的隧道工程国内外几乎无可借鉴的技术先例。而该隧道槽深30米左右，深水安装长度超过3千米，这些在全世界都是第一次。

　　2014年7月，E11隧道管节的安装任务在施工现场开始了。要将这自重8万吨的沉管管节在海中浮运至施工现场，并在海底40多米处进行精准安装，必须结合考虑天气、海浪、海流等复杂状况，选择一个风平浪静、海流舒缓的窗口期。

　　沉管管节安装对天气预报的精度要求为风速"几米/秒"，而这需要将气象卫星的基础数据和现场观测数据全部输入北京的超级计算机系统，作出初步预测后再与现场实际数据进行对比，在此基础上建立和优化预报模型，并以此确定沉管浮运安装的最佳时段。最终确定沉放窗口期为7月20—22日，而找准这个窗口期花了整整3个多月。这样的精度要求几乎和发射卫星一样。

　　在现场安装E11节沉管时，发现水下40米处的流速要远远大于常规值，这不符合深槽中的海流一般规律。但国内外对深水基槽紊流的技术原理研究均为空白。为此，专门设立了两个观测预测系统，一个对沉管安装小范围海流进行预测，另一个对施工现场大范围海流进行预测，所用的计算机1秒钟计算能力达到数万亿次，充分体现了重大工程多尺度管理的原理。

　　其中小范围精确预报技术难度极大，因为沉管对接既要避开下面海流大的时候，也要避开上面海流大的时候，还要在水底流速最小的时候才能对接，这就既要有小的窗口期，又要有大的窗口期。

　　问题还在于，即使有了相对完整的海流信息，还需要一套在海流作用下，沉管从海面沉放至海底的完整、精准的过程控制方案，这实际上也构成了沉管安装技术的一大风险。

　　沉管的整个安装靠缆系控制。在海流作用下，在缓慢下沉过程中，沉管会发生摆动，这就要多维度实时监测沉管姿态（米金升和任明朝，2014），如沉管如何运动、速度、加速度、纵、横向摆动频率与幅度的状态与变化等等。

　　沉管体积庞大，振动幅度很小，振动又非常缓慢，称为低频长周期振动，摆动一次可能要100多秒，一共只摆动了10厘米，很难精确测量。对此，必须有相应的高水平技术、设备与方法。

为此,工程施工单位专门研制了高灵敏度设备,设计了专门的方法和技术方案,最终形成了为现场沉管安装专门定制的运动姿态实时监测系统。模拟试验结果表明,这套系统对沉管微小运动姿态的监测灵敏度高,测量数据准确。

在预定的窗口期,2014年7月21日,E11管节缓缓下沉,实际测得沉管横向摆幅在1毫米以内,垂向摆幅在2厘米之内,最终实现了E11管节精准对接。

现场采用上述新技术的过程生动描述了重大工程现场环境复杂性与新技术实施过程中风险形成的成因与机理,同时,也生动反映了工程建设者如何根据现场风险类型有针对性地设计应对风险的具体方案和方法。

这一案例告诉我们,对重大工程现场的风险分析与控制,绝不能仅仅停留在一般风险分析的概念上进行分类描述和总体评价。这一类浅层次的风险认知和管理,对于重大工程现场风险分析和实际问题的解决真正意义并不大。特别是重大工程现场风险管理内涵的独特性更不适宜采用风险统计分析方法,因为任何具体的重大工程现场技术风险以及风险控制方案在一定意义上都是唯一的和独特的。

7.6.3.3 现场"正常事故"风险

1. "正常事故"概述

1979年3月,美国宾夕法尼亚州哈里斯堡附近的三里岛压水堆核电站二号堆发生了堆芯失水溶化和放射性物质外逸的重大事故。事故发生后,核电站附近的居民大约20万人撤出了这一地区。美国总统视察了事故现场,并专门组织专家对事故进行了调查。事故调查以著名安全专家培罗(Perrow)为首,调查后最终的结论认为,任何人对该事故都没有责任,如果非得要揪出一个责任者,那就是核电站系统的复杂性,并在此基础上提出了"**正常性事故理论**"(normal accident theory)(Perrow,1981;1994;1949)。这一理论对于我们认识和控制重大工程现场风险具有重要的启发意义。下面,我们结合重大工程现场复杂性特点来介绍这一理论的核心思想。

重大工程现场是一类要素与要素之间存在紧密关联性的复杂系统。因此,一部分要素发生故障后可能因为这种紧密关联而传递给另外要素并引发新的故障,即出现**多重故障现象**。而在工程硬系统内部这一过程的速度可能极快,使人防不胜防与束手无策。任何有这样特征的系统被称为**强关联系统**。具有强关联的系统在系统行为与特征方面会表现出更多的复杂性,如系统内部部分要素之间关联性的变化会导致另一些要素之间关联性的变化;强关联系统也容易使故障从微观层次向宏观层次升级,这样,**强关联系统常使局部的小故障转化为全局性的大风险,并造成重大损失。在这个意义上,系统发生风险是正常的**,因为这类风险发生的根本原因源于系统复杂性,即系统要素强关联而致使要素故障产生传递并向系统级事故演化。值得注意的是,这一演化趋势经常是按难以预料的路径与方式进行,即充满了深度不确定性,因此表现为明显的风险特征。每当这类风险形成前或风险刚出现时,人们往往无法理解它的成因与形成机理。风险的不可逆转性又使我们无法阻止这一趋势,或者我们无法使系统元素状态复原,从而要么手忙脚乱,要么采用正常的操作,反而使情况更为严重。

以上认知对我们运用复杂性思维来审视、认识和分析重大工程现场那类源于强关联的风险的起源与演化具有十分重要的意义。特别是,根据正常事故理论,这一类风险的控制模式和方法不再是在要素层次,而是在系统层次,并且要沿着强关联思维设计和组织风险控制体系。

2. 现场"正常事故"风险控制

正常事故理论引发我们对重大工程现场正常事故风险形成机理以及风险控制理念的思考。

在重大工程现场,各类人员、设备、原材料在复杂的工艺规范和管理程序下逐渐构建成一个复杂系统。这个系统不仅是物的物理系统,而且是人与物共同组成的复合系统,即使在物的系统内,既有机械原理,又有水力学原理,还有土木原理在起作用,而人的系统就更加复杂了。因此,系统的风险状况既取决于设备、材料的状态,又取决于人员的心理、行为状况,还取决于管理程序和水平。因此,重大工程现场基于强关联表现出来的实体复杂性一般都远远大于工程设计估计和预测的虚体复杂性,这主要是因为以下几点:

(1) 工程现场中各要素横向之间的实际关联性大大增强。

(2) 现象因果关系不再是直接的和显现的,复杂性使得工程建设现场中的许多问题失去了可预测性。

(3) 现场中某种因素产生的弱小力的影响,可能会被扩散、放大,从局部性变成全局性,从微创性变成灾害性。即工程现场事故所具有的强烈路径依赖,使工程初始状态、初始条件微小变化均有可能演变为大的事故。

(4) 工程事故常具有不可预见的突发性。事故经常按非常规方式和程序进行,从而使人们在事故前和当时无法认识它。

(5) 在事故面前,那些按正常操作的行为不仅可能不会减轻事故的严重性,甚至可能使事故更为严重。

(6) 人们会通过增强关联来加固系统,增加系统的安全性,而事物从来都是两面的,在增强了系统的关联性后,复杂性也提高了,反而又增加了发生事故的可能性。

这些特点使得在重大工程建设现场中,即使每一个设备质量尽可能高,每一

第7章 重大工程管理基础理论的科学问题

个工艺环节尽可能完善,每一个人员技术水平尽可能完美,每一个管理程序尽可能严密,但正如墨菲定律指出的那样,总会有在某一个环节出现失误的可能,总会有某个差错导致事故的可能。特别是与工程安全有关的任何一个小小的偶然事件,不论其是设备、人员、管理,还是环境方面的因素或以上某几方面因素的组合,只要它导致某一个哪怕是非常小的故障发生后,工程强关联性就有可能导致该故障扩大,与故障之间的相互作用增强,并因此涌现出系统性事故。而所有这些又远远超出现场人员以往的经验与工程设计人员的预料,从而最终使得原来正常的操作成为更大事故产生的起因。

依据以上分析,我们不得不认识到:优良的材料与设备品质、优秀的人员素质以及完善的管理程序无疑对防范工程现场风险具有重要意义,但我们更应该重视复杂性对工程现场风险造成的影响,切忌就事论事的被动式风险控制模式,而要建立主动的风险防范体系。这一体系要从涉及工程事故的所有因素集入手,**重点是对风险做到防范为上**。

防范为上的风险控制理念主要是通过现场风险管理组织体系、风险教育培训体系、风险施工责任体系、风险防控体系以及风险应急预案体系的协同作用来观测、度量和评估工程现场风险的因素并使其保持在允许范围内,并通过规范化、程序化的控制手段对这些因素进行监控,防范工程现场风险的发生。

现场风险控制模式,根据工程现场情况一般可以分为以下三种:

(1) 当工程现场相关环节之间呈现强紧密关联但相互影响较低时,宜采用集中式风险控制模式;

(2) 当相关环节之间呈现弱紧密关联但相互影响较高时,宜采用分散式风险控制模式;

(3) 当相关环节之间紧密关联与相互影响都较强时,宜采用集中与分散式风险控制模式。

此外,一旦工程现场出现意外事故,不应一味把注意力放在寻找责任人上。因为重大工程现场风险控制的责任人可能不是哪一个人,甚至可能任何人都没有责任,而在于系统复杂性。这就要求我们一定要查清风险的起因以及这一起因引发的重大事故的机理。这一机理往往是安全事故本质上的责任人,并会为我们提供极其宝贵的案例和样本。

值得提倡的现场风险控制工作方法是在事故调查的基础上,及时修改和完善风险控制标准和方法,使一次安全教训变成一笔宝贵财富。另外,在风险控制过程中,对一些被中止或预防了的事故,也要重视把相关的经验变成持续改进和完善工程风险控制方法的宝贵资源。因为根据复杂性管理理念,重大工程现场风险控制只能是一个以尽量降低风险发生率为目的的不断改进和完善的过程。

3. 一个典型案例

2006年年初,中国苏通大桥北引桥施工现场发生了50米跨箱梁左幅移动模块托架坠落的意外事故。事故的直接起因是一根移动模块连接件断裂,导致上部托架本体和托架推进装置分离,托架本体坠落时又因与托架推进装置连接的葫芦链条关联,而导致内侧推进装置随之坠落,推进装置又砸到托架本体上造成横向推进油缸连接钢板损坏,造成了财产损失和人员伤亡。该装置的结构如图7.23所示:

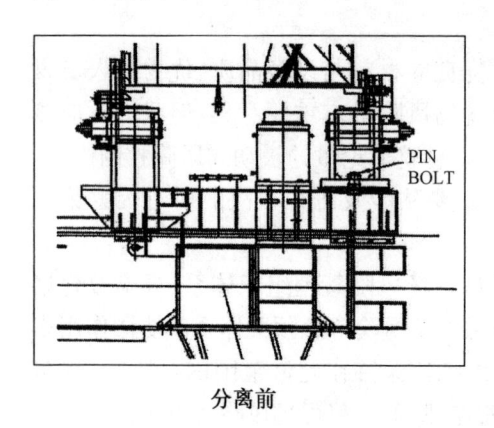

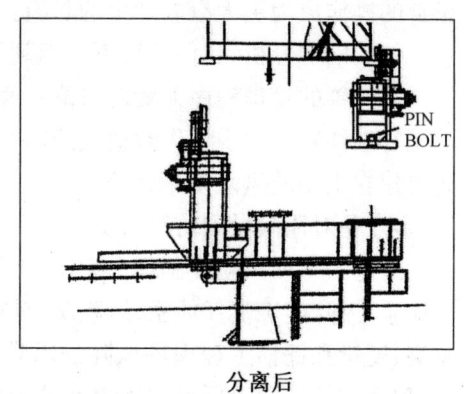

图 7.23 装置结构图

事故发生后,通过对断口进行电镜扫描分析、金相组织检验等发现,最初设备设计单位为了防止该轴在工作状态下与下面的连接件发生转动,在设计图纸中设计了具体的焊接位置和焊缝形式,把下工件和该轴焊接在一起,但由于焊接工艺的瑕疵使焊接接头不符合硬度值规定,发生了此次事故。

这次意外事故的意外序列为:设计设备防止转动—焊接—工艺瑕疵造成焊接处热影响区硬度超标—出现微小断裂—断裂扩大—本体坠落—内侧推进装置坠落—砸到本体上横向推进油缸弹出。

设备设计制造工艺上的一点小疏忽最终导致了一次严重的意外事故。在移动模架的生命周期内,以上所有的环节都是正常的,所有的操作都没有违规,但一个偶然、微小的意外被系统强关联性逐渐放大了,而那一刻的许多偶然意外最终突变为一场事故。不难看出,这一事故发生的机理与我们在前文总结的新思考之第六点"**人们会通过增强关联来加固系统,增加系统的安全性,而事物从来是两面的,在增强了系统的关联性后,复杂性也提高了,反而增加了事故发生的可能性**"是完全一致的。可见,这是一起正常意外性理论的典型案例。

苏通大桥在事故发生后紧急启动了风险突发事件的应急预案,非常认真地分析了原因,及时把安全监控体系扩展至国外设备制造商,以尽可能地杜绝任何引发重大风险事故的微小概率的正常意外。

在上述理论研究与现场风险控制案例分析的基础上,可以进一步总结出如下的工程现场风险控制基本原则:

(1) 为了降低现场风险发生的概率,工程规划时期的风险评估相当重要。以常规风险控制手段为基础,在工程规划阶段应当充分运用正常事故理论,从以下六个方面分析工程的复杂程度:工程设计、工程设备组成、工程操作流程、工程操作人员、工程设备与材料供应、工程外部环境。可以从相同的角度分析目前已经在运行的类似的工程案例,取得这些工程发生风险的历史资料。这样,我们就可以进行相似工程复杂程度的比对,找出我们所规划工程复杂程度的相对位置,进一步推测其发生风险的可能性的大小。如果可能性较大,可以考虑使用其他替代性的工艺流程与方法来降低整个工程现场的复杂程度,提升现场安全性。

(2) 在工程施工阶段,对工程的风险控制除了采用一些传统的方法外,还应当谨记正常事故理论,增强风险意识。这时,正常事故理论在工程施工中的运用主要体现在风险控制模式上。

首先,为了降低工程发生正常事故风险,我们需要构建一个合理的风险控制体系。在此之前,我们在规划阶段已对工程的复杂程度有过预测性评估。利用相同的方法,管理人员可对该工程进行复杂程度评估,根据评估结果建立科学的风险控制体系框架,降低工程施工现场的意外风险。

其次,与规划阶段的评估略有不同的是,施工阶段管理人员需要从两个方面来评价工程复杂程度:各个环节相互关联的紧密程度以及各个部门之间相互影响程度。在这一评价框架下,我们分不同情况,分别选择前面提到过的三种基于正常事故理论的风险控制模式:**集中式风险控制、分散式风险控制、集中与分散集成式风险控制**。

(3) 根据正常事故理论,工程中的一些事故可能并非人为过错。管理人员首要关注的应该是引发事故的真正原因,而不是责任人。只有找到事故发生的本质原因,才能真正提高工程风险控制水平。

当然,为了更好地运用正常事故理论,在建立以正常事故理论为指导思想的现场风险控制框架时还必须注意以下几个问题:

首先,需要把目前的现场风险控制体系与正常事故理论相结合,使工程现场的风险控制更加完善、有效。

其次,强调对事故的预防。正常事故理论认为,重大工程一些源于复杂性的事故难以避免,但是通过一定的手段,我们可以降低其发生概率。当然,对于如何建立基于正常事故理论的风险预防机制以准确预测正常性意外的发生,目前还很少有相关研究,现在的工程管理人员只能通过自己在风险控制方面的经验做出预测。相信随着工程正常事故理论研究的深入，这方面的水平会有所提高。

最后，要强调持续改进风险控制的思想。因为随着工程现场现代化施工水平不断提高，工程现场的环境将发生重要变化，所以降解现场复杂程度本身亦是一个不断提高风险控制水平的过程。

参考文献

[1] Aghion P, Jaravel X. Knowledge spillovers, innovation and growth[J]. The Economic Journal, 2015, 125(583): 533-573.

[2] Alippi C. Intelligence for embedded systems [M]. Switzerland: Springer, 2014.

[3] Altshuler A A, Luberoff D E. Mega-projects: The changing politics of urban public investment[M]. Brookings Institution Press, 2004.

[4] An Y, Cheung K. Project financing: Deal or no deal[J]. Review of Financial Economics, 2010, 19(2): 72-77.

[5] Aneja A. China Invites India to join Asian Infrastructure Investment Bank[J]. The Hindu, 2014, 30.

[6] Ansar A, Flyvbjerg B, Budzier A, Lunn D. Should we build more large dams? The actual costs of hydropower megaproject development [J]. Energy Policy, 2014, 69: 43-56.

[7] Auyang S Y. Foundations of complex-system theories: in economics, evolutionary biology, and statistical physics[M]. Cambridge University Press, 1999.

[8] Banker R D, Kaufman R J. The evolution of research on information systems: a fiftieth year survey of the literature in management science (Periodical style)[J]. Manage Science, 2004, 50(3): 281-298.

[9] Battikha M G, Russell A D. Construction quality management-present and future[J]. Canadian Journal of Civil Engineering, 1998, 25(3): 401-411.

[10] Baumgartner R J. Organizational culture and leadership: Preconditions for the development of a sustainable corporation [J]. Sustainable Development, 2009, 17(2): 102-113.

[11] Bedford T. Decision making for group risk reduction: Dealing with epistemic uncertainty[J]. Risk Analysis, 2013, 33(10): 1884-1898.

[12] Byoun S, Xu Z. Contracts, governance, and country risk in project finance: Theory and evidence[J]. Journal of Corporate Finance, 2014,

26: 124-144.

[13] Cantarelli C C, Chorus C G, Cunningham S W. Explaining cost overruns of large-scale transportation infrastructure projects using a signalling game[J]. Transportmetrica A: Transport Science, 2013, 9(3): 239-258.

[14] Chin K S, Choi T W. Construction in Hong Kong: success factors for ISO9000 implementation[J]. Journal of Construction Engineering and Management, 2003, 129(6): 599-609.

[15] Clemen R T, Reilly T. Correlations and copulas for decision and risk analysis[J]. Management Science, 1999, 45(2): 208-224.

[16] Doloi H, Sawhney A, Iyer K C, Rentala S. Analysing factors affecting delays in Indian construction projects[J]. International Journal of Project Management, 2012, 30(4): 479-489.

[17] Dosi G, Marengo L. The dynamics of organizational structures and performances under diverging distributions of knowledge and different power structures[J]. Journal of Institutional Economics, 2015, 11(3): 535-559.

[18] Eweje J, Turner R, Müller R. Maximizing strategic value from megaprojects: The influence of information-feed on decision-making by the project manager[J]. International Journal of Project Management, 2012, 30(6): 639-651.

[19] Flyvbjerg B, Bruzelius N, Rothengatter W. Megaprojects and risk: An anatomy of ambition[M]. Cambridge University Press, 2003.

[20] Flyvbjerg B, Skamris Holm M K, Buhl S L. How common and how large are cost overruns in transport infrastructure projects? [J]. Transport Reviews, 2003, 23(1): 71-88.

[21] Flyvbjerg B. Cost overruns and demand shortfalls in urban rail and other infrastructure[J]. Transportation Planning and Technology, 2007, 30(1): 9-30.

[22] Flyvbjerg B. From Nobel Prize to project management: Getting risks right[J]. Project Management Journal, 2006, 37(3): 5-15.

[23] Gatignon H, Tushman M L, Smith W, Anderson P. A structural approach to assessing innovation: Construct development of innovation locus, type, and characteristics[J]. Management Science, 2002, 48(9):

1103 - 1122.

[24] Giezen M. Keeping it simple? A case study into the advantages and disadvantages of reducing complexity in mega project planning[J]. International Journal of Project Management, 2012, 30(7): 781 - 790.

[25] Hoda R, Murugesan L K. Multi-level agile project management challenges: A self-organizing team perspective[J]. Journal of Systems and Software, 2016, 117: 245 - 257.

[26] Hu Y, Chan A P C, Le Y, Jin R Z. From construction megaproject management to complex project management: Bibliographic analysis[J]. Journal of Management in Engineering, 2013, 31(4): 04014052.

[27] Hwang B G, Zhao X, Toh L P. Risk management in small construction projects in Singapore: Status, barriers and impact[J]. International Journal of Project Management, 2014, 32(1): 116 - 124.

[28] Jennings W. Why costs overrun: risk, optimism and uncertainty in budgeting for the London 2012 Olympic Games[J]. Construction Management and Economics, 2012, 30(6): 455 - 462.

[29] Jergeas G. Analysis of the front-end loading of Alberta mega oil sands projects[J]. Project Management Journal, 2008, 39(4): 95 - 104.

[30] Jolivet F, Navarre C. Large-scale projects, self-organizing and meta-rules: towards new forms of management[J]. International Journal of Project Management, 1996, 14(5): 265 - 271.

[31] Kayser D. Recent research in project finance: a commented bibliography [J]. Procedia Computer Science, 2013, 17: 729 - 736.

[32] Kleimeier S, Versteeg R. Project finance as a driver of economic growth in low-income countries[J]. Review of Financial Economics, 2010, 19 (2): 49 - 59.

[33] Lempert R J, Groves D G, Popper S W, Bankes S C. A general, analytic method for generating robust strategies and narrative scenarios[J]. Management Science, 2006, 52(4): 514 - 528.

[34] Levitt R E. Towards project management 2.0[J]. Engineering Project Organization Journal, 2011, 1(3): 197 - 210.

[35] Li H, Yang X, Wang F, Rose T, Chan G, Dong S. Stochastic state sequence model to predict construction site safety states through Real-Time Location Systems[J]. Safety Science, 2016, 84: 78 - 87.

[36] Li S, Tian H, Xue Y, Su M, Qiu D, Li L, Li Z. Study on major construction disastersand controlling technology at the Qingdao Kiaochow Bay subsea tunnel[J]. Journal of Coastal Research, 2015, 73(sp1): 403 – 410.

[37] Li Y, Lu Y, Kwak Y H, Le Y, He Q. Social network analysis and organizational control in complex projects: construction of EXPO 2010 in China[J]. Engineering Project Organization Journal, 2011, 1(4): 223 – 237.

[38] Lu Y, Luo L, Wang H, Le Y, Shi Q. Measurement model of project complexity for large-scale projects from task and organization perspective [J]. International Journal of Project Management, 2015, 33(3): 610 – 622.

[39] Martin J. Organizational culture: Mapping the terrain[M]. Sage publications, 2001.

[40] Park C S, Kim H J. A framework for construction safety management and visualization system[J]. Automation in Construction, 2013, 33: 95 – 103.

[41] Patanakul P, Kwak Y H, Zwikael O, Liu M. What impacts the performance of large-scale government projects?[J]. International Journal of Project Management, 2016, 34(3): 452 – 466.

[42] Pederson P, Dudenhoeffer D, Hartley S, Permann M. Critical infrastructure interdependency modeling: a survey of US and international research[J]. Idaho National Laboratory, 2006, 25: 27.

[43] Perrow C. Normal accident at three mile island[J]. Society, 1981, 18 (5): 17 – 26.

[44] Perrow C. Organizing to reduce the vulnerabilities of complexity[J]. Journal of Contingencies and Crisis Management, 1999, 7(3): 150 – 155.

[45] Perrow C. The limits of safety: the enhancement of a theory of accidents [J]. Journal of Contingencies and Crisis Management, 1994, 2(4): 212 – 220.

[46] Postman N. Technopoly: The surrender of culture to technology[M]. Vintage, 2011.

[47] Priemus H. Decision-making on mega-projects: Drifting on political discontinuity and market dynamics[J]. European journal of Transport

and Infrastructure Research, 2010, 10(1).

[48] Project Management Institute. A guide to the project management body of knowledge (PMBOK guide)—Fifth Edition [M]. Project Management Inst, 2013.

[49] Sanderson J. Risk, uncertainty and governance in megaprojects: A critical discussion of alternative explanations[J]. International Journal of ProjectManagement, 2012, 30(4): 432-443.

[50] Savage L J. The foundations of statistics [M]. Courier Corporation, 1972.

[51] Saynisch M. Beyond frontiers of traditional project management: An approach to evolutionary, self-organizational principles and the complexity theory: results of the research program [J]. Project Management Journal, 2010, 41(2): 21-37.

[52] Schumpeter J A. Theory of economic development [M]. Routledge, 1983.

[53] Simon H A. The new science of management decision[M]. Prentice Hall PTR, 1977.

[54] Taucean I M, Tamasila M, Negru-Strauti G. Study on management styles and managerial power types for a large organization[J]. Procedia-Social and Behavioral Sciences, 2016, 221: 66-75.

[55] Tsai M K. Improving efficiency in emergency response for construction site fires: an exploratory case study[J]. Journal of Civil Engineering and Management, 2016, 22(3): 322-332.

[56] UNISDR (United Nations International Strategy for Disaster Reduction). Living with risk. A global review of disaster reduction initiatives[M]. United Nations, Geneva, 2004.

[57] Wald A. Statistical decision functions[J]. Journal of the Royal Statistical Society, 1950, 46(253):165-205.

[58] Wang S Q, Dulaimi M F, Aguria M Y. Risk management framework for construction projects in developing countries [J]. Construction Management and Economics, 2004, 22(3): 237-252.

[59] Williams T, Samset K. Issues in front-end decision making on projects [J]. Project Management Journal, 2010, 41(2): 38-49.

[60] Winsen J K. An overview of project finance binomial loan valuation[J].

Review of Financial Economics,2010,19(2):84-89.

[61] Xu J, Li Z. Multi-objective dynamic construction site layout planning in fuzzy random environment[J]. Automation in Construction,2012,27:155-169.

[62] Zawawi N A W A, Ahmad M, Umar A A, et al. Financing PF2 projects: Opportunities for Islamic project finance[J]. Procedia Engineering,2014,77:179-187.

[63] Zhu Z, Park M W, Koch C, Soltani M, Hammad A, Davari K. Predicting movements of onsite workers and mobile equipment for enhancing construction site safety[J]. Automation in Construction,2016,68:95-101.

[64] 陈国华,吴武生,徐三元,等.WBS-RBS 与 AHP 的跨海桥梁工程施工 HSE 风险评价[J].中国安全科学学报,2013,23(9):51.

[65] 陈海涛.突发性环境事件应急联动系统的构建[J].中国安全科学学报,2009,19(2):112.

[66] 崔京浩.灾害的严重性及土木工程在防灾减灾中的重要性[J].工程力学,2006,23(s2):49-77.

[67] 顾永杰.三门峡工程的决策失误及苏联专家的影响[J].自然辩证法研究,2011,27(5):122-126.

[68] 后小仙.基于公共受托责任的政府投资项目契约性质分析[J].中国行政管理,2009(12):105-108.

[69] 金帅,盛昭瀚,丁翔.港珠澳大桥项目协调决策体系演变与启示[J].建筑经济,2013(12):27-31.

[70] 乐云,单明.建设工程领域工程合谋现象研究综述[J].工业技术经济,2013(1):145-151.

[71] 乐云,张兵,关贤军,等.基于 SNA 视角的政府投资项目合谋关系研究[J].公共管理学报,2013,10(3):29-40.

[72] 刘慧敏,盛昭瀚,曹启龙.发达国家高速公路投融资体制改革分析与借鉴[J].现代经济探讨,2014(12):91-95.

[73] 刘松雪,刘祥.长白山火山灾害及其对大型工程建设的影响[J].世界地质,2005,24(3):289-292.

[74] 罗开元.国外空间基础设施项目投融资方式分析(上)[J].中国航天,2006(5):21-25.

[75] 罗开元.国外空间基础设施项目投融资方式分析(下)[J].中国航天,2006

(6):18-19.
[76] 钱学森,于景元,戴汝为.一个科学新领域:开放的复杂巨系统及其方法论[J].自然杂志,1990(1):3-10.
[77] 任锦鸾,顾培亮.基于复杂理论的创新系统研究[J].科学学研究,2002,20(4):437-440.
[78] 盛昭瀚,张维.管理科学研究中的计算实验方法[J].管理科学学报,2011,14(5):1-10.
[79] 盛昭瀚.大型复杂工程综合集成管理模式初探:苏通大桥工程管理的理论思考[J].建筑经济,2009(5):20-22.
[80] 盛昭瀚.大型工程综合集成管理[M].北京:科学出版社,2009.
[81] 汪琦.三峡工程与英吉利海峡隧道工程的融资模式比较[J].经营管理者,2009(8):132-133.
[82] 王立国,杨晴翔.我国项目融资中存在的问题及对策研究[J].经济问题,2000(5):45-47.
[83] 吴建民."一带一路"开放包容的经济合作倡议[J].今日中国,2015(4):12-13.
[84] 严剑峰.地方政府重大公共项目投融资模式选择与实施[J].地方财政研究,2014(7):11-15.
[85] 游庆仲.苏通大桥工程管理实践与基本经验[M].北京:科学出版社,2009.
[86] 张劲文,盛昭瀚.重大工程决策"政府式"委托代理关系研究:基于我国港珠澳大桥工程实践[J].科学决策,2014(12):23-34.

第三篇 主要理论观点

本篇是本书的核心内容。它是根据理论形成的一般范式，对构建重大工程管理基础理论体系的一次实际探索与尝试。

通过对重大工程管理实践活动各个主要环节及重要组成要素本质属性的凝炼与抽象，本篇提出了重大工程管理理论体系的核心概念。它们是人们对管理活动认知的基本单元，并能够体现管理活动与管理问题属性的同一性、普遍性与规律性。

本篇提出了重大工程—环境复合系统、管理复杂性、深度不确定性、情景、管理主体与序主体、管理平台、多尺度、适应性与功能谱等9个基本概念。它们各自都有着清晰的管理实际活动的背景，包括现象、情景及主体行为等，说明这9个基本概念都源于重大工程管理的实际活动与现象。因此，所有的基本概念都实质性地遵循了重大工程管理理论的思维原则。另外，这9个概念对重大工程管理活动与问题形成了较好的整体覆盖性，概念之间也形成了较密切的逻辑化与系统化关联。

主体与复杂性是重大工程管理活动、现象与问题中最根本、最普遍的两个要素。没有主体，就没有工程管理活动；没有复杂性，就不是重大工程管理活动。因此，本篇提出的以这两个要素为核心的复杂性降解、适应性选择、多尺度管理、迭代式生成与递阶式委托代理等5个基本原理，不仅充分保持了重大工程管理复杂性的基本属性，而且揭示了重大工程管理活动中主体行为准则与操作原则、管理现象与管理活动中的基本因果关系、关联关系与逻辑关系的基本规律。

在此基础上，以核心概念为基础，通过基本原理推导而形成的6个领域的科学问题，揭示了重大工程管理理论中一类基本的复杂性问题的深刻内涵，其中关于重大工程管理组织的动力学机理，深度不确定决策，基于情景鲁棒性的决策质量认知、重大工程金融、技术管理、现场综合控制与协同管理以及基于复杂性的工程风险分析等都提升和拓展了传统的项目管理知识体系，提炼出由重大工程管理本质属性形成的多方面新的科学问题及其学术价值与实际指导意义，不仅深化了人们关于重大工程管理复杂整体性的认识，而且增强了对重大工程管理实践的驾驭能力。

本篇是本书关于重大工程管理理论体系核心内容的完整表述，理论体系中的核心概念、基本原理与科学问题之间的逻辑关联以及由此反映出的理论体系的系统性与条理性可见图7.24。

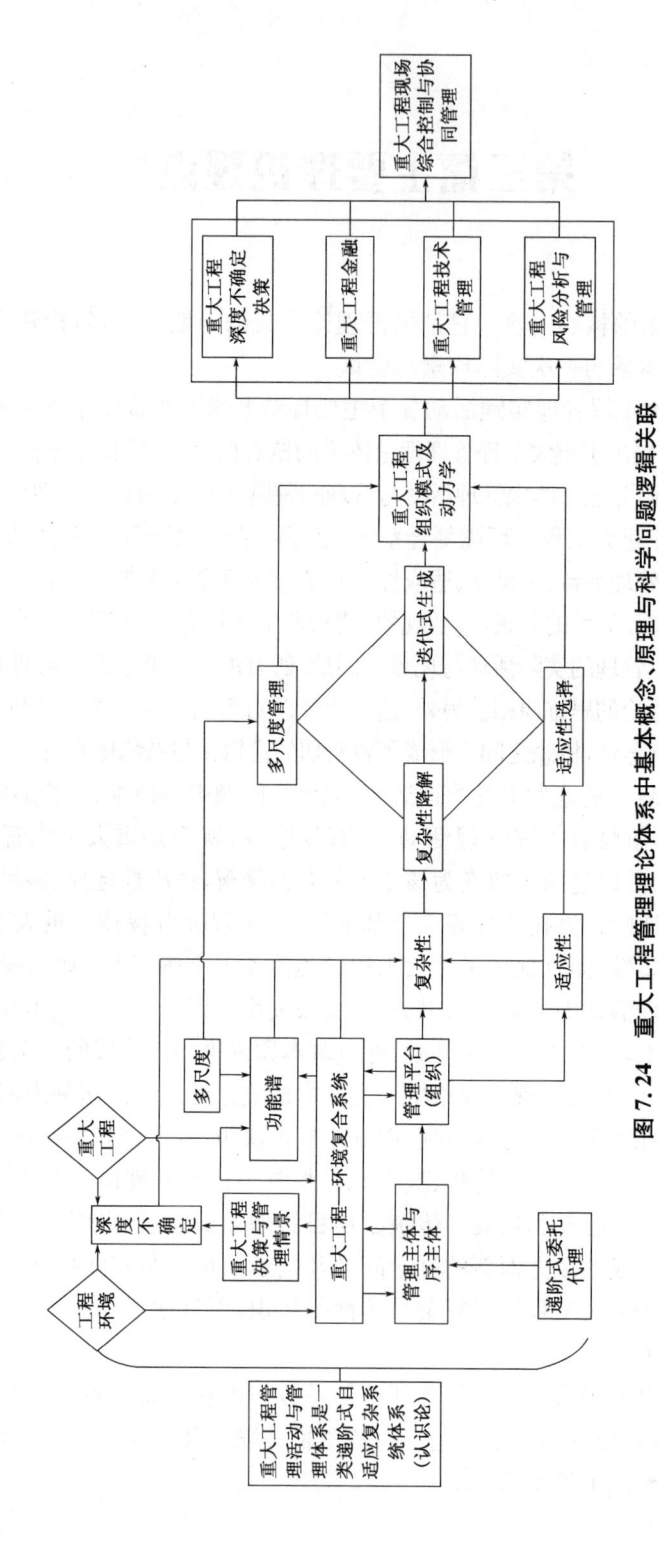

图 7.24 重大工程管理理论体系中基本概念、原理与科学问题逻辑关联

第四篇

重大工程管理研究的方法体系

本书4.1节明确了系统复杂性是重大工程管理理论的思维原则，从而确立了重大工程管理理论研究的认识论。也就是说，不论重大工程管理理论所研究的科学问题有怎样的具体形态，问题的本质属性都被规定在复杂性范畴之内。

认识论和方法论是一致的。对研究的问题有什么样的认识原则，就会形成相应的、与该认识原则相匹配的研究方法原则，即方法论。进一步地，再根据方法论和研究问题的形态特征，形成重大工程管理理论研究的方法体系。

以上这些对一个新的有着特定规则性与本质属性的重大工程管理理论体系来说，必须有尽可能具体的设计和提出的解决路径，即要形成专门针对重大工程管理问题研究的方法论与方法体系，所有这些，本篇第8章、第9章将对其予以介绍。

第8章 重大工程管理研究的综合集成方法体系

本章根据重大工程管理理论的复杂性思维原则,阐述相应的研究方法论及方法体系的构成原则。这对于我们研究重大工程管理理论问题如何选择和创新研究方法具有重要的指导意义。

8.1 概论

8.1.1 方法论概述

研究和解决重大工程管理理论问题应有恰当和有针对性的方法,这首先要根据问题的复杂性属性,在整体上确立相适应的研究方法原则并建立研究方法体系。

这里所说的与复杂性相适应的研究方法原则,实际上就是所谓的方法论。**人们对某一领域内运用和创造的各种方法进行归纳和总结,并形成关于这一领域研究方法的一般规律和原则,就是所谓的方法论。**

由此可见,**方法论是人们认识、分析、解决一类问题采用方法与手段的基本思路与原则。**当然,有了思路和原则,还要有解决问题的具体方法和手段,这就是方法论原则下的方法。如果没有方法论,方法的选择、运用和创造就可能是零散的,缺少逻辑性、关联性、连贯性和规范性,但只有方法论而没有具体方法,方法论只能停留在一般原则上,缺乏实际操作的切入点和具体工具与手段,因此,**方法论与方法既有紧密联系又有层次之分。**

本书前面指出过,重大工程管理涉及自然科学、社会科学和人文科学等多个领域,面临着研究方法的多选择与多组合。因此,对重大工程管理这一类有着自身规则与本质属性的实践活动,必须在方法选择、组合与创新之前先确立重大工程管理方法论,即规范的重大工程管理方法原则,其主要目的是在重大工程管理思维原则的指导下,研究如何构建多学科交叉与融合的重大工程管理方法体系。

由此可见,在构建重大工程管理理论体系的过程中,构建相应的方法论是一项重要的任务。当然,由于方法论问题不仅与研究者的学术价值取向有关,而且与理论自身的成熟度有关,所以,方法论研究也必然是一个不断探索、进步和完善的过程。

8.1.2 整体性方法论

关于重大工程管理以及整体性方法论,我国著名系统科学家于景元有多方面的研究,本节下面的文字多处引用了他的学术思想以及在多篇文章中的论述。

在相当长的时间内,人们在一般工程管理活动中尝到了采用简单的还原论原则来解决管理问题的"甜头"。这一原则主要是把问题分解成简单、确定、可分离、可还原、可简化的各组成部分,通过研究相对简单的各个部分,再把它们进行"相加"而获得对原来问题的整体性认识。这种还原论的方法论,反映了人们主要遵循分解、还原、再相加的途径,把整体分解为部分,把高层次分解为低层次,把完整过程分解为各个阶段,并依照把一个个部分、低层次和各个阶段弄清楚之后,再把它们叠加、整合,原先整体性现状就清楚了。(于景元,2014)

还原论方法的基本思路是把所研究的对象进行分解,分成多个部分,认为把各部分研究清楚了,整体也就清楚了。如果各部分还研究不清楚,再继续分解直到能够弄清楚为止。因此,还原论方法的优势是通过不断的分解而把事物的细节研究得越来越精细,但还原论的不足之处是它由下往上回不来、由部分到整体回不来。因此,还原论回答不了高层次和整体问题,所以,要解决由下往上的问题,仅靠还原论方法还不够。(于景元,2014)

还原论方法在很大程度上满足了一般工程管理活动解决问题的需要,但随着重大工程管理活动复杂性的提高,还原论的不足之处日益明显,如还原论无法有效解决重大工程管理中大量出现的"非可加"和有层次的复杂整体性问题。如本书前面提出的重大工程—环境复合系统、重大工程主体群、重大工程功能谱、重大工程横向与纵向强关联等等,都是不能以还原论简单分解,再把它们叠加就能弄清楚的复杂整体性问题。

这时,关于研究整体的方法论就逐渐受到了人们的重视。整体论是关于研究整体的方法论,整体论的基本出发点是对于整体性的问题,不再简单地通过还原论把它分解,并以对分解后的部分认知之和来替代对整体的认知,这种强调整体不再简单地等于部分之和的理念是符合实际的,是正确的。但一般来说,要找到直接研究整体的方法和工具仍然很困难。所以,虽然整体论在认知上越来越重要,但实际发展和直接运用起来仍较困难,更多的只是体现为人们的一种认识与处理复杂性问题的思维原则。例如,20世纪40年代的一般系统论,虽然强调了要从整体上研究问题,实际上是整体论思维。但如何从整体上研究问题的具体方法很长时间没有发展起来,因此,一般整体论并没有在实际中解决问题。

(于景元,2014)

8.2 重大工程管理的综合集成方法体系

8.2.1 关于复杂整体性问题的方法论

近几十年来,各国学者以不同领域、不同问题为背景,开展了关于整体论及相关方法的研究,取得了不少成果。在我国,著名的控制工程与系统工程科学家钱学森,以他从事数十年的重大航天工程实践为基础,于20世纪70年代在方法论层次上,创新性地将整体论与还原论统一在一起,提出了认识、分析和解决重大工程组织管理的方法论。该方法论的基本原则是,**对待重大工程管理问题,先从整体论出发将问题分解,在分解研究的基础上,再综合到问题整体上,最终解决问题,此谓之系统论。**

20世纪80年代初,钱学森在系统论的基础上明确提出了系统论方法。**系统论方法的基本路线是从系统整体出发将系统进行分解,再综合集成到系统整体,最终从整体上研究和解决问题。**由此可见,系统论方法吸收了还原论方法和整体论方法各自的长处,同时也弥补了各自的局限性,这对研究和解决重大工程管理中的复杂整体性问题具有重要的指导意义。(于景元,2014)

在重大工程管理实践中,需要建立一个管理主体群体组成的管理组织来操作、运用系统论方法。该管理组织将把管理活动的各个部分和各个问题作为整体性系统的管理活动的一个部分进行研究和解决,各个部分的目标和解决方案都要从实现重大工程整体系统来考虑;同时,该组织又要把重大工程管理活动作为各个部分构成的整体来设计,而每个部分的目标都要从整体管理目标实现的角度来考虑,管理组织对管理过程中的各个部分和问题之间的冲突,也都要在遵循整体性目标的原则下解决。

运用系统论方法,对重大工程管理活动进行组成要素选择、关联与结构设计、总体功能分析、该活动与环境及其他系统之间的协调等等,需要运用跨领域、多学科的手段与方法,包括自然科学、社会科学与人文科学的各种工具和方法,要对各类管理问题进行定性定量分析、系统建模、仿真、试验,在一定的科学程序下得到总体解决方案,并把这样的方案作为决策的依据或参考。

虽说重大工程管理组织所处理的对象主要是针对重大工程造物活动,但在工程管理实践中,要深入进行人、财、物、信息、知识等资源的整合与配置,要研究如何保证工程的低成本、高质量和高可靠性,还会涉及发展战略的制定、管理体制与机制的设计等其他决策与组织管理问题。而这些构成了工程硬系统的另一

个软系统,这两个系统在重大工程造物活动中紧密相关,并耦合成一个新的复合系统。(于景元,2014)

显然,这个新的复合系统要比工程硬系统更复杂,因为人这个复杂主体成了它的核心,而且比自然规律更复杂的社会规律、人文规律等也会在其中起更大的作用。如果说,工程硬系统主要综合集成了自然科学技术,那么这个新的复合系统除了自然科学技术外,还需要社会科学与人文科学知识等。如何组织管理好这个系统,已经不是一般系统工程的任务,而是复杂整体性系统工程的任务。

由此可见,重大工程管理在方法论上属于系统论管理。系统论管理首要的是从整体上去研究和解决问题,通过系统论的优势,既要把管理对象的复杂整体性发挥出来,还要把管理对象的复杂性驾驭住。(于景元,2009)

综上所述,由重大工程管理问题复杂性与管理活动整体性导致的对管理方法论的需求,在整体论与还原论相结合的意义上形成了重大工程系统论管理方法的原则与路径。进一步地,钱学森在此基础上提出了综合集成方法体系。(于景元,2001)

8.2.2　重大工程管理的综合集成方法体系

到了 20 世纪 80 年代,钱学森的系统论思想更加清晰。他认为,**在分析、解决重大工程管理问题时,需要从整体层面上研究和解决问题,为此需要运用多领域、多专业的知识;需要采用人与计算机相结合,但以人为主的方法;需要多领域专家的合作和智慧;还需要运用定性、定量及科学实验等方法**。并在此基础上发展成为**综合集成(Meta—Synthesis)思想,并提出了将还原论方法与整体论方法辩证统一起来的综合集成方法体系**。(钱学森,1981,1982,1991;钱学森等,1990)

综合集成方法体系是钱学森长期以重大工程管理为背景,融合多学科、多领域的技术和方法提出的**一种用来认识、分析和解决重大工程系统复杂性管理问题的整体性方法**(钱学森等,1990)。本质上,这类问题的复杂性主要来源于主体认知能力不足、客体本身及环境的深度不确定性等,而运用综合集成方法体系来处理这类问题时,具有以下优势:

(1) 管理主体可以通过集成各类管理资源和各种方法来提高对复杂性管理问题的认知、分析与驾驭能力。

(2) 管理主体可以在实践中形成一个对复杂性管理问题认知与分析的过程。这一过程将形成一个对问题相对无序、相对模糊、相对不准确的但不断完善的方案序列来逐步逼近最终解决复杂性管理问题的方案。

由此可见,**综合集成方法体系与重大工程管理复杂性问题的特点以及解决**

第8章 重大工程管理研究的综合集成方法体系

原则与路径是匹配的,与重大工程管理理论的基本原理也是一致的。

下面,我们进一步从多个不同的视角来分析综合集成方法体系对于解决重大工程管理复杂性问题的意义。

(1) 重大工程管理涉及政治、经济、社会、技术以及人文多个领域,即使在一个领域内,也不能指望依靠一种观念、从一个角度、用一种方法、由少数人就能够解决全部问题,而需要把自然科学、工程技术科学、社会科学与人文科学相结合,把政府职能与市场职能相结合,把专家经验与科学理论相结合,把定性方法、定量方法与计算机技术相结合,并将这些结合融合成一个整体,在整体层面上涌现出重大工程管理新的能力,**这就是重大工程管理综合集成方法体系的基本思想。**

(2) 重大工程管理既需要充分利用专家定性的经验与知识,以获得对管理活动的质性认识,又需要运用数理方法对管理活动中的数量关系进行精细的定量分析,还需要运用现代信息技术对问题环境与情景进行模拟,并且把定性方法与定量方法、模拟结果与现实状况、感性认知与理性认知、经验认识与理论认识结合起来,形成对重大工程管理活动与问题的较为全面、深刻和准确的认知(盛昭瀚,游庆仲,2007;盛昭瀚等,2008)。

具体地说,在重大工程管理活动实践中,我们需要根据各类信息和资料(观测数据等)建立各类模型,而这些模型必须在实践、实验与经验的基础上,充分利用专家定性知识与经验进行检验与校核(于景元,周晓纪,2002)。因此,整个管理过程充分利用了科学与经验的知识、理性与感性的知识、定性与定量的知识的综合,实现了从经验到理论、从定性到定量的提升,最终形成对复杂性问题的尽可能精准的认知。

(3) 重大工程管理必然要处理大量的数据、信息与资料。对此,计算机拥有多方面优势,如信息处理速度快、信息存储量大、逻辑思维能力强等。但是,解决重大工程管理问题还需要形象思维,特别是需要创新思维,需要质性判断及处理复杂管理问题的智慧,这些都是人的优势。因此,重大工程管理实际活动需要把以上两方面的优势紧密结合在一起,即把人与计算机结合起来,形成新的互补优势,产生更强的处理复杂性问题的能力。考虑到目前计算机在形象思维特别是创造性思维方面难以发挥重要的作用,所以在人机结合的过程中,在许多时候还得主要依靠人的经验与智慧,充分发挥人的主导作用。

(4) 在指导重大工程管理实际活动中,综合集成方法体系形成了一个具有分析、判断和解决重大工程复杂性管理问题功能的管理系统,这一系统包括以下部分:① 对重大工程复杂性管理问题开展分析的**认识系统**;② 对重大工程管理活动进行运作的**协调系统**;③ 对重大工程管理进行现场综合控制的**执行系统**。**这也是重大工程管理体系的三大实际功能。**

(5) 对重大工程管理复杂性问题需要进行系统分析,而一般的目标与内容分析、专项的结构与功能分析、分析基础上的系统优化与方案选择等都必须在系统论指导下进行。例如,管理目标的分解必须在管理总目标基础上进行,方案的评价也必须在综合意义上开展。这样,对复杂性问题的分析必然是一个综合—分析—集成—分解……的迭代过程。同样,明确要素、制定规则、选择模型等也必须采用分析、综合、分解、集成的相互耦合的方法。

综上所述,应该看出**综合集成方法体系是在系统论指导下对解决重大工程管理复杂性问题方法体系的整体设计**,并非针对某一个工程的某一个复杂性管理问题所使用具体方法的选择。确立了上述综合集成方法体系的理念,既能够保证我们在系统论指导下确立方法论,保证方法论的科学性,又能够保证我们比一般方法论能更好地结合管理问题的实际而选择恰当的方法,使系统论在重大工程管理实践中发挥实在的可操作的作用。

事实上,在实际解决重大工程管理复杂性问题时,管理领域以及其他领域的许多方法都能够发挥重要而有效的作用,这充分反映出重大工程管理的多学科和跨学科特点。同时,既然重大工程管理的复杂性问题有其独特的本质属性,也应该有专门的、有针对性的新的研究规则与方法,如果没有这一类新方法,也难以说明我们构建了完整的重大工程管理理论学理链。

在综合集成方法体系指导下,思考如何构建重大工程管理新的、独特的、有效的方法,首要的是要通过综合集成方法体系与重大工程管理本质属性进一步融合,紧紧把握和提炼解决重大工程管理问题最核心的、最关键的、最需要的专门性工具和方法,并使这些工具和方法充分适用于解决重大工程管理问题。

参考文献

[1] Ethridge D. Research methodology in applied economics: organizing, planning, and conducting economic research[M]. Blackwell publishing, 2004.

[2] 戴汝为,操龙兵. 综合集成研讨厅的研制[J]. 管理科学学报,2002(3): 10-16.

[3] 范冬萍. 复杂系统的因果观和方法论:一种复杂整体论[J]. 哲学研究,2008 (2):90-97.

[4] 黄志澄. 以人为主,人机结合,从定性到定量的综合集成法[J]. 西安交通大学学报:社会科学版,2005,25(2):55-59.

[5] 李迁,李江涛,盛昭瀚. 大型工程建设管理的方法论体系研究[J]. 科学决策, 2009(1):6-10.

[6] 钱学森.再谈系统科学的体系[J].系统工程理论与实践,1981,1(1):0-0.
[7] 钱学森.论系统工程[M].长沙:湖南科学技术出版社,1982.
[8] 钱学森.再谈开放的复杂巨系统[J].模式识别与人工智能,1991,4(1):1-4.
[9] 钱学森,于景元,戴汝为.一个科学新领域:开放的复杂巨系统及其方法论[J].自然杂志,1990(1):3-10.
[10] 盛昭瀚,游庆仲.综合集成管理:方法论与范式:苏通大桥工程管理理论的探索[J].复杂系统与复杂科学,2007,4(2):1-9.
[11] 盛昭瀚,游庆仲,李迁.大型复杂工程管理的方法论和方法:综合集成管理:以苏通大桥为例[J].科技进步与对策,2008,25(10):193-197.
[12] 王茜,程书萍.大型工程的系统复杂性研究[J].科学决策,2009,1:11-17.
[13] 许婷,盛昭瀚,李江涛.基于综合集成的复杂工程管理体系研究[J].复杂系统与复杂性科学,2008,5(3):48-54.
[14] 杨建平,杜端甫.重大工程项目风险管理中的综合集成方法[J].中国管理科学,2012(4):24-28.
[15] 于景元.钱学森的现代科学技术体系与综合集成方法论[J].中国工程科学,2001,3(11):10-18.
[16] 于景元.系统工程的发展与应用[J].工程研究:跨学科视野中的工程,2009,1(1):25-33.
[17] 于景元.钱学森系统科学思想和系统科学体系[J].科学决策,2014(12):2-22.
[18] 于景元,周晓纪.从定性到定量综合集成方法的实现和应用[J].系统工程理论与实践,2002,22(10):26-32.

第9章 重大工程管理研究的专门性方法

前面着重指出过,重大工程管理涉及政治、经济、社会、技术及人文多个领域,需要自然科学、工程技术科学、社会科学与人文科学相互融合,才能在整体上涌现出对管理问题复杂整体性的驾驭能力。这就决定了解决重大工程管理问题需要多种不同类型的方法。本章重点是探索和介绍重大工程管理基础理论方法论指导下的**典型新方法**。

为此,先做如下三点说明:

(1) 对重大工程管理问题中的工程技术和自然规律问题,多会采用各种在其他领域也被广泛采用的定量方法,虽然这时也可能会发明和创造一些新的定量方法,但这些新方法往往是其他成熟方法的改进。重大工程管理理论研究基本上很少出现全新的、独特的定量方法体系,因此,也就没有必要在本章一一罗列这些成熟的定量方法。

(2) 重大工程管理理论研究存在大量的定性方法,虽然它们与社会科学研究中普遍使用的定性方法基本一致,但由于重大工程管理问题是具有独特本质属性的问题,因此除一般通常的定性方法外,还会有更有效地体现这一类独特本质性的新方法。本章将介绍一种"**全景式质性分析方法**"。

(3) 近年来,现代信息与计算机技术在重大工程管理研究中发挥出越来越大的作用。例如,计算机模拟仿真与计算实验方法等为重大工程管理活动情景的重构与预测,特别是对工程管理问题的复杂整体性抽象与描述提供了新的工具,而这些都是传统的定性、定量方法难以实现的。本章在这方面选择了一个典型的新方法即**情景耕耘**给予介绍。

(4) 在更广泛的意义上,我们需要对重大工程管理活动整体,包括它的各类复杂性形态进行模型化,因为在理论层次上研究任何重大工程管理活动实体,必须通过对活动实体进行一定程度上的抽象与本质属性提炼,这就是对重大工程管理模型化或建模过程。综合目前先进的建模思想,特别是基于信息技术的建模方法,并充分针对重大工程管理的复杂整体性的建模,本章在最后介绍了综合性的"**联邦式建模**"新方法。

我们统称上述几种方法为重大工程管理研究的专门性方法。

以上这些方法是笔者近年来开展重大工程管理不同科学问题研究过程中有

较好效果的方法创新探索,并已经作为本书前面构建的重大工程管理理论体系相匹配的方法体系,这样,**本书一开始提出的构建理论体系的"思维原则—核心概念—基本原理—科学问题—方法论与方法体系"学理链就完整了**。

9.1 专门性方法1:全景式质性分析方法

本节是关于重大工程管理理论研究中一种专门性方法"全景式质性分析方法"的介绍。

9.1.1 概述

质性,或称质,基本意思是本性、本质性,是指一个事物区别于其他事物的内在规定性。从总体上讲,**重大工程管理的质性就是复杂性或复杂整体性**。这是它区别于整个工程管理领域内其他类型管理活动形态的规定性。因此,如果从整体上研究重大工程管理,就要以管理问题的复杂性或复杂整体性为核心,采用抽象概括与逻辑推导为主导的方法。另外,如果是研究某个具体的重大工程管理活动与问题,则除了体现重大工程管理一般质性外,还会强烈地表现出某一个工程的具体独特性。

这时,如果不能充分揭示这个具体工程的独特性,就很难形成对这个工程质性的深刻认知;即使是对重大工程管理一般质性的研究,也往往是对众多具体工程独特质性的提炼和归纳。因此,**在重大工程管理研究中,对个别具体工程管理活动与问题开展质性研究,应当是非常普遍和非常基本的研究模式**。

例如,无论是对一个拟开工建设的工程进行决策认证与方案设计,还是对一个已完成建设的工程进行决策总结与反思,都不能仅仅在一般意义上指出它们的决策都属于深度不确定决策,因为这样概念化的研究缺乏真正有价值的理论分析与实际指导意义。真正需要的是基于具体工程的决策情景,对该工程的决策方案设计、方案鲁棒性等进行深刻分析,最终得到该重大工程决策活动的独特性结论。这一过程实际上就是研究重大工程管理活动质性的过程。

9.1.2 质性研究方法

众所周知,管理学领域有两类基本的研究方法,即定性方法与定量方法。定量方法一般是指在研究过程中,通过数字、数学符号和数学语言,例如运用数学模型对研究对象进行质性的量化分析,或者运用数学演算、性质证明等方法推导管理问题的一般规律。而所谓定性方法可宽泛地理解为所有非定量的研究方法。定性方法侧重于用语言、文字描述、阐述以及探索研究管理现象、事件和问题。

不同的定性研究方法由于其学术思想、流程、手段不同,彼此有着较大差异,因此,开展某一个具体问题研究时,一般要根据研究问题的特点与需要,选择适合的定性研究方法。

实践中,我们选定某一种定性方法时,很难说它就是十全十美的,或另一种方法一定完全不能用。人们更多的是常常以某一种方法为基础,充分吸取其他方法的优点,或将多种方法相互融合成某种新的更有效的方法。

方法论的这一基本原则对于重大工程管理定性方法的创新意义很大,它告诉我们,可以在已有的定性方法基础上,进一步以重大工程管理问题的质性为导向,探索研究方法创新。

那本节究竟提出了什么样的新的定性方法呢?这要先从社会科学研究领域中基本的质性研究(qualitative research)说起。

所谓**质性研究**是以研究者本人为研究工具,在自然情境下,采用深入收集资料开展研究的方法。它是一种通过研究者与被研究者之间的互动,对研究对象进行深入、细微的考察而开展的整体性研究方式,该方式经过对资料的归纳可以形成理论及对现象的解释和理解。

根据质性研究方法的学术思想,该方法一般具有以下四方面特点:

(1) 注重自然情境。质性研究强调在自然、真实的情境中与被研究者直接接触,并就被研究者参与其中的问题开展深入的面对面的交流,不仅了解该问题的具体、生动的真实情境,而且了解该问题的发生、发展以及与大环境情景之间的相互影响及关联。

(2) 解释性理解。研究者在研究过程中逐渐在被研究者对问题的经验、评判与认知基础上形成具有解释意义的理解,并在这一过程中尽量少夹带自己的主观意见与偏好。

(3) 迭代式路径。由于研究者事先不预设理论与假设,所以研究过程开始时不具任何先验性思维框框,这使整个研究过程的每一步都需要研究者不断进行自我调整,包括修正、完善自己的理解。

(4) 运用归纳法。质性研究的结论、理论与理解根本上源于在自然情境下通过各种方法搜集的资料,并且自下而上地运用归纳法对资料进行分类和梳理,使之系统化与条理化。因此,质性研究的结果只适用于特定的情境,具有相应资料独特性的烙印,而不能随意推广和放大。

根据以上四个特点,不难看出,以下类型的问题比较适合运用质性研究方法。① 独特性问题,即表现为个案的问题。② 过程性问题,即表现为有事件发生、发展等过程的问题。③ 情境性问题,即表现为一个大的整体情境中的问题。

④ 描述性问题,即表现为对现象、事件的本质与意义进行描述或解释的问题。

质性研究一般采取开放式和非结构化手段来搜集多样性资料,包括图片、视频、声音、相关文件与档案等以及访谈调查、实地记录。

质性研究的基本步骤为:

(1) 研究设计。确定研究的现象与问题、研究的目的与意义、研究方法的选择和运用等。

(2) 研究对象的选择。确定对本研究能提供最大信息量的研究对象,也包括确定研究时间、地点等。

(3) 搜集资料。包括观察、访谈及实物搜集等。

(4) 资料的整理分析。包括阅读原始资料、资料归档、分类、归纳分析。一般分为初步分析、类属分析(在资料中寻找多次出现的现象以及用来解释它们的概念与术语)和情境分析(将资料放置在自然情境中,按照时间顺序对情境中涉及的人、物、事件进行描述)。

(5) 成果表达。以研究报告形式表达成果。如果成果中有理论内容,则需要先从资料中抽象和提炼出相关概念、基本原理等,并在与资料的对照与支撑下形成理论。

9.1.3　全景式质性分析方法

9.1.3.1　全景式质性分析方法的提出

为什么在探讨重大工程管理理论定性研究方法时,要详细介绍质性研究方法呢? 这从下面的对照分析中能够清楚地看出来。

上面指出过,质性研究适合四种类型的问题,现在我们将这四种类型问题的特征与重大工程管理问题,特别是与重大工程管理中的总体规划、宏观决策与评价等问题的特征作比较,不难发现它们之间的高度一致性。

(1) **特殊性问题**。所谓特殊性问题,就是与同类或相近问题比较,有着自身鲜明独特性和规定性的问题。其实,任何一个具体的重大工程都是独一无二的。任何一个具体的重大工程管理活动与问题,在实际中都是个别的、具体的、独特的甚至是唯一的,因此,我们既需要理论思维提供一般性道理作指导,更需要通过人的直观、直觉和各种感性思维获得对该具体重大工程管理独特性与实在性的认知,并最终形成一个完整的对世界上唯一的某一重大工程管理活动的理解。

事实上,任何一个具体的重大工程管理活动都是一个复杂系统的具体实现,凡复杂的事物必然是独特的,而**独特来源于细节**。所以,认识具体的复杂重大工程管理活动与问题,必然要认识它的细节,认识细节在工程管理范畴内与其他工程相比表现出来的独特性与唯一性。也就是说,从认识论上看,**一个具体的重大**

工程管理活动既不是确定性的，也不是随机性的，它只是独特性的。这样，我们在方法体系的选择上也只能选择针对工程管理独特性质性研究的有效方法。相反，有一些方法如问卷调查法，因问卷是标准化的，很难反映出重大工程管理独特的细节。

(2) **过程性问题**。所谓过程性问题，就是问题有着自身发生、发展与终结的过程。事实告诉我们，任何一个具体的重大工程管理问题都是过程性的。因此，管理主体主导的管理活动也必然有提出并明确问题，分析和形成解决问题的方案，完善、修正与实施方案等一个完整的活动过程。不仅如此，**管理问题的过程性还决定了管理活动整体上的动态性**。对重大工程管理而言，这一类动态性还可能表现出更高级的演化特征。因此，像问卷调查法这样相对简单的方法只能搜集到一个调查对象在一个时间片段瞬间的相关信息，而不能深刻反映出重大工程管理活动或问题的动态变化，更难以描述其中的演化与涌现。

(3) **情境性问题**。所谓情境性问题即问题不是孤立的，而是与环境与情境有着密切的联系，要把问题放到大的情境中去思考和解决才能够得到深刻和准确的结论。重大工程管理问题在这一点上表现得非常充分。这在本书5.1.4"情景（环境类概念）"中有着明确的表述："在重大工程建设整体过程中，工程管理活动如同一个依时间顺序而展开的一个个相对独立又有连贯性的故事。凡故事都有背景情节与情节的发展，即都有情景。重大工程管理理论中的决策、组织研究在许多时候就是在研究工程环境以及管理主体自适应行为结合而成的情景与情景变化。"所以，对任何重大工程管理问题的质性研究必然要十分关注工程管理问题的情景、情景与问题的相互关联与影响，不仅要关注问题未来的情景，而且要关注问题过去和现在的情景，即同时要关注情景的预测与重构，因为重大工程本身就是嵌在过去、现在和未来连贯历程中的一个重要的新情景。正是因为情景在重大工程管理活动中有着这样重要的意义，所以，我们开展重大工程管理问题研究，要对问题的相关情景尽可能**全面**、**完整**地进行重构、复原、再现、生成和预测，而不能仅仅得到一个情景的局部、片段和剖面。**我们称这一方法论原则为"全景式"模式**。重大工程管理的定性研究方法要充分突出和保证**"全景式"模式**。

(4) **解释性问题**。这是质性研究方法比较重要的一个基本功能，即通过该方法获得对问题或现象的解释和理解。当然，重大工程管理质性研究的功能远远不止这一点，它既包括对重大工程管理现象的解释和理解，还要揭示管理活动的规律以及对管理实践进行指导等。这意味着，我们可以在传统的质性研究方法的基础上进行深化和拓展，增加新的、更强的功能。例如，我们可以对重大工程管理的系统复杂性或复杂整体性开展系统分析，因为系统分析的功能远远超越了传统的质性研究的描述性和解释性功能,这也告诉我们,重大工程管理的定性研究方法要充分突出和保证其系统分析的能力与手段。

综上所述,我们通过重大工程管理研究对象基本特点的梳理以及与传统的质性研究方法所适用问题特征的对比分析不难看出,质性研究方法的基本出发点与技术路线设计思想与重大工程管理问题的基本特点之间有着高度的吻合度,因此,我们一方面可以尽可能地借鉴和移植原来质性研究的基本思想,另一方面要更好地提高应对重大工程管理问题过程性、情境性、复杂性等方面的能力。因此,关于重大工程管理新的定性研究方法,**我们拟在原来的质性研究方法基础上,强化工程管理情境的作用和意义,并进一步增强新的研究方法的分析能力,由此形成一种新的所谓全景式质性分析方法**。

9.1.3.2　全景式质性分析方法的基本学术思想

重大工程全景式质性分析方法是定性研究重大工程管理问题的一类方法。这一方法主要用于对一个具体重大工程某一个管理问题的研究,或从多个具体工程管理研究中归纳、提炼重大工程管理理论层面上的质性规律与现象解释。

该方法的基本学术思想如下:

(1) 任何具体的重大工程管理活动与问题都是独特的、唯一的,都是在某一特定历史条件与情境下形成的,是一段唯一的历史现象与过程。它既有一般意义下的共同性,如人们对重大工程管理的基本共识、对解决管理问题所拥有的一般水平等,又有区别于其他具体重大工程的独特性。因此,既不能完全用超越个别具体工程细节与个性的确定性规律来解释它,又因为它是罕见(唯一)的,也不能完全用随机性的统计方法来解释它,**而必须用一种对待独特性现象的思维来研究它**。

(2) 具体地说,以研究者所处的时间为时间基点,可把拟研究的管理活动与问题分为两类,一类是时间基点之前的活动与问题,另一类是时间基点之后的活动与问题。前者我们称为**历史管理活动**,如对某一个已建成重大工程进行决策经验的总结与反思,对该工程效益的后评估等。后者我们称为**未来管理活动**,如对一个新的拟建重大工程施工方案、投融资模式的设计、工程选址和工程环保措施等。这些都关系到重大工程管理的基本质性,并且对重大工程建设质量、安全和综合效益关系极大。

① 对历史管理活动类问题,最好的办法是将问题放回工程当初的情境(环境情景)中,完整地再现一次。我们称此为**重大工程历史管理活动的重构**。不难理解,任何对工程历史情境或是对工程历史管理活动的重构,都不能绝对还原到历史上曾经的那一刻,包括时空及全部情景细节。这就需要我们尽一切手段搜集各种相关资料,通过与相关当事人直接交流等多种方式,尽可能**完整**地再现历

史上曾经的那一段事件与过程。这时,研究者可能会交替地以观察者与参与者两种角色出现在研究过程中。

第一,以观察者的角色是指,研究者观察某个历史管理活动中参与主体当时情景下的微观行为、当时的主体彼此之间的关系、活动情景的前后转换与演化以及在宏观层面上形成的整体现象与结果,并从质性的整体性上进行描述与解释。

第二,以参与者的角色是指,研究者虚拟地参与到历史管理活动中,即通过直接与相关当事人交流或对资料档案的分类构造出非现实但可能出现的某些新的可能情境,以此推算出更加丰富的管理事件的历程及相应的可能结果,以拓展我们对重大工程历史管理活动与问题的质性分析结论。

② 对未来管理活动类问题,可以根据管理活动与问题类别的一般规律、历史性的经验与知识以及对未来情境的预测,特别是通过充分体现出的某个具体工程的独特性,把该具体工程某一个管理活动与问题放到工程未来可能的情境(环境情景)中完整地推演一次。我们称此为重大工程**未来管理活动的预测**。同样地,不难理解,任何对重大工程未来情境与工程管理活动的预测,都无法做到绝对准确,我们只能尽一切手段与可能搜集各种相关资料、与各专业的专家交流,以提高未来可能情景的完整性、多样性与情景细节的清晰程度。

类似地,这时研究者如果以历史与当前的情景为基础,通过常态式的发展路径预测未来可能情景,这相当于研究者以观察者角色出现;也可以以历史与当前的情景为基础,通过研究者的价值偏好和取向预设多种可能的发展路径,预测未来的可能情景族,这相当于研究者以参与者角色出现。例如,前者通过历史和当前的气象情景以及常规天气变化规律预测未来工程环境气象情景;而后者则根据常态与研究者认为重要的非常态变化规律来预测未来的工程环境气象情景,包括罕见的极端气象情景。

综上所述,对重大工程管理研究需要尽可能完整地重构或预测其活动情境(环境情景),以充分展现具体工程的独特性,使工程活动的细节尽量精细与鲜明。

(3) 对重大工程管理研究而言,情景有其特别的内涵。如重大工程管理情景就其过去、现在与未来,形成了一个连贯的、动态演化的情景演化过程,不能仅仅把情景理解为重大工程管理的背景与条件,也不能仅仅截取工程情景的一个片段并使它一直定格在那里。也就是说,**重大工程管理全景式质性分析方法需要所谓全景式的研究思想**。

对复杂的重大工程管理情景,在定性研究方法范畴内,我们主要通过各种手段,采用具有逻辑关联性但非因果性的语言来抽象与表述情景。但不论是情景重构还是预测,多层次、多维度、多尺度地构建管理情景,并使管理活动与问题完全与管理情景融于一体,这种全景式思维对分析、揭示重大工程管理问题的质性是十分必要的,也是全景式质性分析方法的核心组成部分。

(4) 重大工程管理全景式质性分析方法的具体研究功能要比传统的质性研究丰富得多,它除了包括基本的解释性理解外,还可以:① 对重大工程管理现象进行解释;② 对重大工程管理活动规律进行提炼;③ 对重大工程管理趋势进行预测;④ 对重大工程管理问题进行方案设计;⑤ 对重大工程管理效能进行总体评价,等等。

而所有这些功能的体现与释放,都是重大工程管理主体,特别是管理组织的整体行为在重大工程管理活动中的功能表现。而这些功能的实现必须以实际管理过程中对问题的系统分析为基础。因此,**系统分析是全景式质性分析方法的另一个核心组成部分**。

需要指出的是,这里的系统分析不能仅仅理解为对管理活动中某个局部问题或一个问题的某一个层次、一个阶段的某个子问题的分析,而是在重大工程管理复杂整体性意义上,在对管理问题与环境复合系统全局意义上的整体分析,属于以管理复杂性分析与整体性分析为核心内容的复杂系统分析。与传统的质性研究相比有着功能上的重大飞跃。

以上可见,全景式质性分析方法正是在重大工程管理理论思维原则与管理问题本质属性导向下,既保留和继承了传统的质性研究方法的基本思想,又充分突出了重大工程管理整体情景以及系统分析的重要作用,综合集成形成的一种新的重大工程管理定性研究方法。

综上所述,**所谓全景式质性分析是指在重大工程管理研究中,研究者或作为观察者,或作为参与者,在深入细致的实际考察调研与搜集资料基础上,通过对研究问题所在的情境进行整体性和过程性的重构或预测,并运用还原论与整体论相结合的系统分析而获得相关研究结论的一种研究方法。**

这是根据重大工程管理独特的质性所构建的全景式与系统分析融合的定性研究方法,其中,全景体现了重大工程管理活动的整体性,而系统分析更多体现了重大工程管理活动的复杂性。因此,这一方法通过全景体现研究问题的大局并通过系统分析体现问题的细节,从而充分体现了关于重大工程管理复杂整体性的适应性原则。

需要说明的是,应该把全景式质性分析方法理解为一种定性为主的方法,而不是纯粹的定性方法,因为在运用该方法的过程中,如在情境重构、预测及系统分析阶段,为了保证方法的整体质量,现在越来越普遍地融合了计算机模拟与定量方法。但从整体上讲,这些方法所占比重不应过多,定性方法应占主要地位。

9.1.3.3 全景式质性分析方法的基本步骤

总体上说,全景式质性分析方法的基本步骤如下:

(1) 确定研究现象或事件,界定现象与事件的范围、时段、层次与基本情景。

(2) 明确研究的意义,包括理论意义与应用价值,如对管理活动与实践的现象解释、规律揭示或实践指导等。

(3) 对研究对象或事件进行初步抽象,使之具有基本的科学内涵与基本概念,从而保证在理论体系中形成完整的科学问题。

(4) 采用多种手段与方法广泛搜集相关资料,资料搜集要以问题基本情景的界定与问题研究的主要目的为导向。考虑到具体的重大工程的独特性,无论是历史管理活动还是未来管理活动,相关资料都要与该工程及相关科学问题紧密关联,而不是统计学意义上的随机样本抽取。在工程管理领域,一般资料包括已公开的文献资料,未公开的档案资料、视频、实物、照片等,还包括与直接或间接当事人的交流、访谈,以及对现场的考察。

在这一阶段,研究者可以以观察者身份介入,也可以以参与者身份介入。不论采用哪一种身份,其目的是使研究者更深入地介入研究现象或事件中,但要防止自己的过度介入而导致自身偏好影响资料搜集的全面、客观性以及后面对资料整理与分析结论的公正性。

(5) 根据研究现象、事件的基本架构与科学问题的基本内涵,在尽可能丰富的资料基础上,重构(对历史管理活动)或预测(对未来管理活动)相关情景或情景空间,并进一步构建科学问题—(重构)情景的复合系统或科学问题—(预测)情景复合系统。它们分别是我们研究历史管理活动或未来管理活动的虚体世界。

这一步骤是全景式质性分析方法的核心步骤。要注意,实际中往往很难一次就能完整再现全景,开始时可能仅仅捕捉到情景的片段或局部,如果这样,则会影响这一方法的使用效果。因此,往往需要对情景重构与预测进行多次迭代,逐步提高情景完整性与问题之间的契合度。

(6) 把上述由问题与情景融合而成的问题—情景复合系统作为更深层次的研究对象并进行系统分析。这里的系统分析是一类分析方法体系的总称,它包含了很多内容,并有着自身的学术思想、规范步骤与范式,由于内容丰富,这里不做细述,只着重指出,在全景式质性分析中具体实施哪些系统分析手段和内容,要以研究目的为导向。

(7) 对系统分析的结论,反复评估其真实性、可解释性及可指导性等,特别是对研究目的的贡献、对重大工程管理的理论价值与实践意义。

(8) 形成研究报告(结论)。

综上各点,全景式质性分析的主要流程如下图所示:

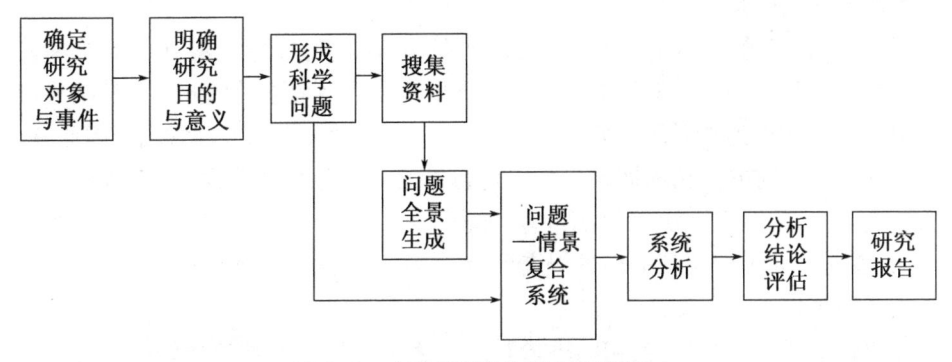

图 9.1　全景式质性分析方法流程图

总结起来,重大工程管理研究中的全景式质性分析方法的基本思想与流程如下:

(1) 该方法是重大工程管理研究中的定性(或定性为主)的研究方法。

(2) 该方法主要用于对具体工程管理问题的质性研究。

(3) 该方法流程既体现了传统质性研究的基本技术路线,也充分突出了重大工程管理活动中具有独特性的情景内涵与系统分析的作用。

(4) 该方法除具有传统质性研究的解释性理解功能,还具有更多方面的分析、预测、决策等管理功能。

(5) 该方法因具有案例研究法的成分,因此其相关研究结论的真实性与解释性往往缺少一般理论研究的抽象意义与普适性。但如果能够做到重构情景足够丰富或未来情景空间充分大,该方法包容着更多的问题—情景复合系统的一般现象与复杂性形态,则最终结论的普适性与推广性也会随之增强。

(6) 随着多学科交叉研究方法的发展,全景式质性分析方法与其他定量、计算机模拟方法等交叉融合正日益被重视,进一步形成管理问题研究的**质性—量化—景性**的综合新方法。

9.1.4　两个简例

下面简单介绍两个运用全景式质性分析方法开展重大工程管理问题研究的案例。第一个案例是对一个具体工程历史管理活动的质性分析研究;第二个案例是在对多个具体工程历史管理活动质性分析的基础上进行一般规律的提炼。

案例 1　中国三峡工程决策治理历史回顾与反思

中国三峡水利工程是举世闻名的重大基础设施工程。在中国重大工程领域中,其工程决策时间最长,决策内容最丰富,决策问题最复杂。工程建设至今已过去20多年,围绕着工程决策问题,仍存在多方面的不同意见,这在国内外重大工程决策活动中是罕见的。

一方面,三峡工程的决策管理有许多科学、民主的经验值得认真总结和发扬;另一方面也要看到,三峡工程在某个历史阶段和情境下做出的宏观复杂决策不可避免地会受到当时历史遗产、决策者认知和科学技术水平的影响。因此,决策只能够在当时的记忆和期望情境下进行。无论是记忆还是期望,都离不开决策者的认知、价值观与决策组织的动力学行为。这告诫我们,在总结经验的同时,也要对三峡工程决策治理过程进行历史回顾与反思,启迪人们把未来的重大工程决策工作做得更好。

具体地说,我们要从当初的决策时间点上重构当时国家社会经济文化情景以及决策主体基于情景的决策行为,并把典型决策问题与该情景融合成决策问题—情景复合系统,再现决策组织中微观个体行为与宏观组织行为的互动与涌现,特别是通过对决策主体行为具体细节的观察来揭示其中的规律性解释,或者从对情景可能空间的构建来研究提高决策质量的路径。

为此,借助三峡工程决策公开的文献资料、未公开的档案资料、各种相关视频、实物、照片、声音资料等,重构当初的决策过程与情景。例如分别针对工程泥沙治理、防洪与生态保护等具体决策问题构建宏观决策问题情景,并通过对这些资料的深度挖掘与相关当事人的介入式访谈等,构建情境的微观细节,最终形成包含宏、中、微观多层次的三峡工程全景式决策治理情景。进一步以此为基础,对决策认证主体领导权变更、决策组织主体结构演变、决策信息公开披露趋势变化等问题进行系统分析,形成完整的关于三峡工程决策历史经验总结与反思研究的成果。

案例2　中国长大桥梁投融资模式演变

所谓长大桥梁是指多孔跨径长于1 000米或单孔跨径大于100米的桥梁。30多年来,中国公路桥梁建设出现了空前发展的态势。截至2014年年底,中国已建公路桥梁75.71万座,其中特大桥梁3 404座、长大桥梁72 979座。由于这几十年正是中国经济体制重大改革转型期,长大桥梁的投融资模式总体呈现变革及多元化态势。对这样一个重大工程管理问题的研究,不宜采用统计学随机采样和统计分析的方法。因为虽然长大桥梁有着一定的物理尺度标准,但这不能认为各个长大桥梁都是来自同一母体的样本,因为任何一个长大桥梁既不是确定性的,又不是随机的,而是独特的工程个体。这样,研究一群长大桥梁某一现象的规律性,就不能通过随机抽象并做统计假设检验来认证。但可以对每一个桥梁工程通过全景式质性分析方法对它的投融资模式进行全景式系统分析,再作归纳和提炼。

近几年,我们搜集了中国十几个省市数十座长大桥梁投融资模式的大量资料,构建了相应的经济社会环境情境,并对投融资模式与相应情境之间的时间、地域、经济发展、管理行为习惯等关联关系进行了多视角的系统分析,得到如下较丰富的反映中国长大桥梁投融资模式质性研究结论:

(1) 中国长大桥梁投融资制度存在清晰的历史变迁规律。

(2) 中国桥梁工程随着中国市场经济体制的形成,越来越显现出既具有私人产品特征又具有公共产品特征的特点,而长大桥梁的准公共品特性日益明显。

(3) 中国长大桥梁工程的经济特性决定了必须由政府作为主体投资者,而市场可进行必要和有效的补充。

(4) 自 20 世纪 90 年代以来,中国长大桥梁投融资模式逐渐形成"政府引导、社会参与、市场运作、产业发展"的多元化新格局。

(5) 中国地域辽阔,东、中、西部地区经济社会发展水平差异大。不同地区经济发展水平与桥梁建设的不同功能目标导致当地政府和市场在投融资模式的确定中的作用差异化较突出,从而形成地区之间、同一地区不同时期投融资模式的多元化格局。

应该说,关于重大工程投融资模式的这些质性现象解释与规律揭示,既不是运用统计学方法,也不是运用问卷调查或一般案例法而获得的,而是以全景式质性分析方法为基础,再结合归纳法而形成的整体性结论,由此也可看出全景式质性分析方法在重大工程管理问题研究中的意义和作用。

9.2 专门性方法 2:情景耕耘

本书在前面有两处对"情景"作了论述。一处在 5.1.4,情景被我们作为基本概念引入拟构建的重大工程理论体系中,其出发点是重大工程环境复杂,已不能简单地用状态与参数设定来描述其整体现象,而需要用情景概念来刻画。另一处在 7.2 节,指出了情景概念在评价重大工程深度不确定决策质量时起着重要作用,并用情景鲁棒性作为衡量重大工程决策质量的重要指标。

在实际的重大工程管理活动中,主体能够感知的是正在发生和形成的现实情景,我们称为**即时情景**。但许多重大工程管理活动不仅需要了解即时情景,而且还需要预测未来情景,有时还要重构过去情景。例如,在重大工程前期规划认证时,需要对不同工程方案进行分析和比对,这就要把不同方案对应的虚体工程放到未来的工程环境情景中,形成重大工程—环境复合系统情景,再分析不同的情景将产生怎样的整体效用与风险,以此来比对不同工程方案的优劣。再如,若对某已作出的重大工程决策进行评估时,也可能要再现该工程某一过去情景,这最好是能够对过去情景进行重构,在情景回放中评价当时管理主体的决策选择行为。

由此可见,**重构和预测重大工程环境情景,是重大工程管理理论研究中的一类重要的研究方法**。

其实,如何生成情景一直是人们在管理研究中所关注的方法,例如,有学者在研究企业战略决策时,将企业未来可能遇到的情景作为构成因素进行分析。基于这一思想,挑选出若干重要情景因素,并对它们的不同预设值进行不同的组合,一种组合对应一种情景,由此归纳出几种情景,再研究在这些情景下,企业如何做战略选择。

不难看出,这样的情景生成方法反映了人们如下的技术思维:

(1) 假设所有的情景都是人们完全了解的,人们完全确知有哪几种情景将会出现,各自出现的可能性有多大。

(2) 所有的情景都是可结构化的。

(3) 所有的情景都是可以由人完全构成的,如通过不同的规则与参数设定就能得到不同的情景。

但是,前面说过,重大工程管理理论中的情景远比此复杂得多(见 5.1.4),特别是深度不确定、大尺度意义下涌现出来的重大工程情景,绝不能仅用如此简单的方法生成,因此,在重大工程管理理论研究中探索新的关于复杂情景的生成方法就十分重要,这就是本部分要研究的主要内容。

9.2.1 情景耕耘概述

既然是研究重大工程情景的生成方法,那就要先对生成对象即情景的最基本特点进行梳理。

重大工程管理活动中的情景,无论是过去、现在还是未来的情景,都是包括人、环境及物理世界组成的复杂系统的整体行为,因此,它是演化的、涌现的和自组织的。另外,一个实在的情景一般同时包括结构化、半结构化和非结构化的组成成分。

从方法论角度出发,在社会科学研究中,研究者需要以某种符号系统作为媒介来对社会系统进行描述,并对社会系统未来的发展做出预测。1988 年,Ostrom(1988)提出了可供社会科学家使用的三个符号系统。他指出,除了我们比较熟悉和用自然语言进行认证的**定性方法**和用数学语言描述的**定量方法**之外,还有第三种研究方法:**计算机和程序语言**。我们可以用计算机的标准化和程序语言来描述自己的思想,并且通过计算机的辅助来讨论过去、分析现状和预测未来。这一方法论原则告诉我们,我们可以在传统的定性、定量方法的基础上,借助计算机技术,实现对重大工程管理情景的描述、预测与重构。这就是本书关于重大工程情景生成的基本路线。

特别是,任何重大工程管理情景不仅是复杂的,还是该重大工程所独有的,而且在整体上也是稀缺的、少样本的。因此,我们一般不能指望从大量已知的工程管理情景样本中提取其统计规律,而只能在少量宝贵的工程管理情景样本或线索基础上,以计算机系统为"实验室",把少量宝贵的工程现实情景概念与线索当作"种子"进行播种、培育,让其生长,最终得到各种不同的情景"果实",再从这些"果实"形成的动态演化过程以及这些"果实"的类型、特点中分析、预测和重构关于重大工程管理情景的知识与规律。**我们称这一关于情景生成的计算机模拟(实验)方法为重大工程管理理论研究中的情景耕耘方法。**

9.2.2 情景耕耘的基本解读

情景耕耘方法对于重大工程管理理论来说,是一种新的研究方法。因此,需要我们对其进行较为详细的说明。

首先,情景耕耘方法的核心思想是以重大工程管理活动中的情景为对象,对情景进行情景空间定义下的计算机重构与预测。它以一个或一些情景概念与线索为基础,通过预定义与假设,对具有相同本质和动力学机理的重大工程管理现象进行情景空间嵌入,即把该现象嵌入某一类情景空间中。

这一方法对于重大工程管理理论研究而言有着特别重要的意义。因为重大工程管理情景从总体上说是稀缺的、不充分的,因此,这时需要我们根据研究需求,对少量宝贵的情景"种子"进行"耕耘"与"培育",让其"生长"而"收获"更多的可能情景,以丰富我们对重大工程管理情景的认知。

其次,从操作过程看,情景耕耘方法在某种意义上可以把过去和现在的工程情景现象"搬到"计算机系统中,在现实工程情景的计算机"替身"上进行可控、可重复的播种,并通过生长结果告诉我们重大工程已经发生过和正在发生的情景的昨天与今天,还可以在计算机上构建非现实、虚拟的工程情景的明天,为我们展现重大工程—环境复合系统的未来情景图像。

因为工程情景的形成具有自组织与涌现性质,因此其演化过程沿时间轴向后有其确定的路径,但向前不能确定。即情景的今天包含着过去,但今天未必完全包含在过去之中,明天也不完全包含在过去与今天之中。所以,这些未来情景图像可能是我们过去与现在均未见过甚至是没有预期过的。这样,通过情景耕耘方法对重大工程管理活动中明天情景(前景)的发现与推断,可以帮助我们更好地预测重大工程环境可能的未来,提前防范可能出现的有害情景,或让我们所希望出现的情景(愿景)更好和更有可能地实现。

前面指出过,重大工程情景是一种复杂的系统整体行为,同时包括结构化、半结构化与非结构化成分。而情景耕耘方法是一种计算机模拟方法,因此**它必须首先对工程情景进行抽象与符号化,对情景中的核心要素与要素关联(称为核情景或情景核)进行结构化建模**。这样,计算机系统才能理解和执行耕耘程序和动作。由此可见,**情景耕耘方法主要是运用计算机可计算的结构化技术路线培育和生长情景**。这不可能不损失和舍弃掉情景本来存在的半结构和非结构化成分。但是情景耕耘中运用了多种方法把情景中的一些半结构化和非结构化成分尽可能地抽象和符号化,还通过充分发挥研究者的形象思维与创新思维,以弥补结构化可能造成的情景损失。上述分析和研究实践证明,情景耕耘方法的确是目前重构、发现和预测重大工程管理复杂情景与情景演化的一种有效方法。

由于重大工程情景要素众多,同时涉及社会、经济、自然生态多个方面,而且许多情景是在多尺度时空环境中演化而成的,因此,只有基于计算机系统的情景耕耘方法能够同时充分发挥计算机与人的各自优势,实现对情景复杂性和演化特性的重构与预测。也就是说,**情景耕耘方法充分体现了研究复杂性管理问题的"人机结合,以人为主"的综合集成方法论**。

需要注意的是,情景耕耘方法与一般的计算机仿真方法之间有着很大的不同。计算机仿真需要以某个真实系统为标杆,仿真追求逼真,而情景耕耘因为是对重大工程情景的模拟,而任何具体的情景现象具有路径依赖、不可逆与演化等不确定性或突变性,因此,就不能用我们所见过的或所认定的某个情景作为"真"情景来衡量情景耕耘结果的"好坏"与"是非",也不再预期一定是哪一条情景演化路径才是可接受的和最好的。应该把情景耕耘结果理解为在一定的假设与法则下,经过重大工程复杂性的催化以及重大工程—环境复合系统的自组织作用,在情景空间中所形成的一个情景区域和一束从现实到未来情景可能演化路径中的一条。**在可能意义上,情景耕耘的任何结果都应被视为"真"的**。

9.2.3 情景耕耘方法中的情景建模

情景耕耘方法是否有效,一个重要的关键技术就是要能够对重大工程管理情景进行建模。本部分重点探讨情景耕耘方法中情景建模的思路与基本范式。

1. 情景耕耘方法的情景建模思路

情景耕耘方法的核心内涵是情景分析与情景建模,这需要采用自上而下与自下而上相结合的研究思路。该思路具体化为两个阶段——**自上而下情景分析和自下而上情景构建**,参见图9.2所示。

(1) 情景分析:采用先总体后模块的自上而下的思路得到概念情景,进而得到结构化情景,归纳、抽象或概括出构建情景所需要的要素、关联、行为、结构和

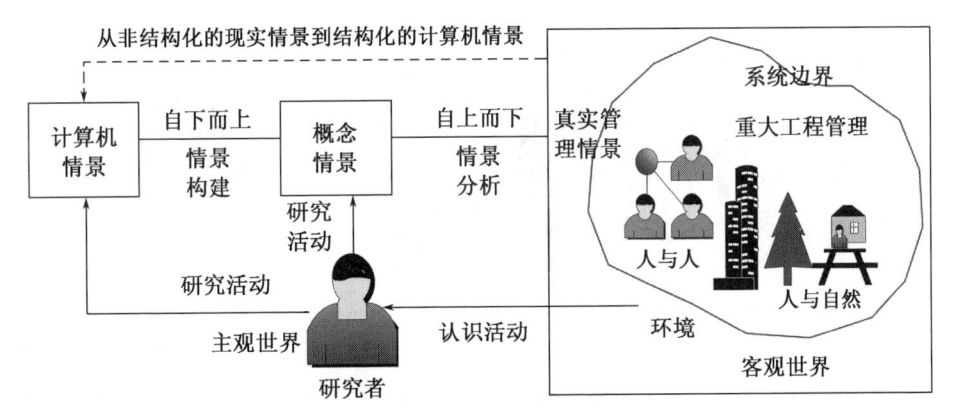

图 9.2 情景耕耘中的情景建模思路

功能等,包括系统层次(行政区域、社会系统、工程环境系统、行业、供应链等)、主体和组织层次(业主、企业、社会组织、政府等)以及基元层次(主体的记忆、认知、偏好、行为等)的内容,为构建情景做好准备。

(2) 情景构建:这部分工作主要是把概念情景转化为计算机可实现情景。情景构建与计算机实现时,采用先模块、后集成的自下而上的思路,通过研究微观层次的个体行为来获取宏观层次的系统整体涌现。从总体上解决好重大工程复杂管理活动的总体框架、结构和接口的系统设计,并从局部上开展工程主体的微观行为与管理现象的分析。

事实上,利用情景耕耘方法对重大工程管理进行情景研究是一个将现实情景与计算机情景不断比对、改进的交互过程,也是对现实情景认识不断提高和深化的过程。它综合运用社会科学、自然科学的多种理论与方法,通过人机交互,模拟重大工程管理情景演化路径,并通过运用虚实结合的方法,将计算机情景与现实工程管理情景相互比对、综合评价,最终提炼出影响重大工程管理系统与改善系统运行的关键因素与关键路径。

2. 情景耕耘方法的情景分析

在情景耕耘方法中,情景分析是一个非常重要的环节。在情景分析中,首先对重大工程管理实际系统进行认知与抽象,抽象出系统的要素、关联、行为、结构与功能,然后在此基础上,对抽象系统进行结构化处理,形成概念系统。可见,情景分析的对象是工程管理系统,情景分析的结果是概念情景,情景分析的目的是为下一步的情景构建提供必要条件。具体如图 9.3 表示,并做如下说明。

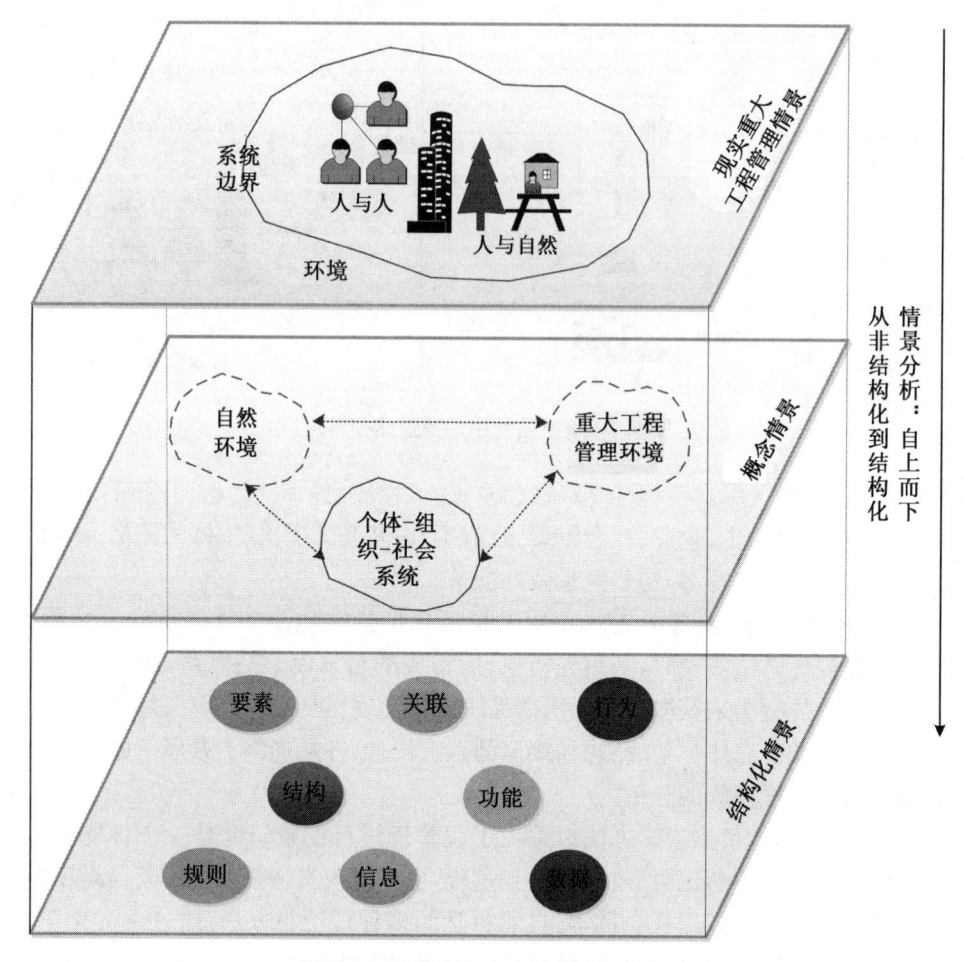

图 9.3　情景耕耘方法情景分析框架

（1）从现实情景到概念情景

重大工程管理的现实情景在被研究者感知、认识后，会形成一定的概念情景。一般而言，人们对现实情景的认知有直接途径和间接途径之分。所谓直接途径，就是人们通过五种感官的功能，即视觉、听觉、味觉、嗅觉和触觉形成对现实情景的切身感知与认识。所谓间接途径，就是通过获取、理解与加工他人已有的对现实情景的认知信息来形成认知。在实际情况中，人们常常综合运用直接途径和间接途径去认知现实情景。

因此，无论人们通过何种途径认知重大工程管理情景，最终都是在头脑中形成映像并产生一些概念，把重大工程管理情景抽象为一些概念模型和知识模型，并用定性和定量等方法来描述这些概念模型和知识模型，进而将重大工程管理现实情景转化为研究者思维中的概念情景。研究者随着从不同研究视角对现实情景的深入分析与认知，逐步实现概念情景的清晰化与系统化。即从现实情景向概念情景的转化，需要通过一个比较无序、比较非结构、比较模糊、比较非优化但不断改进、不断完善的概念情景序列实现对一个复杂现实情景的逼近。

尤其是，现实情景的复杂性必然会导致研究者在一开始认识和分析问题时只能以感性描述的方式说明其外在的表现特征，用自然语言技术表达思辨性内容，用经验判断建立概念情景。在这一过程中，研究者的归纳、理解能力以及知识和经验自然会发挥本能的作用，并为进一步采用标准程序和精确手段将概念情景转化为计算机可实现的结构化情景，以及严密和精细化界定情景的深层关系和规律奠定基础。

(2) 从概念情景到结构化情景

由前已知，通过对现实情景感知得到的概念情景常常呈现出非结构化等特征。为了能够在计算机上实现重大工程管理现象的基本情景，研究者需要把概念情景中那些结构化情景与那些在一定意义下通过各种方法可结构化的半结构化甚至非结构化情景，一起构成结构化情景。

值得一提的是，结构化情景不等同于结构化数学模型，它比结构化数学模型更广义，例如一定的逻辑关系或一定的法则与程序均可认为是一种结构化方式。这一过程可使研究者把现实情景进一步抽象和符号化，并提取结构化情景中的主体、行为、结构、关联、规则等，从而使计算机能够"读懂"重大工程管理中的基本情景的结构与关系明晰的情景要素之间的逻辑，如图9.4所示。

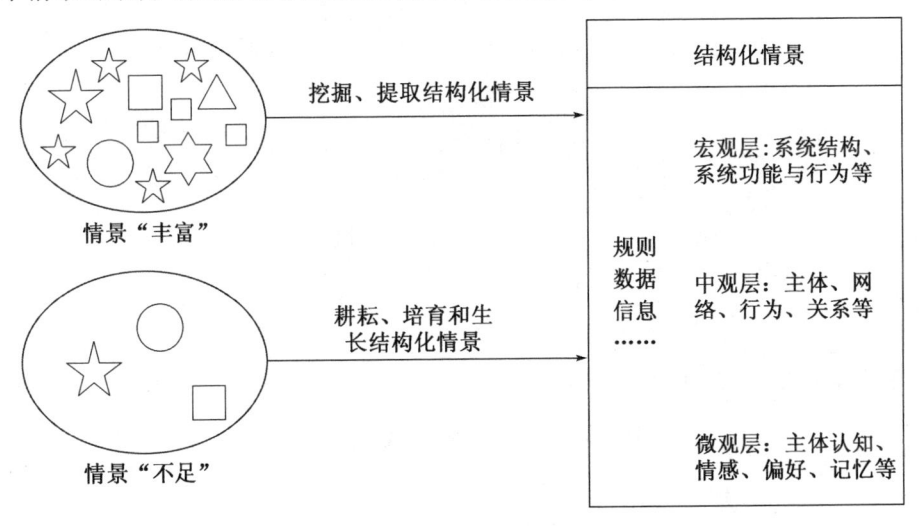

图9.4 结构化情景的产生

同时,需要指出,结构化情景的直接出发点是用逐步精确的结构化概念情景序列来配置情景要素实现情景建模,这一过程仍需综合权衡研究目的与分析能力、可行性与必要性、效果与效率等。

3. 情景耕耘方法的情景构建

用情景耕耘方法对重大工程管理情景建模时,首先要界定重大工程管理问题的边界,确定所研究的管理系统本身以及与其密切相关的环境。这里的环境一般指社会环境和自然环境。对重大工程管理情景一般采用自下而上的建模思路,其模型一般包括三个层次,即基元层次、主体层次、系统层次,如图 9.5 所示。

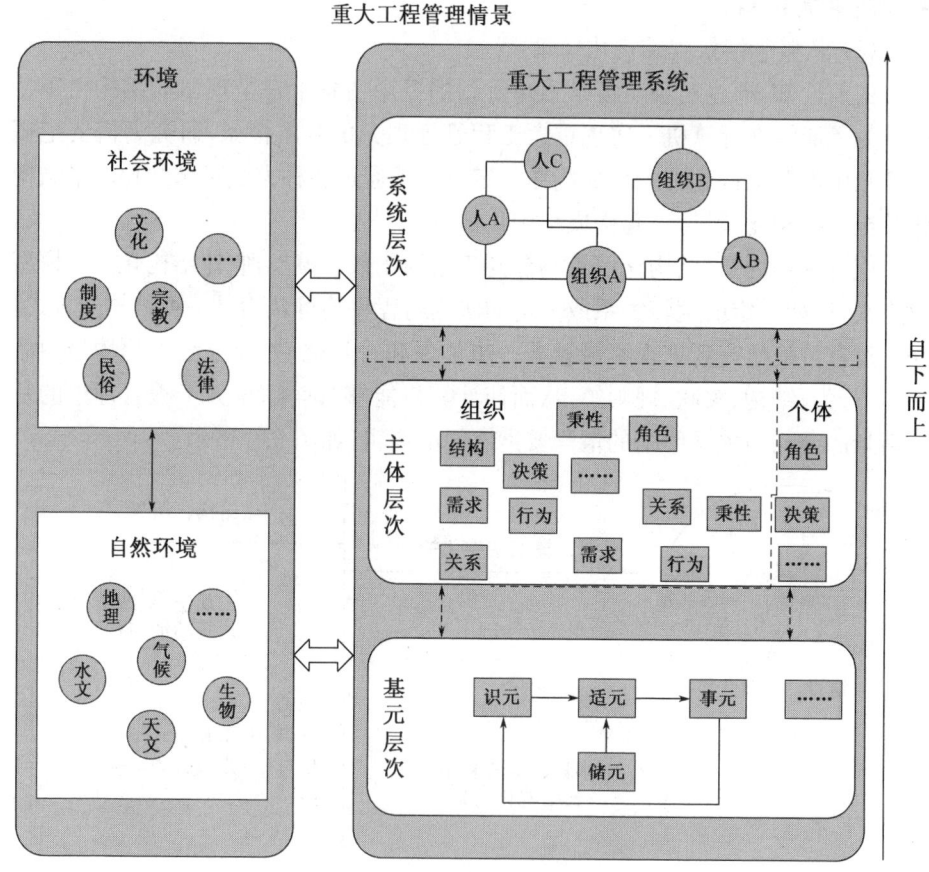

图 9.5 情景耕耘方法情景建模框架

（1）基元层次

基元层次一般由描述主体心理和行为活动的基本要素构成,是构建人造工程系统和研究工程管理系统演化问题的最基本层次。为了达到自身目标,重大工程管理中的行为主体会根据环境的变化,不断适应性调整自己的行为。行为主体的基元层次一般由储元、识元、适元、事元等构成。储元对应人类的记忆,识元对应人类对外部信息的获取、判断和整理等认知行为,适元对应人类的学习机制,事元对应人类在记忆、认知、学习基础上进行决策的实际行为。

简而言之,在上述基元层次中,主体识元对环境、主体层、系统层等外部输入信息进行认知,结合主体储元储存的信息,在主体适元的作用下,最后由主体事元表现出实际行为的意向。在此基础上,智能主体所表现出来的个体决策行为可以看作智能主体在一定的边界条件下,根据环境和其他智能主体的行为对其造成的外部影响,结合自身的属性、行为偏好和记忆等信息,经过整合处理后做出的选择。这种包括输入与输出的选择行为在计算机中可以用编码形式表示,由若干个选择编码构成的集合,构成了某一时刻某一智能主体的心理和行为特征。它可以通过模仿被复制,通过学习被传播,通过尝试而产生变化,也可能由于种种原因而被淘汰,概言之,智能主体的基元层次能够通过种种方式反映自身内在的行为演化过程。

在情景耕耘方法中,对于智能主体的基元层次的构建本质上就是要构建一个智能主体的心智模型,用来描述主体的心理和文化因素。它包括智能主体的生理、本能、心理、偏好、追求、想象、情感活动等,从而让主体"活起来"。

(2) 主体层次

主体层次主要用来描述重大工程管理系统中主体的行为特征。这里的主体包括重大工程管理系统中的个体或组织等。对于单个个体而言,主体层次通常包括个体的秉性、角色、需求、关系、决策、行为等。主体的秉性,如个体的悟性、智力水平、性格类型等;主体的角色,如重大工程建设与管理中的业主、承包商、供应商等;主体的需求用来描述个体的各种目标和要求;主体的关系,如业主与承包商、供应商之间的合作关系、上下关系、博弈关系等;主体的决策在若干种可供选择的方案中选出最优方法的过程,如投资决策、承包商选择等;主体的行为指主体依据其角色、关系、需求、秉性等要素在所处的环境中做出某种行动,如供应商在供不应求的情况下做出涨价的行动,业主中的某些人与承包商结盟而产生不合法的合谋行为等。

对于组织而言,主体层次除了包括组织的秉性、角色、需求、关系、决策、行为外,还包括组织结构。组织的这些属性和行为与个体的相应属性和行为的含义相类似。但组织结构是指组织内部的层级关系,如纵向上下级关系、横向关联关系等。

(3) 系统层次

重大工程管理的系统层次属于系统的宏观层次,其描述的是个体与个体之间、个体与组织之间、组织与组织之间的各种关系。系统层次所表现出的宏观整体行为是主体层次的微观个体或组织在与环境相互作用过程中涌现出来的行为。重大工程管理系统一般由一系列子系统构成,一般包括:

① 环境子系统。环境子系统用来描述某个重大工程管理系统所处的环境及其变化情况。

② 资源子系统。资源子系统用来描述研究重大工程管理系统时所涉及的自然资源和社会资源,如土地资源、各类能源、人力资源、财力资源、信息资源、设备资源等等。一般情况下认为资源是有限的。

③ 社会关联子系统。社会关联子系统用来描述重大工程管理系统中各个独立决策主体通过分工、合作、竞争、交流等重大工程管理活动所形成的动态关联网络结构。

④ 目标子系统。研究重大工程管理系统时,很多问题需要考虑系统最终要实现的目标,如工程决策目标、管理目标或目标优化等。

⑤ 信息子系统。信息子系统用以描述需要关注的公共或私有信息的表述形式、传播方式以及信息种类。

⑥ 智能主体子系统。智能主体子系统对应于智能主体层次,一般用于描述各个智能主体的行为演化过程。

上述介绍的是情景耕耘方法自下而上的基础建模框架,研究者可以根据具体的管理问题对建模框架进行细化或扩展。

9.2.4 情景耕耘方法的研究范式

情景耕耘方法一般按照标准的研究范式进行,才能保证情景耕耘结果的客观性和可信度。其研究范式一般包括以下 5 个方面:研究情景的界定、概念情景的形成、可耕耘模型的建立、情景耕耘模型的计算机实现以及评估与比较耕耘结果。其过程如图 9.6 所示,详细的步骤见下文。

第9章 重大工程管理研究的专门性方法

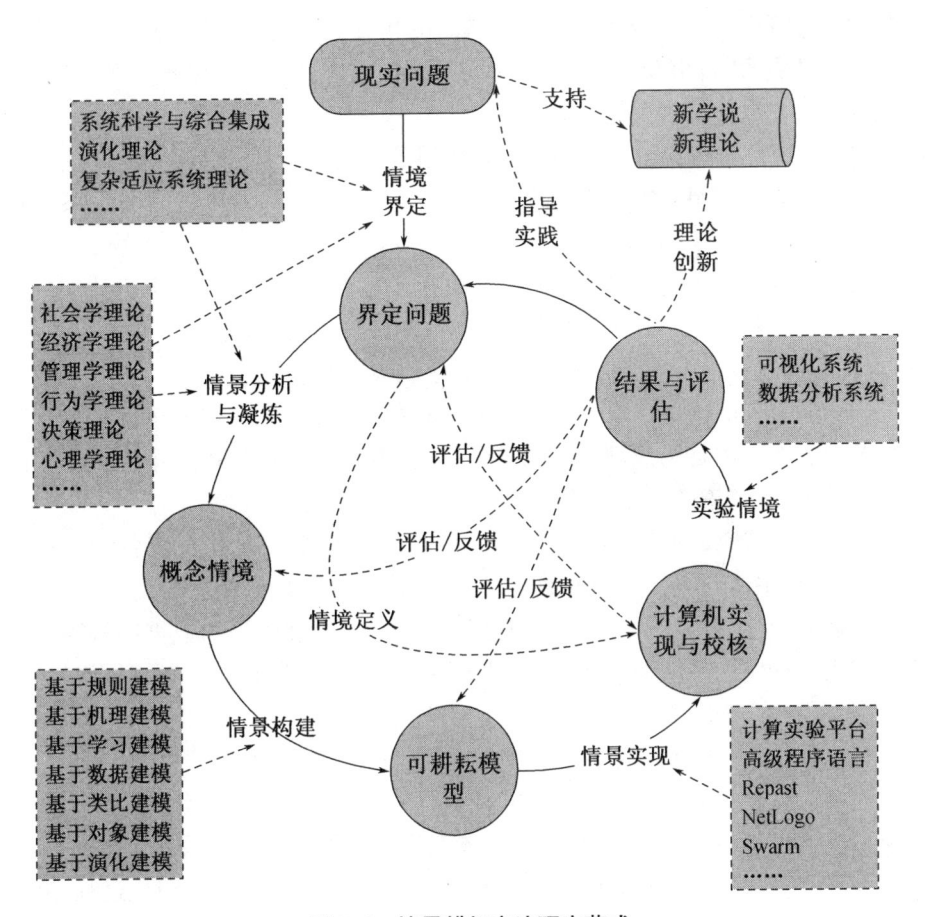

图 9.6 情景耕耘方法研究范式

1. 研究情景的界定

在情景耕耘方法中,首先要界定所要研究的问题,即界定所研究的情景。研究情景的界定工作包括:确定研究对象及其类型、寻找研究视角和切入层面、界定研究对象的时间和空间特性、研究对象的环境与边界(自然环境、社会环境、环境模式等)以及设定耕耘最终目的等内容。

2. 概念情景的形成

在情景耕耘过程中,概念情景的形成需要研究者针对所要研究的工程管理问题,根据研究的对象和目的,有选择地构造对象所处的环境和条件等,这些就构成了耕耘的基本假设。它建立在工程管理研究中某些被证明或证实了的原理、常识、统计规律等的基础之上,**是情景耕耘方法研究的原理性基础**。

3. 可耕耘模型的建立

情景耕耘模型是一种计算机模型。情景耕耘模型应该能够简单而直接地表达重大工程管理系统复杂的情景和主体间的相互关联,可以使人们在比原问题所处的条件更为"自由"的条件下研究该问题。在情景耕耘模型设计的过程中,应该认真考虑以下建模关键点。

(1) 系统环境建模。不管是自然环境还是社会环境都是管理系统中主体的重要影响因素。因此,在建模过程中需要将系统环境与主体之间的关系考虑进来。

(2) 主体对象建模。将现实系统抽象为计算机模型是情景耕耘方法实现的重要基础。耕耘模型不是也不可能是对重大工程管理活动现实情景的"零误差"复制,而是有选择地提取情景特征并创造性地构造情景表达方式。

(3) 主体演化规则设计。主体是情景的中心,主体行为规则设计是耕耘建模的关键。在主体行为规则的约束下,主体在系统环境中经过多个周期的不断迭代,逐渐揭示情景的演化趋势。

(4) 耕耘模型数据结构设计。主体在情景演化中一般存在着各种演进方式,其中包括主体与主体之间的数据交互、主体与环境之间的数据交互等,这些情景数据的交互,可以看作数据结构之间的操作。通过适当的数据结构描述来表达重大工程管理系统的结构,解决情景耕耘方法中"耕耘什么"和"如何耕耘"的问题。

(5) 数据分析与可视化表达。耕耘的演化过程中,会产生大量的中间结果,人们通过对这些中间结果进行分析和处理,可以得到许多有意义的启发与暗示。在耕耘演化过程中,还需要将耕耘的具体表达用形象的方式展示在计算机上,这就需要建立耕耘的可视化空间,以便让人们更直观地看到耕耘的演化过程,更形象地揭示耕耘的演化规律。

4. 情景耕耘模型的计算机实现与校核

情景耕耘方法的实现涉及多种计算机技术,包括设定情景耕耘环境、变量、边界条件、关键算法、计算公式和模拟结果的可视化等。情景耕耘的实现过程一般采用自下而上的研究方法,从决定智能主体的基元层次出发,使智能主体根据变化的环境而不断学习,适应性调整各自的行为并相互作用,最终导致情景的演化。一般要根据耕耘模型的实际效果对模型进行多次校核和修正。

5. 耕耘结果的评估与比较

一般情景耕耘的结果是一系列数据和图表,对这些结果的分析、评估与比较是一个很重要的环节,它与研究结论直接相关。

在结果分析完成以后,通过归纳、总结以及对现实情景和耕耘情景的比对,得到耕耘研究的结论,这些结论一方面应用于实践并指导实践,另一方面可以形成新的学说和新的理论。

9.2.5 一个情景耕耘的工程决策实例

情景耕耘方法以计算机为"实验室"并在计算机上培育生长出重大工程管理情景的"替代"版本——人造重大工程管理情景,并以某一现实问题为基本情景,在人造重大工程情景空间中进行情景重构与预测研究,从而解释重大工程管理的现象,发现现实重大工程管理现象背后的规律。

本小节以中国三峡工程航运决策情景耕耘为案例对该方法加以说明。

9.2.5.1 研究情景界定

我国三峡工程的建设带来了航运、发电、防洪等多种效益,促进了长江流域经济的发展。然而,随着经济的发展,三峡船闸实际货运通过量不断快速增长,到 2011 年超过 1 亿吨,提前 19 年达到并超过了当初设计的通过能力。据媒体报道,随着长江航运货运量的逐年增加,过闸拥挤现象不仅呈日益加剧的趋势,而且已成常态化,成为长江上游航运的"瓶颈"。

如图 9.7 所示,三峡工程航运系统与自然、经济、社会、交通等诸系统,形成三峡工程—社会—经济—自然复合系统。该复合系统在管理实践活动中表现出强烈的深度不确定性。

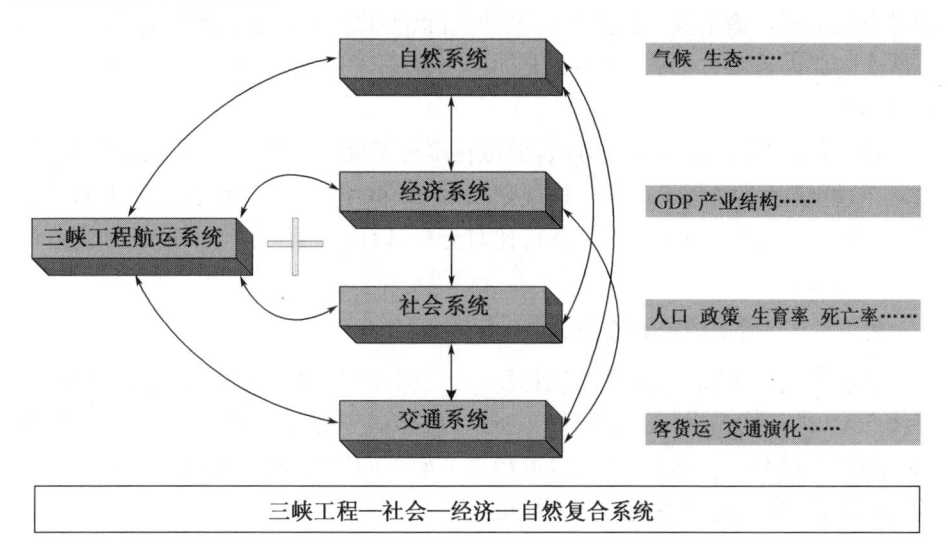

图 9.7 三峡工程—社会—经济—自然复合系统

如图 9.8 所示,当初在三峡工程航运论证时,在川江运量预测的基础上,提出航运发展对三峡工程的要求,并设计了三峡船闸的通过能力。可见,三峡工程航运决策的基础是对工程交通运输情景的预测。

图 9.8　三峡工程航运认证过程

而事实上,三峡工程—社会—经济—自然复合系统的深度不确定性使得当初对未来交通运输情景的预测与后来的实际情景之间出现了较大误差,造成这一情况的原因是多方面的,其中重要的一点就是当初人们的复杂情景预测能力相对不足。

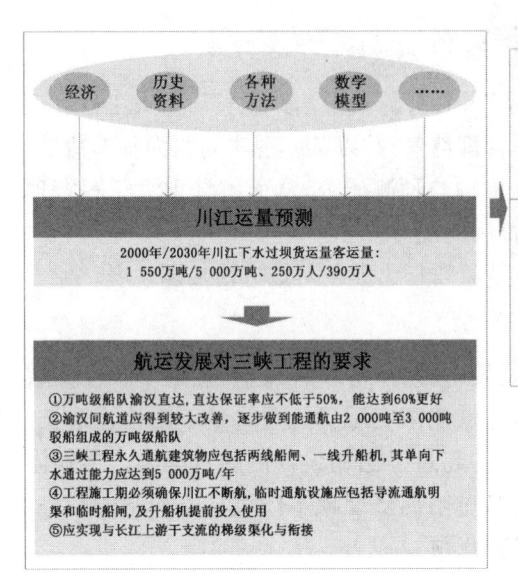

现在,我们通过情景耕耘方法,模拟在多种不确定因素组合而成的不同情景中,三峡枢纽区域客货运量从工程规划初的 20 世纪 90 年代到现在的不同发展趋势与状况,并将其与现实情景进行比对分析,以说明基于情景耕耘的预测方法的程序与意义。

9.2.5.2　情景耕耘方案形成

我们采用自上而下(先总体、后模块)与自下而上(先模块、后集成)相结合的具体方案,进行情景耕耘。如图 9.9 所示,按照研究路线,首先认识现实三峡航运—经济—社会—自然复合系统,进行自上而下的情景分析,然后进行自下而上的情景构建,形成复合系统的人工环境。

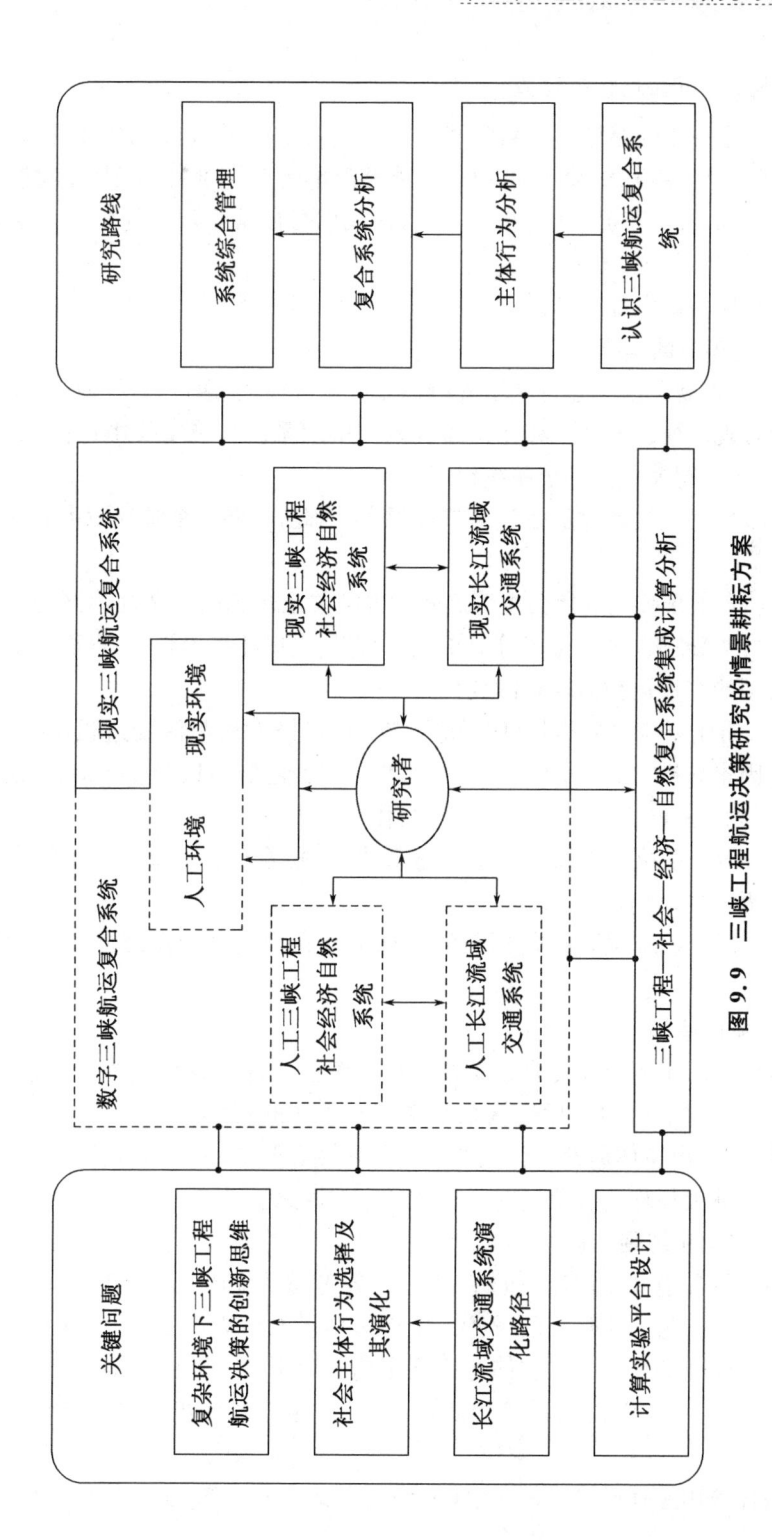

第9章 重大工程管理研究的专门性方法

图 9.9 三峡工程航运决策研究的情景耕耘方案

9.2.5.3 可耕耘模型建立

这部分主要工作是建立可耕耘模型。所谓可耕耘模型,是指可以在计算机上进行耕耘、最终耕耘出情景的模型,它能够简单而直接地表述三峡工程航运系统复杂情景和主体行为之间的相互关联,使我们可以采用比当初传统方法更好的方法来研究该问题。

具体建模关键点如下:

1. 系统环境的建模

首先,从宏观层次构建三峡工程航运复合系统模型,通过该模型描述整个航运系统的宏观特征。三峡工程航运复合系统中的系统环境主要由包括社会、经济、自然、交通、智能主体等子系统组成。

由于各类环境要素对航运量影响都很大,因此,先要对系统环境中的各子系统进行建模。

(1) 社会子系统是由社会主体之间的各类关系构成的复杂社会网络,例如,生育政策、户籍政策、城镇化率等对于人口数量、人口迁移等影响,进而影响到通过三峡大坝的客货运输需求量的变化。

(2) 经济子系统主要指长江流域七省二市经济发展与演变过程,通过经济增长内生因素分析,构建内生经济系统模型,包括经济总量、产业结构、规模分布等,进而影响到三峡大坝客货航运量的变化。

(3) 自然子系统主要指长江水生态系统、气候等自然因素对于三峡大坝通航条件等因素的影响。

(4) 交通子系统主要指包括三峡大坝节点在内的交通网络的能力状况与变化。

2. 主体的建模

需要对三峡工程航运复合系统模型中的智能主体子系统建模,主要用来描述长江流域七省二市中客货运输系统中参与主体的行为特征。基于 Agent 的建模方法,刻画出主体属性、行为、所处局部环境等要素,进而描述主体选择使用水运通过三峡大坝作为客货运交通方式的影响因素。

3. 主体演化规则的设计

在对系统环境和主体建模的基础上,需要考虑系统环境与主体之间的关系,这就涉及主体行为演化规则的设计。主体是情景的核心,主体行为规则的设计是情景耕耘建模的关键。在主体行为规则的约束下,主体在系统环境中经过多个周期的不断迭代,以揭示系统的演化趋势,描述各多元智能主体的行为演化过程。

以主体效用选择模型为例,该模型刻画有交通需求的主体对可行路线方案如何进行选择。该模型基于随机效用评价原理，具体实现主要由如下公式表示：

$$U_{i,j} = u_{i,j} + \varepsilon \\ = \alpha_i \times Cost_j + \beta_i \times Time_j + \omega_i \times Hap_j + \varepsilon \tag{1}$$

$$cost_j = dis_j \times R_j \tag{2}$$

$$Time_j = dis_j / v_j \tag{3}$$

$$pre(agent_i) = \begin{cases} 1 & rev(agent_i) \leqslant GDP1 \\ 2 & GDP1 < rev(agent_i) > GDP2 \\ 3 & rev(agent_i) > GDP2 \end{cases} \tag{4}$$

$$p(choice = j) = \frac{e^{u_{i,j}}}{\sum_{m=1}^{N} e^{u_{i,m}}} \tag{5}$$

这里，公式(1)中的 $U_{i,j}$ 指交通需求主体 i 对第 j 种交通运输方案的效用评价，包括固定效用和随机影响两部分：

(1) ε 是主体 i 的效用评价随机影响因素，遵循 McFadden(1973)的韦伯分布假设。

(2) $u_{i,j}$ 是主体对交通运输方案的效用，是根据方案为主体带来的各种属性具体计算得到的。例如，对货运和客运来说，运输成本 Cost、运输时间 Time 都是需要考虑的，这两个属性根据公式(2)和公式(3)计算得到，其中的 dis 指运输距离，R 和 v 分别代表各种交通运输方案的费率和交通工具的运输速度，这和交通运输方案所选择的运输工具(火车、水运和汽车等)相关。Hap 属性对于客运和货运来说是不同的，对客运指的是交通运输方案给主体带来的舒适度，货运指的是交通运输方案的可靠性，耕耘中根据交通运输工具的选择不同对这一指标进行不同的赋值。(α,β,ω) 向量表达的是主体 i 对属性向量 $(Cost,Time,Hap)$ 的权重，三个权重中的最大值表达的是主体对其中某一属性的偏好；为体现主体的偏好异质性，这里假定主体的这种偏好和当时的人均 GDP 水平相关，具体假定如公式(4)所示，其中的 1、2、3 分别代表主体对 Cost、Time 和 Hap 的偏好，GDP1 和 GDP2 是实验设定的数值。公式(5)中的 $p(choice=j)$ 是根据 McFadden(1973)的 Logit 分配模型得到的主体 i 选择第 j 种交通运输方案的概率。

4. 模型的可耕耘化

上面 1 与 2 在宏观层次上构建了三峡工程航运复合系统模型，3 则从微观层次对三峡工程通航系统中多元主体的演化规则进行设计，这些模型还不能耕耘出我们想要的情景。我们还需要进行模型的"可耕耘化"。

主体在情景演化中一般存在着各种演进方式，包括主体与主体之间的数据交互、主体与环境之间的数据交互等。通过这些情景数据的交互,我们可形成图9.10中关键变量通航的可计算模型,并以此模型耕耘出关联变量,即航运运输量。

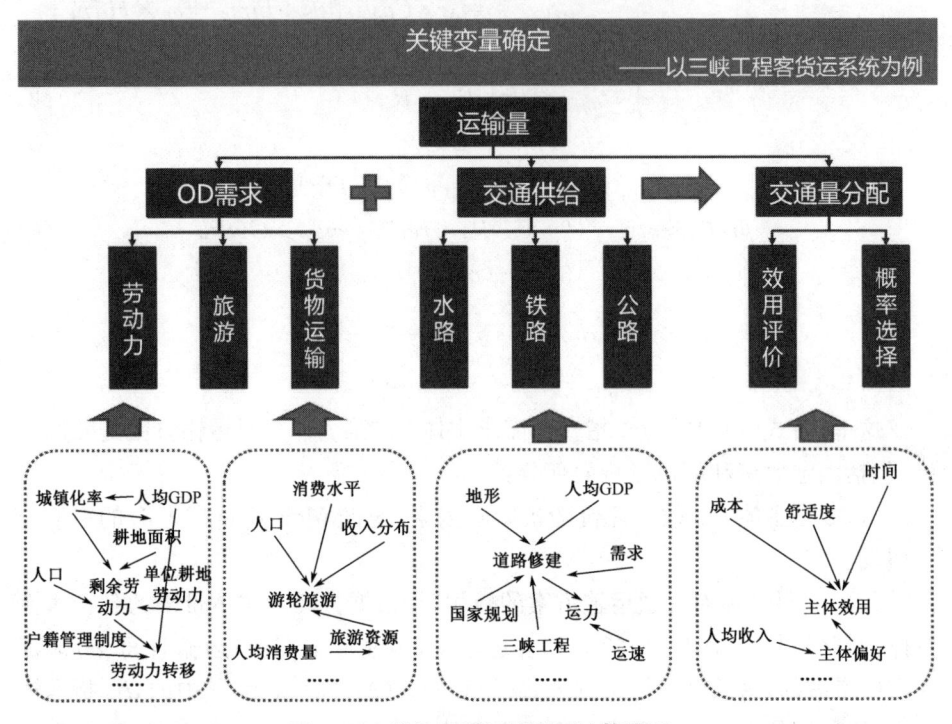

图 9.10 关键变量运输量可计算模型

从图中可知,关键变量运输量的获取主要是在 OD 需求、交通供给、交通量分配三部分模块基础上计算获得,其主要过程如下:

(1) OD 需求。通过内生性建模对经济系统、自然系统、社会系统的建立对城镇化率、劳动转移、人均 GDP、人口等众多因素的分析,得到长江流域七省二市的货运、客运 OD 需求。

(2) 交通供给。通过内生性建模对经济系统、自然系统、社会系统、交通系统的建立,对人均 GDP、道路网演化等众多因素的分析,得到长江流域七省二市水路、铁路、公路等交通供给情况。

(3) 交通量分配。通过对主体对象、主体演化规则的构建,对成本、时间、主体效用、主体偏好等因素的分析,得到三峡大坝通航量数据的预测。

以下以货物运输 OD 需求模块为例介绍其具体可耕耘化过程,其主要思路如下:

(1) 货物运输影响因素分析。首先对长江流域七省二市区域的货物运输影响因素进行分析,主要包括矿产等自然资源存储量、自然因素、区域经济发展与规模、产业结构变化、政治、经济体制与政策、人口增长以及历年该区域货物运输变化等因素。针对不同货物运输特点进行内生性建模,分别对煤炭、铁矿、磷矿、矿建材料以及其他货物五类货物进行建模。

(2) 各货物影响因素分析。每类货物的需求影响因素存在着不同的权重,针对不同货物需求影响因素进行分析。

(3) 全国各货物需求模型。在货物需求影响因素分析的基础上,对我国五类货物需求进行内生性建模。

(4) 长江流域七省二市货物需求分析。在全国五类货物需求模型建立的基础上,结合七省二市各区域的经济发展规模、自然因素、产业结构变化、人口增长等因素的分析,得到七省二市五类货物的需求。

(5) 长江流域七省二市货物 OD 需求。通过对五类货物生产地、加工地等众多因素的分析,建立五类货物的供给模型,并结合需求模型(4),得到五类货物七省二市的 OD 需求。

9.2.5.4 情景耕耘模型的计算机实现

在可耕耘模型基础上,通过情景的可视化和数据分析技术,耕耘出相应的情景族。具体步骤如下:

1. 实验变量与初始数据设计

通过概念模型的分析构建三峡工程航运系统。该系统一共包含经济系统变量、社会系统变量和自然系统变量等方面大约 600 多个变量,由于变量较多,本案例选取了经济系统部分变量举例。

表 9-1 部分经济系统变量列表及初始值设定

变量编号	数学符号	描述	初始值设定
1~9	GDP_i	第 i 个省份的 GDP	根据流域各省市 1990 年数据确定
10	$Rate\_GDP$	GDP 增速,根据不同的情景进行设置	$\{0, 0.05, 0.10, 0.15, 0.20\}$
11~19	Rev_Coal_i	流域各省市煤炭储存量	根据流域各省市 1990 年数据确定
20~28	$Cost\_rate_i$	各种交通工具的成本费用系数	$\{0.03, 0.10, 0.18\}$
29~38	$City\_rate_i$	流域各省市城镇化率	根据 1990 年数据确定
39~48	$Re\,venue_i$	流域各省市人均收入	根据 1990 年数据确定
49	$Labor\_effecient$	单位耕地需要劳动力数目	$\{1/3, 1/5\}$

表 9-2 部分社会系统变量列表及初始值设定

变量编号	数学符号	描述	初始值设定
1~9	POP_i	流域第 i 个省份的人口数量	根据流域各省份 1990 年数据
10	$Rate\_Birth$	人口出生率,根据情景设定	{0,0.05,0.10,0.15,0.20}
11	$Rate\_Death$	人口死亡率,根据情景设定	{0,0.05,0.10,0.15,0.20}
12	ρ	主体属性偏好,满足一定的均匀分布	[0,1]
13~15	$Velocity_i$	各种交通工具的运输速度,有提速的可能	{40,80,120,150,200,250}
16~123	$Flag_{ijk}$	第 i 省到第 j 省第 k 种交通工具是否可行	{0,1}

表 9-3 部分自然系统变量列表及初始值设定

变量编号	数学符号	描述	初始值设定
1~36	Dis_{ij}	第 i 省到第 j 省的距离,固定值	
37~45	$Rain_i$	各省降雨量	根据 1990 年的收集数据确定
46~54	$(lat,lon)_i$	各省经纬度,固定值	
55~63	$Water\_Level_i$	长江各段水位	根据 1990 年的收集数据确定
64~72	Arg_S_i	各省耕地面积	根据 1990 年的收集数据确定

2. 实验边界条件定义

情景耕耘以三峡工程运行 50 年为运行周期。

3. 关键算法

本次耕耘涉及的航运系统建模参数众多,本案例选取了用于主体路线方案生成的递归算法进行介绍。该算法主要解决的是初始化中的主体可行路线方案的选择问题,在建模中用 $Flag_{ijk}$ 进行标号,利用递归算法得到两地之间的所有可行方案的搜索,下面以武汉到重庆为例,得到结果如下:

表 9-4 武汉重庆可选方案表

方案编号	具体方案
1	武汉→城陵矶→长沙→三峡工程→重庆
2	武汉→城陵矶→长沙→重庆

(续表)

方案编号	具体方案
3	武汉→城陵矶→三峡工程→重庆
4	武汉→城陵矶→重庆
5	武汉→三峡工程→重庆

4. 情景耕耘系统的可视化

下图 9.11 为我们进行情景耕耘的情景耕耘实现界面：

图 9.11 情景耕耘的情景耕耘实现界面

9.2.5.5 耕耘结果的评估与比较

通过情景耕耘方法，在传统的定性、定量方法的基础上，借助计算机技术实现了对三峡工程航运情景的描述、预测与重构。

在三峡工程航运复合系统中，川江运量的变化受到诸多不确定因素的影响，如货物需求、货物供给、交通量分配，还有船型、航道条件等。这些不确定性因素的组合构成了情景。而不确定因素的不同取值所构成的组合不同情景便不同。大量不同情景构成包含过去、现在和未来的情景空间。我们的研究就是通过调整组合中不确定性因素的取值，进行情景耕耘。

考虑到"人均 GDP 增长水平"这一不确定因素，以其变更对三峡工程交通运输系统进行情景耕耘。分析在不同人均 GDP 增长水平下，三峡工程交通运输系统以及三峡枢纽的客货运量、交通运输方式、三峡枢纽的船型、货物运输种类的演化。比如三峡枢纽地区的年货运量上限接近 13 000 万吨；在不同的 GDP 增速条件下货运量演化形态不同，具体体现在达到饱和值的时间不同；GDP 增速

15%时,实验结果与实际数据相接近(如图 9.12 所示)。而现实是,中国人均 GDP 增速是 13.69%①。

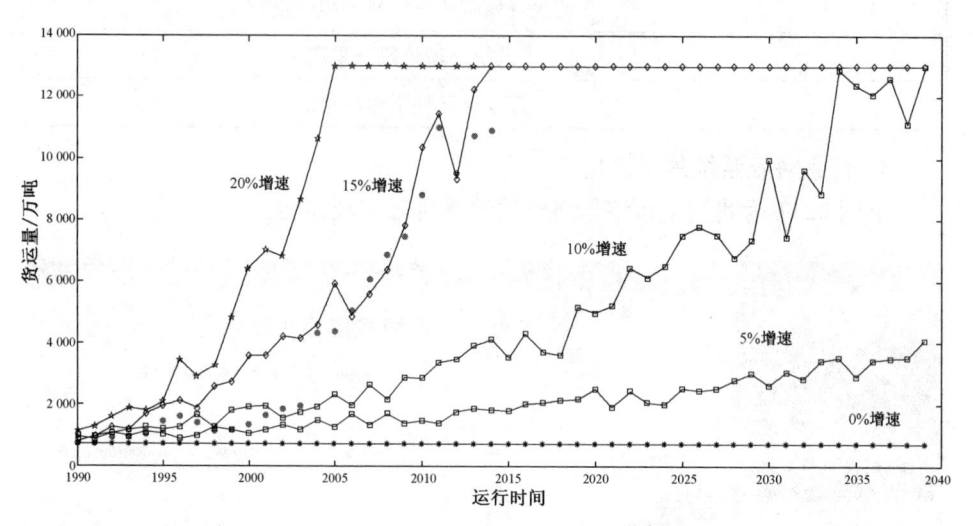

图 9.12　1990—2039 年三峡枢纽货运量需求预测

可见,我们利用情景耕耘方法,可耕耘出多种可能情景,再综合利用其他方法,可以进一步提高关于三峡未来航运量情景的预测精准度并发现每种情景下川江运量的变化情况,从而发现设计目标与工程环境未来情景的可能差异。

上述只是利用情景耕耘技术对三峡工程航运决策进行研究尝试的一小部分工作,如果进一步考虑众多不确定因素的变化组合构成的各种情景下三峡航运的状况,并进行综合评价和不断迭代分析,可望得到更全面、更深刻的情景预测结果和相应的决策方案。

9.3　专门性方法 3:联邦式建模

在 9.1 与 9.2 节的基础上,我们对重大工程管理研究方法体系的思考需要再向前跨一步,即要从局部的、专门性方法设计提高到设计全局性、整体性的专门性方法。而本书的 2.3.4 与 8.2 节论述的两个基本观点对我们完成这一任务有着重要的指导意义,这两个基本观点为:

(1)重大工程管理活动表现出复杂整体性,而对于重大工程管理理论研究,重要的就是对于这类复杂整体性的抽象、描述与分析,特别是不仅要能够把管理

---

① 利用 1990—2014 年的美元计价人均 GDP 数据测算得到。

问题复杂整体性的"整体性"涌现出来,还要把其复杂性驾驭住。

（2）综合集成方法体系是在系统论指导下对解决重大工程管理问题方法体系的整体设计。这一方法体系不同于对某一具体的重大工程管理问题研究时采用或借用的方法,而是直接在重大工程管理问题复杂整体性层次上研究和解决问题的方法。

这里要特别指出,经过数十年的探索,国内外学者们从不同领域复杂系统的研究中,形成的基于系统论的模型化思想,这对我们研究重大工程管理复杂整体性提供了极好的启示。但要把模型化思想真正变成有效的重大工程管理研究方法体系,还需要将这一思想与重大工程管理本质属性紧密结合,形成分析和解决问题的有效工具和手段。这并不是指针对某一具体问题的方法,而是指面向复杂整体性的方法。

9.3.1 重大工程管理模型

模型是开展科学研究的重要工具,本节先对其给予简要的介绍。

9.3.1.1 模型概述

模型,是现代科学技术许多领域一个共同的重要概念,一般情况下,**其被定义为现实的一个代表(表示)**。具体地说,是人们为了研究问题方便,而把一个现实问题组成要素以及要素之间的关联抽象化的结果。之所以人们要用模型来替代现实,主要是为了提高研究问题的便捷性、经济性和可操作性,如通过模型可对原来的问题进行适当的简化从而易于理解、便于操作,同时可降低研究成本。

随着模型方法论使用越来越普遍,模型的种类也越来越丰富,按模型的具体应用领域来划分,包括交通模型、人口模型、建筑模型、经济模型和管理模型等。若按描述手段来划分,可包括定性描述模型,定量模型以及定性定量结合模型等等。

若按模型构建的方法来看,其包括：

（1）实物模型。即现实物的放大或缩小,如实物的影像或照片、风洞试验中的飞机模型与物理学的原子模型等。

（2）数学模型。用数字、数学符号与数学方程等来描述和表示现实行为和特征。

（3）计算机仿真模型。用计算机程序语言和可视化方法来描述、生成和展示现实的要素、关系和变化。

（4）类比模型。根据两种现实规律的相似性,用一种现实表示另一种现实,如为了增强理解和易于分析,在地图上用不同颜色深浅代表地形的高低。

（5）理论模型。基于假设与理想化对现实所作的推论。

虽然不同的模型有着不同的特点,功能也不尽相同。比较而言,数学模型最为抽象,但代表性强,成本低,实物模型现实感强,但成本高。哪怕是采用数学模型,研究者也可以选择不同类型的数学模型。可见,选择什么类型的模型用于研究,这要看问题的性质和研究问题的需求。

如果把确定一个模型当作一个研究结果的话,则获得这一结果的过程,**即提出、设计、建立、论证及使用这一模型的过程称为模型化,模型化亦称为建模**。

一般来说,对于简单的管理问题(如线性化管理问题、程序性管理问题或内部机理相对简单的管理问题)的模型化相对容易。然而,对于一些层次多、界面多、非线性交互关系多,既要考虑微观层面上人的行为,还要考虑宏观层面组织功能的管理问题时,其模型化(建模)就要综合考虑管理问题的"复杂整体性"。这时,非全局性、非整体性和非综合性的具体建模方法都难以较好地描述和刻画此类复杂管理问题。而这样的"复杂整体性建模"在重大工程管理理论研究领域中是十分重要的。

那么,在一般意义上,重大工程管理的"复杂整体性建模"有着怎样的过程,又有着怎样的总体思路与技术路线呢?

对此,后续章节将首先辨析重大工程管理整体性建模的几类传统思路,然后从"复杂整体性建模"的基本概念、内涵及关键技术等逐一引出重大工程管理联邦式建模,并进行深入探讨。

9.3.1.2 几类建模思路

实践中,常将重大工程管理的管理问题按照专题、系统层级、时间流程和管理情景进行系统分解、建模和综合,并形成专题式建模、层级式建模、流程式建模和情景式建模这四类比较传统的重大工程管理整体性建模思路。

1. 专题式建模

所谓专题式建模是指将重大工程管理中具有整体性的问题分成若干专题,例如,港珠澳大桥决策问题被分解为数十个决策专题。每个专题主题明确、界面清晰,建模过程与方式相对独立,可由不同主体完成建模和开展研究。若干专题可组合或还原成一个更大的管理问题,而各专题建模的组合在一定意义上可理解为该整体性问题的建模,但并不能认为这就是重大工程管理复杂整体性建模,仅存在某种借鉴意义。

2. 层级式建模

层级式建模是指将重大工程管理的整体性视为多层次、可分解的整体结构,再对其中相对简单的子结构进行分析和建模。例如,对某个重大工程管理的整体性视为可结构化的整体性,并分解成基础建设、管理对象与目标控制三个层次的结构,各层次具体内容见图 9.13。

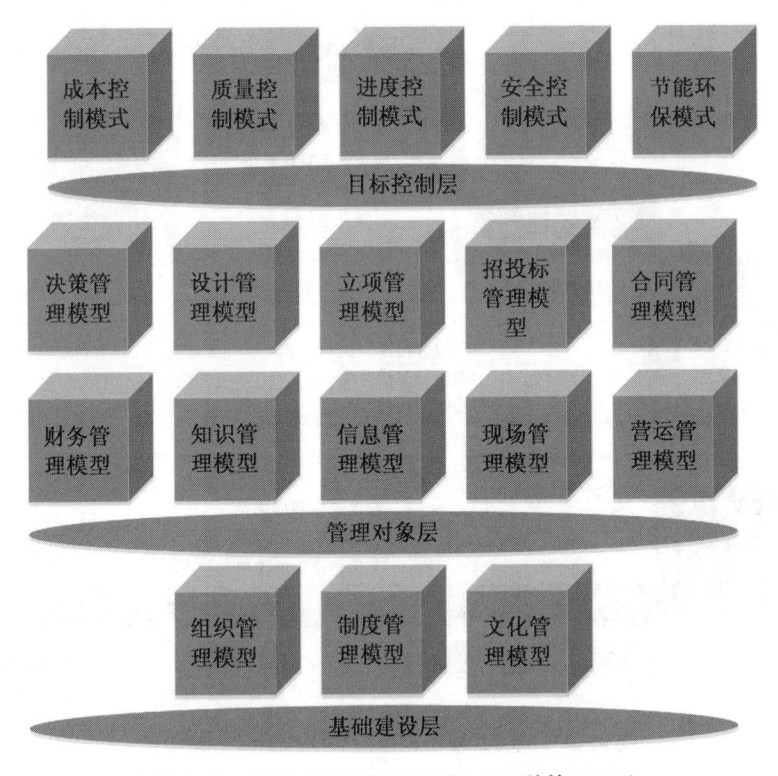

图 9.13　层级式模型构建思路(盛昭瀚等,2009)

显然,层级式建模是以还原论思维为主导的建模思路。按照这样的思维建立起的整体结构较好地描述了纵向之间关联紧密,而横向之间基本独立的重大工程管理整体特点,但是,这时的横向之间的关联被人为割裂开了,建模过程对管理主体行为和环境关注也不够,模型后期的整体组合和集成会面临诸多困难。

3. 流程式建模

流程式建模是根据重大工程前期决策、设计、施工和运营等一般意义下的管理活动顺序来构建一个涵盖重大工程管理全寿命周期主要管理活动的整体模型体系。由于不同管理阶段的管理问题不同、管理对象不同,因此,管理主体和管理流程可自成一体。但重大工程管理本身是一个有机整体,不同生命周期阶段的管理活动之间存在较强的联系。一般来说,时间靠前的管理活动会影响时间靠后的管理活动,时间靠后的管理活动通常是对时间靠前管理活动的一种延续、继承和拓展。为了不破坏重大工程管理活动建模的整体性,人们需要重点关注重大工程管理整个生命周期内各阶段管理活动之间的衔接与传导关系、包含与被包含的关系、主从关系和因果关系等整体性内涵的描述与抽象。

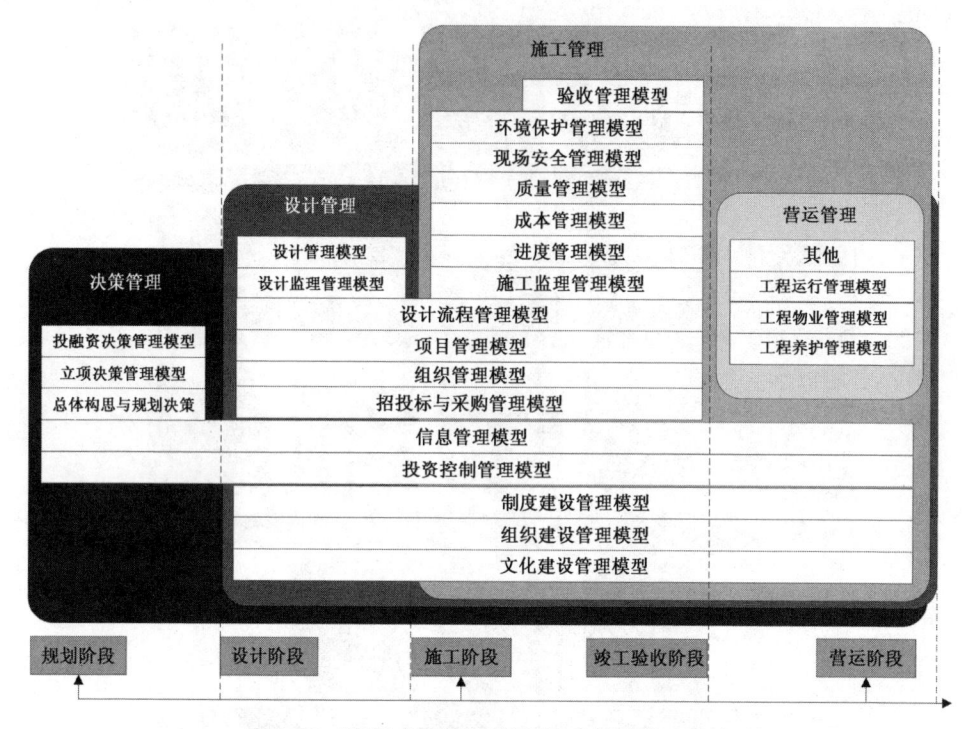

图 9.14　流程式模型构建思路(盛昭瀚等,2009)

相比层级式建模而言,流程式建模可更好地将生命周期不同阶段的管理活动或管理问题衔接起来,并通过管理问题之间的各种逻辑关系,将不同管理问题整合和集成起来。但是总体而言,流程式建模思想较少考虑到管理系统的层次性。

即使将专题式、层级式和流程式三种建模思路整合起来,也仅仅是一个相对完整的重大工程管理模型体系,其具体内容如图 9.14 所示。然而,这样的建模思想和模型体系对重大工程管理的复杂整体性的描述能力还不够强大,因为其仍然没有将"适应性造就复杂性""微观到宏观的涌现""系统整体行为的演化"等复杂性形态引入整体模型体系的构建中。

4. 情景式建模

情景式建模是指围绕重大工程管理情景要素和要素结构展开对重大工程管理问题的建模。它可用何时、何地、何人、何事、为何、将如何等情景性语言或建模符号对重大工程管理问题的发生与发展的内在逻辑和规律进行建模。

具体而言,需要对以下这些内容进行描述和抽象:① 重大工程管理问题发生与发展的时间控制点、时间段要求和时间动态变化等进行描述与抽象,以及重大工程管理问题发生与发展的空间分布和空间影响属性等的描述和抽象；② 重大工程管理任务的描述与抽象,重点说明所研究的管理问题属于哪个具体的管理任务,管理问题和管理任务之间有哪些关系；③ 重大工程管理个体(工程主体、承包商经理、供应商负责人、公众和咨询专家等)的统计信息、心理、行为、习惯、目标、偏好和职责等内容的描述和抽象,重点是找到重大工程管理个体和管理问题、管理任务之间的关系；④ 重大工程管理组织(如政府、投资者、咨询单位、业主、设计单位、勘察单位、承包商、供应商、监理组织)的目标、利益、功能、组织结构、组织行为等信息的描述和抽象,重点是描述和抽象管理问题、管理任务、管理个体和管理组织之间的关系；⑤ 重大工程管理问题的内容、预期、冲突和约束等信息的描述与抽象,重点是描述和抽象特定时空背景,管理问题与任务顺序、管理个体行为和组织结构之间的关联性；⑥ 重大工程管理问题发生与发展所处的自然、社会、市场、经济、政治和文化等环境的描述与抽象,以便分析重大工程管理环境与管理问题间的相互作用,特别是分析重大工程社会经济效益可行性、必要性和急迫性等管理问题；⑦ 重大工程管理物理系统的描述与抽象,包括工程系统、施工设备、工程自然环境、工程形成过程和规律的描述与抽象,梳理工程任务与物理工程之间的关联关系；⑧ 重大工程管理信息的描述与抽象,重点是对管理信息特征(丰富性、准确性、及时性、传递模式、共享方式和运用手段)与管理问题之间的关联性,分析信息不对称、不完全和完全等情景下管理问题发生与发展的规律。(图 9.15)

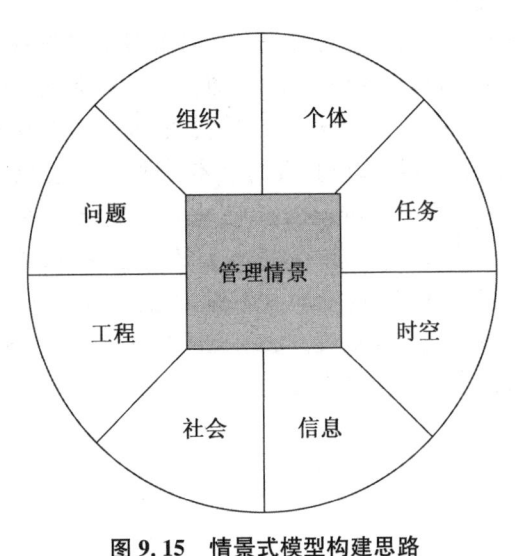

图 9.15 情景式模型构建思路

对于情景式建模而言,重点是对模型包含哪些情景要素,以及如何构建情景等进行描述和抽象,而且多数重大工程复杂管理问题都是基于工程管理情景要素(时空、任务、个体、组织、问题、工程和社会)进行描述和抽象的,这就有利于重大工程管理建模者统一建模思路,有利于模型后期的整合和集成。

相比专题式、层级式和流程式而言,情景式模型构建思路可更好地表达重大工程管理问题发生与发展的时空特征、工程环境、社会环境、个体行为、组织结构和信息特征等对重大工程管理问题的影响。而且重大工程管理问题情景式建模思路可抛开具体管理问题,是一种更高层次的对管理问题的抽象和建模,因为它关注的是重大工程管理问题的一般性和基础性要素、要素结构与环境的描述与抽象,因此,具有更高的模型普适性和建模指导性。任意一个具体的重大工程管理问题,都可纳入重大工程管理情景式建模框架下进行描述和抽象,并且能够对重大工程管理问题中个体和组织的适应性、管理问题发生与发展的情景依赖性以及管理问题未来的不确定性等因素进行较好的描述,即情景式建模思路具有更好的对管理问题复杂性的描述能力,而且符合人的形象思维习惯,更有利于不同建模者之间交流和合作。

但是,也要看到,基于情景的重大工程管理问题建模思路仍然有一些不足之处,例如,① 过度的模型抽象容易脱离重大工程管理问题的具体性,② 情景式建模没有对系统的层次性关系进行较好描述,③ 情景式建模没有对管理问题模型的粒度控制进行说明,④ 并非所有管理问题都需要研究管理情景。

9.3.1.3　联邦式建模

通过上述几类关于重大工程管理复杂整体建模思路的探讨可知,重大工程管理问题的复杂整体性建模(或模型化)的难点在于如何充分、完整地抽象和表现重大工程管理问题各类复杂性属性、属性关联、人的行为复杂性以及工程情景及情景演化路径,使构建的模型所具有的整体涌现性表现出更好的"模型解释能力"。此外,另一个重要问题是,随着重大工程管理复杂整体性的边界与范围的不断拓展,传统建模思维、方法、方式越来越赶不上建模质量的需求,亟须建模方法论创新,而这种创新应具有"建模能力涌现"的生命力。我们将这样的设想,在于景元先生给出的钱学森综合集成方法示意图的基础上,形成如图9.16所示的重大工程管理联邦式建模的初步构想框架。

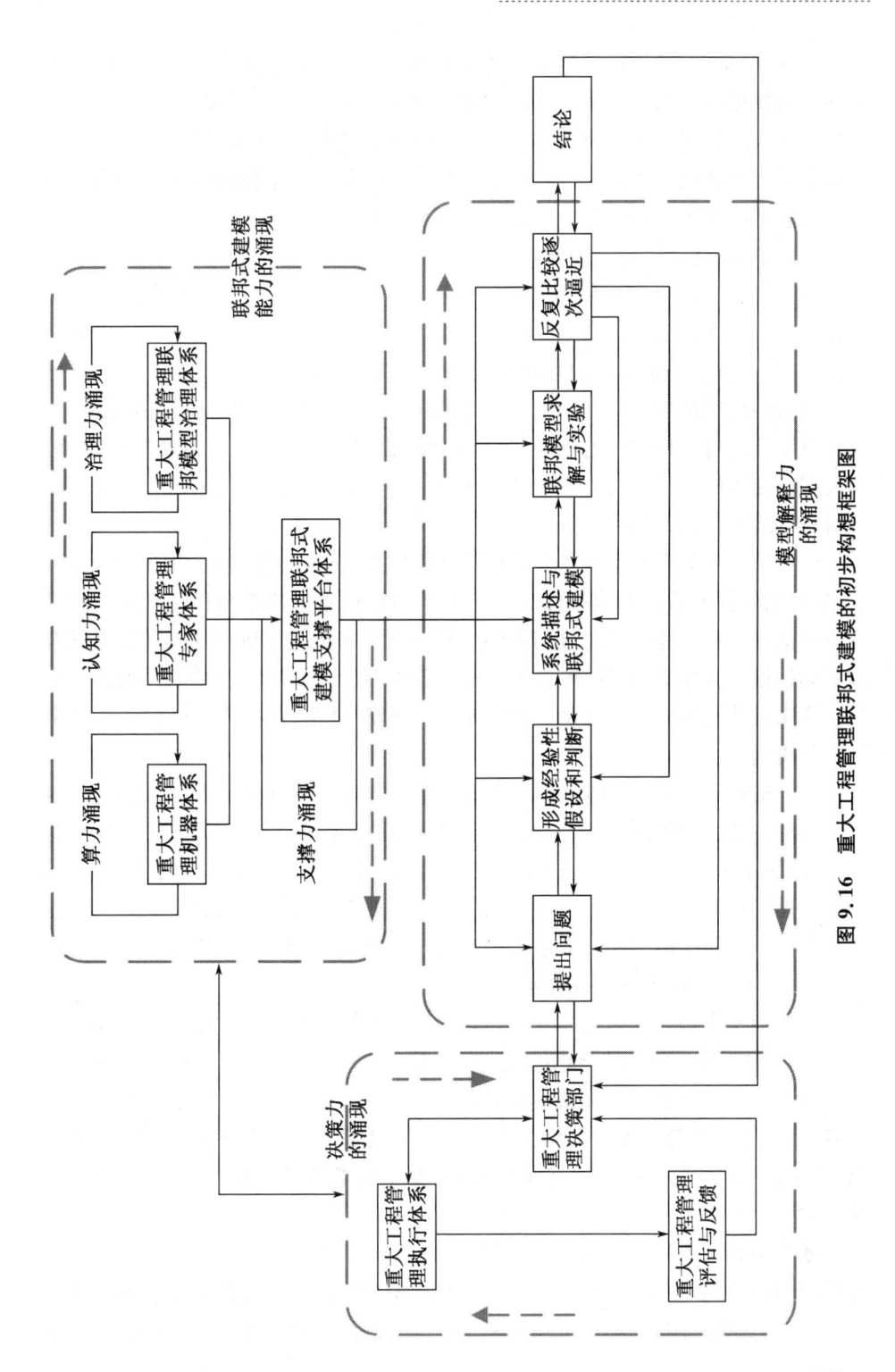

第9章 重大工程管理研究的专门性方法

图 9.16 重大工程管理联邦式建模的初步构想框架图

显然,由上图可知,这必然是一种综合集成意义下的建模过程,并体现为通过联邦式建模能力的涌现来提升所构建模型的解释能力,进而提升复杂整体性管理决策力的涌现。而联邦式建模能力的涌现则是通过包括定性、定量与计算机体系算力的涌现、管理专家体系认知力的涌现、联邦式建模的模型治理力的涌现以及联邦式建模平台支撑力的涌现协同来实现的。

具体地说,这一建模过程要:

(1) 充分考虑建模对象的复杂整体性,其具体包括:① 充分考虑到重大工程管理活动中人的行为的自主性与自适应性;② 充分考虑到重大工程管理活动中层次多、节点多与总体结构复杂的特点;③ 充分考虑到管理活动中的微观机理以及微观机理是怎样涌现出宏观现象的;④ 充分考虑到管理活动环境的复杂变化以及变化对管理主体行为与管理活动的影响;⑤ 充分考虑到管理问题、行为及现象在不同尺度意义下是怎样演化的;⑥ 充分考虑到管理问题的复杂整体性,将整体性与复杂性融合为一体。

(2) 充分考虑建模实施主体(主要是建模人)的复杂整体性,其具体包括:① 重大工程管理活动建模主体专业知识的多样性带来挑战与机遇;② 重大工程管理活动建模主体建模思维与习惯的异质性带来挑战与机遇;③ 重大工程管理活动建模主体能力(认知能力、思维能力、学习能力与技术能力)的局限性与生长性带来挑战与机遇;④ 重大工程管理活动建模主体的自治性与可协同性带来挑战与机遇。

(3) 充分考虑复杂整体性建模本身的组织管理的复杂整体性,其具体包括:① 复杂整体性建模的高目标、高难度与建模实施主体能力"不完全匹配"带来的困扰,特别是人们的认知能力的不足;② 复杂整体性建模实施主体的多样性、异质性与建模组织管理的协同性之间的"不完全匹配"带来的困扰;③ 复杂整体性建模实施主体建模能力涌现要求的确定性与复杂整体性建模组织管理的不确定性之间的"不完全匹配"带来的困扰。

另外根据本书 8.2 论述的原理,该建模过程要充分体现综合集成的核心思想与原则,在手段与工具上利用多类型、多尺度、多层次建模方法与模型体系来描述重大工程管理复杂性并帮助主体形成相应的驾驭管理复杂性的能力。这意味着,**重大工程管理模型化的结果必然是一个由多类型、多层次、多尺度、多视角、多方法、多建模实施主体,多领域知识、多建模支撑工具及环境构成的"模型联结网"**。

就其中某一个具体模型而言,它是重大工程管理活动某一部分或某一问题的抽象,具有相对独立的功能。也就是说,**模型"自治能力"是其生命力的一种体现**。此外,如果运用它,不仅可以对某个局部管理问题进行描述、分析或设计,也可以对某个问题解决方案进行设计，或是对某个管理环境情景进行预测等等。也就是说，**模型"复用性能力"是其生命力的另一种体现**。但这样的模型只是对重大工程管理活动整体的某一部分的表述，它还要与模型体系中的其他模型互相"联结"。"联结"是在各模型基础上通过一系列规则与契约形成的。只有形成"模型联结网"，才可从整体上作为重大工程管理复杂整体性的完整表示。也就是说，**模型"联结能力"也是其生命力的一种体现**。

这种模型体系中的个别模型具有自主、自治、非同步等相对独立性、各模型之间还存在多种关联规则与契约关系的特征，与国家治理理论中的"联邦"形式非常相似，所以，**我们把重大工程管理这类建模过程称为重大工程管理联邦式建模，而把相应构建的模型体系称为重大工程管理联邦模型（体系）**。

在这里，"联邦"一词应如何理解呢？

（1）将重大工程管理系统的整体性视为一个由一系列联邦单元有机组合而成的复杂网络。联邦模型体系内的各个模型相对独立或高度自治，模型之间则根据一定的规则与契约，互联互通，保持数据、信息与功能之间的传输与各种形态的关联关系，并**在整体上表现出重大工程管理复杂整体性**。

（2）联邦模型体系中的个别或部分模型体现了建模过程中自上而下的还原论，而根据一定规则与契约构建的各模型之间关联形态的整体性则体现了建模过程中自下而上的整体论或基于时间变化的全局演变趋势。最终，**这种基于还原论与整体论的系统论体现出重大工程管理的复杂整体性**。

（3）根据2.4.3，这里的"联邦"不仅是管理系统物理要素与管理活动职能要素之间的联邦，也是管理系统各类要素属性、属性关联之间的联邦，还是不同工程管理子系统、不同时空尺度、不同层次与维度等管理复杂性之间的联邦。

（4）这里的"联邦"还包含了多学科之间的各种手段、工具与方法的集成与融合。

综上所述，**联邦式建模是通过多种建模技术路线以多种模型类型（定性、定量、规则、计算机模拟、实验、程序……）为基础，提出、设计、建立与认证重大工程管理复杂整体性的多层次、多维度、多尺度模型体系的过程**。这一体系的功能是描述和表现重大工程管理复杂整体性现象、分析其中的规律并指导开展重大工程管理实践活动。

联邦式建模是研究重大工程管理复杂整体性的有效工具和方法。

国外也有称谓为联邦模型的概念，最具代表性的是美国国防部在大规模体系级作战仿真任务研究计划中使用的联邦模型概念，它主要是为了共享信息资源、提高大规模体系级作战仿真建模效能而采用的一种面向对象的思想，以及通过规定不同对象模型模板与接口规范来实现模型重用与互操作，以降低大规模体系级作战仿真建模成本的技术框架。

而**本书所谓的联邦式建模是一种复杂整体性建模技术路线**,所采用的是综合集成方法论,即通过专家体系、机器体系、联邦式建模平台的支撑、迭代式逼近机制、联邦式建模能力涌现机制来实现复杂整体性建模的一种思路与技术。**其建模重点是更好地刻画复杂管理过程情景的自治性、非结构化、涌现与动态演变等建模难题**,力求解决当前复杂整体性管理问题建模碎片化、模型解释力不强、**模型适应性弱、难以实现大规模体系级复杂整体性管理问题的建模需要等问题**。

由此可见,虽然都叫联邦式建模,且思想有点类似,但侧重点与最终目的是不同的。所谓思想类似,主要是指两者都体现着综合集成的集大成者思想。所谓侧重点与目标不同,主要是指前者意在实现大规模体系级作战仿真,其专注技术层面、软件工程层面以及军事协同作战层面的联合仿真,对复杂整体性建模没有进行探讨;后者意在各类复杂整体性管理问题如何建模,建模手段中创新性应用了计算机模拟与仿真手段,而且是多种建模方法的灵活集成,仿真中的模型重用与互操作技术也很重要,但并非重点。

9.3.1.4 联邦式建模的基本内涵

经过以上说明与解释,我们在这里可进一步概括和总结本书提出的联邦式建模的基本内涵:

1. **属于复杂系统建模范畴**

重大工程管理是开放、人—物—环境高度耦合和不确定的复杂系统,需要用复杂系统模型来刻画它的系统复杂性。而联邦式建模就是一种融合多领域专家经验与知识,通过定性、定量、计算机仿真与计算实验方法,在相关的支撑环境中对重大工程管理活动与情景进行建模,以分析、挖掘和预测重大工程管理不确定性、适应性、涌现和演化的规律,同时也包括对重大工程管理中相对简单的程序性问题、确定性问题和结构化部分的建模。总的来说,**重大工程管理联邦式建模属于复杂系统建模范畴**。

2. **秉承综合集成思想**

重大工程管理需要集中众多管理与技术人才、整合各类资源,运用综合集成方法论方可驾驭管理复杂性。同样地,重大工程管理联邦式建模自身作为一项系统工程,也必然要秉承综合集成思想,最大限度地协调建模人员,形成人员协同、任务协作,要构建能够充分激发和涌现群体建模智慧的建模组织模式。这样的模式不仅能够很好地按照各建模人员的专长以及不同层次、不同分辨率的管理子系统之间既相互独立又相互依存的联邦关系来分解和安排建模任务,能够通过便捷的信息交流与知识共享来提高各建模人员认识、理解和贯彻自上而下的还原论与自下而上的整体论相结合的复杂系统建模思想,保证重大工程管理复杂整体性建模各项任务的完成。

3. 整体论与还原论的结合

一个简单工程,或许少数几个模型就能窥其全貌,但对重大工程管理建模则需要不同类型、不同功能的模型体系的综合集成。重大工程管理联邦式建模就是通过整体论与还原论相结合,充分揭示全局与局部之间的辩证关系,揭示不同层次之间的关联涌现关系;不仅重视宏观层次的整体现象,而且关注中观层次的运作机制,还关注微观层次的个体行为。此外,重大工程管理联邦式建模既要自上而下的分层、分解,将原本的工程系统分解为一个个相对简单的子系统模型进行研究,更要自下而上整合和集成,形成重大工程管理整体性的涌现机理,**这是一个综合自上而下系统分解和自下而上整体综合的多次迭代的建模过程,也是一个多次、多阶段、循序渐进的建模过程。**

4. 人机结合以人为主的建模方式

重大工程管理联邦式建模过程不仅是人们相互讨论、交流思想、协同任务、知识共享的过程,还是人与计算机结合并以人为主的工作过程。不仅需要一套联邦式建模的组织与管理方法,还需要联邦仿真工具、技术和方法的支持。因此,要构建联邦式建模和联邦式计算实验的计算机平台,以充分利用和发挥计算机技术的海量数据存储、计算、通信和可视化优势。同时,联邦式建模过程中要充分强调人的主导作用,强调人脑的创新能力和理解重大工程管理非结构复杂性的优势。

具体而言,重大工程管理联邦式建模需要构建一个由建筑信息模型、管理任务信息模型、人的行为模型以及相关管理系统和分布式仿真建模框架组合而成的联邦式建模计算机支撑环境,由该环境来支持不同领域、不同管理问题的异构模型的构建、集成、测试、校核与运行管理,并对解决各类管理问题给予支持。

5. 系统关联性是基本前提

在重大工程管理联邦式建模过程中,重点关注的不仅仅是重大工程各专题系统的建模,更重要的是对各子系统之间的动态交互关系进行建模,即重大工程管理联邦式建模需要对各子系统之间物质、能力和信息的交互关系进行描述和确定规则。总的来说,管理系统内外各类关联性是重大工程管理联邦式建模的基本前提。要着重研究重大工程管理各子系统之间的关联性对于重大工程管理系统结构、功能和复杂性特征的重要作用。

9.3.2 重大工程管理联邦式建模的主要内容

9.3.2.1 基本概念

基于上述章节,我们可以进一步给出这样的定义:**重大工程管理联邦式建模**

是探索和研究重大工程管理复杂整体性的模型化方法,是认识、降解和解决重大工程复杂管理问题的整体性思路和技术路线。重大工程管理联邦式建模的结果称为重大工程管理联邦模型(体系)。

作为重大工程管理整体性建模方法,重大工程管理联邦式建模独立于具体的管理问题,独立于问题的具体属性,也独立于管理问题的具体建模技术,**而表现出一种普适性范式**。同时,重大工程管理联邦式建模所关注的范围,是重大工程管理问题或活动属性的描述和抽象,具有鲜明的重大工程管理的基本特征,必须区别于一般工程管理、社会管理和经济管理建模,即做到"适度的"普适性。

重大工程管理联邦式建模秉承综合集成思想,讲究多领域知识、多建模方法和多类型模型的综合集成,力求做到构建一个能够容纳、集成和联动更多具体管理活动、模型技术和建模者智慧的模型框架或模型体系,即能够涵盖重大工程多类管理问题,又不会超出重大工程管理基本领域和边界。

这样的方法当然可用于简单的工程管理问题(如某些小规模、线性化、程序化或低不确定性的管理问题)的建模,但主要还是用来解决高度复杂性的重大工程管理问题建模。

需要辨析的是,重大工程管理联邦模型虽是一个针对重大工程管理领域的模型体系(模型架构),但又**不是一个大模型的概念**。因为,大模型依然只是一个模型,而重大工程管理不可能只通过一个"超能模型"来描述和抽象重大工程管理的所有管理活动或管理问题。同时,重大工程管理联邦模型**也不是一个模型库的概念**。因为,模型库中的模型是相对独立的,关系松散,彼此没有关联关系或没有预设目的和功能。

9.3.2.2 联邦式建模基本原理

1. 复杂性原理

并非重大工程管理所有问题都需要运用联邦式建模来刻画。联邦式建模主要是针对那些复杂整体性管理的建模,特别是重大工程全局性、总体性管理问题的模型化。对于那些局部、微观、单元的程序性管理问题,可基于模块化、程序化和标准化思想建立结构化模型,并不需要采用联邦模型,如表9-5所示。

表9-5 重大工程管理联邦式建模的应用条件

建模方式	解决问题	系统层次	方法论	建模难度
联邦式建模	系统复杂性	宏观、全局	综合集成	高
非联邦式建模	一般系统性	微观、单元、局部	模块化、程序化、标准化	低

2. 自组织与他组织集成原理

重大工程管理联邦模型的形成既是建模群体经验、知识和能力的自组织过程，也是统一建模目标、流程、规则和制度的他组织过程。这表明，**联邦式建模过程同时体现出全局统筹和局部自治、整体稳定和部分游移并存的特点**。因此，需要在联邦式建模前期就建立、健全如何在建模过程中保证全局统筹和局部自治的机制。

3. 迭代逼近原理

重大工程管理联邦式建模过程是一个不断试错、检验和反馈的闭环迭代逼近过程，其中常常充满不确定性和某种情况下的风险失控。因此，在重大工程管理联邦式建模中，要充分认识到建模过程路径演变的复杂性，认识到路径演变的可控性的复杂性，还应注意到建模过程迭代逼近的"准停机制"的控制问题，例如，模型抽象层次、粒度控制与模型分辨率综合平衡控制问题。因为，一味强调高分辨率建模或高抽象层次建模都容易"误入陷阱"，违背了联邦式建模作为认识和表述重大工程管理问题复杂整体性的初衷。比较稳妥的做法是，在一定的建模前瞻性原则下，根据重大工程管理实践活动的具体需要，平衡建模需求、建模技术和建模成本，使建模过程形成的模型能力尽量做到"恰到好处"。

4. **分布式原理**

重大工程管理问题是多层次、多维度与多尺度的，因此，构建管理模型必须因人、因事、因时和因地而异。这样，重大工程管理联邦模型必然是时空分布式的。这表明，若从单个模型来看，其模型的构建相对自由，可不受时空限制，不受建模知识与建模思维异质性影响；但若从模型体系来看，各模型都必须在统一建模目标、规则和环境下分布式推进。

5. 一致性原理

多数情况下，重大工程管理联邦式建模过程表现为多人、分布式的协同过程。为提高重大工程管理联邦式建模效率、提高建模质量，需要在统一的顶层设计下，保持建模目标、规则和环境的一致性。

重大工程管理联邦式建模目标的一致性，不是指建模目的的唯一性，而主要体现为建模功能的互补性，使得不同功能的模型能够通过组合后实现功能互补，并涌现出"1+1>2"的整体性功能。重大工程管理联邦式建模规则的一致性，并不要求建模者按照统一的建模知识、理论、语言和工具建模，而是对建模对象一致、建模目标一致和模型接口一致的约定。重大工程管理联邦式建模环境的一致性，主要指建模所依据的计算机软件工程环境、条件与平台的一致性。

9.3.2.3 联邦式建模的基本要求

重大工程管理不同于一般工程管理，其本身就具有多主体自治的联邦色彩。因此，联邦式建模要能够充分反映这一特征，必然要集成多元建模思想、方法和技术。一个良好的重大工程管理联邦式建模过程应遵循如下几个基本要求：

1. 整体性建模

重大工程管理系统是一个复杂整体,联邦式建模目标理应充分反映这一整体性。这就要求最终的模型结果是一整套有着内在关联的模型体系,而不是零星的模型或模型简单堆砌。为此,建模者始终要有整体性思想,在建模过程中不能肆意对管理问题整体性分解、分层和还原,不能将系统的整体性建模的期望寄托于系统分解后的自下而上的系统综合集成。因为,**没有整体意识的分解,最终也难以进行有效的综合集成**。

2. 自治性建模

整体性的重大工程管理活动是由大量局部自治的子管理活动有机组合而成的复杂系统。这意味着,关于重大工程管理的联邦式建模要充分考虑到重大工程管理活动整体与局部之间的关系、动力学和功能结构特征。具体地,建模者要详细描述和抽象出重大工程管理子系统的自治性特征,将各子系统视为一个个具有一定自治性的单元,重点描述这些子系统的内部要素、结构、自治属性、自治行为等,还要重点描述这些子系统与系统整体之间的关系,清晰描述各子系统的自治范围、边界与环境。要明确自治性建模要求,不同的建模者对内是自治的,不能在建模方法、技术或建模语言上对建模者做过于严格的规定,一般只能设置基本的模型通信规则和接口规范,并鼓励在统一框架下充分发挥建模自治性。

3. 分布式建模

为了体现重大工程管理活动的分布式特征,重大工程管理联邦式建模不仅要关注重大工程管理活动中传统的串联和并联等逻辑关系的描述和抽象,还应关注重大工程管理活动的分布式网络逻辑关系的描述和抽象。要强调的是,重大工程管理联邦式建模要求建模任务的分配、协调与合作的逻辑也体现为一种分布式的处理方式,即在全局统筹思想下,尽可能地将过于复杂的重大工程管理建模任务分配给一个个有处理能力的建模个体或组织。

4. 递阶式建模

重大工程管理联邦式建模的递阶式主要表现在两个方面:① 充分体现重大工程管理活动中多种递阶式特征。例如,要对框架性模型与细节性模型之间的递阶过程、演变途径、相关影响因素变化等进行提炼、补充并描述和抽象。② 建模者要不断修改、完善对重大工程管理不同模型阶段的划分、模型精度的选择,递阶关系的抽象原则以及不同模型阶段之间衔接方式等,尽可能不断提高建模质量。

5. 适应性建模

重大工程管理各联邦主体具有一定的自学习、自适应和自增长能力。在建模时,需要将重大工程管理活动中的主体心理、行为和价值取向等要素作为系统适应性重要特征进行描述和抽象。例如,对重大工程管理序主体行为建模时,应增加序主体学习、遗传和突变等适应性特征的描述和抽象；在联邦模型体系中多模型集成过程中，建模者同样会对建模理论、知识、方法和技术的理解发生动态变化，或者建模者之间关于重大工程管理模型的构建与建模协作本身也会出现不断交流、学习和协调的自适应过程。

综上所述，不难看出**重大工程管理的联邦式建模的基本要求与本书第 5、6 章重大工程管理理论的基本概念和原理非常吻合**，这绝非偶然，而是非常符合理论逻辑和模型思维逻辑的。因为**模型的实质是现实（建模对象）的一个代表，是在另一个话语体系下对该现实的尽可能准确而全面的表示。因此，建模过程实际上是在原现实与其代表之间建立起某种"映射"关系，并使其"代表"成为该现实的"映像"**。虽然两者之间不可能做到"不差分毫"，但好的模型应该在成为"映像"的过程中，尽可能多地保持原现实的本质属性，而第 5、6 章的**基本概念和原理**恰恰是关于重大工程管理活动规律和准则最基本的描述，**它们当然应当在重大工程管理联邦式建模过程中作为一种本质性的"基因"得到"遗传"和"继承"，成为对建模主体与建模过程的基本要求。**

9.3.2.4 联邦式建模基本目标

重大工程管理联邦式建模的基本目标分为三个层次，**即模型的联邦、系统的联邦和管理的联邦**。其中，模型的联邦为基础，在联邦式建模规则指导下，系统的联邦提供以分布式、异构、成熟且已被验证的系统集成为联邦环境，管理的联邦提供支撑各类管理问题联邦式建模环境和仿真环境。

1. 模型的联邦

模型的联邦，即将各管理模型进行综合集成，构建一个多层次、可伸缩和动态的模型体系。这样的模型体系不仅能够刻画重大工程宏、中、微观各类管理问题，还能以定性、定量和实验仿真模型的方式描述重大工程管理的各类问题，且能通过可伸缩分辨率的模拟仿真各类管理问题。要实现重大工程模型的联邦，需要构建一个能够支持异构模型协调建模的支撑环境，使得不同类型的建模人员能够在重大工程管理联邦式建模的总体框架下，实现便捷、柔性和可集成的各类模型构建。

2. 系统的联邦

这里，系统是能够实现特定功能的模型集合，是模型有机组合的一种表示。**系统的联邦，即提供以分布式、异构、成熟且被验证的系统集成为联邦环境**。基本内容包括工程建设系统、工程任务系统和工程行为系统的联邦与集成。其中，工程建设系统主要是对工程物理系统的抽象，工程任务系统是工程各类管理任务的抽象，工程行为系统是工程管理活动中所有参与主体的行为及行为交互的抽象。如何将这些分布式、异构、成熟且被验证的系统综合集成，是重大工程管理联邦式建模的重要任务。另外,此时还需要异构分布式仿真模拟 HLA 框架的支撑,需要基于 HLA 框架来联结重大工程管理各类子系统。

3. 管理的联邦

管理的联邦,即以重大工程建设管理、任务管理和行为管理的联邦与综合管理为功能目标,尽可能将所有工程管理要素数字化、信息化,并通过模型的联邦和系统的联邦来构建一个足以支撑各类管理问题联邦式建模环境和仿真环境,使得各类管理人员、建模人员和技术人员都能够在统一的建模与仿真支撑环境下进行信息交流与任务协作。这样的支撑环境可为不同管理人员、管理问题提供一致性、准确性和完整性的数据支持、模型构建和系统仿真,为重大工程设计、施工、营运等各类管理问题的决策提供支持。

9.3.3 重大工程管理联邦式建模的实现

9.3.3.1 总体思路

重大工程管理联邦式建模的**总体思路**可从时间维度、对象维度和工具维度三个方面论述。

从时间维度看,重大工程管理问题分布在前期决策管理阶段、中期建设管理阶段和后期营运管理阶段。这三个阶段在时间上既分割又关联,不同阶段的管理对象和主体不尽相同,因此,前后阶段的衔接必须不出现偏差和间断。基于此,重大工程管理联邦式建模首先要处理好重大工程管理(不同阶段)的系统联邦,这可以通过信息技术,如计算机技术、网络技术等,构建一个能够支撑重大工程管理全成员、全过程与全信息管理的模型体系结构。

从管理对象维度来看,重大工程任何管理阶段的管理对象包含:①工程建设系统,主要是指重大工程硬系统,包括工程本身的物理要素、空间布局、几何结构、外观、功能及环境。②工程任务系统,主要指重大工程管理任务的目标、资源、职能、流程和信息集合,包括设计、建设与营运各阶段的管理任务。③工程行为系统,主要指管理主体行为、行为属性和行为交互关系的集合。同一阶段的工程建设系统、工程任务系统和工程行为系统是一个整体,构成了一个联邦系统,可由相应的建筑信息模型、任务信息模型和成员行为信息模型进行刻画。不同阶段的工程建设系统、任务系统和成员行为系统也是联邦关系,是同一个系统在不同时间阶段的截断。

从管理工具维度看,重大工程管理建模可采用的工具主要包括定性模型、定量模型、仿真或计算实验模型。而重大工程管理联邦式建模拟在定性、定量模型基础上采用一种联邦式仿真与计算实验工具和方法。因此,重大工程管理联邦式建模应大力借鉴当前先进的计算机辅助设计方法、虚拟设计与施工导航方法

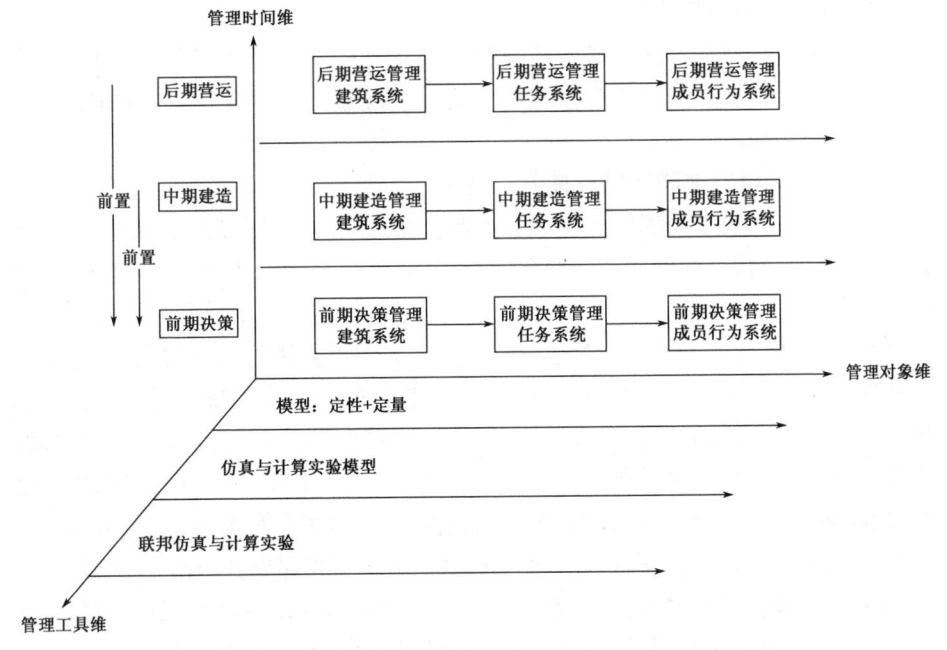

图 9.17 重大工程管理联邦式建模的总体思路框架图

以及分布式系统建模与仿真技术等。通过重大工程建筑信息模型、工程任务信息模型与成员行为信息模型的构建，并集成到分布式异构系统仿真建模 HLA 框架体系中，来提高重大工程管理数字化、信息化和智能化管理水平，实现重大工程联邦仿真与计算实验。

除此以外，重大工程管理联邦式建模还需要借鉴复杂系统建模理论与方法，充分考虑重大工程管理过程中人的因素，特别是非理性行为和不确定因素对重大工程设计、建造与运营带来的挑战。

在具体建模操作中，需要利用多主体建模技术构建重大工程管理人工社会模型，并将这样的人工社会模型与相应的数据库进行集成，完成重大工程人工社会信息模型。在这样的人工信息模型中，研究者和管理者可以自由定义重大工程前期决策管理中不同参与成员间工程价值冲突、利益博弈和非理性行为对重大工程决策管理路径、效率和质量的影响，也基于这样的人工社会模型，对重大工程决策风险形成、演化和治理问题进行研究。另外，重大工程管理联邦式建模要充分发挥不同领域专家学者和一线技术人员的力量和智慧，充分利用已构建的重大工程不同管理问题的系统、模型和数据，通过联邦的方式来构建一个重大工程复杂系统管理问题的联邦系统，克服当前重大工程管理联邦式建模、仿真和计算实验所需数据、信息、模型和系统支撑不足问题。

9.3.3.2 基本技术框架

重大工程管理联邦式建模的最高目的是管理的联邦,但实现管理的联邦是以系统的联邦和模型的联邦为基础的。而要实现重大工程管理模型的联邦,最重要的是完成如下几点工作:

1. 重大工程管理联邦成员抽象与建模

联邦成员主要是由那些可局部自治但服从全局统筹的管理活动或子管理活动单元组成。例如,管理活动中包含参与主体或组织、活动任务、目标和流程,管理活动所处的时空信息、社会环境以及工程环境等内容。其实,联邦成员的挑选、抽象与建模充满了困难与挑战。特别是面对不可知决策问题时,我们连基本的管理要素都是模糊或认识不全面的。此时谈何联邦成员的挑选、抽象与建模?我们认为,一个切实可行的方法是针对"已知决策问题",可直接基于管理驱动,将决策核情景中的关键要素抽象为联邦成员。针对"可知决策问题"可以依据已获得的部分认知、经验、数据或模型,可以数据驱动,也可以模型驱动,也可以管理驱动,将可知问题尽可能逼近为已知问题,然后再进行联邦成员的抽象与建模。针对"不可知决策问题",虽然是"上帝在掷骰子",但依然可以通过虚拟情景想象,获得决策的特征及其情景描绘,并将其中的情景要素作为联邦成员进行挑选、抽象和建模。本章中,关于重大工程联邦式建模或模型多针对"可知决策问题"而言。

2. 重大工程管理联邦关系抽象与建模

即指各联邦成员之间局部自治和全局统筹的具体内容、范围以及异常处理规则等。显然,**从模型构建角度**看,就是模型的输入、输出与内部参数之间关系的抽象与建模;**从软件程序实现角度**看,就是局部变量与全局变量的调用关系的抽象与建模;**从系统集成角度**看,就是异构系统之间通信接口协议规则的设置。然而,这并非全部,还应从重大工程管理视角对这种联邦关系的管理内涵、表示方法以及建模技术进行抽象。例如,除了局部自治和全局统筹关系外,还应将重大工程管理在系统层次上以及在工程全生命时间维度上的逻辑关系作为联邦关系的一部分进行描述和抽象。

3. 重大工程管理联邦模型框架

重大工程管理联邦模型框架是以重大工程管理活动认知框架为元模型,并将重大工程管理活动中的子管理活动视为一个单独的联邦成员,分别建立各联邦成员模型。这样的联邦成员模型的构建方法可通过定性模型、定量模型和计算实验模型的综合集成,并逐渐细化管理活动本身所包含的个体、组织、任务、时空、信息、工程环境和管理问题等"核情景"要素。最后通过联邦式的组装和组合,可完成一个比较完整的重大工程管理联邦模型。其具体内容和逻辑关系,如下图所示。

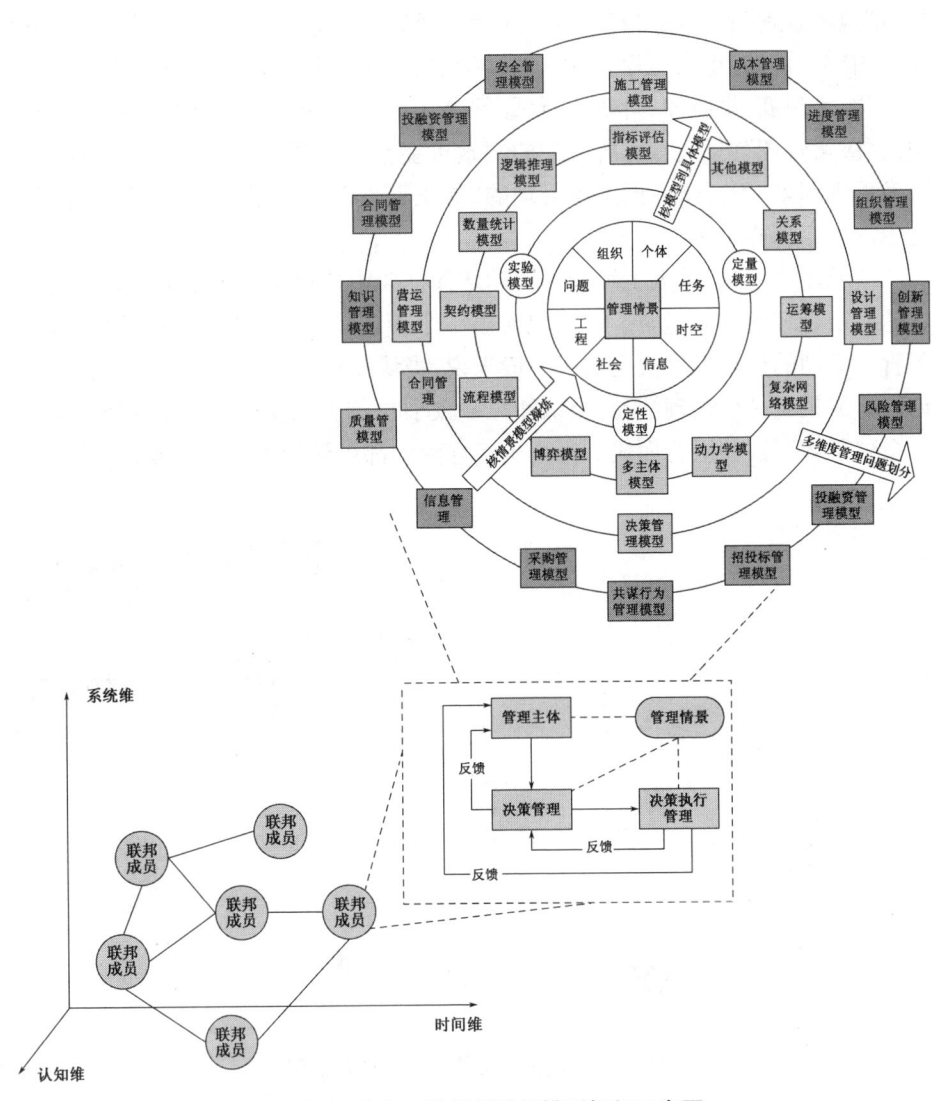

图 9.18 重大工程管理联邦模型框架示意图

由图 9.18 可知，**一般管理认知模型的复用与联结，以及重大工程管理情景因素的不断细化是构建重大工程管理联邦模型的基本框架**。当然，一个比较完整的重大工程管理联邦模型**还应对联邦成员之间的通信接口和交互规则进行详细描述和抽象**。

这里的一般管理认知模型是指，将重大工程具体管理活动抽象到一般管理活动的高度，那么其认知框架的内容理应是由"管理主体""决策管理""决策执行管理"和"管理情景"以及四者之间的关系组成。这里的"管理主体""决策管理"

"决策执行管理"和"管理情景"以及四者之间的关系应具有重大工程管理内涵的实在内容。例如,重大工程管理认知框架中的"管理主体"主要包含政府、工程管理机构、承包商、供应商、科研院所、顾问公司等。又如,重大工程管理认知框架中的"决策管理"更加复杂,所考虑的因素可能涉及环境保护,国防安全,社会经济发展等因素,不同于一般工程管理的"决策管理"或一般管理活动决策管理所考虑的内容那样简单。

需要注意的是,重大工程管理活动认知框架中的管理活动可能是一个,也可能是多个管理活动的组合。具体包含多少个管理活动,主要是由人们对重大工程管理活动的认知粒度决定的。一般来说,当认知粒度较大时,重大工程管理活动可看成只有一个管理活动;当认知粒度较小时,重大工程管理活动就可看成由一系列子管理活动组合而成。每个子管理活动都可等价于一个一般管理活动。

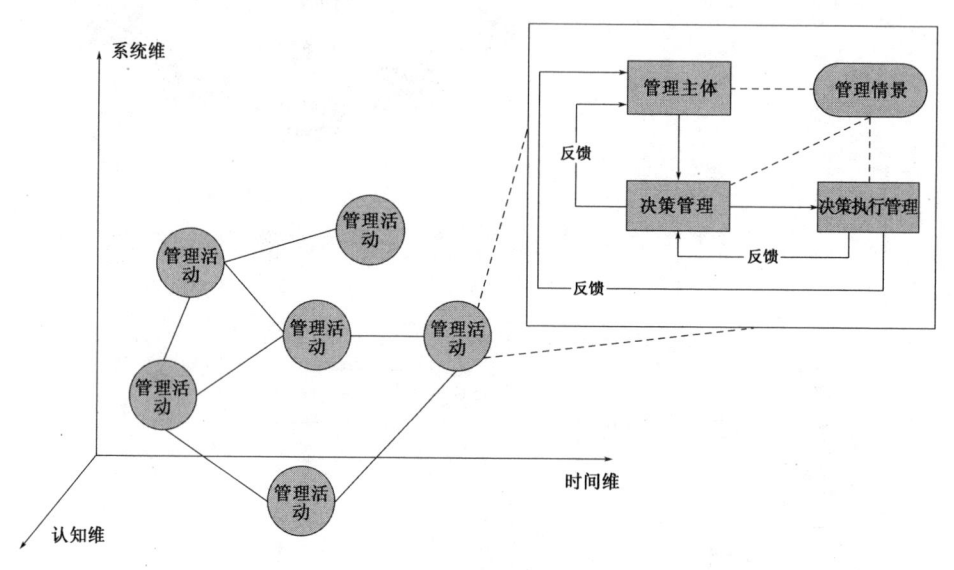

图 9.19 重大工程管理活动认知框架

基于上述思路,可总结得到**重大工程管理活动的认知框架**,如上图所示。这是一个由一系列相对独立的子管理活动联结而成的联邦系统,它以重大工程管理情景为背景,由一系列子管理活动联邦组成重大工程管理活动系统。这里的时间维,可用来描述重大工程管理多阶段生命周期管理情景信息;这里的系统维,可用来描述重大工程管理多层次管理情景信息;这里的认知维,主要用来描述重大工程管理认知递阶性的管理情景信息。

除此以外,要构建重大工程管理联邦模型的技术框架还包括联邦技术支撑框架和任务协作框架的构建。技术支撑框架和任务协作框架本质上是一套事先约定的同一规则、要求或流程,可以是落实到纸面上的东西,也可以通过一套信息系统平台将这些事先约定的同一规则、要求或流程固化起来。随着重大工程管理复杂性的增长,充分利用现代信息化技术来约束、导航和固化重大工程管理联邦模型的开发过程变得尤为重要,也是一条必经之路。

9.3.3.3 基本实现步骤

从构建联邦概念模型的角度来看,要构建一个重大工程管理联邦模型,其基本过程包含如下几个步骤,分别是:**问题界定、情景凝炼、联邦成员抽象、联邦关系抽象、情景模型构建、联邦模型集成和联邦模型校验**。

此外,实践中,一个重大工程管理联邦模型构建,常常是上述基本过程的循环反复。

(1)问题界定。所谓问题界定是指在重大工程管理联邦模型构建之前应明确研究问题的内容、边界以及想达到的效果,可采用自然语言进行描述。一般来说,利用重大工程管理联邦模型来描述的管理问题应是复杂管理问题,而非简单管理问题。

(2)情景凝炼。所谓情景凝炼是将所要研究的重大工程管理问题相关的时间、地点、人物、问题发生的前因后果等情景信息进行描述和提炼,并要求尽可能找到影响该管理问题的核情景,即找到对该管理问题最具重要影响的关键情景信息。一般来说,每个重大工程管理活动都对应一个管理情景,而这样的管理情景将融合到该重大工程管理活动中。

(3)联邦成员抽象。联邦成员抽象是指对重大工程管理中联邦成员建模。其首先需确定重大工程管理系统中包含哪些类型和数量的联邦成员,并描述这些联邦成员的基本属性、决策行为和关系网络。如果联邦成员是一个管理活动,那么,可按照一般管理活动认知框架来构建该联邦成员。

(4)联邦关系抽象。完成了联邦成员模型构建后,首先需对联邦成员间的关系网络,例如任务协作关系、利益委托关系、权利指派关系、血缘遗传关系以及因果关系等进行抽象。其次是对联邦成员与整体控制系统之间统筹与自治权边界以及基础通信规则等内容进行描述和抽象,使得所有联邦成员之间能够正常交互、组合或集成。

(5)联邦模型构建。主要指对研究问题的情景要素、要素关系、情景演进动力和规律等进行的一种整体性抽象和模型化过程。这一过程可以通过文字来抽象和表达,形成的是一种基于文字语言的结构化文案模型;也可以通过数学符号或公式来抽象和表达,形成的是一系列具有明确内涵的数学公式或数学模型;还可以通过计算机代码来抽象和表达,形成的是一系列具有特殊功能的计算机程序集合。但不管如何,这样的抽象和模型化都应该是一个基于情景切片、情景切片关系以及情景切片演进规律的一种整体性抽象和模型化。

（6）联邦模型集成。情景模型集成包含两个层面,首先是问题情景模型之间的小集成,主要涉及情景模型调用规则和接口规范与技术问题。其次是问题情景的模型的大集成,主要是根据情景模型使用的需要,将情景模型集成使用所需要的相关数据、信息、模型、专家知识、计算机辅助技术及运作规则等进行综合集成。这时将涉及数据耦合、信息耦合、模型耦合、知识耦合和人机结合,在耦合过程中,情景的整体性模型化是基础,情景的整体性再现、重构、推演和预测是手段,寻找、挖掘甚至耕耘出基于问题产生的情景诱因、情景动力以及给出情景应对方案是根本任务。

（7）集成与校验。集成与校验是指将构建的重大工程管理联邦模型组合与组装起来,并检查整个模型有效性、准确性和稳定性等属性。这种集成与校验可通过数学公式推导来完成,也可通过计算机编程和模拟来完成。当然,上述过程的顺利实施都是在"已知决策问题"情况下。若面临的是"可知决策问题"或"不可知决策问题",可能需要大量的重复性探索与试验方可完成。

从模型实现和开发角度来看,重大工程管理联邦式建模过程与传统复杂联邦仿真信息平台的建模过程差异性并不大,基本上可划分为如下五个步骤,分别是:① 联邦式建模需求获取,② 联邦式建模准备,③ 联邦模型设计与开发,④ 联邦仿真开发与设计,⑤ 持续优化。具体内容和逻辑如下图所示。

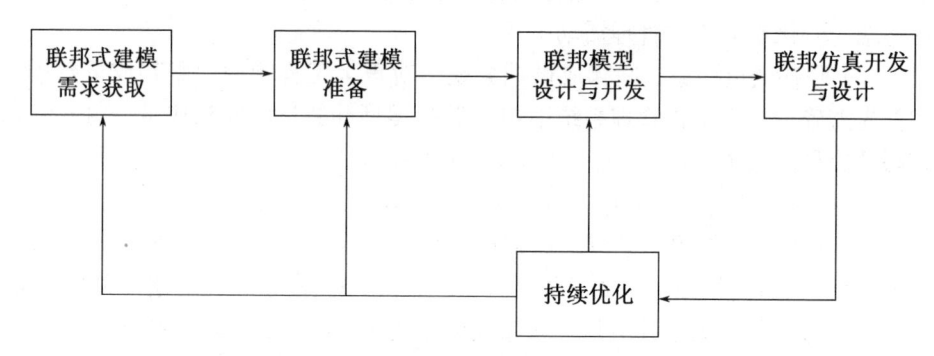

图 9.20 重大工程管理联邦式建模的实现步骤

需求获取是重大工程管理联邦式建模的起点。它以重大工程管理联邦式建模最终用户需求为导向,思考重大工程管理联邦式建模的基本目标、基本内容、基本条件、任务安排和组织管理等内容。重大工程管理联邦式需求获取应从用户和工程的角度出发,将重大工程不同管理问题联邦式建模的"问题空间"转化为重大工程管理联邦式建模的"用户空间"和"任务空间",通过不断细化,考虑重大工程哪些管理问题需要联邦式建模方法与技术,逐步提炼出能够明确描述的

第 9 章　重大工程管理研究的专门性方法

具体需求。

联邦式建模准备阶段的主要任务。包括计划和组织联邦式建模所需要的各类资源、建立联邦式建模组织团队、拟订详细的建模过程计划、制定协作规则和异常处理方法等内容。**联邦式建模各类资源**的准备包括相关的理论、知识、技术、人才、数据和信息等。**联邦式建模组织**的建立要遵循重大工程管理已有组织管理的安排,并在已有组织管理安排上建立由多部门成员组成的联邦式建模协作团队,全面负责重大工程联邦模型的构建。重大工程管理联邦式建模还应制定详细的进程安排,并制定出不同协作部门之间信息交流与合作的具体规范以及出现异常事件时的处理办法,做到有章可循。

联邦模型和仿真系统的设计与开发。这是重大工程联邦式建模的一种实现支撑平台。主要是指按照重大工程联邦式仿真与联邦管理的总体规划要求,在已有模型库的基础上,建立一个能够支持并发、异构与分布式模型和可灵活组装、集成及分拆的建模和仿真环境。其重点在于开发能够支持多实例并发和分布式的各类模型数据交互、映射与转化接口以及支撑各类应用公共数据库,使得建模人员可以通过这样的建模支撑环境进行高效的模型联邦和系统仿真联邦。重大工程管理联邦模型和联邦仿真系统的设计可借鉴 20 世纪 90 年代美国国防部推动的联邦仿真系统开发与设计方法,同时还应借鉴建造信息模型和复杂系统建模技术等理论与知识。

重大工程联邦式建模是一个循序渐进、不断迭代优化的过程。这种迭代优化既体现在重大工程联邦式建模一般步骤的大循环中,也体系在联邦式建模需求获取、联邦式建模准备、联邦模型设计与开发和联邦仿真开发与设计的每个子步骤中,特别是在联邦模型设计与开发和联邦仿真开发与设计时更需要对实现技术和仿真框架进行不断调整与优化。

9.3.3.4　基于 BIM 的联邦

近年来,建筑信息模型 BIM(Building Information Modeling)作为一种全新的工程建筑技术和理念,已成为国内外学者和建筑界人士关注的热点。BIM 在某种意义上,也是对复杂工程物理系统与管理系统的建模,是支撑复杂工程联邦式建模实现的一种途径。

BIM 的思想产生于 20 世纪 70 年代,之后乔治亚理工学院的学者和 McGraw-Hill 建筑信息公司对 BIM 的概念进行了详细界定。美国国家 BIM 标准(National Building Information Modeling Standard,NBIMS)的定义是:"BIM 是设施物理和功能特性的数字化的一种描述。给定这样的设施物理和功能特性的数字化信息系统后,建设工程中的各个利益攸关方,可以通过一个开放的互操作标准,来查询以及管理其在整个工程建造寿命中所应承担的具体任务。"(美国

国家BIM标准[①])

就目前国内外的应用来说,BIM主要应用于:① 建筑方案的动态三维可视化展示,② 不同组织或个人的设计方案之间的检测与施工模拟,③ 以效率、环保与安全为目的的深化设计,④ 集成建筑物3D模型与施工时间进度,实现工程管理全过程4D动态模拟与项目推动。从欧美发达国家目前对BIM的支持与推广目的来看,拟制定国家BIM标准,首先在政府项目中推广基于BIM的集成项目交付IPD(Integrated Project Delivery)要求,即要求所有政府项目的立项、规划、设计、建造与运营维护活动都需要在项目前期决策阶段提交一份全寿命周期的工程项目BIM模型,并要求后续的项目施工与工程运营维护应基于该BIM模型进行统一、规范和有序的管理。

对于重大工程管理联邦式建模而言,BIM模型是衔接各类设计、规划、施工、建设与运营管理模型的基础数据与核心模型。也就是说,所有相关的模型可通过BIM模型进行集成与联邦,重大工程管理BIM技术是其联邦式建模的一种核心技术。该技术着眼于重大工程管理的全寿命周期管理,在重大工程前期决策阶段就把主要参与方集合在一起,并基于重大工程管理BIM进行协同工作,共同理解、检验和改进重大工程各类设计方案,通过虚拟设计、建造、维护及管理等手段,力图在前期决策阶段尽可能发现施工和运营维护中存在的所有问题,如成本核算、时间进度安排、安全风险管理、绿色施工以及项目知识创新管理等,以保证重大工程管理质量,降低管理成本与风险。

9.3.3.5 支撑环境框架

重大工程管理联邦式建模支撑环境的构建主要以高层次仿真建模框架体系(High Level Architecture,HLA)与重大工程管理联邦信息模型(Federal Information Model,FIM)为基础,分别建立重大工程管理建筑信息模型(Building Information Model,BIM)、重大工程管理任务信息模型(Assignment Information Model,AIM)与重大工程管理行为信息模型(Behavior Information Model,BeIM),通过重大工程BIM的数字化、参数化与组件化来描述工程实体与自然环境的几何形状、空间布局、内部结构、外观样式以及质量、耐久性、稳定性等物理性能;通过重大工程管理BeIM来数字化、参数化与组件化描述主体行为、偏好和学习等行为属性;通过重大工程管理AIM来描述重大工程管理所包含的具体管理目标、内容和流程等细节;通过相关管理任务数据库和流程库来支持重大工程各类管理任务的定义与修改等功能。具体内容如图9.21所示。

---

① 美国国家BIM标准第一版第一部分: National Institute of Buiding Sciences, United States National Building Information Modeling Standard, Version1 - Part 1[R].

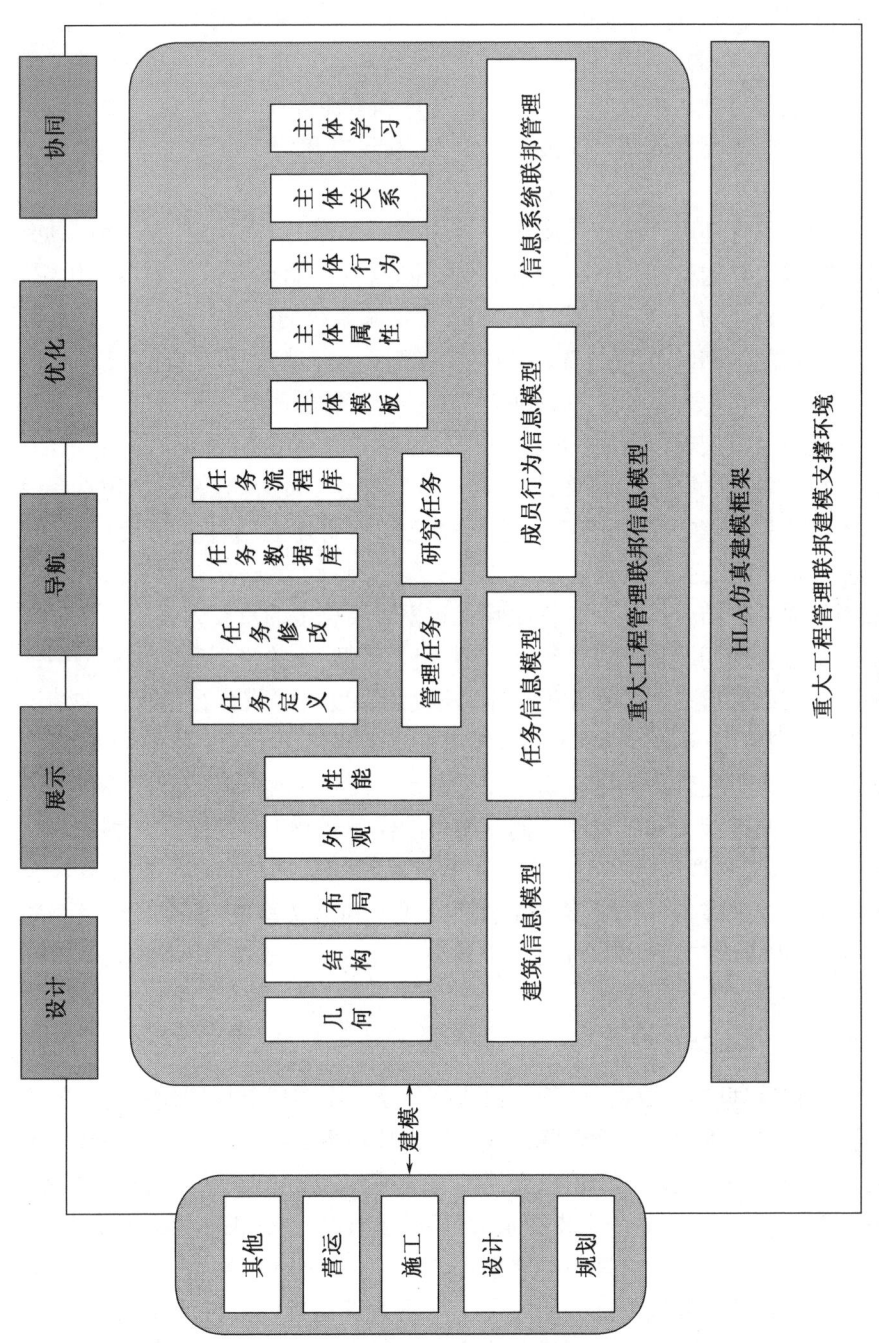

第 9 章 重大工程管理研究的专门性方法

图 9.21 重大工程管理联邦式建模的支撑环境框架

从重大工程管理联邦式建模的应用功能来看,该框架是协同重大工程规划、设计、施工与营运各参与主体间交流与合作的纽带。主要应用功能包括:① 支持工程实体几何、布局、结构、外观和性能的设计与动态虚拟展示;② 提供工程规划、设计、施工与营运流程的有序、安全、环保和智能导航;③ 优化工程管理施工流程安排与资源配置效率;④ 实现决策方、参建方和营运方等主体之间任务的协同。

在重大工程管理联邦式建模支撑环境中,HLA作为底层仿真软环境,具有分布性、交互性、异构型、时空一致性和开放性等特征,能够支持不同参与组织、企业和个人所构建的,分布式和异构的仿真模型和系统的互连互通,并支持良好的人机交互功能。FIM作为仿真数据库和模型库,是传统工程建筑信息模型的一种升级版本。它包含基于工程管理人工社会与工程管理任务模型的多维度重大工程管理对象模型、管理任务和管理主体行为模型。在功能方面,具有灵活、便捷、一致和可扩展的创建、调整、复用与重构等优点。此外,在高层次仿真建模框架体系(HLA)和重大工程管理信息模型之间需要建立两种通信接口,实现HLA与FIM之间的互连互通。

如何加强人机结合是重大工程联邦式建模需要思考的重要内容之一。任意一个重大工程管理问题都可以用定性模型、定量模型、实验模型和实物模型中的一个或多个模型进行描述。在建模成本、建模复杂度与建模可行性等允许情况下,将多个不同类型、不同层次、不同分辨率的模型联邦化为模型体系,一般可以提高人们对重大工程管理问题认识的深度。重大工程管理联邦式建模不仅强调尽可能利用不同类型、不同层次、不同分辨率的模型联邦来提高重大工程管理认识与决策水平,更强调综合利用重大工程管理联邦信息模型和高层次仿真建模框架体系的集成来降低异构模型之间的联邦成本和复杂程度,提高异构模型联邦的效率,实现重大工程管理全过程、全任务、全信息、全成员、全情景和全寿命的"五全"管理。

9.3.3.6 任务协作框架

重大工程管理联邦式建模的任务协作框架是一个多成员协同建模过程的框架,在这个框架中,重大工程管理联邦式建模支撑环境是所有成员任务协作的公共平台。这样的平台既是一个信息交流与管理平台,也是知识共享与创新平台,还是联邦式建模平台,更是一个支持重大工程规划、设计、施工和营运方案设计、优化以及方案实施的智能管理与导航平台。

重大工程管理任务协作框架同时是一个重大工程集成交付框架,即要求重大工程管理规划、设计、施工与营运单位在工程尚未立项之前,或在项目规划与设计阶段就完成项目后续规划、设计、施工与营运阶段所有管理活动的详细方案设计。这一详细方案设计必须基于一个相对统一的重大工程管理建模支撑环境。这种施工管理设计与营运管理的前置有助于减小重大工程管理各阶段时空割裂带来的管理不一致、不连续风险,有助于提前预测重大工程施工和营运管理阶段中存在的问题,并能通过可追溯机制来约束与优化工程施工与营运企业的管理行为,做到规划、设计、施工与营运管理的一致性、可追溯性和提前防范等功能,如图 9.22 所示。

在重大工程管理规划与设计阶段,工程规划、设计、施工与营运管理单位应在工程业主的共同要求下,完成整个工程周期的所有详细方案的设计、分析与检测等工作,每个参与成员都需要提交一份基于重大工程管理联邦式建模支撑环境的建筑信息模型、任务信息模型、成员行为信息模型。例如,施工管理单位在提交关于重大工程施工质量管理方案时,应分析所有可能影响建筑施工质量的材料因素、技术因素、人为因素以及环境因素,并将这些因素融入施工阶段质量管理建筑信息模型、施工阶段质量管理任务信息模型和施工阶段质量管理成员行为信息模型中。

此外,由于重大工程管理各类信息模型和系统的构建是一个技术要求比较高的工作。一般来说,这些信息模型的构建、集成、调试与运行应委托专业的联邦式建模小组来完成。同时需要指出的是,任何单位、个人和组织对原有规划、设计方案的修改都应该遵照规范的流程来执行,并且所有与重大工程管理有关的数据和信息应该由一个统一的信息系统进行联邦管理,并提供快速查询、数据存储、数据分析与数据展示等功能。

9.3.3.7 联邦式建模的可视化

重大工程管理联邦式建模本身就是一个复杂管理系统,为驾驭这个复杂系统,本书已给出了基于 BIM 的联邦、支撑环境以及任务协作框架这些具体的思路和方法。本部分关于重大工程管理联邦式建模的可视化思想和方法的提出,也是基于相同的目的。

重大工程管理联邦式建模的可视化本质上就是一种可视化建模技术,目的是降解重大工程管理以及重大工程管理联邦式建模管理的复杂性。在充分利用计算机仿真技术、数据可视化技术、虚拟现实技术、计算机辅助设计、云计算和大数据等现代信息科学技术的基础上,实现重大工程管理以及重大工程管理联邦式建模的数据化、透明化和平台化是其基本的技术实现思路。

实现重大工程管理联邦式建模的可视化的基本路径包括如下几个步骤:

首先是实现重大工程管理要素数字化。重大工程管理要素的数字化包括重大工程管理主体(如人、财、物、信息和时空等)、管理手段(如激励、惩罚、沟通、强制、说服与交换等)和管理过程(如目标的设立与分解、管理规则的确定、管理资

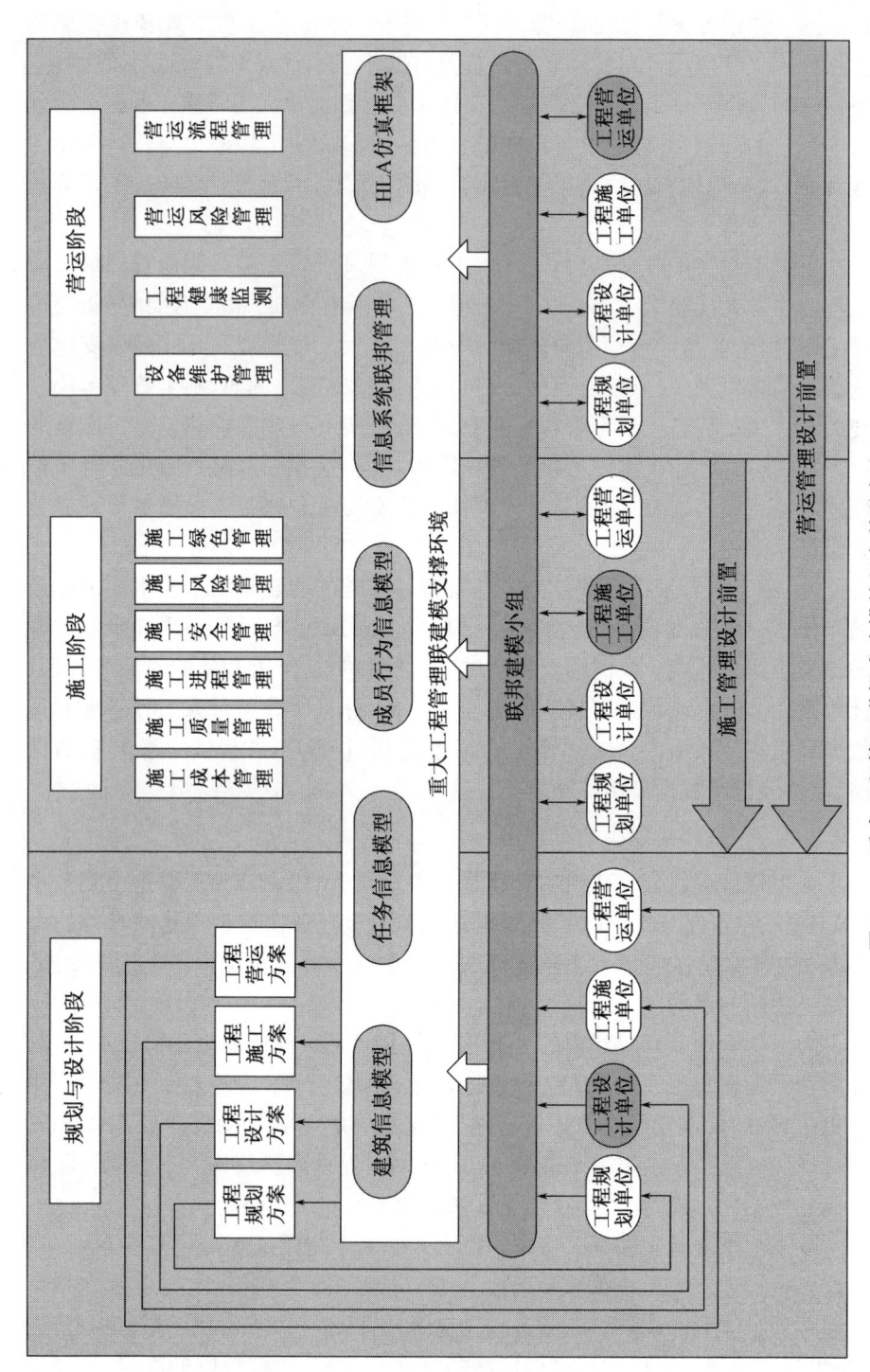

图 9.22 重大工程管理联邦式建模的任务协作框架

源的配置、组织与实施、过程控制和效果评价)的数字化。前述 9.3.3.4 基于 BIM 的联邦是实现重大工程管理要素数字化的一种基本实现方法,特别是其中关于管理任务信息模型、管理行为信息模型的构建都属于重大工程管理要素数字化的具体方法,具有良好借鉴意义。

其次是实现重大工程管理联邦式建模管理的要素的透明化,即实现重大工程管理联邦式建模规则和流程的透明化。重大工程管理联邦式建模的透明化以重大工程管理联邦式建模目标、建模方法、建模流程、建模语言、建模技术和建模实施主体等要素的数字化为基础,配合相应的权限管理来实现建模规则和流程的可控性透明化。例如,将前述 9.3.3.6 中关于重大工程管理联邦式建模的任务协作框架进行数字化和图形化,就能在一定程度上实现重大工程管理联邦式建模的透明化。

再次是实现重大工程管理平台化,即通过一个信息和资源可充分共享的信息技术平台来更好地集成、引导和展示重大工程管理联邦式建模流程以及重大工程管理效果。这里必不可少地会利用软件工程技术、异构模型集成技术和中间件技术等。例如,将前述 9.3.3.4 至 9.3.3.6 中关于基于 BIM 的联邦、支撑环境的任务协作框架集成在一个软件平台上,就是重大工程管理工程管理平台化的一种实现路径。

最后,利用现有计算机辅助设计技术、数字可视化技术和虚拟现实技术等将重大工程管理联邦式建模流程、建模质量和效果以更加容易反映管理问题特征和本质、更加容易被人理解和交流,更加容易实现模型灵活搭建和任务协作的方式来展示给顶层决策者、一线管理者和模型构建者。

9.3.4 重大工程管理联邦模型的开发与运行

重大工程管理联邦模型的开发与运行,即重大工程管理联邦模型及其支撑环境的设计与开发。联邦模型本身的开发与设计依赖于现实管理问题与情景,这已在前述章节中论述过。而联邦式建模支撑环境的开发更多的是从联邦式建模底层软件支撑环境的设计、开发、实现与运维角度来考虑。这是我们接下来介绍的重点内容。

重大工程管理联邦式建模及支撑环境的开发与运行可直接参考 DMSO 发起的联邦仿真系统的开发与运行过程模型思想以及国内学者对 DMSO 联邦系统开发与运行过程模型的核心思想进行的梳理和总结。本部分基于这些研究成果的总结,将其核心思想移植到重大工程管理联邦式建模领域,给出重大工程管理领域的联邦式建模及支撑环境的开发与运行基本步骤,具体内容如下:

9.3.4.1 目标定义

明确需求与目标不仅是 DMSO 联邦仿真系统开发与运行过程的第一步骤，也是所有复杂系统建模或复杂工程管理的起点。对于重大工程管理联邦式建模及支撑环境的开发与运行而言，更是如此。

该步骤的核心任务是，将重大工程管理复杂整体性建模与管理所涉及所有实践管理需求、目标以及特殊处理规定，以一种规范性的、领域性的语言、符号或图形的方式进行描述、定义和声明。

这样的描述、定义和声明过程与 DMSO 联邦开发与运行过程的第一步类似，即完成相应联邦模型构建及支撑环境开发与运行的目标定义与目标声明过程，具体内容和逻辑关系如图 9.23 所示。

数据流图(DFD)、统一建模语言(UML)和功能建模综合定义语言(IDEFO)是描述与定义复杂系统的几类广泛应用的语言。在重大工程管理联邦式建模及支撑环境开发与运行的目标定义过程中，可灵活采用这几类描述语言及工具来定义相应的建模目标。

所谓建模目标定义即描述最终用户希望所构建的重大工程管理联邦模型（模型或仿真系统）能够完成什么。例如，希望实现情景模拟，希望实现涌现计算，希望实现良好互操作，希望实现大时间尺度情景推演，希望拥有大数据的计算能力，或希望构建一个能深入研究工程环境保护问题的项目立项宏观决策问题的整体性模型等等。

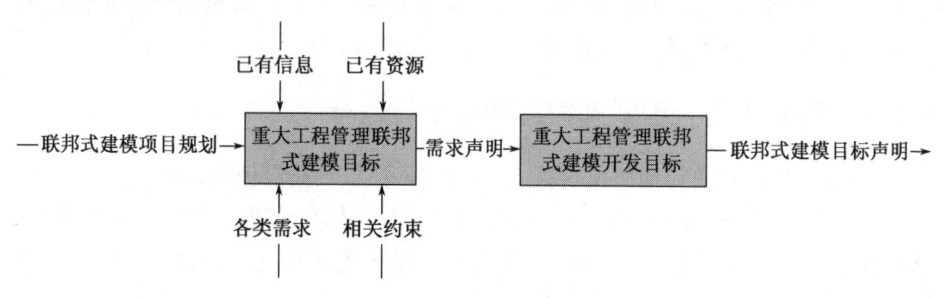

图 9.23 重大工程管理联邦式建模目标与目标声明

重大工程管理联邦式建模发起人所提出的需求及目标在初期可能并不那么明确和具体，甚至是模糊、不完全或难以实现或难以言状的。因此，需要不断地开展头脑风暴、人机互动以及计算实验，并利用上述数据流图(DFD)、统一建模语言(UML)和功能建模综合定义语言(IDEFO)等工具进行转换，逐渐给出规范的、详细且明确的需求与目标。这样的转换过程必须由多领域、多学科及多技术的重大工程管理联邦式建模专家与技术小组组成的专家体系来完成。

第9章 重大工程管理研究的专门性方法

需要注意的是，重大工程管理联邦式建模及支撑环境的开发与运行的需求应从重大工程实际管理问题、重大工程管理联邦式建模和最终模型应用等实践的需求出发，坚持用户需求导向原则，坚持综合集成思想，坚持复杂整体性建模需求，坚持重大工程管理全员参与，包括前期决策者、中期参建者和后期营运者，特别是重大工程中期建造阶段和后期运营阶段组织单位要提出相关需求，最终实现联邦式建模能力的迭代与涌现。

9.3.4.2 概念模型开发

重大工程管理联邦式建模及支撑环境的概念模型（FCM）开发是将重大工程管理联邦式建模的最终成果及相应平台抽象为更为明确和易于理解的一系列概念模型。其包括：① 联邦模型的概念化——将重大工程管理问题情景中所涉及的一系列联邦要素概念化，② 联邦式建模过程的概念化——将重大工程管理联邦式建模情景中所涉及的一系列联邦要素概念化，③ 联邦模型应用概念化——将联邦模型构建后的平台使用场景中涉及的一系列联邦要素概念化。

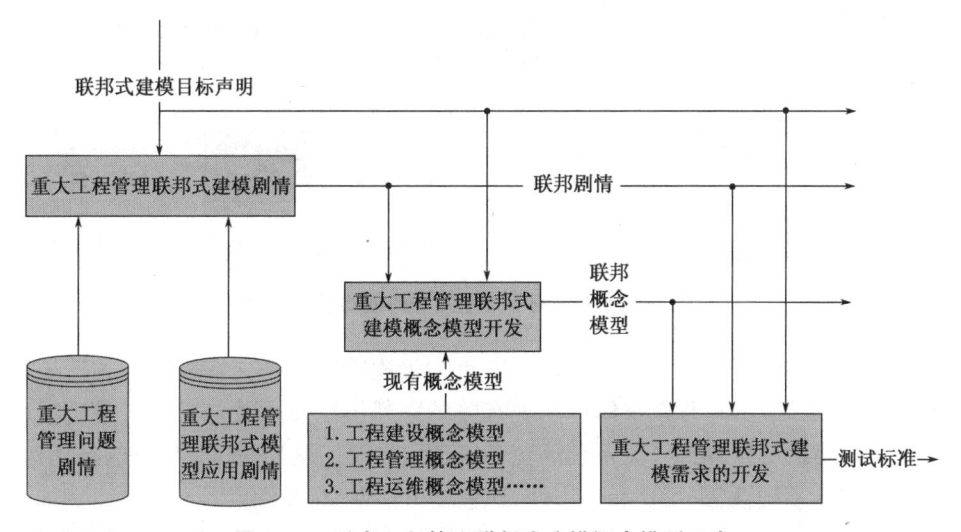

图 9.24 重大工程管理联邦式建模概念模型开发

概念模型（FCM）的开发需将几个要素开发为独立于具体实现的重大工程管理联邦式建模的概念模型，以便为构建更详细的联邦模型实现提供支持。这些要素包括联邦式建模的最终结果（最终需求）、建模的实施主体、模型联邦情景、现有概念模型（包括已有的工程建设、工程管理与工程运维任务空间的概念模型）以及相关数据，具体内容与逻辑关系如图 9.24 所示。

重大工程管理联邦式建模及支撑环境概念模型的开发，可采用多种系统分析方法，如面向对象分析法和面向过程分析法。因重大工程管理联邦式建模需要构建包含人工社会信息模型联邦成员,因此面向对象的分析方法将成为重大工程管理联邦概念模型分析的主要方法之一。

9.3.4.3 联邦设计

重大工程管理联邦式建模及支撑环境的联邦模型设计的目标主要包括两个方面:其一是筛选和评定联邦模型、联邦系统与联邦管理的成员,其二是为后续联邦模型的开发与实现提供详细的计划与技术安排。

参照 DMSO 联邦开发与运行过程模型中的联邦设计框架,可得重大工程管理联邦式建模及支撑环境的联邦设计如图 9.25 所示内容。

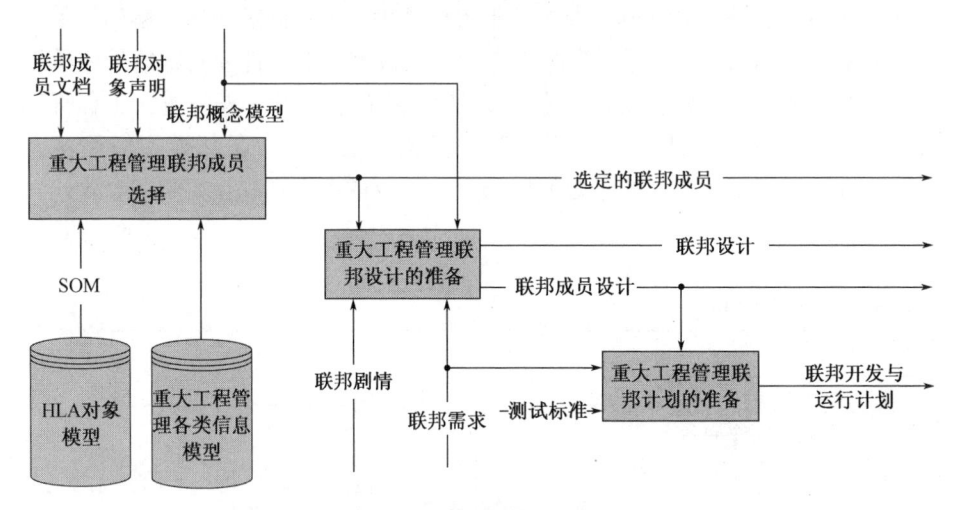

图 9.25 重大工程管理联邦式建模的联邦设计

重大工程管理联邦成员的选择须以重大工程管理联邦式建模情景为蓝图,提取其中所涉及的与复杂整体性涌现有关的联邦模型及系统与管理成员,并描述所有成员的属性、行为、关系和环境等信息。重大工程管理联邦成员的选择标准不仅包含基础性、重用性和互用性,还包括自治性、交互性以及通道性。例如,在重大工程管理中,将重大工程管理建筑信息模型作为一个联邦成员,具有较高互用性和重用性,且可成为工程管理中非常基础的工程管理信息模型,并为其他仿真提供基础数据支持。又如,将重大工程中的监理方作为一个联邦成员,其与其他工程建设与管理主体之间的信息交互最为频繁,具备高通道性、交互性与自治性特征。

重大工程管理联邦式建模及支撑环境联邦模型设计的准备以联邦模型、系统与管理成员的选择、联邦情景和联邦需求为输入,对联邦成员的功能和行为进行定义,对联邦成员之间的联邦关系进行定义,同时还要注意这些功能和行为定义的详细程度是否充分、灵活程度是否能够应对未来多变需求,以及理论支持是否足够强大等。

重大工程管理联邦式建模及支撑环境的联邦计划准备的目的是制订一个能够指导联邦成员开发、测试、运行和校核的协作计划,需要联邦成员之间紧密地开展信息交流和任务协作。

9.3.4.4 联邦开发

重大工程管理联邦式建模及支撑环境的联邦开发是利用各类模型开发方法与技术,实现重大工程联邦模型、系统与管理的开发。以 DMSO 联邦开发与运行过程模型中联邦模型开发为参考,将重大工程管理联邦模型、系统与管理开发定义为重大工程联邦对象模型(FOM)开发,联邦协议建立和联邦成员修改实现等三方面内容。

重大工程管理联邦式建模的联邦对象模型(FOM)开发是指制定联邦成员之间数据、信息与能量交换的规则,保证重大工程管理联邦模型、系统与管理运行时各模型、系统与管理成员之间正确的数据、信息交互,以实现联邦目标,但并不局限于此。更重要的是要说清联邦模型、系统及管理成员之间数据、信息交换规则的具体管理含义,弄清这样的交互规则是任务链、资金链、物资链还是命令链。

重大工程管理联邦式建模的联邦对象模型(FOM)的开发并不等同于重新开发新的联邦模型、系统与管理成员,而是尽可能在已有的模型、系统与管理的基础上,将那些基础性、独立性、重用性、自治性、互用性以及通道性的模型、系统和管理进行联邦式集成。也就是说,尽可能减少对已有模型、系统与管理的无效性重复开发,而应把提升联邦模型、系统与管理成员的自治性与交互性作为设计与开发的重点。尽可能通过提升联邦成员的自治性与交互性来完善联邦模型、系统与管理成员内部功能的自我新陈代谢的闭环性设计,丰富成员之间通信规则管理内涵的接口设计。

虽然 FOM 已经记录了联邦成员之间的数据、信息交互所必须遵守的规则,但仍然存在许多联邦成员交互规则无法通过 FOM 来描述。例如某些全局性的① 联邦情景数据精度与格式的约定;② 联邦时间切片粒度的约定;③ 联邦同步控制逻辑的约定;④ 联邦算法增、删、改、查等约定;⑤ 联邦系统运行、控制与管理约定;⑥ 联邦数据分发管理约定等内容,则需要建立联邦协定,尽可能实现联邦成员交互规则的统一性、完整性与互操作性。

9.3.4.5 联邦集成与测试

重大工程管理联邦式建模及支撑环境的联邦集成与测试是指对上述所开发

的联邦模型进行集成与测试工作。以 DMSO 联邦开发与运行过程模型中联邦模型集成与测试为参考,将其主要工作划分为四个方面:① 联邦集成与测试计划的制订;② 联邦成员模型的集成与测试;③ 联邦成员系统的集成与测试;④ 联邦成员管理的集成与测试。

联邦集成与测试计划的制订主要是指:对拟定联邦成员模型、联邦成员系统以及联邦成员管理的集成、测试与运行管理过程和相关要求,并对相关集成过程与要求进行必要的记录。联邦成员模型的集成与测试是指,对重大工程管理联邦的联邦成员模型求解的正确性以及效能的评估,尽可能完善联邦成员模型运行所需要的各类信息。联邦成员系统的集成与测试是指,对重大工程管理联邦的联邦成员系统耦合的正确性以及效能的评估,尽可能完善耦合后的联邦系统运行所需要的各类信息。联邦成员管理的集成与测试是指,对原本隶属于不同联邦的联邦成员模型或系统的管理制度与规范进行融合与测试。

重大工程管理联邦式建模及支撑环境的联邦集成将实现"人—机—物—管"软、硬件互联,使得各联邦成员形成一个整体、一个能够产生联邦建模能力涌现的联邦式建模环境。这不仅仅是一个技术性问题,更是一个建模管理方法论创新问题。这里的联邦模型、系统与管理的集成是一个循序渐进的过程,既要注意逐步测试与校核的重要性,又要注意全局集成的测试与校核问题。也就是说,集成也是一种测试,是对前述联邦目标定义、概念模型开发、联邦设计与联邦开发的单元性、系统性以及复杂整体性建模效能的"全身体检"。

重大工程管理联邦式建模及支撑环境的联邦测试主要是测试各联邦成员是否能够实现重大工程管理联邦式建模目标的要求,特别是联邦成员模型、系统与管理的自治性、互操作性与建模能力涌现,是否满足重大工程管理复杂整体性建模需求。按测试对象划分,重大工程管理联邦测试包括联邦成员测试和联邦测试,前者主要测试联邦成员编码正确性、集成兼容性以及自治性闭环是否运作良好,后者主要是测试联邦成员及联邦是否已满足复杂整体性建模需求。

9.3.4.6 联邦运行和结果处理

重大工程管理联邦式建模的联邦运行和结果处理是重大工程管理联邦模型开发与运行过程的最后步骤,其目的是运行联邦和处理联邦运行输出结果。

联邦运行需要事先制定好联邦运行的整个控制和监测管理方案,使得所有联邦式建模参与者可以协同参与重大工程管理联邦式建模过程。结果的处理包括输出数据的存储方法,输出数据的统计分析和输出数据的可视化展示的设计与管理。甚至可利用联邦式建模输出数据形成一份规范的结果分析报告。

本章用了较多的篇幅介绍了具有超前性的开展重大工程管理复杂整体性研究的重大工程管理联邦式建模方法。这一方法的显著特点是:

（1）这是一个面向重大工程管理复杂整体性研究的方法体系，而不仅仅是针对某一个具体问题研究的方法。

（2）这是一个具有多功能的平台，它最核心的功能是研究者可以利用它提供的各种环境与支撑条件，研究各类管理问题。

（3）这是一个跨领域、多学科，充分体现综合集成思想的技术路线，它的核心和关键技术主要体现在对重大工程管理复杂整体性的覆盖和驾驭的可行性。

当然，构建一个这样的平台不是少数人在较短时间内可以完成的，它在表现出自身强大功能的同时，也规定了它自身的系统复杂性和实现过程的艰巨性，甚至可以认为，重大工程管理联邦式建模本身就是一项重大工程。但是，一旦构建了这样一个实实在在的联邦模型，针对某一个具体的重大工程，那在该工程的全生命周期内它都将提供强大的决策、分析和管理支持能力，并对其他重大工程能够体现出较强的适应性。因此，它给该重大工程管理研究带来的影响与功效将是巨大和全方位的。

参考文献

[1] Anderson P W. More is different: Broken symmetry and the nature of the hierarchical structure of science [J]. Emergence: Complexity and Organization, 2014, 16(3): 117.

[2] Azhar S. Building information modeling (BIM): Trends, benefits, risks, and challenges for the AEC industry[J]. Leadership and Management in Engineering, 2011, 11(3): 241-252.

[3] Bañuls V A, Turoff M, Hiltz S R. Collaborative scenario modeling in emergency management through cross-impact [J]. Technological Forecasting and Social Change, 2013, 80(9): 1756-1774.

[4] Baskarada S. Qualitative case study guidelines[J]. The Qualitative Report, 2014, 19(40): 1-25.

[5] Becerik G B, Jazizadeh F, Li N, Calis G. Application areas and data requirements for BIM-enabled facilities management [J]. Journal of Construction Engineering and Management, 2011, 138(3): 431-442.

[6] Beltratti A, Consiglio A, Zenios S A. Scenario modeling for the management of international bond portfolios[J]. Annals of Operations Research, 1999, 85: 227-247.

[7] Bjørnholt M, Farstad G R. "Am I rambling?" on the advantages of interviewing couples together[J]. Qualitative Research, 2014, 14(1):

3-19.

[8] Brown T, Beyeler W, Barton D. Assessing infrastructure interdependencies: the challenge of risk analysis for complex adaptive systems[J]. International Journal of Critical Infrastructures, 2004, 1(1): 108-117.

[9] Cohen R, Havlin S. Complex networks: structure, robustness and function[M]. Cambridge University Press, 2010.

[10] Decision-making on mega-projects: cost-benefit analysis, planning and innovation[M]. Edward Elgar Publishing, 2008.

[11] Ducot G, Lubben G J. A typology for scenarios[J]. Futures, 1980, 12(1): 51-57.

[12] Eastman C M. Building product models: computer environments, supportingdesign and construction[M]. CRC press, 2018.

[13] Evans J A, Kunda G, Barley S R. Beach time, bridge time, and billable hours: The temporal structure of technical contracting [J]. Administrative Science Quarterly, 2004, 49(1): 1-38.

[14] Flyvbjerg B, Holm M S, Buhl S. Underestimating costs in public works projects: Error or lie? [J]. Journal of the American Planning Association, 2002, 68(3): 279-295.

[15] Girmscheid G, Brockmann C. The inherent complexity of large scale engineering projects[J]. Project Perspectives, 2008, 29: 22-26.

[16] Godet M, Roubelat F. Creating the future: the use and misuse of scenarios[J]. Long Range Planning, 1996, 29(2): 164-171.

[17] He Q, Luo L, Hu Y, Chan A P. Measuring the complexity of mega construction projects in China: A fuzzy analytic network process analysis [J]. International Journal of Project Management, 2015, 33(3): 549-563.

[18] He Q, Qian L, Duan Y, Li Y K. Current situation and barriers of BIM implementation[J]. Journal of Engineering Management, 2012, 1: 12-16.

[19] Ladyman J, Lambert J, Wiesner K. What is a complex system? [J]. European Journal for Philosophy of Science, 2013, 3(1): 33-67.

[20] Ledford H. How to solve the world's biggest problems[J]. Nature News, 2015, 525(7569): 308.

[21] Leifler O, Eriksson H. Analysis tools in the study of distributed decision-making: a meta-study of command and control research[J]. Cognition, Technology & Work, 2012, 14(2): 157-168.

[22] Mahoney J, Goertz G. A tale of two cultures: Contrasting quantitative and qualitative research[J]. Political Analysis, 2006, 14(3): 227-249.

[23] Mannay D. Making the familiar strange: Can visual research methods render the familiar setting more perceptible? [J]. Qualitative Research, 2010, 10(1): 91-111.

[24] McFadden D. Conditional logit analysis of qualitative choice behavior [M]. Academic Press, 1973.

[25] Millett S M. The future of scenarios: challenges and opportunities[J]. Strategy & Leadership, 2003, 31(2): 16-24.

[26] Morning A. Reconstructing race in science and society: Biology textbooks, 1952-2002[J]. American Journal of Sociology, 2008, 114 (S1): 106-137.

[27] Murray J, Rhodes M L, Murphy J, et al. Public management and complexity theory: Richer decision-making in public services [M]. Routledge, 2010.

[28] Ostrom T M. Computer simulation: The third symbol system[J]. Journal of Experimental Social Psychology, 1988, 24(5): 381-392.

[29] Rich V. Personal communication[J]. Nature, 1989, 338(6210):5.

[30] Sarjoughian H, Zeigler B P. DEVS and HLA: Complementary paradigms for modeling and simulation? [J]. Transaction of the Society for Computer Simulation, 2000, 17(4): 187-197.

[31] Savin-Baden M, Major C H. Qualititaive Research: The Essential Guide to Theory and Practice[M]. Routledge, 2013.

[32] Schwartz P. The art of the long view: planning for the future in an uncertain world[M]. Crown Business, 2012.

[33] Simon H A. The architecture of complexity[M]. Facets of systems science. Springer, Boston, MA, 1991: 457-476.

[34] Weinan E. Principles of multiscale modeling[M]. Cambridge University Press, 2011.

[35] Wilcox P A, Burger A G, Hoare P. Advanced distributed simulation: a review of developments and their implication for data collection and

analysis[J]. Simulation Practice and Theory,2000,8(3-4):201-231.
[36] Zhang H,Wang H,Chen D,Zacharewicz G. A model-driven approach to multidisciplinary collaborative simulation for virtual product development[J]. Advanced Engineering Informatics,2010,24(2):167-179.
[37] 陈向明. 社会科学中的定性研究方法[J]. 中国社会科学,1996(6):93-102.
[38] 戴剑伟,蒋晓原. 基于HLA的武器对抗仿真系统开发研究[J]. 计算机仿真,2002,19(2):10-14.
[39] 郭俊礼,滕佳颖,吴贤国,等. 基于BIM的IPD建设项目协同管理方法研究[J]. 施工技术,2012(22).
[40] 刘来福,曾文艺. 数学模型与数学建模[M]. 北京:国防工业出版社,1999.
[41] 戚安邦. 多要素项目集成管理方法研究[J]. 南开管理评论,2002,5(6):70-75.
[42] 钱学森,于景元,戴汝为. 一个科学新领域:开放的复杂巨系统及其方法论[J]. 自然杂志,1990(1):3-10.
[43] 盛昭瀚,游庆仲. 综合集成管理:方法论与范式:苏通大桥工程管理理论的探索[J]. 复杂系统与复杂性科学,2007,4(2):1-9.
[44] 盛昭瀚,游庆仲,程书萍,等. 苏通大桥工程系统分析与管理体系[M]. 北京:科学出版社,2009.
[45] 石英. 质性研究与社会学的中国化[J]. 人文杂志,2013(4):101-107.
[46] 谭永基,蔡志杰,俞文. 数学模型[M]. 上海:复旦大学出版社,2005.
[47] 于景元,周晓纪. 从定性到定量综合集成方法的实现和应用[J]. 系统工程理论与实践,2002,22(10):26-32.
[48] 张建平. BIM在工程施工中的应用[J]. 中国建设信息,2012(20):18-21.

第四篇 主要理论观点

在初步构建重大工程管理理论体系的核心概念—基本原理—科学问题之后,根据研究对象独特的本质属性设计出与之相匹配的研究方法原则与方法体系,即组成了完整的构建理论体系的学理链。

具体地讲,还原论与整体论融合起来的综合集成方法论,充分体现了对重大工程管理活动整体性与管理问题复杂性的揭示,并成为有效的研究重大工程管理复杂整体性的方法论。

进一步地,提出了以下三类共性关键方法:

1. 针对重大工程管理活动与问题复杂整体性的特征,需要从管理活动与问题的完整情景(或背景)出发,深入挖掘问题宏观现象与微观行为之间的内在关联、形成机理并通过系统分析方法揭示其普遍规律即质性,这就是全景式质性分析方法。

2. 由于情景概念充分体现了重大工程管理的复杂整体性内涵,又与重大工程深度不确定决策质量评价有着极密切的关系,而在统计学意义上,重大工程管理活动情景总体上都属于稀缺样本,因此,工程管理情景的重构、发现与预测方法就成为一种共性关键方法。而这在传统的研究中很难找到这一有效的研究方法,所以,本篇提出了情景耕耘方法来解决这一难题。

3. 针对重大工程管理的复杂整体性特征,以及管理问题同时涉及工程物理世界、虚拟世界、信息世界,涉及人、事、物,涉及多领域、多学科,涉及多层次、多维度、多尺度,因此,需要有能够覆盖上述各方面的研究平台。本篇首次提出的重大工程管理联邦式建模方法就是这样一个平台。该平台充分包容了重大工程管理活动在全局、全程和全员意义上的复杂整体性。并在此基础上,通过齐全的平台功能为研究重大工程管理问题提供必要的环境与条件。这一平台体现了综合集成思想关于定性、定量、模拟实验相结合、人机结合和以人为主等核心技术路线,并且充分发挥了当前先进的信息技术优势,因此具有较强的平台功能。

第 10 章　重大工程智能管理

关于重大工程管理理论的探索与思考总是以一个时期、一定范围的工程实践和工程管理面临的社会科技环境为基础的。实践永无止境，社会科技环境变化也很快，因此，理论探索与思考也就与时俱进并且永无止境。那么，当前，重大工程实践与社会科技有着怎样的发展趋势呢？它们在整体层面上又会怎样地催生和影响重大工程管理变革呢？这已不是一个未来的理论问题，而是一个已经实实在在出现在我们面前的问题。

10.1　不断增强的重大工程复杂性

我们已对重大工程和重大工程管理确立了复杂整体性的认知。那么，未来的重大工程和重大工程管理在复杂性的范畴内将显现出怎样的"复杂性"的变化呢？

如果我们用工程技术复杂性与工程管理复杂性两个维度来描述未来的重大工程的综合复杂性，大体上会如图10.1所示。

如图所示，区域Ⅰ内的重大工程基本上表现为工程技术与管理都呈现一般复杂性。而在区域Ⅱ，表现为管理一般复杂性而工程技术高度复杂性。所谓工程技术高度复杂性，例如，重大工程硬系统的材料、施工装备、工艺尚不齐全，必要的工程技术原理与规律尚不完全清楚等。在区域Ⅲ，表现为工程技术一般复杂性而管理高度复杂性。所谓管理高度复杂性，例如，出现了对重大工程管理复杂性认知、协调与执行的更大困难等，更难以做到对管理复杂整体性的有效、有序驾驭。而在区域Ⅳ，则同时表现出工程技术与管理高度复杂性，这时只能说从总体上复杂程度为一片混沌。

需要指出的是，所谓重大工程综合高度复杂性只是一种整体层面上的认知，是一种含糊不清的概念。所以含糊，因为在未来，什么是复杂系统，什么是复杂性，又可能有了新的认知，形成了新的概念；或者人们的智慧与能力有了巨大的提高，今天被我们认为是复杂的事物，在未来已经变成不复杂了。而一旦我们的智慧可以把复杂理解为不复杂、简单了，那今天我们认为的高度复杂则可能在未来也就成为一般复杂了。

第 10 章 重大工程智能管理

图 10.1 重大工程的综合复杂性

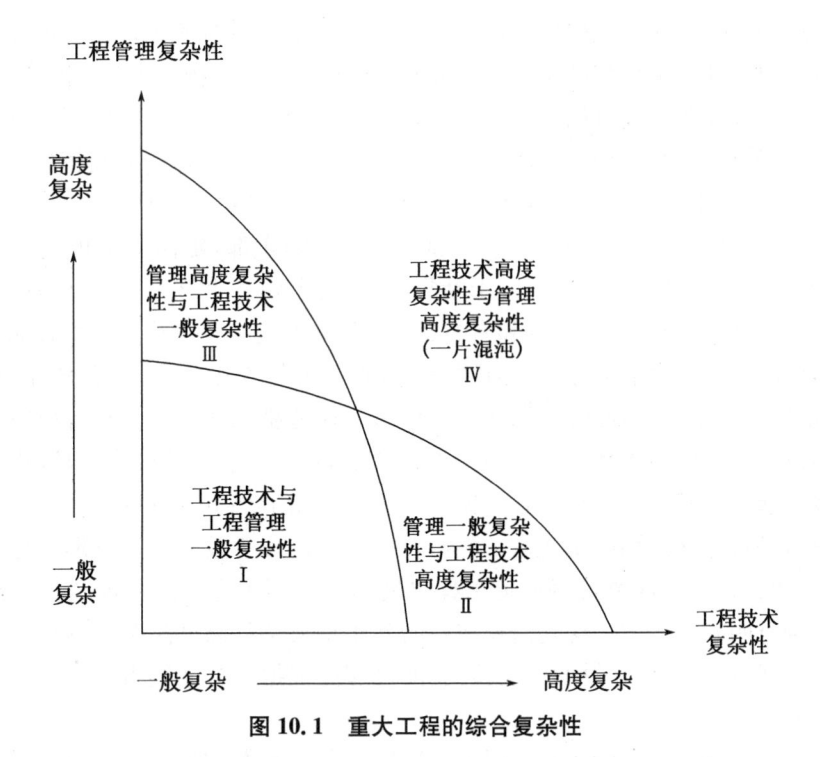

其实,综合高度复杂的重大工程早已出现。中国近三十年前建设的三峡水利工程在一定意义上可算作一个综合高度复杂工程,至少从三十年来围绕着三峡工程决策效果持续不断的争议就充分反映了三峡工程决策管理及决策方案综合评价都是高度复杂的。

这里还有另一个典型的案例。当前,中国东部正在规划论证拟建设的连接山东、辽宁两省横跨渤海湾的跨海通道工程也可认为是一项管理与工程技术都是高度复杂的重大工程。该工程规划为全海底隧道,全长 123 千米,火车时速 220 千米,采用火车载运汽车方式。

渤海跨海通道工程寿命长达百年,工程建成后,它与周边区域将形成一个新的工程—社会—自然复合系统。这样,工程在建设过程,特别是今后长时期运营过程中,必将对工程区域的地质和生态、社会和经济环境造成广泛、持久而深刻的影响,有可能引发和涌现出该区域过去和现在都从未出现过的严重自然生态灾害风险。这类由地质、洋流、生物、人造工程等多个交互关联子系统所形成的强关联演化型风险,使用传统工程论证的方法是难以发现和预测的。因此,渤海跨海通道工程前期规划论证工作必须充分识别与发现由于工程复杂性在超长工程寿命期内可能引发的新的重大潜在风险,特别是可能涌现出各类大尺度演化型严重自然灾害风险。这是渤海跨海通道工程论证工作面临的新的高度复杂性的严峻挑战,任何采用传统工程论证方法而低估这类风险都是十分危险的。

又如,在地质环境方面,渤海跨海通道工程区域地质条件十分复杂,海底为沟脊横穿的崎岖地貌,地势自西向东倾斜,渤海海峡及其两岸的断裂较多。国家地震台网在 2014 年 8 月 22 日曾就渤海跨海通道项目发布信息:"郯庐地震带,北起黑龙江,南到长江,呈北东走向,纵贯中国大陆东部,延伸达 2 400 多公里,是东北亚巨型断裂系中的一条主干断裂带,历史上曾发生过多次强烈地震。"而此断裂带正处在遭受强烈挤压和有右旋扭动的断裂地段,故易于积累大地震的能量,问题的严重性恰恰在于渤海湾跨海大通道的位置几乎与这条地震带重叠,一旦渤海中发生大级别地震,那么这条跨海大通道将无法幸免。还有地质专家比喻:渤海湾海底地质状况就像一只被打碎但还保持原来形状的瓷盘,非常脆弱,经不起"折腾",对它要"小心翼翼"。而跨海隧道内高速列车超长时间连续不断运行,是否会导致渤海海底这一脆弱的"瓷盘"进一步破碎并诱发形成地震等重大地质灾害?对这类跨海通道工程引发的深度不确定大尺度演化型风险问题,必须有明确的答案。这就需要在新的基于重大工程高度复杂性的论证思想指导下,通过一系列科学勘查、实验,获取足够的证据数据才能得出经得起历史检验的结论。

在工程寿命方面,渤海跨海通道工程是一个百年数量级寿命的超级工程,在工程施工过程和今后上百年的运营中它会"激发"出哪些新的物理因素,这些因素通过长时间的积累可能不断增强,并通过地质、洋流、生物侵蚀等作用,是否会导致工程出现沉降、裂缝、坍塌,工程运行是否引发地震。这类问题也需要通过复杂工程质量演化分析,通过多层次、多维度、多尺度、多粒度工程情景模拟与系统仿真等技术进行论证分析,才能逐步弄清可能的现象和规律。

另外,在生态环境方面,渤海跨海通道工程的施工和今后上百年的长期运营也可能对渤海海洋生态系统演化产生重大影响、可能会对渤海湾海洋生态环境和海洋野生生物生存环境造成巨大破坏,这些都将是一个大时空尺度下系统性生态灾害的传递—扩散—演化过程。一旦发生,它对渤海湾这样的海域封闭、水动力差、水体循环周期长和生态系统脆弱的自然系统造成的灾害性影响是巨大的,应该运用现代多学科方法进行论证研究:一是分析可能出现的潜在生态灾害,二是设计预防潜在灾害的、可靠的"防灾减灾"应急预案,再作综合评估。

类似的演化型风险还有很多,对此我们既缺乏经验,更缺乏驾驭能力,如果在论证时严重低估或疏忽了它们,对于国家、社会和自然生态系统,其后果将是灾难性的。

由此可见,要充分认识到渤海湾通道工程是一项深度不确定、高风险、管理与工程技术高度综合复杂性工程;认识到在渤海跨海通道工程论证工作中,将遇到中国首次甚至是世界首次遇到的许多高度综合复杂问题。

为了保证渤海跨海通道工程论证工作的质量和科学性,关键要保证论证的重点和难点是工程超长寿命期内大尺度风险与灾害的发现、预测和相应的"防灾减灾"举措。为此,要设计针对该重大工程综合高度复杂性的论证目标和论证体系,论证体系的设计不仅需要考虑社会、经济、生态、人文等多个子系统的交互关联性,还需要能够在决策目标、决策条件和决策准则之间体现交互、建立接口,从而能够进行目标的集成分析。一些新的、独特的论证目标和论证问题可能是"世界首次"的难题,但必须搞清楚、搞透彻,不能有任何一丝一毫的侥幸和简单化的态度。

另外,国际工程界提出的拟建设的白令海峡大桥(Bering Straits Bridge)是一座连接亚洲与北美洲的重大交通工程,一旦建成,将成为人类建筑史上的又一大奇迹。该工程方案规划大桥总长近40千米,包含220多个桥墩,每个桥墩重达数百万磅才能抵御重达数百万吨的北冰洋深冰的强压。大桥环境极其恶劣,气候严寒、多暴风雪和雾,冬季气温最低可达$-45\ ℃$以下,海峡表层结冰,冰层厚达2米以上。在如此险恶的环境中建桥,要战胜庞大的冰山、汹涌的海水和$-40\ ℃$的低温,工程材料、施工机械设备,特别是对相关工程原理与技术及管理规律等都因缺失认知、信息和知识而表现出高度综合复杂性和世界"首次"与"顶级"的风险。

而诸如长达105千米的白令海峡海底隧道工程、从Rosenheim穿越阿尔卑斯山脉至Verona单洞总长大于500千米的自动化地下货运及铁路线工程、法国Lyon至意大利Torin的长约54千米的隧道、中国琼州海峡通道、中国台湾海峡跨海通道等一系列人类超级造物工程的规划与设想都可谓综合高度复杂重大工程。

对这类高度复杂重大工程,其管理思想可能已不是本书提出的将问题复杂性经一次降解后与项目管理现场执行能力有效对接,而需要对复杂性进行分类分级,如在复杂性问题类中有基本(一般)复杂性问题,称为Ⅰ级复杂性问题,再依复杂性程度由低到高分为Ⅱ、Ⅲ……级复杂性问题。对高度复杂性重大工程,我们可以依据问题复杂性级别,进行多尺度管理,其管理思想为从问题的复杂性高层级逐次向低层级降解,直至与项目管理的管理现场执行能力有效对接。

也就是说,在未来综合高度复杂性重大工程管理过程中,复杂性降解仍然是重要的基本原理,但由于此时复杂性呈现出多层级特点,因此,可将现在的复杂性一次降解模式变更为多次逐级降解模式。

10.2 智能互联网时代

这一节主要介绍当前对重大工程建造与管理有着重要变革性影响的现代科技发展"大事"。

先让我们简单回顾一下近几十年来现代信息技术迅速发展的标志性"大事"。

首先,互联网的出现引起了全球性社会经济活动的重大变革。互联网是一个由各种类型和规模的、独立运行和管理的全球性计算机网络,是一个全球性巨大的信息和服务资源。

随着智能手机、平板电脑和移动互联网的兴起,以移动互联网为代表的移动互联时代开始了,移动互联是互联网与移动通信的互相融合。2007年,云计算诞生了,云计算是一种基于互联网的计算方式,通过这种方式,在远程的数据中心里,成千上万台电脑和服务器连接成一片电脑云,共享的软硬件资源和信息可以按需求提供给计算机和其他设备。

紧接着,在互联网概念的基础上产生了"物联网"概念,物联网是在互联网基础上延伸和扩展的网络。物联网把所有物品,包括电器、汽车、设备、森林、湖泊、大海……基于信息传感设备和 IP 地址并通过新一代互联网连接起来,甚至任何物品与物品之间均可进行信息交换,即物物相联实现了智能化识别和管理。

2008年,大数据概念被提出。大数据基本内涵是指所涉及的数据资料量的规模巨大到无法通过人脑甚至主流软件工具在合理时间内完成采集、整理、分析,从而成为帮助人们决策与管理的信息。总的说来,大数据是对大量、动态、能持续的数据通过运用新系统、新工具、新模型的融合与挖掘,从而获得具有洞察力和新价值的信息。

这样,在不长的时间内,互联网、物联网、云计算与移动智能终端等现代信息技术标志性成果为我们构建了一个智能化的基础设施工程平台,依靠这个平台,人类开始进入了智能互联网时代。

几乎就在同时,在沉寂了多年之后,人工智能裹挟着互联网与大数据的雄风呼啸而至。

广义上的人工智能,泛指通过计算机实现人的头脑思维所产生的功效,是对能够从环境中获取感知并执行行动的智能体的描述与构建,是通过研发用于模拟、延伸和扩展人的智能的理论、方法、技术及应用系统。这一系统由跨界、跨学科的技术与工具组成,并涌现出一定意义上的人的头脑所表现出来的功能,在某些时候,有些特定功能甚至比人脑更好。

令人吃惊的是,在短短的二三十年之内,从互联网到大数据,再到人工智能,伴随着现代科学技术,特别是现代信息技术的发展,人类的生产、工作、生活方式发生了巨大的变化,在全面、整体性地提高人类各项实践活动质量的同时,也深刻地改变了人类的价值观念、思维习惯、行为方式、人际关系、自我认知以及意识与情感的体验与表达。

综上可以看出,一方面,随着未来重大工程的系统复杂性越来越强,建设难度和技术水平越来越高,工程建设中会出现越来越多的新技术、新材料、新装备、新工艺。这一趋势不仅会对工程建设企业、工程建设行业,甚至对整个重大工程建设环境都会带来整体性变革。另一方面,重大工程科技环境的发展在与重大工程建造相互融合的过程中,既为重大工程建造与管理提供空前强大的技术支撑,也会引导和促进工程建造方式与管理模式产生重大变化。例如,上面提到的智能互联网技术就正在并已经有力推动重大工程建造方式的变革,还会进一步推动重大工程管理模式和管理理论的创新。

下面我们就重大工程复杂性不断增强并与移动互联为代表的现代信息技术相互融合后可能出现的重大工程建造与管理变革进行分析和展望。

10.3 重大工程智能建造

首先,在当今重大工程建造中,以"人本化"、标准化、精细化、工业化与信息化为主要标志的现代重大工程建造模式正得到普遍推广。例如,工程物理世界与功能的可视化模型(BIM)发挥了重要作用;工程大批量材料、构件的工业化生产及自动化技术得到广泛作用;工程主要装备及工程硬系统运行状况的实时监控与健康诊断技术水平不断提高,以物联网、互联网、云计算为基础设施的大数据技术正在重大工程立项、设计、论证、决策等方面发挥着越来越大的作用。

所有这一切,正促使重大工程建造方式发生深刻变革:通过重大工程硬系统为核心的工程物理世界与工程信息模拟世界对接的技术思维不断释放和优化工程管理功能,并不断提高工程综合质量与管理效率。**我们把这种在重大工程建造中应用互联网技术的技术思维称为重大工程建造+互联网**。人们通过重大工程建造中的这一思维增强了信息与数据的链接与互通在重大工程建造中的作用,同时也提高了认识、分析和驾驭重大工程管理的能力。

但是,正如我们在本书前面指出的,重大工程建造是一种复杂整体性思维,是一种综合集成方法论思维,而技术思维只是这一思维模式中的一部分,重大工程建造除需技术思维外,还需要系统思维、人文思维与创新思维。

所以,在新的信息技术发展形势下,重大工程建造新的实践变革需要我们在未来面对复杂性管理问题时，① 包容全生命周期内重大工程建造涉及的所有要素；② 整合和配置好重大工程建造的所有资源；③ 在建造中全面和全程采用先进的信息与计算机技术；④ 运用各种方法和手段形成更强的建造能力和新的价值。

这些思维体现了一种包含连接、互通、融合的哲学思维，也是所谓的"**互联网＋**"思维。

在"互联网＋"思维框架下，可以对重大工程建造所有要素实现人与人、人与物、物与物、人与服务、人与情景、人与活动、人与未来、现实与现实、现实与虚拟之间的全景式连接、重构、挖掘与耕耘，从而实现新的、更强大、全过程、全方位的建造价值的涌现。这是当前重大工程建造实践已经初步显现并迅速扩展的先进形态的重要端倪，对未来重大工程建造有着深刻的变革意义与影响力。我们称此为"**互联网＋重大工程建造**"思维。形成这一思维的主要基础有以下两点：

（1）现代信息与计算机技术为我们应对重大工程建造复杂性的挑战提供了新的强有力的手段与工具。

（2）当今的互联网时代已经为实现"互联网＋重大工程建造"思维提供了以云（云计算、大数据）、网（互联网、物联网）与端（终端、APP）为核心的互联网基础设施，形成了"互联网＋重大工程建造"的生态环境与平台。

这样，当前我们实际上已经站到了从"重大工程建造＋互联网"到"互联网＋重大工程建造"的重大工程建造方式发展历程的重要转折点。而这一重要转折催化和形成了重大工程建造模式的重大变革，人们把这一变革称为**重大工程智能建造**。

为什么把这一建造模式归纳为"智能"建造？

事实上，"互联网＋"与"智能互联"的核心内涵是一致的，即都是形成了基础性、平台性的人类社会—计算机系统—物理世界三元融合的信息物理系统（Cyber Physical System，CPS）。而CPS作为平台一旦与重大工程建造相结合，就充分体现出连接及大数据共享的功能，并在工程建造全过程中，将决策与建造主体、承包商、供应商、工程物理实体、社会公众、工程规划以及设计、施工、运营、服务、价值链等紧密地连接在一起，将传感器、嵌入式终端、智能装备、智能控制系统、通信设施通过信息物理系统（CPS）形成一个智能网络，使得重大工程物理实体与施工装备之间、装备相互之间以及数字世界和物理世界之间能够互联，并通过网络持续地保持数字信息的交流。

这样，在重大工程建造过程中，就实现了全面的连接，包括人与人、人与物、物与物的连接。工程建设装备通过互联网的连接，打造"网—云—端"一体化的信息基础设施，并将所有工程施工过程中各个环节的数据存储在云端，为整个工程建造服务。

特别是,这时整个重大工程建造过程将表现出:① 通过工程智能装备之间的连接、工程建造内部网的互联实现建造过程的智能化;② 通过网络协同化建造整合产业链上下游,使建造更加智能;③ 向个性化与服务化延伸,实现物理实体与网络虚体相结合。

也就是说,这时的 CPS 在复杂和未知的重大工程建造环境中,在一定程度上表现出类似人类大脑的较高级的智力行为与能力,如自动获取和应用工程建造知识的能力、某些工程思维与推理能力、对工程现场问题分析与求解的能力以及自动学习的能力等,即在一定程度上表现出人的"智能",因此,把这一建造模式变革的核心称为"智能"建造。

当然,这里的"智能"仅仅是人工构建的 CPS 平台所表现出的某些类似于人的智力,它本质上是 CPS 及其他现代信息技术平台对人的意识、思维的信息过程的模拟,而不是真正人的智能,而仅仅在一定程度上能够像人那样思考和活动。因此,这里的"智能"实际上是 CPS 等一定程度上表现出的关于人的"智能化"功能。

正因为如此,这里表现出的工程建筑过程中的"智能"水平,远远无法与真正人的智能水平相比,特别是无法达到人在重大工程建造过程中面对各种复杂性通过自身感知、学习、推理、判断所表现出的自适应性和自组织能力。

这里,不得不提到,当前,"智能"概念在现代化工厂制造中也很"火热",互联网与大数据环境已经形成了各种各样的工厂"智能制造"模式,甚至出现了完全自动化和智能化的"无人工厂",这主要是因为对于强调标准化和程序化的大批量产品制造工厂来说,可以通过构建理想的封闭环境,依靠精确的自动化装备,并且把人的关于产品制造的智能性能力和知识通过标准程序和规则嵌入产品制造工艺和生产流程中,因此,在常规的产品生产过程中,现场也就无须人的参与了。

但是,重大工程建造情形就不一样,即使完成了重大工程前期的决策和设计,由于在工程建造过程中,第一,高度开放、复杂的建造现场环境随时可能出现各种不确定性和突发事件,都需要工程建造主体(人)进行实时应对处理。第二,工程现场的许多复杂问题,即使工艺、工法明确,技术原理清楚,也常常要依靠建造主体的现场经验、悟性、顿悟、智慧以及超常的直觉、独特的感知能力来解决那些"说不清、道不明"的问题,而这些独特的能力仅仅是人类高级"智能"的表现。第三,工程建造除了包含着建造主体(人)的工程技术能力,还包含着人的情感、文化、对美的理解和对自身价值观的追求,而这些都是无法由人工智能来替代的。

所有这些都明确告诉我们,重大工程智能建造不仅不可能像工厂智能制造那样绝对"无人化",而且人的自身智能始终是第一重要和占主导地位的,人工智能仅仅是人的智能的辅助和支持。

简言之,重大工程智能建造始终是以人的智能为主,人工智能为辅,即人工智能在工程智能建造中只能完成人的相对低级、简单的智能功能,而人的高级、复杂的智能功能还只能由人自己承担,所以,不能指望把重大工程建造所有的事情都交给CPS和机器人去做。

10.4 重大工程智能管理

基于CPS平台的重大工程智能建造模式自然会引起相应的管理模式的重大变革。**我们把这种相应于重大工程智能建造模式的重大工程管理模式称为重大工程智能管理。**

由于重大工程智能建造模式刚刚形成,因此,智能管理实践也自然处于萌芽和探索之中。目前,我们能够做的主要是依据重大工程智能建造的基本内涵与特征,从大数据与互联网环境驱动这一视角结合重大工程管理基本原理对重大工程智能管理进行一些框架性的设计和展望。随着重大工程智能建造实践的不断丰富和发展,我们相信,重大工程智能管理理论会不断丰富和完善起来。

下面我们仅对重大工程智能管理内涵进行框架性的描述:

1. 重大工程智能管理核心思维的变革

重大工程智能管理的核心思维是一种整体性思维,它把重大工程现场、工程全局、工程产业、工程环境重新组合并形成一个既紧密关联又相互嵌套的复杂系统网络,并通过信息、数据的互通、连接与融合实现重大工程建造及重大工程管理的智慧化。(见图 10.2)

由于工程智能建造的核心是在CPS平台上利用信息技术实现工程建造中人的一部分智能性功能,那么,智能管理也主要是在管理活动中利用信息技术形成类似人的管理智能功能,以提高管理水平和能力。数据在智能建造中起着重要作用,同样,数据在智能管理中也起着重要作用。在一定意义上,工程智能建造的本质就是数据建造;同样,智能管理的本质也是数据管理。

因此,一个功能齐全,包括数据收集、储存、加工、处理、分析、融合、挖掘、管理的数据中心对于重大工程智能管理来说就是十分重要的。

2. 重大工程智能管理组织模式的变革

重大工程智能建造模式中的互联网、物联网、云计算与移动智能终端等现代信息技术将形成"技术力""网络力"或"数据力",并成为重大工程智能管理组织

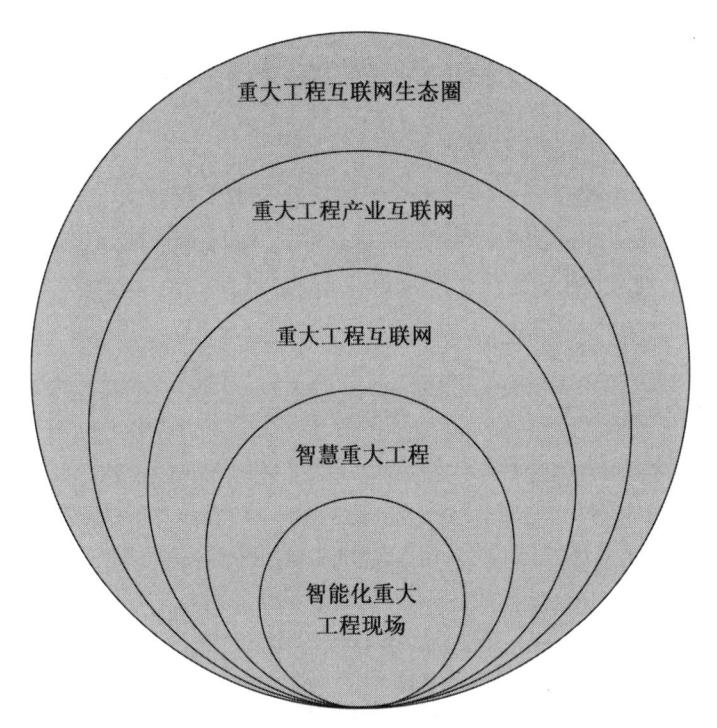

图 10.2　重大工程智能管理核心思维

主体力系中的新要素，从而改变智能管理组织原有力系形态，并进一步形成重大工程智能管理组织新的模式，涌现出新的组织功能与行为。这时，重大工程智能管理组织内的序主体、承包商、供应商、金融机构、顾问公司以及其他专业化组织和利益相关者之间可能更表现为一种网络协同组织与行为，可能出现一种更趋于扁平化和柔性化、序主体主导与去中心化并存、横向关联强大的以递阶式委托代理关系为纽带的复杂网络模式。**智能管理组织的功能也将在传统的管控基础上增加对智能建造全方位与全过程的服务**。

3. **重大工程智能决策管理的变革**

在重大工程智能管理模式中，数据对决策的作用比以往任何时候都大，例如，互联网和舆情分析将加强决策主体与广大公众之间的互动，而 CPS 使重大工程决策活动在大数据分析平台上使决策问题定义、决策方案设计、决策方案选择和评估等全过程交互进行，这是重大工程智能管理决策范式的重要转变。因为这一决策平台能够实现决策问题的粒度缩放、跨界关联及全景可视化。这和重大工程管理理论中的多尺度适应性与功能谱基本概念以及复杂性降解、适应性选择、多尺度管理与"迭代式"生成原理等有着紧密的关联性，也就是说，智能管理模式将更有利于实现重大工程多阶段、多层次、多尺度、分布式、全景式决策,并且有利于实现决策知识自动化推送的辅助决策分析方法,最终将大数据的"计算"转化为决策主体的"算计"。这一转化将极大地增强决策主体在决策过程中的"大智慧"思维成分。

4. 重大工程智能质量管理的变革

重大工程智能管理更有利于运用新的信息技术实现重大工程整体层面的质量耐久性与微观层面的质量稳定性,以及重大工程现场管理是以质量为核心的多目标协调管理,特别是有利于形成以下的质量管理的"全情景"管理路径(见图10.3):

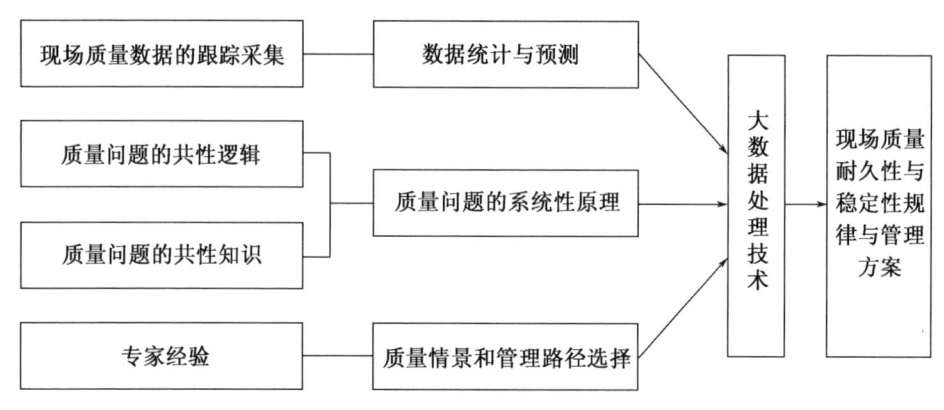

图 10.3 重大工程智能质量管理路径

进一步地,还可以在更细粒度层次上通过现场质量监控与控制平台(包括环境状态监测预警系统、现场监控系统、通信系统、工程结构健康监测系统、计算机虚拟现实系统等)实现对工程现场质量波动传导路径与规律、质量异变诱因与阈值辨识、质量异变灾害性分析以及质量控制技术与防范措施设计等精准性质量管理研究。

5. 重大工程智能安全管理的变革

首先,对重大工程现场设备构建包括设备类别、需求、运行、故障等的设备信息库;针对人的行为习惯、行为偏好等构建现场人员安全行为库;对国内外重大工程事故(事件)资料与信息构建安全案例库。在此基础上,综合大数据、云计算等技术对安全案例库、行为库、设备信息库构建重大工程智能安全管理综合信息库。

基于物联网进行现场状态监测,利用施工工法、人的行为与现场环境三者关联的机器学习方法,预测安全事故发生的类型与等级,对施工现场的不安全状态和行为进行实时预警和预报。

基于个体安全行为模型进行安全行为感知,考虑人的行为、技术与环境状态演化之间的交互耦合,明确其事故发生的机理,通过情景模拟评估施工方案的安全适应性,实现重大工程安全风险预控。

进一步地,可以利用建设信息模型(BIM)进行重大工程建造过程中的各种安全情景模拟,如逃生或人员疏散等事故处理方案、应急预案等的模拟,进而发现可能的安全风险点,并对其完善。

6. 重大工程智能供应链管理的变革

重大工程智能管理可以把重大工程产业互联网环境的支持与大数据技术应用到重大工程现场供应链管理中,这种应用将是一种将计算机技术与重大工程现场供应链管理在"智能"层面上的深度融合与变革,并形成所谓的"智能供应链管理"。具体地讲,智能供应链管理第一是形成了跨产业、跨部门、跨区域,包括政府、项目公司、供应商、承包商等,并以物联网和互联网为基础的重大工程建设产业生产体系。第二是形成信息数据嵌入式的关键物资(材料、装备、部件等)采购供应体系,并在整个工程现场供应链和工程全生命周期中所需的各种物料信息的基础上,实现对工程现场材料与构件的供应溯源。第三是形成良好的、贯穿供应链各环节、各主体、各层次的预警体系,实现供应链活动的持续进行、质量稳定、成本可控,实现分布式供应链实时管理及潜在风险监管等。第四是实现现场设备与装备健康的实时管理、维修维护、工作负载与故障预警,还可以对关键重要装备进行远程诊断,并基于工业大数据实现故障分析,有针对性地提供维修等服务。

10.5 重大工程智能管理理论

以上只是列举了重大工程智能建造模式在重大工程管理领域基本层面上引发的管理思维、管理行为与管理活动的一些变革。实际上可能引发变革的领域远远比这些更多、更深刻。特别是,其中的一些具有全局性与根本性的变革不仅会触及重大工程管理的技术层面,还会深刻影响重大工程管理活动形态与人们的理论思维。因此,以下两项工作值得我们充分关注并认真思考:

(1) 在理论思维层面上,要认真思考重大工程智能建造意义下的工程管理实践变革可能会产生什么样的新的管理理论元素,这些元素或者在原来的理论体系范畴内丰富了原有概念、原理与科学问题的内涵,或者进一步拓展了原来的理论体系,形成了新的基本概念、原理与科学问题。

应该说,至少在很长一段时间内,智能管理思维尚不会颠覆基于复杂性思维的重大工程管理基础理论体系,但丰富、拓展或修正原来理论体系中的个别原理与科学问题的具体形态、结构及内涵是极有可能的,并且也是我们乐见其成的。

(2) 在工程思维层面上,从"重大工程+互联网"的技术思维到"互联网+重大工程"的复杂整体思维的转变是重大工程管理实践与理论不断进步与发展的重要标志。因此,我们拟认真思考如何尽快实现这一转变。例如,可以设计衡量重大工程基于互联网技术水平的"重大工程互联网指数"或者"重大工程智能建造指数";可以制定不同起点的"互联网＋重大工程"或者"重大工程智能建造"战略规划与路线图;可以开展重大工程智能建造理论、核心技术与装备研制、智能重点工程示范以及重大工程产业互联网推进计划等;可以重点开发重大工程大数据及云计算网络、服务数字化工程模拟机的大数据技术及服务于重大工程智能管控与模拟仿真技术等。

以上我们从理论创新的整体层面提出了关于重大工程管理理论体系不断发展的两种可能路径。总体上说,一种是沿着复杂系统这一理论内核的逻辑脉络,直接形成新的理论创新;另一种是沿着当前重大工程先进技术发展实践情境端倪展开。而今后在重大工程智能建造过程中由于增加了行为网、物联网、计量网、检测网以及基于数据科学与云计算的信息平台和多功能、多尺度、多粒度联邦模型的支撑,重大工程建造与管理活动中的物理复杂性、网络复杂性和系统复杂性都会呈现大幅度增长。

概言之,无论上述两种路径还是这两种路径的相互融合对于进一步拓展、深化重大工程管理理论与形成理论创新都有着重要的催化作用,它同时也是重大工程智能管理理论创新的强大新动能。

必须承认,当前由于这两方面实践与我们认识上的局限性,我们还不能对重大工程智能管理理论体系做出更细致、更精准的设计和描述,这将是今后重大工程智能管理实践不断丰富的同步产物,但这一趋势是必然的。正因为如此,我们应有充分的学术敏感性,认识到重大工程智能建造不仅会引起重大工程智能管理活动的重要变革,而且会引起重大工程智能管理理论与关键技术的进一步创新。我们要努力在综合集成方法论指导下,做好关于这一理论创新的深刻思考与积极探索。

参考文献

[1] Bilal M, Oyedele L O, Qadir J, Munir K, Ajayi S O, Akinade O O, Pasha M. Big Data in the construction industry: A review of present status, opportunities, and future trends[J]. Advanced Engineering Informatics, 2016, 30(3): 500-521.

[2] Cao D, Wang G, Li H, Skitmore M, Huang T, Zhang W. Practices and effectiveness of building information modelling in construction projects in China[J]. Automation in Construction, 2015, 49: 113-122.

[3] Gu N, London K. Understanding and facilitating BIM adoption in the

AEC industry[J]. Automation in Construction，2010，19(8)：988-999.

[4] Halttula H, Aapaoja A, Haapasalo H. The contemporaneous use of building information modeling and relational project delivery arrangements [J]. Procedia Economics and Finance，2015，21：532-539.

[5] Holland J H. Hidden orderhow adaptation builds complexity[M]. 1995.

[6] Mishra S, Khasnabis S, Dhingra S L. A simulation approach for estimating value at risk in transportation infrastructure investment decisions[J]. Research in Transportation Economics，2013，38(1)：128-138.

[7] Puddicombe M S. Novelty and technical complexity：Critical constructs in capital projects[J]. Journal of Construction Engineering and Management，2011，138(5)：613-620.

[8] Stetson G, Mumme S. Sustainable development in the Bering Strait：Indigenous values and the challenge of collaborative governance[J]. Society & Natural Resources，2016，29(7)：791-806.

[9] Wang H, Xu Z, Fujita H, Liu S. Towards felicitous decision making：An overview on challenges and trends of Big Data[J]. Information Sciences，2016，367：747-765.

[10] Whyte J, Stasis A, Lindkvist C. Managing change in the delivery of complex projects：Configuration management, asset information and 'big data'[J]. International Journal of Project Management，2016，34(2)：339-351.

[11] 卢广彦,付超,吴金园,等.重大工程决策过程与决策特征研究:以三峡工程为例[J].中国科技论坛,2008(8):20-24.

[12] 盛昭瀚,金帅.湖泊流域系统复杂性分析的计算实验方法[J].系统管理学报,2012,21(6):771-780.

[13] 盛昭瀚,游庆仲,李迁.大型复杂工程管理的方法论和方法:综合集成管理:以苏通大桥为例[J].科技进步与对策,2008,25(10):193-197.

[14] 盛昭瀚,游庆仲.综合集成管理:方法论与范式:苏通大桥工程管理理论的探索[J].复杂系统与复杂性科学,2007,4(2):1-9.

[15] 杨善林,周开乐.大数据中的管理问题:基于大数据的资源观[J].管理科学学报,2015(05):1-8.

[16] 张劲文,盛昭瀚.重大工程决策"政府式"委托代理关系研究:基于我国港珠澳大桥工程实践[J].科学决策,2014(12):23-34.

英文版后记

　　作者在三十年来对中国重大工程管理实践认知及理论思考的基础上,并用了三年半左右的时间整理和建构,形成了本书。回忆起来,最深刻的感受是对重大工程管理理论探索的一贯追求是完成这一任务的最大动力。

　　关于理论(体系)的探索,往往不是一开始就有明确的前景、准确的界定、完整的结构与清晰的学术思想的。相反,许多问题在开始时是模糊不清、飘忽不定,甚至是彼此冲突的。重要的是要确立理论研究的目标和拟解决问题的"核心",即确立理论思维的原则、理论体系的认识论和方法论,并进一步使其系统化和逻辑化。当然,这些都需要一个漫长的不断走向成熟的过程。

　　当然,理论(体系)的探索从来都是曲折的。常常会出现这样的情况:在探索过程中,思维路径中断了,就像洪水把一座木桥冲垮了,无法再往前行,此时需要保持平静的心态,并且要坚持在新的探索道路上前行。研究到了一定程度,可能使你继续坚持探索的唯一动力就是理论探索的兴趣,哪怕研究再枯燥、单调,只要保持住那份兴趣,就会给研究工作注入一泓清泉,产生新的思想力量。理论的完善通常都不是一蹴而就的,都会出现停滞与反复,就像再好的跑者都会经历体力的极限而几近崩溃。思维的"长跑"是一样的道理。

　　中国有句成语叫作"抛砖引玉",直意为抛出一块泥土做的砖头,可以换回别人拿出来给你看的一块美玉。比喻拿出自己不成熟的想法可以换到别人高明的见解。这正是本书作者在重大工程管理基础理论这样重大的科学问题面前所持有的态度。无论从这一领域科学问题的宏大与复杂,还是个人的水平与能力来看,一时只能拿出像"砖头"那样不成熟、不完善的学术见解。但希望它能引起大家的兴趣,进一步开展坦诚的交流与合作,从而形成无数"美玉"般的学术观点,最终依靠大家实现重大工程管理理论的发展与进步。这应当是我们共同的态度与愿望。

　　掩卷沉思,无论本书的整体构架,还是细微之处,都有不足与遗憾,但面对这样一个复杂、宏大的科学问题,无论如何一个人的能力、水平、实践和时间都是极其有限的,不能够思考得全面而精致,更不能够靠少数人"毕其功于一役"。重大工程管理实践始终在发展,相应的工程管理理论也在不断升华。谨以此书,给这一领域内的学者们提供一些理论创新的开场话题,今后继续研究的空间将是无

英文版后记

限广阔的。

本书作者在长期开展理论探索的过程中,得到许多人的帮助,这里,我要感谢:

——从事中国重大工程建设的工程师们为我们提供了极其丰富多彩的中国重大工程管理实践以及他们自身的宝贵经验;

——国内外工程管理学界学者、教授们给我的许多宝贵的思想与观点启发;

——中国自然科学基金委员会管理学部对重大工程管理研究的慷慨资助与热情支持,本书也是中国自然科学基金重大研究项目"我国重大基础设施工程管理理论、方法与应用创新研究"的成果之一;

——中国著名管理学家郭重庆院士、黄维和院士,系统科学家于景元教授、徐伟宣教授,长大公路大桥建设专家游庆仲、朱永灵、张劲文等高级工程师的指导;

——工程管理学者林艺馨教授对本书修编工作的重要贡献;

——我的研究团队中的刘慧敏、陈瑞义、徐峰、李迁等教授的帮助;

——我的研究生及其他团队成员,如时茜茜、燕雪、石恋、曹启龙、周晓园、丁斅、梁茹、陶莎、邱大灿、朱建波、胡淑雅、翁佳丽、马骢、徐伟伟、祝艳、金蔚、丁欢欢、蔡文希、刘菊萍、虞旷怡、朱丙英、鞠瑶等的帮助,他们为本书的资料收集、文字打印、翻译等工作做出了宝贵贡献;

——Springer 出版社为本书出版提供了宝贵的支持,特别是 Mr. Neil Levine 和 Ms. Christine Crigler 对本书编辑出版的细致指导。

2017 年 1 月 1 日
又,中文版有少许文字改动,但整体结构与英文版一致
2018 年 7 月 29 日
于南京

中文版后记

本书于 2017 年初成书后先由国际著名的 Springer 出版社出版，这样安排的主要原因是当时国际工程管理学术界正对重大工程管理基础理论体系这样一个重大原创性的科学问题给予普遍的深度关切，并以不同方式、不同观点进行了探索与回应，构建重大工程管理基础理论体系的研究已经成为当时一个时期国际工程管理学术界共同的重大学术热点问题。

面对这样世界性的重大学术问题挑战和发展机遇，中国学者不仅应该积极参与，而且应该以自己自主性的理论思考与知识变革在国际工程管理学术平台上发出"中国声音"。这就是当初本书在 Springer 出版社出版的初衷。

本书最初出版英文版，最主要的是在探讨当今如何打造中国学术话语体系来表达我们自主性学术研究成果和改变中国学术"失语"现象，从实际情况看，这应该是一次成功尝试。在这方面，我们应该有更多的理论自信和文化自信。

本书首先是"源于中国重大工程管理实践的理论思考"，把理论扎根和生长在中国的管理实践的土壤中，充分体现了由中国人根据自己的哲学思辨与文化感悟总结中国管理经验和开展理论创新和解决现实问题，并以管理学术中国化融入世界管理文明之中。现在，在原来的英文版基础上，按照规范的知识产权规则，正式出版了本书的中文版。

为表述的完整性，本书最后还收录了作者（包括共同作者中国航天科技集团 701 研究所于景元先生、上海交通大学曾赛星教授）近期在《光明日报》《文汇报》上发表的三篇有关重大工程管理理论体系创新的文章。

本书选择在南京大学出版社出版，首先是因为南大出版社在出版界以其严谨的学术、规范的程序和高雅的风格著称，而且本书之主要内容是作者在南大近二十年工程管理学术研究的成果积累。

南大出版社薛志红副总编为本书中文版的出版做了全面筹划和精心安排，责任编辑束悦、彭涛为本书出版倾注了大量的心血。在此，作者对他们表示深深的谢意。

陶莎、梁茹、时茜茜、燕雪、邱大灿与朱建波博士为本书中文版的出版在校对、编排、制表等方面做了许多工作，作者对他们表示谢意。

作者夫人李力女士长期承担了家庭事务的重任，为本人的学术研究工作，特别是本书的写作出版创造了良好的环境和条件,作者向她深表谢忱。

　　本书为 2014 年开始、2018 年结题并被国家自然科学基金委员会管理学部评为"特优"的国家自然科学基金重大项目"我国重大基础设施工程管理理论、方法与应用创新研究"(71390520)的成果之一。我永远记住那共同战斗的五年,衷心感谢项目团队全体成员、一起"快乐并痛苦地"工作了五年多的项目共同负责人,他们是(按姓氏笔画为序)王红卫(华中科技大学)、乐云(同济大学)、安实(哈尔滨工业大学)、曾赛星(上海交通大学)、薛小龙(哈尔滨工业大学)等教授。项目团队全体同志为高质量完成该重大项目而表现出的严谨的科学精神、崇高的学术责任感、付出的辛勤劳动、作出的杰出贡献已成为我们共同的精神财富与文化记忆。

　　在此,向他们表达深切的敬意!

索 引

"互联网+"的思维　356
"互联网+重大工程建造"思维　356
"全景式"模式　282
Perrow　255
PMBOK　45
被动式适应性选择　116
渤海跨海通道工程　79,351
常规性超支　247
成本超支　238
大数据　354
迭代式生成　126
递阶式委托代理　131
多尺度　87
多尺度管理　121
方法论　271
复杂系统　19
复杂系统体系　30
复杂形态　155
复杂性　19,72,350
复杂性超支　248
复杂性降解　106
复杂整体性　25
复杂整体性问题　273
概念　3
工程　3
工程管理　10
工程管理理论　36
工程管理知识　42

工程—环境复合系统　18
工程软系统　18
工程系统工程　19
工程硬系统　18
功能谱　96
构成性功能　96
管理平台　85
管理主体与序主体　84
管理组织的基本力系　149
管理组织的自组织　157
管理组织中合谋行为　159
行为异化风险　237
杭州跨海大桥　109
核情景　184
基于BIM的联邦　333
技术创新管理　208
技术创新平台　210
技术创新战略　208
技术选择　205
降解路径　108
金融的组织与结构　196
决策过程风险　235
决策情景鲁棒性　182
决策质量　179
决策组织的动力学分析　162
卡尔姆"剃刀原则"　63
科学问题　64,144
理论思维　39

历史管理活动　283

联邦模型　319

联邦式建模　310,321

南水北调工程　13

钱学森　273

强关联系统　255

情景　80

情景耕耘　289

情景建模　292

情景鲁棒性决策　181

情景鲁棒性问题　182

全景式质性分析　279

深度不确定决策　172

深度不确定性　76

生成性功能　97

实体工程　40

适应性　91

适应性机制　119

适应性选择　115

未来管理活动　283

物联网　354

系统　16

系统性　16

现场"正常事故"　255

现场复杂性风险　252

现场供应链协同管理　224

现场技术的协同管理　223

现场质量综合控制　219

现场综合减灾　226,230

项目　4

项目管理知识体系　43

信息垄断风险　236

虚体工程　40

徐长福　38

移动互联　354

涌现　20

于景元　272

原理　106

云计算　354

中国港珠澳大桥　78,89,135,163,195,224,231,253

中国三峡水利工程　7,56,71,88,182,287

中国苏通大桥　86,209,231,258

中国长大桥梁　288

重大工程　5

重大工程＋互联网　361

重大工程的综合复杂性　350

重大工程管理　11

重大工程管理组织模式　145

重大工程—环境复合系统　71

重大工程技术管理　202

重大工程技术管理体系　214

重大工程金融　186

重大工程决策风险分析　233

重大工程决策主体　27

重大工程理论　43

重大工程软系统　24

重大工程投融资　189

重大工程现场复杂性　217

重大工程硬系统　21

重大工程整体管理活动　29

重大工程智能安全管理　360

重大工程智能供应链管理　361

重大工程智能管理　358

重大工程智能管理组织模式　358

重大工程智能建造　355

重大工程智能决策管理　359

重大工程智能质量管理　360
重大基础设施工程　6
主动式适应性选择　117
主体行为迭代性　126

综合集成方法体系　271
总体决策支持体系　27
总体执行体系　28

附　录

近年来,围绕本书主题,作者在学术刊物和报刊上陆续发表了一些论文与文章,现选三篇作为本书之附录。其中,刊登于《光明日报》上的文章为与曾赛星教授共同完成,第三篇则与于景元先生、曾赛星教授共同完成。

附录1

讲好重大工程管理学术创新的中国话

《文汇报》2017年7月9日智库版

【编者按】 数据表明,无论在重大工程建设总数,还是单体工程规模方面我国都在全世界首屈一指。与此同时,重大工程建设的伟大实践,给理论创造、学术繁荣提供了强大动力和广阔空间。中国学者以"工程是身躯,系统是灵魂"为原则,开展重大工程决策治理体系与治理能力现代化、"政府—市场二元作用"下的重大工程组织模式、互联网＋重大工程、重大工程社会责任、工程红利及"一带一路"与重大工程等研究,构建了体现中国特色、中国风格、中国气派的重大工程管理理论话语体系。

马克思在谈到理论研究时提出,重要的困难不是答案,而是问题。习近平总书记在哲学社会科学座谈会上也指出,"问题是创新的起点,也是创新的原动力"。重大工程管理研究创新源于重大工程建设与管理实践,在一定意义上,实践自身就是重大工程管理理论伟大的思想者。实践中的一个个管理现象与问题自然演绎成一个个生动活泼的管理故事。研究问题在某种意义上相当于在"讲故事"。

第一,从"照着讲"到"接着讲"。在过去较长一段时期内,中国工程管理学者主要以国外项目管理知识体系为核心,开展引进、介绍、传播、发展与实际应用工作,取得了丰硕成果,这对提高我国工程管理水平具有重要意义,这是我国工程管理所谓"照着讲"阶段。但是,系统开展重大工程管理学术研究是一次深刻的理论创新和知识变革,因此,这一变革不能仍然沿袭传统的项目管理体系路线,也不能仅仅讲一些重大工程管理新的现象和零散的经验，而必须在揭示重大工程管理本质内涵的思维原则指导下，提出系统性鲜明和条理性清晰的理论体系的"自我学术主张"，这一阶段就是所谓中国学者关于重大工程管理理论研究的"接着讲"阶段。

第二，讲好中国故事。当今中国既然有着世界上最丰富的重大工程管理实践，就自然有着世界上最丰富的管理故事。仅以我国公路桥梁工程为例，到2013年底，我国公路桥梁总数就达到73.53万座，总长度为3 978千米。在几十年的时间内，我国长大桥梁建设完成了从学习、追赶国外先进水平到领跑世界的华丽转身。我国长大桥梁跨河、跨江、跨荒漠深谷到跨近海大洋；在世界前10位跨海大桥、前10位跨径斜拉桥和前10位大跨径悬索桥中，我国分别以5座、5座和6座的数量占据半壁江山。在长大桥梁建设管理实践中，除要战胜各种恶劣的自然环境、技术难关外，还有港珠澳大桥工程面临着的"一国两制"这样复杂社会环境的情况，这其中有着多少生动深刻的故事啊！我国重大工程管理的故事情景如此复杂、内涵如此丰富，自然极具包容性和代表性，是能够培育出重大工程管理理论长青之树的一片沃土。

这意味着，中国学者要开展好重大工程管理学术研究，首要的是要讲好中国重大工程管理的故事，要充满自信地认识到在重大工程管理研究领域，中国故事的具体性中蕴含着普适性、特殊性中蕴含着规律性，因此，在很大程度上，讲中国重大工程管理故事就是在讲世界故事，讲好中国故事就能讲好世界故事。例如，"一带一路"倡议赋予了重大基础设施工程新的国际化内涵，亚投行成立构建了重大工程投融资制度体系，讲好这些源于中国的重大工程管理故事，就能够催化出诸如工程红利、重大工程国际化以及重大工程金融等重大工程管理理论思考与学术创新。

第三，努力说"中国话"。中国学者通过"讲中国故事"，实现重大工程管理理论变革，这在理论体系和知识体系的外在表达形式上，必然需要有恰当、有效的语境、范式、载体和符号，即要有自主性的学术话语体系。

习近平总书记对构建社会科学研究中的话语体系十分重视，他强调，"只有以我国实际为研究起点，提出具有自主性、原创性的理论观点，构建具有自身特质的学科体系、学术体系、话语体系，我国哲学社会科学才能够形成自己的特色和优势"。

理论是弓，话语是箭。理论要如弓，有深厚的功力；而话语要似箭，能够把理论的功力转化为精准的表达力，锐利的穿透力，强大的传播力、吸引力和影响力。因此，开展源于中国实践的重大工程管理创新研究，自然应该有与之匹配的话语体系，这就是所谓学术创新努力讲"中国话"的内涵。

这里主要是因为重大工程管理理论创新研究不是用中国的实践和数据来验证国外的理论，而是在中国重大工程管理实践基础上提炼理论再到实践中去，这一过程要能够保证对中国实践的尊重、对中国经验的深度解读、对理论抽象的精准提炼，这样，从最初的问题设定、问题情景与价值观表述、中国人对问题的哲学思辨和文化逻辑以及对重大工程管理经验的中国式思维与总结方式等等，这自然应该突破在国外学术话语框架支配下讲中国故事的困惑与扭曲，而运用中国学术话语体系进行解析、表述，形成中国标识性概念体系和研究路线，这绝不是学术研究中封闭式的"自说自话"与"自言自语"，而是在讲好中国故事的基础上，以富有感染力、说服力的中国式话语来表达好我们的自主性学术主张，有利于在世界学术体系中发出中国声音。

（作者盛昭瀚为南京大学教授，国家自然科学基金重大项目"我国重大工程管理理论、方法与应用创新研究"课题组首席专家）

附录2

重大工程管理理论的中国话语体系建设

《光明日报》2018年6月22日理论版

重大基础设施工程(以下简称"重大工程")对国家政治稳定、经济发展、民生保障、环境保护、公众安全等发挥不可替代的作用。重大工程建设规模与水平已成为一个国家核心竞争力的重要标志,世界各国都积极推动和开展各类重大工程建设。

作为世界最大的发展中国家,无论是重大工程建设总量,还是重大工程单体规模,中国都在全世界首屈一指。相对于一般工程,重大工程具有技术复杂性、地域广泛性、环境多样性等特点,特别是重大工程决策与建设主体规模庞大,不仅将带来重大工程管理上的复杂问题,而且将产生管理内涵上的一系列深刻变化。

以坚定的理论自信构建重大工程管理理论体系

随着重大工程管理主体越来越多元化、管理组织的适应性要求越来越高、管理目标越来越多维和多尺度化等,特别是面对重大工程规划立项决策、投融资及建设营运模式选择、工程复杂性风险分析、工程现场综合控制与协调、工程技术创新管理、工程可持续发展与社会责任履行等一系列复杂问题时,以项目管理知识体系为代表的传统工程管理思想和方法越来越显得力不从心。只有跳出传统的工程管理思维,构建引领性的重大工程管理理论体系才能真正解决问题。

近年来,中国学者积极参与了这一具有重大学术价值的理论问题的自主性和原创性研究,这标志着中国工程管理学界在学术研究基本模式和路径上出现了从"跟着讲"到"接着讲"的重要转变。当前,我们必须站在新时代的高度,确立中国学术界的历史担当意识,在重大工程管理思维的基本原则、管理理论的形成路径与一般范式及工程管理理论的话语体系建构等方面秉持理论自信。

习近平总书记指出,问题是创新的起点,也是创新的动力源。重大工程管理理论根本上源于重大工程建设与管理实践,在一定意义上,实践自身就是重大工程管理理论伟大的思想者。数十年来,我国在重大工程建设方面取得了重大成就,在工程管理实践中总结出丰富经验。当今,我国重大工程管理实践又在复杂性、前沿性、新颖性方面在全世界居于前列,研究中国的重大工程管理问题就是在研究世界性的问题。我国如此丰富的重大工程管理实践土壤,是我们拥有理论自信的源泉。

开展构建重大工程管理理论体系的研究,必须确立科学的哲学思维原则,把重大工程管理的本质属性界定清楚。要做到这一点,往往不能仅在该领域之内,而要在更高层次、更大尺度范围内进行重大工程管理实践活动本质属性的抽象。在这方面,我们已经具有了一定的理论准备。根据重大工程管理实践活动的基本结构与形态,我国著名科学家钱学森等创立并在我国"两弹一星"等重大科学技术工程中得到成功应用的中国现代系统科学思想,对正确思考、认知重大工程管理本质属性具有重要的指导作用。

总之,中国学者应有坚定的理论自信,在构建重大工程管理理论体系的探索工作中,让世界看到中国学界的担当。

构建重大工程管理理论体系应注意的几个方面

习近平总书记指出,这是一个需要理论而且一定能够产生理论的时代,这是一个需要思想而且一定能够产生思想的时代。着力构建中国特色哲学社会科学,在指导思想、学科体系、学术体系、话语体系等方面充分体现中国特色、中国风格、中国气派。习近平总书记的重要论述对我国学者积极参与构建重大工程管理理论体系的探索具有极大的指导意义。

在重大工程管理领域,人类的理论思维对工程实践的引领和指导作用越来越大,特别是当重大工程管理实践已经发展到一个新的高级复杂阶段,实践对理论的迫切需求以及理论面对实践复杂性暴露出来的"窘迫"状态就越加突显。当前,我们正站在理论突破的"临界点"。要牢牢把握好这一重大机遇,努力提出中国学者在构建重大工程管理理论体系上的学术主张,努力形成具有自主性、原创性和中国学术特色同时又具有普遍意义的重大工程管理理论体系。

构建重大工程管理理论体系不是仅仅研究重大工程管理活动中的一些现象、零散的现场问题或是个别理论专题,而是要设计好理论架构、具体内容及其相互间的逻辑关联。要从中国重大工程管理实践中提炼理论再应用到实践中去,实现自洽融通的自主性话语创新或重构,在这一过程中,不能用国外现成的话语体系来"裁剪"中国情景、中国实践,更不能来"裁剪"中国文化、中国人的思想和价值观。构建重大工程管理理论体系还要以富有感染力、说服力的话语表达方式,透彻地解释重大工程管理现象、深刻地揭示其中的普适性内涵和规律,并被国际学术共同体所理解、接受和传播。

我国学者探索构建重大工程管理理论体系的阶段性成果

近年来,中国学者积极开展构建重大工程管理理论体系的探索,取得了阶段性成果。

首先,初步提炼出重大工程管理理论体系中若干标识性概念,如重大工程—环境复合系统、管理复杂性、深度不确定性、情景、管理主体与序主体、管理平台、多尺度、适应性与功能谱等。这些概念作为对重大工程管理实践活动及本质属性的凝炼与抽象,对重大工程管理活动与问题形成了较好的整体性覆盖,概念之间也形成了较密切的逻辑化与系统化关联。进一步,把重大工程管理复杂情景下的关系原则和行为准则表述为相对独立的理论模块,如复杂性降解、适应性选择、多尺度管理、"迭代式"生成与递阶式委托代理等,不仅充分体现了重大工程管理复杂性的基本属性,而且揭示了重大工程管理活动中主体行为原则和操作准则。

在此基础上,以核心概念为基础,通过基本原理推导而形成的若干基础性科学问题,例如,关于重大工程管理组织的动力学机理、深度不确定决策及基于情景鲁棒性的决策质量认知、重大工程金融、技术管理、现场综合控制与协同管理、基于复杂性的工程风险分析以及工程可持续发展与社会责任等,都高度凝炼了重大工程管理理论中一类特有的、基本的复杂性问题的深刻内涵以及相应的科学价值,拓展了人们对重大工程管理复杂性问题的认知,增强了对重大工程管理实践的驾驭能力。

其次,提出了新的独特的研究方法论与方法体系。

综合集成方法论是对重大工程管理活动的整体性与复杂性的揭示,是重大工程管理理论研究重要的方法原则。在这一原则指导下,我国学者提出的新的共性关键方法,对解决重大工程复杂管理理论问题有着高度的针对性和有效性。

针对重大工程管理活动与问题复杂整体性特征,从管理活动与问题的完整情景出发,深入挖掘问题宏观现象与微观行为之间的内在关联并通过系统分析方法揭示其质性,即全景式质性分析方法;由于情景概念充分体现了重大工程管理的复杂整体性形态,又与重大工程深度不确定决策等有着极密切的关系,因此,针对重大工程管理理论研究中必要的情景重构、发现与预测,提出了情景耕耘方法;针对重大工程管理的复杂整体性特征,以及管理问题同时涉及工程物理世界、虚拟世界、信息世界,人、事、物,多领域、多学科,以及多层次、多维度、多尺度,提出重大工程管理联邦式建模方法,这一方法体现了综合集成思想,并充分发挥现代信息技术的优势,具有较强的平台综合功能。

我国工程管理学者在构建重大工程管理理论体系上所表现出的理论自觉和积极探索,反映了当前中国工程管理学界的新风貌和进取精神,并以多方面的自主性、系统性学术创新成果开始让世界听到了中国学术声音。然而,探索未有穷期,我国工程管理学者应不忘初心,牢记在新时代的学术责任和担当,以坚定的理论自信更好地推动重大工程管理理论体系构建。

(本文系国家自然科学基金重大项目"我国重大基础设施工程管理理论、方法与应用创新研究"[71390520]阶段性研究成果,作者盛昭瀚、曾赛星分别为南京大学教授、上海交通大学教授)

附录3

构建中国气派的重大工程管理理论
——运用钱学森系统科学思想赢得学术自我主张和话语权

《文汇报》2018年9月28日论苑版

【编者按】1978年9月27日,本报刊发著名科学家钱学森和许国志、王寿云撰写的《组织管理的技术——系统工程》一文。这篇重要文章被认为既开创了系统工程的中国学派,成为社会管理不可或缺的理论依据与方法论基础;也吹响了系统工程从航天领域走向我国社会主义建设各领域的号角,决定了系统工程在中国发展的基本方向与格局。如今,钱老所创建的系统工程思想已经衍生出众多分支学科,渗透到各行各业、方方面面,并深入人心。今日本报特刊文介绍近四十年来,我国学者运用钱学森系统科学思想,以我国实际为研究起点,努力构建中国特色、中国风格、中国气派的话语体系的一贯追求与阶段性成果。

钱学森坚持以我国"两弹一星"重大科学技术工程为"实际起点",在系统科学领域努力探索构建具有自身特质的学科体系、学术体系、话语体系,这些系统性的创新成就使中国系统科学赢得了实质上的自我学术主张和话语权,并在世界学术之林中创立了"说中国话"的系统科学体系。他是一位努力使"我国哲学社会科学形成自己的特色和优势"的伟大先行者和拓荒者。

既是复杂系统的实践,又是实践的复杂系统

钱学森早在1995年的《我们应该研究如何迎接21世纪》一文中预言:"系统科学是本世纪中叶兴起的一场科学革命,而系统工程的实践又将引起一场技术革命,这场科学和技术革命在21世纪必将促发组织管理的革命。"在本世纪之初钱学森更明确指出:系统工程与系统科学在整个21世纪应用的价值及其意义可能会越来越大,而其本身,也将不断发展,如现在的系统科学已经上升到研究复杂系统,甚至是复杂巨系统了。

钱学森的这一战略性预言十分准确。仅以我国重大工程建设为例,近40年来,除了以导弹、卫星、载人航天等航天科技为代表的重大科学技术工程和重大国防工程外,一类主要为社会生产、民生、环境提供长久性基础构筑物的重大基础设施工程,如三峡水利工程、青藏铁路工程、南水北调工程、全国高速公路网工程、港珠澳大桥工程等雨后春笋般在祖国大地拔地而起,这一类民生类工程除了依靠行政力量进行组织管理,还需要市场这个无形的手,工程的决策与管理主体由不同利益主体构成,管理组织模式与管理技术等等都比过去任何时候都复杂,它们应该都属于钱学森所说的"复杂系统,甚至是复杂巨系统了"。

当人类重大工程管理实践不断涌现出大量新的复杂管理现象与难题,而传统的国外为主的工程管理思想、模式和方法的"红利"又日渐式微之时,构建新的重大工程管理理论体系就不仅成为全世界工程管理学界的共同责任,更应该是我国工程管理学者这一"转折点"时期构建中国学术话语的重要历史任务,而钱学森的系统思想及创立的系统科学体系对我们完成这一历史任务具有重要的理论思维原则意义。

首先,根据系统科学基本思想,任何重大工程的本质都是一类人造复杂系统,其对应的工程物理实体就是复杂工程硬系统;从人们的认知规律讲,人们首先是从直观上感受到重大工程硬资源组成的硬系统层面的物理复杂性;接着,人们将关于重大工程硬系统的物理复杂性在系统科学思维层次上进行抽象,并运用系统科学话语体系进行表述,就可以提炼出重大工程的系统复杂性这一本质属性。

作为社会实践,重大工程管理实践是一类以解决复杂性管理问题为核心任务的人造复杂系统(重大工程复杂软系统),这样,重大工程管理既是复杂系统的实践,又是实践的复杂系统。

重大工程管理活动一般是由决策主体、总体决策支持体系与总体执行体系三个部分构成,其中各个部分之间相互关联并构成一个更为复杂的递阶分布式自适应系统体系。

这是我们在钱学森系统科学思想基础上,通过对重大工程管理活动进行内涵抽象和属性凝炼,而形成的关于重大工程管理(主体、组织与活动)的认知范式。

系统科学体系的"自我学术主张"

理论研究中最能够深刻体现学理品质的话语体系创新是对理论体系的整体性结构提出"自我学术主张"。在这方面,钱学森所创建的系统科学体系就是这样一个话语体系创新的典范。

人类科学技术发展和工程实践告诉我们,科学是认识世界的学问,技术是改造世界的学问,而工程是改造客观世界的实践。从这个角度来看,自然科学经过几百年的发展,已有了三个层次的知识结构,即基础科学、技术科学(应用科学)、工程技术(应用技术)。

钱学森所建立的系统科学体系中也有这样三个层次的知识结构,它们是:处在工程技术或应用技术层次上的系统工程,它是组织管理系统的技术;处在技术科学层次上的运筹学、控制论、信息论等,它们为系统工程提供理论方法;处在基础科学层次上的是系统学和复杂巨系统学。直到目前,国外还没有这样一个清晰、严谨和完整的系统科学知识结构。

钱学森在建立系统科学体系的同时,还提出了系统论。钱学森明确指出:"我们所提倡的系统论,既不是整体论,也非还原论,而是整体论与还原论的辩证统一。"根据系统论思想,钱学森开创性地提出,对于系统问题首先要着眼于系统整体,同时也要重视系统组成部分并把整体和部分辩证统一起来,最终从整体上研究和解决问题。

另外,系统方法论也是系统科学话语体系的重要组成部分,在这方面,钱学森也做出了开创性的工作。系统论方法吸收了还原论方法和整体论方法各自的长处,同时也弥补了各自的局限性,既超越了还原论方法,又发展了整体论方法,这就是把系统整体和组成部分辩证统一起来研究和解决系统问题的系统方法论。钱学森创造性地称之为综合集成方法论。综合集成方法论的实质是把专家体系,数据、信息与知识体系以及计算机体系有机结合起来,构成一个高度智能化的人机结合与融合体系。在技术层次上,运用综合集成方法可以发展复杂巨系统技术,也就是综合集成的系统技术,特别是复杂巨系统的组织管理技术,大大地推动了系统工程的发展。

综上所述,系统科学体系是系统科学思想在工程、技术、科学直到哲学不同层次上的体现,它使系统思想建立在科学基础上,把哲学和科学统一起来,也把理论和实践统一起来了,这就形成了钱学森关于系统科学完整的话语体系创新。

从"大成智慧工程"到"大成智慧学"

钱学森的上述工作和经验对我们构建重大工程管理理论话语体系有着极大的指导与示范作用。

我们中国学者开展源于中国实践的重大工程管理理论研究首先要保证对中国实践的尊重、对中国经验的深度解读、对理论抽象的精准提炼,绝不能用国外现成的话语体系来"裁剪"中国情景、中国实践,更不能来"裁剪"中国文化、中国人的思想和价值观,否则,有可能会使我们陷入"追赶者陷阱"。

对一个新的理论体系而言,要做到这一点,必须认真学习钱学森的理论自觉和学术自立,根据"思维原则—核心概念—基本原理—科学问题—方法论及方法体系"学理链,提出每个部分的具体内涵及彼此的逻辑关联,这是最重要、最本质、最能够体现理论品质的"话语体系"创新。

钱学森在创建系统科学体系时,创造了一系列新的、生动形象的概念来透彻、精准地表述、凝炼系统的本质、现象,深刻地揭示其中的普适性内涵和规律,起到了极好的实际效果。

例如,20世纪80年代末到90年代初,结合现代信息技术的发展,钱学森先后提出"从定性到定量综合集成方法"(Meta-synthesis)及其实践形式"从定性到定量综合集成研讨厅体系"(以下将两者合称为"综合集成方法"),并将运用这套方法的集体称为总体设计部。这就将系统论方法具体化了,形成了一套可以操作且行之有效的方法体系和运用方式。钱学森还生动提出:"人机结合以人为主","逻辑思维,微观法;形象思维,宏观法;创造思维,宏观与微观相结合。创造思维才是智慧的源泉,逻辑思维和形象思维都是手段"。

我国传统文化有"集大成"的说法,即把一个非常复杂的事物的各个方面综合集成起来,达到对整体的认识,以集大成得智慧,所以钱学森又把这套综合集成方法称为"大成智慧工程"。将大成智慧工程进一步发展,在理论上提炼成一门学问,就是"大成智慧学"。

这样,从最初的问题设定、问题情景与价值观的表述到中国人对问题认知的哲学思辨和文化逻辑以及对系统概念的中国式感悟与总结方式等,钱学森都实现自洽融通的自主性话语创新或重构,这些都是需要我们认真学习和发扬光大的。

"说中国话"的 9 个核心概念 5 个基本原理

重大工程管理活动最核心的"两极",一个是管理客体的复杂性,一个是管理主体的适应性。没有主体的自适应,就没有重大工程管理活动;没有复杂性,就不是重大工程管理活动。"两极"形态的耦合就是工程管理活动的复杂整体性,也就是说,以管理主体的自适应与管理客体的复杂性为核心所形成的重大工程管理现象、情景、它们的演化趋势以及演化路径等就构成了重大工程管理理论的全部实践基础。

越能体现重大工程管理本质属性的核心概念在理论中越具有根本性和实质性。这一类概念数量不应该很多,它是概念体系中的"精品"。正如卡尔姆"剃刀原则"所说,假设最少的理论是最好的理论。

我们在重大工程管理理论话语体系中,提出了 9 个核心概念:重大工程—环境复合系统,管理复杂性,深度不确定,情景,主体与序主体,管理平台,多尺度,适应性,功能谱。

不难看出,这些概念包括了重大工程管理活动的环境、主体、客体、组织、目标、思维原则与行为准则等,它们除了紧紧围绕着复杂性这一本质属性并覆盖了重大工程管理活动的各个领域,还能充分勾画出概念之间的系统性与逻辑性,形成重大工程管理活动与问题的基础结构。

重大工程管理理论中的基本原理不可能如自然科学原理那样符号化、形式化和公理化,在更多情况下它将表述为在一种情境之下的关系原则和行为准则。

具体地讲,重大工程管理理论中的基本原理既要在理论思维的属性认知上充分反映重大工程管理活动的本质;又要在工程思维的价值意图上充分体现重大工程管理活动的特征;还要在两者结合上实现理论体系的完整性,所以,基本原理必须围绕着主体适应性与问题复杂性这两个最根本、最普遍的要素,充分揭示重大工程管理活动中主体行为与对象特征相互耦合的基本规律。能否做到这一点,是衡量重大工程管理理论中基本原理学术质量的主要标准。根据上面的分析,我们一共提出了复杂性降解、适应性选择、多尺度管理、"迭代式"生成与递阶式委托代理等5个基本原理。

今天,我国社会主义现代化建设进入了新时代,当我们面对更加宏伟的实现民族复兴中国梦的历史使命时,应当大力推进和发挥系统科学和系统工程的革命性作用,在新时代伟大事业的新征程中做出新的贡献。

(作者于景元、盛昭瀚、曾赛星分别为中国航天系统科学与工程研究院研究员、南京大学教授、上海交通大学教授)